世纪波
Century Wave

21世纪经管权威教材译丛

商业伦理管理

（第7版）

[美] 琳　达·屈维诺（Linda K. Treviño）
凯瑟琳·尼尔森（Katherine A. Nelson） 著
吴晓蕊　陈　晶 译

Managing Business Ethics:

Straight Talk about How to Do It Right，Seventh Edition

電子工業出版社
Publishing House of Electronics Industry
北京 · BEIJING

Managing Business Ethics: Straight Talk about How to Do It Right, Seventh Edition by Linda Klebe Treviño, Katherine A. Nelson

ISBN: 9781119194309

版权贸易合同登记号　图字：01-2017-7906

图书在版编目（CIP）数据

商业伦理管理：第 7 版 /（美）琳达·屈维诺，（美）凯瑟琳·尼尔森著；吴晓蕊，陈晶译. —北京：电子工业出版社，2020.8

（21 世纪经管权威教材译丛）

书名原文：Managing Business Ethics: Straight Talk about How to Do It Right, Seventh Edition

ISBN 978-7-121-39187-3

Ⅰ. ①商…　Ⅱ. ①琳…　②凯…　③吴…　④陈…　Ⅲ.①商业道德－教材　Ⅳ. ①F718

中国版本图书馆 CIP 数据核字(2020)第 113088 号

责任编辑：杨洪军

印　　刷：河北鑫兆源印刷有限公司

装　　订：河北鑫兆源印刷有限公司

出版发行：电子工业出版社

北京市海淀区万寿路 173 信箱　　邮编 100036

开　　本：787×1092　1/16　印张：22.5　字数：576 千字

版　　次：2020 年 8 月第 1 版（原书第 7 版）

印　　次：2020 年 8 月第 1 次印刷

定　　价：89.00 元

凡所购买电子工业出版社图书有缺损问题，请向购买书店调换。若书店售缺，请与本社发行部联系，联系及邮购电话：（010）88254888，88258888。

质量投诉请发邮件至 zlts@phei.com.cn，盗版侵权举报请发邮件至 dbqq@phei.com.cn。

本书咨询联系方式：（010）88254199，sjb@phei.com.cn。

前言

世界为什么还需要另一本商业伦理学教材

关于道德沦丧的故事，以及讲述企业的违法行为如何损害公众对商业领袖及其组织的信任的特别报道充斥着各个流行的商业刊物。小时候，父母就教导我们，一个人的可信度和声誉的树立需要花费很多年的时间，但是要名誉扫地，失去别人的信任只需一瞬间。因此，我们现在正站在一个十字路口：商人要继续维持原有的商业模式和商业行为，还是要重新找回同行、家人和市民的信任呢？

为了应对这一信任危机，全国各地的大学都在争先恐后地设计一种新的课程，试图将领导素质、沟通技巧、人力资源管理的基本知识和伦理等内容囊括进去。这正是我们编写本书的原因：我们试图将伦理学习与现实的工作状态联系起来。我们想帮助商人重新找回过去几年所挥霍掉的信任。

本书与其他商业伦理学教材的不同之处表现在以下几个方面：

第一，本书的写作团队与众不同。琳达·屈维诺就职于宾夕法尼亚州立大学斯密尔商学院管理与组织系，是一位杰出的教授。她关于组织伦理行为管理的多篇学术论文发表在各大专业报纸上，在世界范围内广为流传，并被广泛引用。她有 25 年在大学和非大学组织的教学经验，而且曾经做过伦理与管理方面的企业顾问和发言人。凯瑟琳·尼尔森是费城坦普尔大学福克斯商学院的全职教授，她负责本科生的管理、商业伦理和人力资源课程。在加入坦普尔大学之前，凯瑟琳在战略沟通和人力资源方面有 30 多年的工作经验，曾任职于多家企业，包括花旗公司、美林证券和美世咨询公司。她还曾担任过伦理和员工沟通顾问，并且为很多企业制订过伦理行为计划。我们相信，理论与实践的多方面融合使得这本书独一无二。

第二，本书是很实用的，直接回应了我们从学生、员工和企业经理那里收集到的抱怨和建议。“书要真实，”他们说，“告诉我们怎样才能实现有效管理，揭开这门模糊的学科的神秘面纱，直切要点。”本书从一开始就假设组织内的伦理问题是关于组织内的人的行为的。我们认为人的行为是多种因素共同作用的结果，并且很多行为受到管理者和组织自身的影响。因此，本书分为个人、企业内部管理、企业与外部环境、管理者面临的伦理问题，以及如何处理这些问题等几个部分。本书还包括决策的哲学和心理学、伦理文化，以及管理者如何通过有道德的领导方式影响员工的行为，企业应该怎样鼓励道德行为，企业社会责任和国际商业伦理等内容。

第三，本书采用了与传统伦理学教材不同的案例组合。大多数教材的关注点都是高层次的企业困境：“高级管理人员的薪资应该达到某一特定水平吗？公司应该在国外开展业务吗？美国的环境法应该适用于美国公司的海外经营业务吗？”这些问题虽然有趣，但是绝大多数的学生和员工都永远不会面临这种抉择。然而，他们会雇用、管理、评估、奖惩、解雇、激励员工，以及提供高质量的产品和服务，有效地处理与客户、供应商及其他利益相关者的关系等。因此，除了几个经典的企业伦理案例，本书中的案例大多是大多数人在职业生涯中会遇到的难题。书中所有的案例都是基于曾经发生过的真实故事，是在办公室里每天都在上演的真实情境。

第四，本书是在多所大学的学生帮助下，在不计其数的来自不同组织和企业的经理和高级管理人员的指导下编写的。本书还吸纳了伦理和组织行为方面的最新研究成果，并且大部分研究成果在写进本书之前还在大学和企业环境中检验过。

第五，我们认为，本书的结构灵活，便于使用。本书既可以作为单独的伦理课程教材使用，也可以作为更为传统的哲学性更强的伦理学教材的补充材料使用。本书的各个章节都是各自独立的，可以根据教学的需要，打乱原有的顺序使用。书中还有很多案例和短文可用于课堂讨论。另外，本书还配有有助于课程教学的资源，如大纲、讨论问题和课堂讨论的案例，并且提供了很多其他的教学参考资料。

写给学生的说明

本书是写给你们的。我们听到了你们的不满和愿望，并努力使这门复杂的课程变得简单。书中的案例都是发生在和你们一样的人身上的。与他们相比，你们是学习了这门课程的，在面对这些困境时准备会更加充分。学习本书之前，我们的一个建议是：不管你属于多大的组织，你要知道，你并不是巨大车轮中的一个小小的齿轮。你有能力改变自身，还有你的同事的伦理行为和知识。发挥这种能力，你所挽救的这份工作将属于你。

我们的另外一个建议是，下一次你参加面试的时候，你要弄清楚面试的这个组织是否重视伦理观念。他们在招聘材料中提到伦理观念和价值观问题了吗？这个组织的代表在面试中谈到伦理观念和价值观了吗？当你问到这个组织如何展示自身的伦理观念和价值观的时候，面试官是极为热情地回复你，还是显得措手不及，让你立即觉得他之前从未考虑过这个问题呢？加入一个具有伦理观念的组织比后来离开一个不具有伦理观念的组织要简单得多。

目录

第 1 部分
介　绍

第 1 章 商业伦理管理简介

引言

回想 1993 年，当我们决定写这本书的第 1 版时，人们还在怀疑商业伦理是否是一时的狂热。那个时候，企业开始将伦理纳入新员工培训和管理培训计划中；在学术界，商业伦理作为一个学术研究课题刚刚引起关注；一些商业学校已先行将商业伦理课程改为必修课。

当时仍然有许多专家认为，商业伦理如同时间管理、品管圈及管理学的其他时髦词一样，很快就会作为 20 世纪末一种流行的代表，成为课本里的脚注。而多年来发生的数起丑闻，则往往被描述成一种暂时的改变。举例来说，一位颇有名气的财经作家在 2007 年为《财富》杂志撰写了一篇名为“商业回归了!”的文章，文中写道：“不得不说，令人感到羞耻的那段时间过去了。继科技泡沫破灭之后，有五年半的时间美国商业陷入各种丑闻之中，而雷、斯基林、法斯托、艾博斯、科兹洛夫斯基、斯克鲁士相继落网，则意味着丑闻时期的结束。这些丑闻的当事人在遭受抨击和嘲笑之后，最终得到了惩罚。美国商业不再为公众所轻视，也不再有越来越多的非议，它洗心革面，并重新得到了投资者的青睐。——商业回归了!”他是不是大错特错了？仅仅一年之后，随着金融市场的崩溃，商业就将其羞耻指数又提升了。在过去的 30 年间，我们看到这种道德沦丧的事件不断上演。因此，我们不得不相信，商业伦理还远远没有形成气候。这种持续发生的现象需要我们更好地去理解和研究，而对于商业人士来说，则需要做更多的准备。

我们告诉学生，重大的伦理丑闻往往是由各方大大小小制造麻烦的举措而引发的。在本书后面的章节中你会看到，2001 年安然公司的垮台并不仅是安然公司负责人和员工的失败，也是安然公司审计师、贷款给安然公司的银行家、包庇安然公司造假行为的律师的失败。但是，近年来的丑闻中，即使安然，也比不上 2008 年金融行业的崩溃。和安然公司的情况一样，许多金融玩家促成了这次巨大的失败。这次危机在金融领域是空前的，而它所引发的公众的愤怒，就好像以前从未有过商业危机一样。其后果是全世界的人都愤怒了，并且不再信任企业、政府部门、监管机构、信用评级机构及其工作人员。如果说曾经发生过信任和信用危机，就是那个时候了。这次金融危机也是一个教科书般完美的案例——为数众多的人的行为（和不作为）如何引发一场几乎无法想象的灾难。

近年来的商业历史毋庸置疑地证明，将商业与伦理、价值观割裂开来，会引发巨大的危机。2012 年去世的享有极高知名度的伦理道德作家、学者拉什沃思・基德，曾提到过金融行业的崩溃及其引发的公众愤怒。他详尽地描述了自由市场派是如何引用亚当・斯密的《国富论》来评价资本主义的血统的，即憎恨规则，以及重视短期利益，忽视长期管理。基德明智地指出，在《国富论》问世 17 年前，斯密就写过一本名为《道德情操论》的书。这也是他的第一本书。这本书理应引起更多的关注，因为斯密一直期望这两本书的内容能够起到相辅相成的作用。斯密的道德情操理论建立这样的假设之上：人类具有同理心，他们关心他人，他们大多数的快乐都来自人与人之间的爱情与友情。他在《道德情操论》的开头这样写道："人，不管被认为多么自私，在其人性中显然还有一些原则，促使他去关心他人的命运……"斯密认为，美好的生活缘于做出"善举"，而不是缘于物质财富。他指出，自爱（这也是他认可的）可以激励个人通过击败竞争对手来改善个人状况。但是他同时指出，击败竞争对手必须采取恰当的方式，坚持公平的原则，就好像有一个深明大义、遵纪守德、公正无私的旁观者监督那样。我们在意他人是如何看待我们的，因为我们首先是社会人。但我们也能够明辨是非，希望做正确的事情，因为这是我们应该做的（并不仅是为了得到他人的称赞）。按照斯密的说法，正直的人将深思熟虑（这是一种成熟的自爱）、恪守公正、乐善好施有机地融合在一起，而理想的社会就是由这样的人组成的。还有一点，一个繁荣、幸福的社会是建立在由公正原则和行为准则组成的社会秩序的基础之上的。斯密相信，人类会朝着这个积极的、有道德的方向发展。他告诫领导者不要恃势骄横，要做正直的政治家。基德的观点是：资本主义只有牢牢地固定在道德的基础上，才能取得成功。他提醒我们，亚当・斯密——自由市场派的英雄——对于这一点的了解比任何人都更加透彻。

我们完全认同基德的观点。我们在 20 多年前开始写这本书的时候就坚信，如果企业和商人都是信守道德准则的，那么不仅商业会变得"更好"，而且遵纪守德会成为高效商业运作中不可缺少的一部分。这并不是夸大其词。工作对于生活来说是必不可少的，而大多数人是为某个企业工作的。我们工作的方式和我们工作时所遵从的原则不仅会影响商业本身，我们的商业行为还会影响个人和企业的声誉，往大的方面说，还有政治、社会甚至国家的声誉。举例来说，2008 年的金融危机席卷全球，其根源在于美国，美国的声誉也因为个人和企业的行为而受损。这些丑闻产生了极为不良的影响，有时甚至影响了整个行业和国家。在这个复杂多变、透明度日渐提高的世界，声誉的影响力无处不在，例如，会影响你未来的雇主或想与你做生意的人（购买你的产品或贷款给你），等等。不道德的商业行为委实不可小觑。现在就让我们近距离地看看这个“房间里的大象”（不容忽视而又避而不谈的问题）：2008 年的金融危机及其与商业伦理的关系。

2008 年金融危机

2008 年金融市场的崩溃很大程度上并不是由非法行为导致的。在这场金融危机中，那些导致美国和世界其他国家经济下滑的行为大多不违法，至少现在还不违法（政府的法律法规往往在商业伦理沦丧的事件发生之后才颁布）。然而这些行为是不合伦理道德的，最终会产生巨大危害，并与许多道德准则相悖，如责任感、透明度和公正。让我们来看看为美国带来危机的都有哪些因素吧。

➲ 借贷非常廉价

首先，借贷变得非常廉价。2000 年，当高科技企业的股票飞涨到无法支撑的水平时，泡沫破灭了。为了减少其对美国金融市场的影响，时任美国联邦储备委员会主席的艾伦·格林斯潘下令将联邦基金利率（美国银行之间的隔夜拆借利率，它可以直接影响短期利率，包括基本利率）降到几乎零。这一举措在当时看来似乎毫无恶意，却为美国金融体系注入了巨额资金。它使得借贷的成本变得非常低，助长了消费者借贷的迅速膨胀。一夜之间，新车、宽屏电视、带泳池的院子、更大的房子、二手房，以及各类精品，变得唾手可得。这种疯狂采购的行为甚至得到鼓励。2001 年“9·11”事件发生之后，总统乔治·布什告诉民众，如果他们想为美国经济助一臂之力，那么就去购物，于是人们纷纷大肆采购。到 2008 年，家庭负债水平已经攀升到 139 亿美元，几乎相当于 2000 年的两倍，存款则降至负数。负责任的借款方本应认真考虑自己能够承受多少债务，而不是银行能够借给他们多少钱。而负责任的贷款方在放贷之前也需核实借款方是否确实具备偿还贷款的能力。

➲ 房地产成为投资的选择

当然，人们也想投资于某些安全的领域。那么，还有什么比房地产更安全的呢？房地产价格下跌的例子屈指可数，而且即使下跌，也是微弱且短暂的。对于美国人来说，他们值得骄傲的一点是民众自己拥有住房的比例极高。将钱投在房子上依照惯例是一种非常安全并且可以逐渐增值的投资。但是到了21世纪的头几年，房地产投资一下子成了赚钱的工具。不同于以往的低收益率，房地产摇身一变成为广受追捧的投资渠道，于是需求很快就超过了供给，价格迅速攀升。房价上升的速度令人瞠目——前一年还卖30万美元的房子，第二年就卖到了45万美元。这使得投机行为也惊人地增加。人们买房时几乎不用交纳首付款，然后做一些装修或者等待几个月，就把房子又卖出去，以此来迅速获利。还有不少关注度较高的电视节目告诉观众如何将房地产“翻转”为收益。

因为贷款的成本过低，房价飙升，所以许多消费者将自己的住房抵押贷款，然后购买另一套房子或者买了新车或者花钱过了一个奢华的假期。举这样一个例子。某人在2003年花50万美元买了一套房子，到2005年，这套房子可能就涨到了80万美元。他于是以抵押方式申请了贷款——贷款金额与房子当时的价值相等（因为房子的价格只会上升），对于房产所有者来说，他相当于多得了30万美元现金。这种例子无处不在，于是当2008年、2009年房价大幅跳水的时候，这种投机行为就成了金融危机的导火索。想象一下，例如我们前面例子里说到的那个将房子抵押贷款的房产所有者，他用多得的30万美元去买了一个消夏寓所、一辆跑车，又给孩子们交了学费。突然，房价暴跌，他的房子跌了30%，这种情况在房地产泡沫较严重的加利福尼亚、佛罗里达、内华达和亚利桑那等州是十分常见的。房地产泡沫破灭后，他的房子只值56万美元。再设想一下，如果这时他失业了，那么他只能卖掉房子，因为还不起贷款。他拿不出80万美元来赎回房子，因为房子已经做了抵押。他唯一的选择就是与贷款方（很可能是银行）协商，或者重新申请贷款（可能性不大），或者宣告破产，离开自己的家。许多房产所有者都是这么做的，这也是当时处于金融危机中心的一部分人的写照。不少家庭被泡沫冲昏了头脑，急于获取短期利润，却并没有认真考虑泡沫破灭的可能性（或必然性）。

抵押的始作俑者兜售“骗子贷款”

21 世纪初，由于房地产投资普遍升温，越来越多的人被卷入其中。美国国会鼓励住宅贷款抵押公司房地美和房利美将美国的低收入人群列入房产所有者的范围。贷款方开始重新制定向房产所有者借款的规则。而在 20 世纪 90 年代，购房者不仅要提供有关工作和收入的真实文件来证明其有申请贷款的资格，还要按照预估的房价支付 5%~20%的首付款。但是房地产热度居高不下，投资回报快，于是贷款方决定将“陈旧的”借贷制度放宽。到了 21 世纪的前几年，申请贷款的手续变得不那么烦琐。因为房地产升值快，借款方无须把钱押在房子上，便可以借到与预估房价金额相等的钱，这就是所谓的全额融资。同时，借款方也不再需要提供工作或收入证明。这就是大家所说的“无证贷款”或“骗子贷款”。因为银行不再煞费苦心去核实借款方在贷款申请材料上填报内容的“真实性”。

这种对借款方完全听之任之的借贷制度为抵押市场猖獗的欺诈行为大开了方便之门，而且这并不是秘密。早在 2004 年，美国联邦调查局就对这种抵押信贷市场的欺诈“疫情”做了预警，四年之后这一“疫情”对金融业造成了重大危害。

银行将风险转为债券并加以传播

就在“骗子贷款”大行其道之时，另一种新的贷款形式出现在抵押信贷市场。发展中国家的投资者看好美国，他们觉得这对于投资来说是一个“安全的”市场。现金源源不断地从海外流入美国市场，尤其是像中国和俄罗斯这样的国家，他们各自的制造业和石油业资金雄厚。华尔街的银行家为新流入的资金开发了新的产品作为其投资工具，其中包括抵押债券。（注：结构性融资始于 1984 年，通用金融的一大笔应收账款转化为第一波士顿公司的债券，而第一波士顿公司现为瑞信银行的一部分。）他们是这样运作的：银行不再像以前那样将你的抵押品保留到到期为止，而是将其出售，通常是卖给规模更大的银行，而后者将你的抵押品与其他的抵押品混合在一起（这样银行就不会太介意你是否能够赎回）。然后，银行家将这些由抵押品捆绑而成的债券卖给投资者，当时投资者的数量可谓庞大。按以往的经验，房地产是安全的，“分解式”抵押将风险按照不同的信用评级逐步分解，并将其散播出去。

当然，反作用也是确实存在的，银行家后来也意识到其可怕之处。这种将抵押品拆分成多份并分散出去的方式，也会将风险散播开来。但是，自 2002 年开始，乃至以后的几年，人们都想不到房价会下跌。大量的资金涌入金融业，由此产生的对抵押债券的需求也极其庞大，于是银行家需要从抵押发起人那里获取越来越多的抵押品。这种狂热的需求让以前申请购房贷款的障碍渐行渐远。这些投资工具完全建立在复杂的数学公式（以及陈旧的数字）的基础之上，因此每个人都信以为真，只有少数人尝试去了解其实质。如今看来，本应有更多的人听从沃伦·巴菲特的劝告——不要将钱投资在你不了解的东西上！

而一种更为新式的产品——信用违约互换让本已危机四伏的市场雪上加霜。这种复杂的金融工具用于减少企业在销售产品（如抵押债券）时所承担的金融风险。信用违约互换是在债务人发生信用事件时保护持有人的保险合同。持有人无须持有贷款或债务工具就能得到保护。与其他债务工具相比，信用违约互换交易中涉及的资本金额非常小。对于卖方和买方来说，这是非常有用的，因此信用违约互换越来越受欢迎。美国国际集团是信用违约互换市场的大玩家，许多大银行也参与其中。信用违约互换的交易双方都没有从疯狂的交易中抽身出来去想想，如果结构性融资市场和房地产市场的泡沫同时破灭（最终都成为事实），那么会发生什么。当市场停下疯狂的脚步时，无论保险公司还是投资者，都会背负沉重的责任——美国的纳税人不得不将大多数遭遇财政压力的公司解救出来，以便挽救濒于崩溃的整个金融业。请记住，所有这一切都发生在一个其实管理非常混乱的市场上。

➲ 那些本应保护我们的却没有做到

防止金融危机的措施之一原本包括那些信用评级机构，如标准普尔公司、惠誉国际和穆迪公司。它们负责评估债券是否安全或可靠，包括那些抵押债券产品。信用评级是按照及时性、最终还款期限及效益等进行评估的。但是，像普通人一样，信用评级机构说它们也无法预见房价下跌，因此它们对于抵押债券的评级是 AAA 级——几乎是最高级别，这就意味着这些评估机构认为抵押债券的安全性高而风险小。

信用评级机构因为它们在金融危机中所起的作用而成为批评的对象。如果它们在对风险进行评估的时候能够把工作做得更好一些（这也是它们的职责所在），那么很多危机都可以避免。但是我们应该注意到，这些信用评级机构的雇主和金主恰恰是它们所评估产品的提供者，利益的冲突让它们很多时候都会将评级定得偏高。那些查阅了评级资料就认为自己的投资万无一失的人，因此走上了歧途。

另一个失效的防范措施是金融行业的风险经理和董事会。作为曾经的保险业巨头美国国际集团的一部分，一个 400 人的企业是如何投资而导致这家全球最大的保险公司一蹶不振的？负责预测风险的专业人士和董事会大大低估了风险，因此没有看到危机迫在眉睫。最终，美国政府（实际上代表着纳税人）向美国国际集团提供 1 700 亿美元救助资金帮助其渡过难关。其他金融企业的风险经理和董事会也犯了类似的错误，如花旗集团、美林证券、雷曼兄弟公司、贝尔斯登公司和美联银行。

在华尔街，还存在其他导致防范措施失效的因素。首先，银行的首席执行官和其他负责人都获得了高薪，目的就是让其公司的股价保持在高位运行。如果公司赔钱，他们个人的收入也会锐减。于是，银行负责人专注于短期财政收入，往往对长期计划或企业战略不予理会。因为他们的薪酬与公司股价息息相关，如果他们努力让短期收益变得可观的话，那么他们得到的报酬也会非常丰厚。华尔街上的金融行业人士，其薪酬结构都相差无几——他们在市场上冒巨大的风险，因此获得几百万美元的奖励。在他们看来，最重要的无非是公司的短期收益，以及因风险决策而得到的短期红利。他们冒险尝试，至少暂时赌赢了，于是到手几百万美元。虽然这种冒险行为从长远来看是愚蠢而且完全不负责的，但是他们并不在意，因为他们已经得到了自己想要的红利。久而久之，这种短视的心理便在美国的银行家、首席执行官和董事会中间蔓延开来。

其次，大多数大型投资银行在 20 世纪 90 年代挂牌上市。在成为上市公司之前，它们很多是合伙公司。如果合作伙伴想在市场上赌一把，它们就拿自己的钱去冒险。赌赢了的话，它们各自拿酬金；要是赌输了，它们就各自掏腰包。换句话说，它们“利益共享，风险共担”。这些公司上市之后，它们用来打赌的钱不再是合作伙伴的，而是来自股东。它们冒险所得的利润和受到的损失都会让公司的财富增加，而不是令管理公司的个人直接受益（管理者只能间接受益）。这些公司的负责人不再像以前作为合作伙伴时那样“利益共享，风险共担”。显然，用别人的钱不必像用自己的钱那么小心翼翼。

如果你以前认为银行家的行为会因金融危机而发生改变，那么你不妨再思考一下。2012 年，摩根大通集团（在金融危机刚露出些苗头的时候，许多专家说它是美国管理最好的银行）因为其在伦敦公司的一个鲁莽的交易员而遭受巨额损失。一开始预估的损失金额为 20 亿美元，但后来改为约 90 亿美元——这与几年前导致金融危机的投资形式完全相同。在 2008—2014 年，摩根大通集团因为各种有争议的行为而支付了 700 多亿美元罚款，而这并非个案。几乎在同一时期，美国银行缴纳了 1 200 亿美元罚款，花旗集团缴纳了 38 亿美元罚款。

最后，我们在研究金融危机的时候，也不得不对金融管理机构和立法者在其中所起的作用提出质疑。例如，投资者哈里·马科波洛斯十年前在各种场合督促证券交易管理委员会调查伯纳德·麦道夫，但证券交易管理委员会从未对这一金融史上最大的“庞氏骗局”采取任何行动。直到 2008 年 12 月麦道夫向他的儿子们承认自己设下骗局，而他的儿子们将这一情况报告给证券交易管理委员会和在纽约的律师事务所，这个涉案金额高达 650 亿美元的骗局才得以揭露。

美国国会的议员对金融危机也难辞其咎，他们撤销了金融业的管制，这是他们最大的“贡献”之一。除此之外，他们还废除了《格拉斯·斯蒂格尔法案》，这一法案是在 1929 年美国股市崩盘之后通过的，其目的是保护商业银行客户免受投资银行高风险的冲击。该法案将商业银行与投资银行划分开来，这种隔离的状态一直维持到 1998 年花旗公司与旅行者集团合并组成花旗集团。这两家公司向国会请求废除《格拉斯·斯蒂格尔法案》，理由是该法案陈旧、限制多而当下市场复杂多变，已不再需要这样的保护。于是国会批准了他们的请求。

20 世纪 30 年代的议员知道，如果两种不同背景的银行在同一家公司共存——保守、正规的商业银行（我们的储蓄存款账户）与混乱、高风险的投资银行，那么“自食其力”的投资银行一定会胜出。有这样的说法：守旧、老派的商业银行会变成“赌场”。不过有趣的是，赌场的管理非常严格，需要留存一定的资金以便支付给赢家。将来我们有可能对导致金融危机的行为有更多了解。正如我们前面提到的，其中即便不是大多数也有很多行为是合法的，但是由于对银行业务中的抵押和投资行为缺乏监管，结果如何呢？！如果我们对伦理范畴的事情更为警觉一些，那么更多的人也许会对他们不懂的产品产生疑虑，或者公开提出质疑或者拒绝参与这些显然不正当的交易。举一个显而易见的例子，难道没有人想过，明知客户极有可能无法获得收益，却把类似骗子贷款这样的产品销售出去，这样的行为（即使合法行为）是不道德的吗？

2010 年，美国国会通过了《多德·弗兰克法案》，企图制止金融行业中的恶意欺诈行为。金融企业的说客于是极力消除法案造成的影响，因为监管机构正逐步将法案中复杂的条文加以落实。有几个欧洲国家对金融监管实行了全面改革，从这一点上来说它们很可能已经领先于美国。尽管许多专家认为《多德·弗兰克法案》紧跟在金融危机之后出台，是一种失败的尝试，但是在金融危机发生十多年后的今天，这种观点已经有了转变。虽然还有几家银行“大而不倒”，但银行的利润降低，资本化上升。一些专家推测，由于《多德·弗兰克法案》的实施，银行的规模实际上缩小了。

全球领先的金融机构中的欺诈行为日益增加，有时它们甚至串通在一起。如果你觉得这言过其实，那么请关注一下 2012 年夏天爆发的 LIBOR 丑闻。LIBOR 是指伦敦银行同业拆借利率，是一家银行向另一家银行借款的利率。全球范围内的许多贷款，如房贷利率、购车贷款、企业债券等都与 LIBOR 挂钩，因此 LIBOR 的重要性显而易见。专家估计，价值几百兆美元的金融合同及其衍生品都与 LIBOR 密切相关。

多个国家的监管部门指责许多全球性的金融机构彼此勾结操纵 LIBOR，以便让自己的业绩在经过了 2008—2009 年的金融危机后不那么难看。多家大银行被处以巨额罚款：德意志银行（德国）缴纳 25 亿美元罚款，瑞银集团（瑞士）缴纳 15 亿美元，荷兰合作银行缴纳 10 亿美元。包括花旗集团、摩根大通银行、苏格兰皇家银行和巴克莱银行在内的其他银行也因为各类丑闻而缴纳了几千万美元的罚款，被指控操纵 LIBOR 的交易员则受审定罪，并在监狱里服刑。令人震惊的是，瑞银集团不仅操纵利率粉饰自己的业绩，还伙同其他跨国银行从操纵利率中赢利。这就像大玩家安排好了游戏的结果。一位华尔街的元老级人物是这样形容这起 LIBOR 丑闻的："好像忽然发现整个世界矗立在流沙之上。"

我们不妨自嘲一下，LIBOR 丑闻和之前的那些丑闻是已经发生的事，我们应该尝试进步，那么我们将来才会做出不同的选择。

嘲讽之外

几波丑闻之后，人们对商业及其在社会的积极作用产生了质疑（普遍的不信任）。但是在美国，对于商业的各种嘲讽之声确实蔚然成风。平心而论，我们应该注意到，尽管金融行业极其混乱，但与此同时，仍然有大多数作为中流砥柱的美国公司"运营状况良好，堪称商业楷模"。许多公司负责任、有利润、谨慎从事，因为它们有相当多的现金储备，所以能顺利挺过金融危机。不过公众的注意力并不在这些有责任感的公司身上，而是更多地关注那些金融机构极其不负责的行为。

嘲讽之声严重到了什么程度？根据 2016 年的爱德曼信任度调查（这一调查涵盖了世界各地约 3 万名具有大学文化程度的各界人士），这种嘲讽非常严重，几乎遍地开花。（爱德曼是全球最大的独立公关公司，53 个办事处分布在世界各地，其主营业务是帮助公司建立并维持良好的声誉。）爱德曼公司的研究表明，只有 49%的客户大体相信那些机构。至于商业，全球约有一半的人，调查对象中约有 60%的人，相信各类公司。

爱德曼公司的研究也让客户信任的重要性显得更加突出，客户对企业信任的程度会直接影响到它们的购买模式甚至其他许多事情。在一年多的时间里，91%的客户说它们从自己信任的公司购买产品或服务，77%的客户拒绝从自己不信任的公司购买产品或服务。这些数字说明，企业的声誉会影响客户的购买模式。如果企业不采取措施维护自己的良好声誉，就很有可能触碰到客户的底线。

然而，还有一些与我们的想法是一致的。例如，关注商业伦理并不是一时的头脑发热。又如，公众对于商业伦理的质疑不是最近才产生的。我们从 1995 年起，在我们每一版的书里都有所提及。当然，公众的不认可大多源于近年来美国的一些大企业及其负责人的各种不道德行为被曝光，占据了各大商业报刊和电视台的晚间新闻。在这样日复一日的舆论轰炸中，你如何能不感到筋疲力尽？最近几年，你所能做的就是读着或看着这样的新闻，质疑这样的行为，就连商学院的学生也不例外。我们还注意到，不道德行为并不仅发生在商业领域中。近些年，我们从新闻中陆续了解到：政府工作人员盗用或滥用公共资金，学者伪造研究成果，牧师从教堂会众那里骗取钱财，神职人员虐待儿童，运动员行贿或使用兴奋剂。似乎没有哪个领域能够独善其身。

本书的读者很多是商学院的学生，他们现在是或将来会成为企业管理者。调查研究发现，许多商学院的学生对于商业的玩世不恭的态度也令人惊讶（假设他们已经决定将来从商）。他们认为，未来的雇主在他们迈入企业大门之前会审查他们的伦理观念，看他们将来有一天为了取得成功，是否会放弃自己的道德准则。思考一下在一所大学里发生的这样一件事：教授要求学生列出不道德的商业行为，学生却一个都说不上来！而在另一堂课上，教授问学生是否会把致癌物质倒入河中。这一次学生说会的，因为如果他们不这么做，别人就会去做。当教授问他们是否愿意生活在这样一个不道德的环境中时，学生仍然坚持认为他们会这样做。沮丧的教授相信，学生的态度是在还没有上他的课之前就形成的。教授的看法与其他学者相同，即这个问题已经超出了商业和商学院的范畴，因为整个社会都在追求金钱和物质，这就促使年轻人不择手段去达到自己的目的。其症状之一，就是高校中的欺骗行为已成为普遍现象。

这足以让人们对如今的商学院学生忧心忡忡。但与此同时我们了解到，许多学院、大学包括商学院近来都鼓励其员工和管理者制定学生诚信守则和荣誉制度。在荣誉制度中规定，学生有责任遵守诚信守则并彼此监督。他们还制定了惩罚措施，如果有学生因为欺骗行为而影响了学校的声誉，将遭受严厉的惩罚。这一举措在许多学校得到了响应，结果是有些学生得到了教训，不再那么玩世不恭，并愿意向积极的方向转变。

阿斯彭研究所 2008 年对来自 15 所顶尖国际商学院的约 2 000 名 MBA 在读生做了一次调查，调查的内容是 MBA 在读生对于商业伦理的态度，结果表明他们不再那么玩世不恭。与 2002 年的调查结果差不多，阿斯彭研究所 2008 年对 MBA 在读生所做的调研得出的结论是，学生们提早感受到工作与价值观的剧烈冲突，他们认为在工作中不用太拘泥于道德准则。但是，有 40%的学生觉得，他们所接受的教育让他们足以应对价值观的冲击，另有 50%的学生相信他们已经做好了“一些”准备。还有超过 1/4 的学生表示，他们想找到一份能够让他们对社会有所贡献的工作（在 2002 年的调查中这一比例仅占 15%）。有超过一半的学生认为，他们会看重将来的雇主是否有安全优质的产品、责任到位的管理、透明度高的商业行为。除此之外，多一半的学生说，如果在工作中面临与价值观的冲突，他们会选择遵守道德准则或采取类似行动（这比 2002 年调查中的比例提高了许多）。

媒体在很大程度上应该为学生玩世不恭的态度负责。想想电影和电视剧中对于企业及其领导人的描述。媒体研究中心对在 20 世纪 90 年代中期播出的 863 部喜剧类、剧情类电视剧和电影做了调查。在这些电影和电视剧中，有近 30%的罪犯角色是企业家或公司负责人。企业家被塑造成毒品贩子、绑架犯或把有问题的装备卖给军队的投机商。《财富》杂志说这是“企业犯罪行为上升的黄金期”。电影里也充斥着关于美国企业的负面信息，例如《大空头》《华尔街之狼》《套利交易》《阿凡达》《监守自盗》《在云端》《不朽的园丁》《天然气的国度》《华尔街》《抢钱大作战》《法网边缘》《拜金一族》《惊曝内幕》《永不妥协》《超码的我》《大企业》《安然：房间里的聪明人》《迈克尔・克莱顿》《跨国银行》《机智问答》《科伦拜恩的保龄》。我们相信你们每年都可以往这张清单上加入更多的影片。但要想列出一张能够让人对商业留下好印象的电影和电视剧的清单就比较有难度了。你们想得出来吗？媒体接连不断传递商业的负面信息，因此产生了不良的影响。学术研究表明，在观看了电影《罗杰和我》之后，人们对于美国商业更加持否定态度。这部电影讲述的是通用汽车公司冷酷无情地关闭工厂及裁员的事。想象一下，如果我们看到的无数的电影和电视节目都是描写商业腐败、企业领导人冷血而不道德的，长此以往，其结果可想而知。

媒体添油加醋的描写只是某些方面，我们希望你想想自己的生活，想想你所信赖的成百上千的产品和服务，以及每天提供这些产品和服务的人和企业。这些善良的人也是商界一员，但他们并不像电影电视中那种好人那样令人热血沸腾。我们也希望你与你认识的商务人士交流一下，也许在你的家人中就有人从商。他们是否因为违背道德准则而压力重重，或者他们认为自己的雇主比较有道德感？

有趣的是，道德与守信项目在 2013 年所做的美国商业伦理调查发现，只有 9%的盈利企业员工因为违背道德准则而感到压力。也就是说，91%以上的员工觉得他们并没有为此承受压力。2/3 的员工认为自己的企业有很强或较强的道德感。这些统计数字意味着什么？对于我们来说，大多数在企业就职的美国人觉得自己的企业和同事是非常循规蹈矩的。而且，他们和其他人一样看了媒体的报道，也看了那些电影和电视节目，而这些报道和影视作品让民众对美国商业留下了玩世不恭的印象。

最后，谈到玩世不恭，我们不能不提到 2001 年 9 月 11 日发生的事件。2001—2002 年的商业丑闻引发了不少非议，但“9・11”事件让我们看到了许多人和企业善良的一面。我们都读了关于无数美国公司给予“9・11”事件受害者关怀、同情和帮助的报道。极少有像桑德勒・奥尼尔及其合伙人公司受害这样严重的，这家规模不大但效益不错的华尔街投资银行，其 171 名员工中有 66 人死于 9 月 11 日，包括两名公司的主要合作伙伴。公司办公室的原址在世贸中心第 104 层。尽管资金窘迫，公司还是给每个遇难员工的家属寄去了一张支票，金额相当于该员工到当年年底的工资，以及五年的医疗福利。美国银行立即将自己的办公室无偿给桑德勒公司使用。竞争对手则以同行的方式送去了委托书，并将因交易员去世而丢失的重要交易信息免费提供给桑德勒公司。一些华尔街大型企业果断地将桑德勒公司列为贸易伙伴，目的仅仅是帮助桑德勒盈利并从灾难中恢复过来。这只是众多关于美国商界美德的故事中的一个。在本书中，我们会提供一些类似的正能量的故事，以消减媒体描绘的诸多消极形象产生的负面影响。

像你一样，我们对媒体刻画的商界和商界时常真实发生的不道德行为感到失望，但是我们也明白，商界的范围很广，它实际上还包括那些有道德感和凝聚力的企业，还有偶尔显示出英雄气概和不凡品质的人们。因此，在这本书里我们想帮助读者做两件事：一是授权管理者采取他们认为合适的方式去解决伦理难题，管理与伦理道德有关的行为；二是举例说明有些人和企业“在做正确的事”，以便消除媒体造成的不良影响。

2009 年 5 月，发生了一件引人瞩目且很有积极作用的事。哈佛商学院的 20 名大二学生拟定了“MBA 誓言”，目的是清楚地描述他们认为 MBA 应该做的事。

MBA 誓言

作为企业领导者，我了解自己在社会中的作用。

- 我的目标是领导员工，管理资源，创造出个人无法创造的价值。
- 我的决定会在现在和将来影响企业内外每个人的幸福。

因此，我宣誓：

- 我将以忠诚和谨慎管理企业，不会将个人利益置于企业或社会之上。
- 无论是口头上还是精神上，我都理解并支持法律法规，并以此指导我个人和企业的行为。
- 我将避免腐败、不公平竞争或对社会有害的商业行为。
- 我会维护与企业有关的所有人的人权与尊严，我将反对歧视和剥削。
- 我会保护子孙后代提高生活质量并享受健康环境的权利。
- 我将准确如实地上报企业的业绩和风险。
- 我将致力于提升自己与他人，让管理专业继续发展，更加繁荣昌盛。

我会遵循上述原则履行我的职责，我知道我的所作所为必须正直无私，必须得到我所服务的人们的信任和认可。我有义务向同行和社会说明我的行为，并恪守准则。

我自愿以我的名誉宣誓。

这一行为在商学院学生和商界中产生了积极的影响，在公众中也得到了很好的反响，进而转化为实际行动。有 400 多名哈佛商学院毕业生在这份誓言上签名，另外还有来自全球 300 所学院和大学的 6 000 多名工商管理专业学生也签了名。想要了解更多信息，请登录 www.mbaoath.org。

商业伦理知识可以传授给他人吗

考虑到以前发生的诸多事情，你也许会质疑商业伦理知识可以传授给他人吗？前文提到的那些不道德之举都是某些害群之马所为，他们很可能没有从家庭、神职人员、以前的学校或者公司那里学会伦理知识。如果情况属实，那么伦理教育就是在浪费时间和金钱，我们的资源应该用于找出并剔除这些害群之马，而不是尝试去教育他们。我们极不赞同这种观点，并且我们可以提供充足的证据。

害群之马难道不是组织内伦理问题的根源吗

根据害群之马理论，无论人的本性是好是坏，组织都无法改变他们。这种理论在一定程度上是正确的，因为不道德行为确实可以归咎于某几个人。解雇自然不是令人开心的事情，然而，找出并剔除几个害群之马，自然会比找出导致害群之马存在的组织问题更容易一些。

尽管害群之马理论有一定的说服力，但是“本性”却没有明确的定义；当人们提及“本性”时，往往很难说清那到底是什么。也许他们指的是一种复杂的综合体，它能够引发个体在面临伦理困境时的行为。如果说本性指导伦理行为，那么伦理培训就没有任何作用，因为人们往往认为本性是稳定的：不会因为时间而改变，会保持长期不变，会在不同的情况下引导个体的行为。个性的形成是缓慢的，是学校、家庭、朋友共同熏陶的结果。因此，人们在进入教育机构或者加入工作组织之前就已经具有好的或坏的个性。好的还会是好的，坏的仍然是坏的。

事实上，人们确实事先就有道德或不道德的倾向性（我们将在第 3 章讨论这个问题）。反社会分子溜进组织内部的唯一目的就是利用组织的资源，欺骗客户，并且以牺牲他人为代价网罗自己的党羽。我们肯定会想到那些有名的骗子，如伯纳德·麦道夫。他们对于“做好事”没有任何兴趣。当你的组织中出现这种人的时候，最好剔除这个害群之马，杀一儆百。

但是，剔除害群之马通常并不能清除组织内部的不道德行为。组织必须自我反省，看看是否有些不良因子在侵蚀着整个组织。例如，电影《安然：房间里的聪明人》讲述安然公司推行一种“鬼才在乎”的非伦理文化。阿瑟·安德森公司起先重视的是审计的完整性与真实性，后来的工作重点却是只要不超出底线就够了（见第 5 章）。你会在本书中发现，大多数人都不是受一个精密的内部道德指南针引导的。更确切地说，他们是根据自身以外——周边的环境去决定怎样行动和思考的。这在金融危机的时候显得尤为真实，因为那时大家的口头禅就是“每个人都这么做”（还有，“赚很多钱”）。在工作中，管理者和组织文化会给予我们很多关于行为和思考的指导，例如薪酬系统就对短期思考和利润起到了很大的作用，这在近期的金融危机中是确有其事的。在本书中，你会了解这些组织影响的重要性，以及如何对此加以控制，从而鼓励道德行为，避免不道德行为。

因此我们的观点是，人之所以会变成害群之马是受到了“糟糕的束缚”的约束——组织内部存在纵容甚至期待不道德行为的因素。大多数人最初并不是不道德的，但如果他们认为他们的老板或组织期望他们做出不道德行为，或者其他人都在这样做的时候，那么他们就会变坏。这样看来，如果一个组织确实想要推行道德行为，禁止不道德行为，就必须深入自身的管理体系、企业规章和行为中，去寻找导致不道德行为的系统性原因。管理层必须对其所传达的或者准备传达的信息负责。如果伦理问题源于组织文化，那么仅仅剔除几个害群之马而不对组织文化做出调整，是不可能解决问题的。一个长期有效的解决方案，就是让管理层关注组织文化的各个方面，以及直接或间接向组织成员“传授”的信息。（见第 5 章）

道德和不道德行为的来源问题恰好反映了心理学上关于广义的“先天的本性/后天的培养”的讨论。我们的行为更多的是基因遗传（先天的本性）的结果，还是受环境影响（后天的培养）的结果呢？大多数研究表明，我们的行为是先天和后天因素共同作用的结果。因此，具体到道德/不道德行为，答案并不是其中之一，而是两者共同的作用。个体的先天性情会影响其在组织内的行为，但是工作环境同样具有很大的影响力。在本书中，你将看到严格管理工作环境之后，道德行为会多于不道德行为。

➲ 员工是不是应该早就知道对与错之间的区别

与害群之马理论相关的一个观念，就是本性好的人应该早就明辨是非，不经过特殊的培训就很懂伦理了，认为他从父母、学校那里已经知道在工作中也要信守自己的伦理观念。你很可能认为自己是个本性很好的人，但是你的生活经验是否足以让你在面临商业与伦理的冲突时做出正确的决定？你的父母、老师，以及在你的生活中具有影响力的其他人，是否与你讨论过以下问题？认真考虑一下这个真实的困境吧。

你是某中型企业的副总裁，该企业在生产过程中使用化工原料。你以极大的诚意雇用了一个极具实力的科学家，以确保企业的行为符合所有相关的环境法规和安全规章。该科学家告诉你，企业目前使用的一种化学物质不在环保局的核准清单中，但是研究表明这种物质是安全的，按照流程安排，三个月内就会进入核准清单。不用这种化学物质，你的企业就无法正常生产，但是按照法律规定，除非经过了官方的批准，否则不能使用该物质。如果等待官方的审批，就意味着企业要停产三个月，几百名工人都会失业，企业的生存也将受到威胁。你会怎么办？

面对这样的困境，并没有一个明确的解决方案，好的本性不足以指导你做出决定。如同所有的伦理困境一样，价值观出现了冲突——是遵守法律，还是维持企业的正常运营，保住工人的饭碗？令决策更加困难的是，已经证明该物质是安全的，只需要几个月就会审批通过。和当今众多的商业决策一样，这种复杂的问题是要借助具体的职业技能来解决的。例如，掌握一些关于化学、环境法规的知识是必要的。仅仅具有良好的本性和良好的家教是不够的。

职业伦理和伦理教育领域的学者詹姆斯·瑞斯特的理论很有说服力：“与其假设任何

一个本性不错的 20 岁年轻人在工作环境中都能够遵守职业道德，还不如假设任何一个逻辑思考能力强的 20 岁年轻人在不接受特殊教育的情况下都能够成为律师。”一个人的本性不错（无论这意味着什么），并不能保证他能很好地应对职场中可能出现的伦理困境。而特殊的培训则能够帮助他在问题出现之前就做好准备；当问题出现时，认清其中的矛盾冲突，并且从个人工作和企业的角度思考伦理问题。

➲ 成年人的伦理观念难道不是已经完全形成而且无法改变的吗

另外一个使人们认为商业不能传授的错误假设，就是一个人在上大学或者参加工作之前，伦理观念就已经完全形成而且无法改变。然而，伦理心理学研究发现，这种假设是绝对错误的。孩子和年轻人通过与同龄人、父母及其他重要人物的复杂的社会交往，形成自己的伦理判断能力，这个过程至少会持续到青年时期。事实上，研究发现，相比不到 20 岁的青少年，二三十岁的年轻人通过教育培训，伦理判断能力得到了明显提升。由于大多数人都是青年时就参加职业教育培训进入企业的，所以显然还有机会改变其伦理判断能力。

商学院的学生也许比其他人更需要伦理教育，因为研究发现，他们的伦理判断能力落后于哲学、政治、法律、医学和牙科专业的学生。并且，与其他专业或者定位于其他职业的学生相比，商科的本科生及打算从商的学生学术作弊（考试作弊、抄袭等）的概率更高。至少，专业伦理教育会使人们注意到那些容易忽略掉的进退两难的情况，以及伦理的灰色地带。下面是一个 27 岁的哈佛学生在接受哈佛工商管理硕士教育之初，学习了九个模块的决策和伦理观念必修课程之后的感想。

> 以前，每次面对一个商业难题，我都不会有意识去考虑其中的伦理问题。伦理道德存在于我的潜意识之中，我希望在某种程度上遵守它，它从来都不在我考虑的范围之内。但是现在遇到问题，我会考虑这种影响。我正打算投资一个 1 000 万美元的项目。这个项目会为生活在这个区域内的人和周围的环境带来什么影响呢？……学习了相关课程后，我开始思考这些问题。它们让我不要选择错误的道路，否则我可能越陷越深，以致无法自拔。

2004 年，1979 届的哈佛工商管理硕士生返校参加毕业 25 周年聚会。系主任说他现在的首要任务是推出一门关于价值观和领导能力的新课程，并且保证“会用毕业的精力将学院建成深受大家信任的学院”。

从上面这些例子可以看出，伦理知识是可以传授的。道德行为不仅依赖于好的本性。尽管良好的家教可以作为指引个人正确的发展方向和决策的道德指南针，但这并不是引发道德行为的唯一因素。在如今极其复杂的企业中工作，人们还需要额外的指导。人们可以通过接受培训学会辨认工作中可能出现的伦理困境，了解与工作相关的规则、法律和准则，学习能够做出最佳伦理决策的推理策略，理解组织生活与个人做好事的愿望之间的矛盾。例如，与国防有关的行业的商人需要遵守的法规远比一般人所知道的更多。

剩下的问题就是是否应该教授伦理学。很多人仍然认为伦理学是个人问题，应该由个人来解决。他们觉得教授伦理学就像宗教布道，是试图把某种价值观强加于人，并且操纵某些行为，是不恰当的做法。但是我们觉得雇主有教育员工的责任，告诉他们如何辨别和处理工作中可能出现的伦理问题。不能帮助员工认清工作中的风险，就如同没有教会机械师如何正确地操作机器。这两种情况的结果都是不好的，是糟糕的管理。我们还认为，作为商科的老师，我们也有责任帮助你为即将面对的复杂的伦理问题做准备，并让你认真考虑怎样才能带领他人遵守道德规范。

伦理的定义

有关伦理能否或者是否应该教授的争议源于对伦理的定义的不同。伦理可以定义为“一系列道德准则或价值观”。这个定义认为伦理是因人而异且相互关联的。我有我的伦理观念，你有你的伦理观念，谁也不能将自己的伦理观念强加于别人。我们对于伦理的定义是“引领个人或者组织行为的原则、规章和行为准则”，其侧重点是行为。我们期望雇主能够制定与工作相关的行为准则，包括最平常的事情，例如上下班时间，是否允许在公司内吸烟，如何对待客户，以及对工作效率的要求等。伦理行为准则与这些并没有太大的区别。很多雇主都投入了大量的时间和金钱来制定员工行为准则，包括如何填写开支报告，哪种客户礼物是可以接受的，什么是利益冲突，什么是贿赂。如果我们关注的是行为，伦理就会成为好的管理的延伸。公司领导能够区分行为是否恰当，而且会通过道德准则、培训项目和其他渠道将自己的期望传达给员工。

在大多数情况下，员工会认同公司的期望和政策。例如，谁不认为偷窃公司财物、向客户撒谎、向当地的河里倾倒致癌的化学物质或者不遵守防务合同是错误的呢？但是，有些时候，员工会发现组织的标准与自己的伦理观念不一致。举例来说，一名极其认真的保护健康组织的成员可能会反对向孕妇提供遗传咨询服务。又如，一名坚定的环保主义者可能认为，组织在决定新技术或环境清洁开支时，不应该满足于《环境法》的最低标准。这些人可能对雇主的决策产生影响。否则，这些人唯一的选择就是离开该组织，寻找与自己的价值观更契合的组织。

恰当的控制还是糟糕的控制

不管我们是否愿意承认，我们的伦理行为都受到了环境的影响（并且在很大程度上受其控制）。

在工作中，公司领导、经理及整体的文化环境是影响力与指导的重要来源。如果我们作为领导，不对员工的行为进行指导，那么我们就在无意中使他们的行为被其他人所“控制”。如果任其发展下去，就会让他们变得不计后果，进而让整个组织受到威胁。对于伦理行为的引导是控制员工行为的重要一部分，它体现了组织规章制度的核心内容，就不同情况下行为是否恰当提供了说明和范例。

但是组织是否应该通过这种方式“控制”员工的行为呢？著名心理学家斯金纳认为，有意识地控制员工的行为是允许的，并且是可以接受的。他认为所有行为都受到有意或无意的控制，因此需要更多的而不是更少的有意控制。同样，组织内的道德或不道德行为已经明显或者潜在地受到了现在的组织文化的控制（见第 5 章）。因此，组织如果忽视了对员工伦理行为的教育，就可能鼓励了不道德行为。管理者有责任通过直接管理和组织的正式或非正式文化体系给予员工明确的指导。试图影响下属伦理行为的上级不应被视为干预者，而应视为自然管理过程的一部分。

总之，我们认为教育机构和工作组织应该向人们传授伦理知识，引导人们向有道德的方向发展。成年人接受并通常欢迎这种引导。伦理困境并不全都是害群之马造成的，有时还是“糟糕的束缚”——组织体系鼓励不道德行为或者对这种行为听之任之的结果。在如今复杂的组织中做出伦理决策并不简单，仅靠善良的本性和良好的家教是不够的。与个人在伦理困境下决策所需的知识不同，在某一具体的工作或组织环境中做好伦理决策要求具备特殊的知识和技能，而这种知识和技能是可以传授和培养的。

本书是关于商业伦理管理的

本书提供了独特的商业伦理教授方法。不同于传统的哲学或法律的角度，我们选择的是管理学的角度。我们（两位作者）都具有多年的管理、咨询经验，以及管理学教学和研究经验。根据我们的经验，我们开始假设商业伦理实质上是关于人类行为的，如果我们能够理解组织环境中的人的行为，就能更好地理解和管理自己和他人的伦理行为。1985—1993 年，肯特·杜伊韦斯顿担任通用动力公司伦理管理的副总裁，并且是一家美国公司的第一批“伦理执行官”之一。多年来，在与学生和高管的多次谈话中，他都对哲学和管理做了清晰的划分。他说：“我不是哲学家，我在这儿也不是要讨论哲学。伦理学的主题是行为。”

我们同意杜伊韦斯顿先生的观点。经过多年的研究和实践，我们认为需要用管理学方式研究组织伦理学。和其他管理问题一样，管理者需要明白行为背后的原因，从而施加影响。大多数管理者都希望一起工作的同事有所作为，能生产高质量的产品，对客户的态度好，并且所有这些行为都是通过极其有道德的方式进行的。他们还非常希望也非常需要他人帮助他们完成这些目标。

因此，我们通过管理学方式来理解商业伦理。我们引入了一些概念来引导管理者，帮助管理者理解自身和组织内其他人的伦理行为，为那些想要引导组织或部门向更加有道德的方向发展的人提供了切实可行的建议。

我们将商业伦理行为定义为“符合社会所认同的原则、规章和商业行为标准的行为”。虽然在某些原则、规章和标准上还存在分歧，但是，我们认为分歧毕竟只占少数。很多标准都已被收入了法律条文。其他的则已经成为公司或产业的行为规则，或者成为国际贸易协定的一部分。

重要的是，我们认识到，人们在工作组织内所做的决定不仅会受到个人特征的影响，还会受到组织特征的影响。我们还认识到，工作组织是在广泛而复杂的国际大环境下运作的。我们将在后续章节中介绍有关个人决策、群体和组织的影响，社会和全球商业环境等内容。图 1.1 所示的就是我们提到的第 1 部分内容——个人决策过程中所受到的影响。

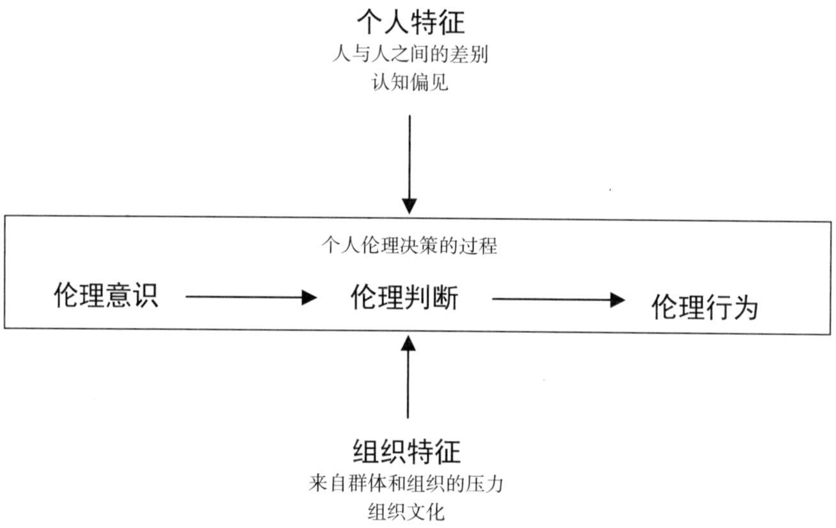

图 1.1　伦理决策过程

伦理与法律

认真审视法律与商业伦理之间的关系是非常重要的，因为如果人人都遵纪守法，就没必要写一本关于商业伦理的书了。或许思考商业伦理和法律之间的关系的最佳方式就是利用韦恩图（见图 1.2）。如果将法律看作对社会最低限度的商业行为标准和准则的反映，我们就会发现合法行为与有道德行为有很大一部分是重合的。因此，很多人认为遵守法律的行为就是道德行为。但是，还有很多被社会普遍接受的行为标准并未被列入法律条文。例如，某些利益冲突是合法的，但是社会通常认为是不道德的，是被道德准则所禁止的。又如，与你的下属有染可能是合法的，但是在大多数公司中都被视为不道德行为。

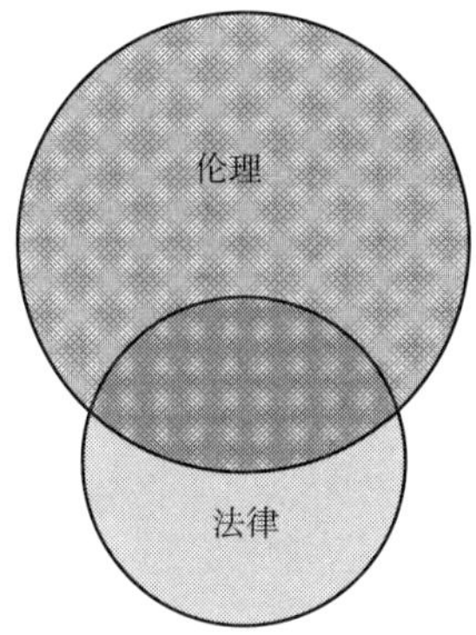

图 1.2　伦理与法律的关系

如前文所述，引发 2008 年金融危机的许多商业行为都是合法的，却是不道德的。因此，道德的范围包括了法律但延伸得非常广泛，还囊括了法律不涉及的很多道德标准和问题。你甚至还有可能遇到觉得法律不道德的情况。例如，曾经有很长一段时间，种族歧视在美国是合法的。但实际上，种族歧视过去是，现在也是非常不道德的。同样，很多公司在只有极少甚至没有防止环境污染或劳动者保护法律条例的发展中国家开展商业活动。他们可以在这些国家“合法地”污染空气和水。这些公司需要确定是遵守这些国家中比法律标准更高的道德标准，还是危害当地的环境和当地人的健康是无所谓的事。由此可见，法律和伦理虽然有很多重合，但远没有到完全重合的程度。

为什么要有道德？为什么困扰？谁会关心？

假设你同意“商业伦理知识是可以传授的”这一观点，作为现在或将来的管理者，你刻意营造支持道德行为的环境，但你仍然可能疑惑自己为什么应该关注伦理问题。作为工人，我们应该注意伦理问题，因为我们大都希望在有道德的组织中工作。我们希望自身感觉良好，对工作也感觉良好。因美国国际集团、花旗集团、雷曼兄弟公司、美林证券和其他金融机构的贪婪而引发了 2008 年那场席卷全球的金融危机，作为有责任感的公民，我们必须关心那几百万美元因为这次危机而失去退休储蓄的人，他们是我们的父母、配偶、孩子和朋友，他们就是我们！我们生活在全球化的社会，彼此之间，以及与周围的环境之间，都是密不可分的。我们的未来取决于我们是否有足够的同情心。

最重要的是，这是正确的事。

➲ 个人对于伦理的关注：动机是有道德的

古典经济学家假设：事实上，所有人的行为，都完全受自身利益的驱动，也就是说，人类是纯粹的理性经济人，决策的唯一依据就是成本效益分析。但是一个新的自称为行为经济学家的群体发现，人们不仅不像古典经济学家假设的那样理性，而且更加有道德。大量的证据表明，利他或者有道德的人的行为似乎都不是经过了成本效益分析。例如，人们会将捡到的钱包原封不动地寄给失主；会帮助处于危难之中的陌生人；会将骨髓捐赠给陌生人或者将肾捐给家人。即使唾手可得，绝大多数人也不会去偷窃。

阿米泰·埃奇奥尼在他的《道德维度》一书中引用了更多的例子和研究结果来印证他的结论：人类行为有两个明显不同的驱动力——追求自身利益或者追求道德。因此，人们在做决策时不仅考虑了自身利益，而且考虑了道德和情感因素。人们受到了经济和道德的双重驱动。

在行为经济学一个经典的实验中，实验对象 A 获得了 10 张 1 美元的纸币，并且可以自由决定给予实验对象 B 多少张纸币。实验对象 B 可以选择是否接受 A 的赠予。如果 B 接受了，那么两人都能得到自己的那一部分；如果 B 拒绝了，那么两人都将一无所获。单纯从经济学的角度来看，A 最好是给 B 1 美元，剩下的留给自己，B 则应该接受，因为按照经济学的说法，得到 1 美元总比什么也得不到好。但是，大多数情况下，A 都会给 B 5 美元，平均为 4 美元。B 通常拒绝接受 1 美元或 2 美元。

经济学家从理性的自身利益的角度无法解释这个实验结果，两个实验对象的行为似乎都受到了公平意识的驱使。有意思的是，当人与机器做这种博弈的时候，人们的行为和古典经济学家的预期一样，因为人们并不期望机器会讲究“公平”。另外，患有自闭症的实验对象 A（这种自闭意味着他们不会考虑别人的感受）的行为也与古典经济学家的预期一致。大多数人在与其他人的互动中期望公平，实验表明，他们甚至会放弃经济利益以确保公平。

神经科学也开始证实人类的伦理观念。利用新的成像技术，科学家在大脑中发现一种特别的神经细胞——梭形细胞，这种细胞在人们感觉到不公平或者被欺骗的时候就会活跃起来。只有人类和非洲类人猿才有这种细胞。一个成年人有 8.2 万个这种细胞，而大猩猩只有约 1.6 万个（这或许解释了为什么大猩猩可能会救人类的孩子）。黑猩猩的这种细胞还不到 2 000 个。这种细胞在人类 4 个月大的时候开始出现，并随着人类伦理观念的发展而不断增加。

2003 年，神经科学家采用功能性磁共振成像术探测了参与实验对象的大脑内部，他们发现不公平的建议与大脑控制负面情绪那部分细胞的过分活跃有关，也与负责长期计划的那部分细胞有关。拒绝不公平建议的实验对象，通常也是胜出的一方，其大脑负责情绪部分的细胞更为活跃。

根据上述实验结果，我们在开始写本书的时候就做了一个重要假设——作为人类和社会的一分子，我们都有自己的道德伦理尺度，也有自私自利的一面。我们对于道德伦理的关注基于这两个方面的原因。

除了追求基本的公平和利他主义，员工还很关心个人的名誉。在如今的工作环境中，成功依赖于个人与他人一起有效工作的能力。信任是维持个人与部门之间、与项目级的同事之间的关系的润滑剂。老话说“好人吃亏”，我们不同意这种说法。如果这是在说坏人会先出头，那么这也只是一个短期结果。如果别人对你的评价是难以相处、不诚实，或者同事发现你有可能隐瞒了重要信息，你就得不到晋升。鉴于人际关系对于商业的重要性，正直成为成功与个人满足感必不可少的组成部分。在社交网络时代——不良行为可能在几秒钟之内广为人知，这一点显得尤为突出。

➲ 员工对于伦理的关注：员工的吸纳与员工的忠诚度

各个组织都很注重自身吸收和留住最好员工的能力。证据证明，员工更倾向于并且更忠诚于有道德的组织。“如果人们认为他们在为目标更加崇高的组织工作，他们就会更加忠诚可靠，至少会更受激励。”

在本书出版之前，来自 80 多所院校的毕业生签署了“毕业保证书”。他们承诺找工作时会“考虑这份工作对社会和环境的影响”。他们还承诺会帮助所就职的企业“提升其对于社会和环境的影响力”。他们将来的雇主对于这些毕业生及其奋斗目标都抱有很大的兴趣，因为这些毕业生不再仅仅是为了谋生而打拼。

近期的调查显示，有必要关注组织伦理对于现在的和将来的员工的影响。英国的一项针对千禧年员工的调查表明，44%的人认为有意义的、能够帮助他人的工作比高薪更重要，62%的人希望为有积极影响的企业工作。

➲ 管理者对于伦理的关注

管理者之所以关心伦理，主要是因为他们经常面临一个棘手的问题，即如何防止和管理团队中的不道德行为。如果要管理者给出这方面的例子，那么恐怕一天也说不完。除了在公司承担的职责，管理者还有责任监控下属是否有非法行为。例如，关于员工盗窃财物造成的损失的估计就很惊人。美国商会估计，每年因员工盗窃造成的损失达 400 亿美元。商业银行领域的员工盗窃金额每年估计为 10 多亿美元，比银行抢劫案每年造成的损失还要多。除了这种利己主义的动机，如果员工认为（无论对错）这是大家期望的，或者这是因遭受不公平待遇而导致的正义行动，那么他们也可能做出不道德行为。又或者，他们根本不知道自己的行为是不道德的。

不管是什么原因，下属的不道德行为都是一个难以解决的管理难题。结构重组会减少管理层级，从而使更少的管理者面对更多的员工，这样会让解决问题变得更加困难。由于需要监管更多的下属，所以管理者无法直接监督下属的行为。结构重组还会让企业内部兼职员工或临时员工的人数增加。这些员工对于企业的忠诚度更低，也更有可能做出像盗窃这样的不道德行为。

同样，激烈的商业竞争和对于底线的严格限定，都有可能让更多的员工跨越道德行为与不道德行为之间的界限。员工也许认为销售数字造假、诋毁竞争对手或者欺骗客户等行为，能够帮助企业取得成功（至少在短期内）。那些有被裁员风险的员工更有可能采取不恰当行为。很多人是这样想的："达到目标才是最重要的，至于通过什么方式达到并不重要。"因此，如今的管理者需要更加努力地向员工传达这样一种观念——即使在激烈的竞争中，企业也期望员工恪守道德准则。

最后，管理者要明白良好的道德声誉能给企业带来长期、良性的效益。得州仪器公司的前伦理总监卡尔·司库兰德说：

> 有充足甚至强有力的理由要求我们有道德。如果你进入某个社交圈，然后有人告诉你，"我认识你，我知道你的过去，我可以相信你"。这非常重要。两年前我们对员工做了问卷调查，我收到了一封匿名信，上面写道："道德方面的声誉是无形的，是所有商业谈判中的无声搭档。"我同意他的说法，并且认为它适用于个人和商业关系。与无良公司做交易是很困难的。你无法相信它们，你永远不知道它们的承诺是否会实现。在我们公司，客户告诉我们，有一件事它们很有把握，那就是一旦做出了承诺，我们就会全力以赴去履行。与这样的公司做交易显然很轻松。

➲ 行政领导对于伦理的关注

在近些年广泛报道的商业丑闻、巨大的福利薪酬包和首席执行官一系列内幕曝光的影响下，很多人很自然地对首席执行官的道德产生了质疑。其实，很多首席执行官很在意企业内部的伦理，以及企业在社会上的商业形象。

IBM 前董事会主席约翰·埃克斯写道："在一个社会中，如果人们在背后互相攻击，或者人们互相窃取财物，或者彼此之间缺乏信任以致任何事情都需要公证，或者任何斗嘴都会演变成诉讼，或者政府需要通过制定强制性法律来束缚企业的手脚以迫使其诚实……那么这个社会是不会长久、顺利地存在下去的。这是无法逃避的事实。社会内部的相互信任或者对道德的信心越多，那么社会的经济实力就会越大。"通用电气公司首席执行官杰夫·伊梅尔特在哥伦比亚大学就伦理发表了一段颇有影响力的讲话。伊梅尔特说，比股东、员工及更大的利益更为重要的是，领导者应该首先考虑如何保护好企业，"我认为，在 2008 年伦理行为是至关重要的，它源于坚持、卓越、责任和安全感，让企业在任何艰难困苦中都能渡过难关"。

投资界的传奇人物、伯克希尔·哈撒维公司首席执行官沃伦·巴菲特的话也许是对道德与正直的最好描述，他说："人们说要雇用员工的时候，其实是在寻找三种品质——正直、才智与干劲。如果应聘者不具备第一种品质，那么其他两种就会把你害惨。好好考虑一下吧，这是事实。如果你雇用了不具备第一种品质的员工，那么你宁愿他们又笨又蠢。”

我们认为，组织伦理显然是个管理问题，应该是各个管理阶层关注的重点。

行业对于伦理的关注

如果某些企业因伦理丑闻而声誉败坏，那么整个行业都会受到连累。因此在某些行业，各企业会自愿联合起来推动行业内部的伦理行为。其中最著名的是国防产业倡议组织（DII）。愤世嫉俗者可能认为提出倡议只是为了逃避政府严格的管制，这些企业并非真正“关心”伦理。固然，这些倡议通常是因应对丑闻或危机而产生的，但是这些年来，它们已经发挥了自己的作用。倡议组织的成员将正确行为的理念内化，雇用持相同理念的员工，制定措施强化理念并使其在成员之间形成制度。

国防产业倡议组织是一个大型的行业内部的自愿倡议组织。该组织在其网站上表示，它是“美国国防产业承包商财团，致力于制定一系列行为准则，其目标是高标准的商业行为和商业伦理”。它源自负责国防管理的总统蓝带委员会（帕卡德委员会），这个委员会是在 20 世纪 80 年代初一连串的国防产业丑闻发生之后组建的。1986 年，总统蓝带委员会提出，国防产业需要通过企业的自我管理来改进。当时，一些企业自愿走到了一起，“拥护并推进商业伦理行为”，他们的努力一直持续到今天。截至 2016 年，77 家企业在倡议上签字，同意遵守如下准则：

- 我们将在与美国政府的所有贸易往来中诚实经营，保护纳税人的权益，为美国军队的所有官兵提供高质量的产品和服务。
- 我们会将最佳的伦理观融入有关商业行为、培训和伦理文化的正式规定中，并通过交流、培训及其他形式推广这一伦理观。我们还将遵守并尊重政府的所有法律法规。
- 我们将树立并保持商业伦理观，设立反馈机制监督企业是否遵守自我管理的承诺，并且鼓励员工上报可疑的不恰当行为，防止对上报者的报复行为，保证对违反法律法规行为的揭露程序是在义务和自愿的原则下进行的。
- 我们将分享关于商业伦理及其行为规范的最佳经验，并且每年参与国防产业倡议组织最佳行为论坛。
- 我们有责任向公众汇报，因此将定期通过公共论坛包括 ww.dii.org 网站分享和报告协议签署成员的活动。汇报的内容包括成员如何建立并坚持商业伦理观，以及履行情况。

该组织每年都要举办一次为期两天的最优行为论坛，该行业的重要客户和国防部人员都会出席。该组织还举办关于某些具体主题的研讨会，包括一年一度为期两天的培训伦理专业人士的研习班。此外，他们每年都会向公众和政府公开国防产业倡议组织当年的主要活动。

社会对于伦理的关注：商业和社会责任

商业伦理的重要性还在于社会的关注。从经济的角度来看，商业是强大的。沃尔玛的规模和利润使其经济力量甚至强于大多数国家。商业的问题值得探讨，因为它必须负责任地使用自身的权力，否则就可能失去它。负责任的使用权力意味着需要考虑各个利益相关者的利益。所谓利益相关者，就是受商业及其行为影响的，对商业的运作及其结果感兴趣的群体。这些利益相关者包括各方人士，如股东、员工、供应商、政府、媒体、社会积极分子等。利益相关者通常有权干预企业的行为。例如，员工可以罢工，客户可以拒绝购买企业的产品，抗议者会制造负面舆论，政府则可以通过制定法律来限制企业的活动。因此，对于企业来说，至关重要的是将利益相关者列入考虑范围。利益相关者期望什么，需要什么，企业在做影响他们的决定之前都必须了解清楚。增加的法规几乎是社会对于商业丑闻的必然反应。与新法规伴随而来的是成本的增加和经济力量的减弱。此外，如果企业不规范自己的行为，就有可能承担法律责任，并且导致经济损失。即使不承担法律责任，不负责的企业也会遭受名誉损失，而名声一旦受损是很难再挽回的。因为商业日益全球化，商业行为的透明度越来越高，所以隐藏不良行为几乎是不可能的。各国对于企业社会责任都越来越重视，我们将在第 9 章中详细讲述各国对企业社会责任的重视及其原因。

信任的重要性

伦理所带来的更加难以言传的好处就是信任。信任确实具有经济和道德价值，尽管这些价值是难以衡量的。科学家开始对“信任生物学”进行研究。在错综复杂的信任关系中，神经学家发现大脑能够释放一种荷尔蒙——催产素，使“合作的感觉不错”。

信任在服务经济中是至关重要的，因为这个行业中的每个企业只能依靠自己可靠的声誉和良好的服务。个人和组织的信任账户就像银行账户。诚实的行为和信守承诺就是向信任账户里存款，增加自己的储备金。只要能够维持这个储备金，你就可以从账户里取款，哪怕犯错误。拥有了信任储备金，就意味着个人和组织可以不接受审查，从而在行动上拥有灵活性和自由度，节省了大量本来用于处理各种人际关系的时间和精力。假设婚姻是建立在信任基础上的，那么婚姻双方就可以全心投入各自的事业，而不必考虑是否需要雇用私人侦探去探查对方的行踪。建立在信任基础上的商业关系也是这样。握手就意味着双方达成了协议，商业伙伴的约定可以视为合同的签订。企业还与客户建立信任关系。强生公司为它的信任账户投入巨大。1982 年的中毒事件之后（第 10 章会详细讲述该事件），强生公司从商店的货架上收回了所有的泰诺。虽然没有人要求召回该产品，并且召回的代价高昂，但是该公司将客户放在了第一位。在全球合作和联盟，以及跨文化管理团队中，信任更加重要。信任促进了思想与信息的公开与交流，降低了高昂的控制成本，提高了对于变化的适应能力，使人们更愿意在多文化、充满挑战的环境中工作。

但是，信任账户很容易透支。透支之后，灵活性也就消失了。一言一行都会受到仔细审查，还面临是否诚实的加倍质疑。对于企业来说，合作方会雇用专门的律师，严格审核合同之后再签署，过去可用来遮掩的一切都消失了。最近发生的一些企业伦理丑闻使得公众的信任出现了很大的空缺。全球的商业体系都依赖于公众的忠诚和信任。而这种信任因为企业给社会带来的巨大损失而遭到严重损害。十年甚至更早以前，公众没有将安然公司、安达信会计师事务所、世通公司、泰科公司和阿德菲亚有线电视公司等的垮台视为异常现象，而认为这是商业文化出现偏差而引发的问题。尽管商界也做了一些努力来改变商业给人们留下的不太讨喜的印象，但 2008 年的金融危机几乎摧毁了公众对于商业、政府、金融和经济的信任。在《巴伦周刊》所做的关于世界最受尊重的 100 家企业的年度调查中，一些金融企业在金融危机过去八年之后仍然岌岌可危。例如，美国银行和花旗集团仍然未能从各种非议中脱身，它们分别排在第 94 名和第 95 名。到本书出版为止，美国富国银行还在因为 2016 年爆出的巨大丑闻而举步维艰，它的排名从 2015 年第 7 名直线下降。调查结果显示，苹果公司、迪士尼公司和伯克希尔·哈撒韦公司名列前茅。

不幸的是，所有公司都受到了丑闻的影响。那些蓝筹公司如今面临股东更加严格的审查和更多的疑虑，股东要求公司公开账簿，披露比以往更多的信息。如果未达到预期利润或者预算稍有超支，就会被视为财务作假，股东对企业的怀疑远多于信任。商业体系中的信心和信任必须重建，否则资金链（这个体系中的动力源）就会断裂。

一个好的消息是很多企业都对此做出了回应。董事会正在逐步用更加独立的局外人替换内部成员，股票期权被取消，首席执行官薪酬中的超额部分也被逐渐削减。企业的领导层要求员工不仅要重视法律的条文，还要重视“法律的精神”。

信任的意义要大于商业本身。社会混乱的原因之一就是人们对企业缺乏信任。近期盖洛普的调查显示，企业的信任度在过去 25 年中明显下滑。例如，1987 年有 51%的受访者表示“极其或相当”信任银行。到了 2015 年，这一比例已经下降到 28%。1986 年美国有 41%的受访者表示“极其或非常相信”国会，2015 年则下降到 8%。对于总统、公立学校、报业及其他构成社会基础的单位，信任的比例也有相同程度的降低。缺乏信任并不是好事，近十年来出现的道德沦丧的事件，被证明是对整个社会的损害，因为相当多的人不再相信任何人。如果人们觉得连彼此畅所欲言都是件难事，信任就更加难以企及了。

价值观的重要性

价值观的含义比信任更为宽泛，你可以将价值观视为厘清本书思路的一个“线索”。价值观与个人、企业和社会都是相关的。对于个人来说，价值观可以定义为“个人的核心观念，包括什么重要、什么有价值，以及面对各种情况时应该如何应对”。例如，我们大多数人将诚实、公正、尊重他人视为重要的价值观。人与人的区别在于人们如何将价值观排序。举例来说，有人可能觉得欲望比其他东西更重要，也有人认为助人为乐高于一切。人们所秉持的价值观会影响其重大决策，如职业选择或特殊情况下所做的决定。例如，对于那些认为助人为乐高于一切的人来说，他们更倾向于选择社会工作之类具有帮助性质的职业；而对于那些觉得欲望比其他东西更重要的人来说，则更有可能从商。在第 2 章，你将有机会思考你自己的价值观及其对你的道德决策所产生的影响。

价值观也与企业有千丝万缕的联系。我们中有很多人见过关于企业价值观的宣言，其内容就是为员工树立一个共同的目标，同时向外界展示企业的某些特性。如果你没看到过，那么你只要浏览一下企业的网站，就会发现大多数企业网站都有与价值观有关的内容。价值观往往还包含了差异化、正直、多样化、创新、协作等。如同个人的价值观指引了人们思考和行动的方向，企业的价值观也决定了企业的想法和行为。与个人一样，其关键在于企业如何定位其价值观的重要等级。拿 3M 公司来说，其企业文化中最重要也是最根深蒂固的特性是创新。创新得到各种形式的鼓励，甚至经由企业高层的承诺融入企业文化中，于是形成了鼓励协作和团队合作，视错误为学习的机会这样一种企业文化。

在第 5 章中，你会看到企业的价值观如何从根本上加强企业的伦理文化，以及如何影响企业管理人员和员工的行为。因此，如果企业注重多样化和差异化，那么他们就更倾向于雇用并留住各种类型的员工，并且在选择供应商和做其他决策的时候，也会将多样化考虑在内。如果一家企业非常重视多样化，那么当客户坚持只与男性白人谈生意的时候，他们就会放弃合作。

但是，企业并不总是"真正"重视它们所说的很重视的东西。这也就是为什么企业的价值观宣言有时似乎成了《呆伯特》漫画里的笑柄。举个例子，在安然公司的价值观宣言里，长篇累牍地阐述企业追求卓越、注重多样化和差异化是其核心价值观。而安然公司的丑闻表明，它真正在意的是不惜一切代价追求利益的最大化，这与它在价值观宣言里所描述的相去甚远。企业要将价值观贯彻到底，那么必须每天都按照价值观去做。

社会和文化也与价值观相关，它们是商业环境的重要组成部分，受到企业和商务人士的关注。说到跨文化价值观，我们往往强调的是差异性。但是在第 11 章中你会看到，当价值观跨越文化的界限时，经常是相似多于差异。即使在道德败坏的地方，如果你问人们什么是他们所向往的，他们也会告诉你，他们更愿意生活在诚实公平经商的环境里。我们还会在下文中反复讨论价值观，就如同用试金石来检验商业伦理行为。

本书的结构安排

本书的第 2 部分是关于伦理与个人的。第 2 章简明扼要地向读者介绍了一些基本的哲学理论，这些理论是传统研究个人伦理决策的基础，是从严谨的学术角度来看待问题的。

第 3 章则更多地从哲学的角度探讨个人伦理决策，为第 2 章的内容提供了“实践检验”，包括让管理者了解每个人的个性特点会影响到员工的伦理决策，而人类的认知误区会对理想的决策过程形成干扰。第 4 章将个人经常在工作中遇到的伦理问题进行了分类，让你有机会学以致用。第 4 章还介绍了如何上报伦理问题和维护个人权益等内容。无论动机多么良好，伦理判断多么谨慎缜密，做正确的事都可能遭遇重重险阻。

第 3 部分的内容侧重于企业内部，包括企业如何发展伦理（或非伦理）文化，以及企业文化如何影响员工行为。第 5 章重点讲述商业伦理如何成为企业文化的一种现象，以通俗易懂的方式简要介绍了企业如何建立一种能够体现其对伦理的关注的文化，以及如何让企业文化有更明确的道德导向。这一章还强调了伦理型领导在建立强大的伦理文化中的重要性。第 6 章对于企业如何设计伦理基础架构提供了更多实用的、详细的建议，如有效的沟通渠道和培训计划。这一章还列举了许多企业鼓励员工的伦理行为的案例。这些案例都是我们在与企业的高层领导会谈的过程中获得的。

第 7 章“伦理行为的管理”引入了管理的理念，能够帮助我们理解为什么来自团体和企业的压力会导致人们做出道德或不道德行为。我们还为管理者提供了实用的建议，告诉他们如何利用管理理念在员工中鼓励道德行为，阻止不道德行为。第 8 章则讲述了企业文化对管理层的影响，还有一些案例可以测试你的伦理知识和管理能力。

关注了个人和企业之后，本书的第 4 部分将企业放到社会这一大环境中（见图 1.3）。第 9 章讲解了企业的社会责任和企业所在的大环境，以及企业应该如何做才能成为世界的“好公民”。第 10 章从利益相关者的角度分析了经典的企业伦理案例。在最后的第 11 章，我们关于商业伦理的讨论延伸到了全球商业环境中。尽管全书各个章节都有类似案例，但因为这一话题的重要程度，我们还是让它独立成章。

结论

本章旨在引发你对商业伦理的兴趣。我们希望我们做到了。我们还希望你读完此书后能够从管理的角度更好地理解伦理，并且知道如何在自己和其他的企业中鼓励有道德的商业行为。我们的目的是帮助你了解企业所面临的伦理问题，以及你如何应对。我们还提供了切实可行的决策指导，帮助你做出自己的伦理决策，你也可以采用相同的方式帮助其他人。

图 1.3　从个人到企业再到大环境

正如我们都知道的那样，良好的道德是文明社会的核心，因此伦理问题至关重要。我们每个人必须明白道德是所有关系的基石——我们与雇主的关系，我们与员工的关系，我们与同事的关系，我们与客户的关系，我们与社区邻居的关系，我们与供应商的关系，我们彼此之间的关系。道德不仅涉及我们与他人的关系——我们都是联系在一起的，还影响到这种关系的好坏程度。道德是最后的底线，一旦我们忽视它，整个社会也就岌岌可危了。

问题讨论

1. 阅读本章之前，你是否认为关注伦理“只是一种狂热”？为什么？现在你是怎么想的？为什么？
2. 你是不是对商业及其领导者持玩世不恭的态度？为什么？（见下面关于玩世不恭的练习）作为一个商科专业的学生或者管理者，这种态度对你有什么影响？
3. 你能否想到某些合法却不道德的行为，或者道德却不合法的行为？
4. 你认为商业伦理重要吗？重要或者不重要的原因是什么？
5. 列出一个人愿意遵守道德准则的原因，分别说明这些原因是源于道德动机还是经济动机。
6. 回想一下你最近看过的以某种方式描写商业的电视节目或电影。它们是如何塑造企业和商务人士的形象的？企业如何或应该怎样做才能提升其媒体形象？某些企业想方设法躲避公众的注意，为什么会这样？你如何看待这样的策略？

7. 你是否认为员工更偏爱且更忠实于有道德的企业？你是这样的吗？是或不是的理由是什么？列出你愿意去工作的企业名单并说明原因。是否还有些企业你拒绝为它们工作？为什么？是否有不在两个名单上的道德“中立”的企业？哪些行业是你不愿意进入的？为什么？
8. 讨论一下信任在商业中的重要性。你能否举例说明？失去信任将会怎样？
9.《巴伦周刊》关于世界最受尊重的企业的调查，你认为对相关企业有什么影响？你觉得名列前茅的企业能否受益？如何受益？你怎样看待那些在名单末尾的企业？（请查找“《巴伦周刊》世界最受尊重的企业”的完整名单。）
10. 从发生的金融危机中，我们学到了哪些商业伦理方面的知识？
11. 社会事业机构如果失信了，会对我们有哪些影响？你是否相信这些机构？如果不相信，那么会对你产生什么影响？

练习

测一下你玩世不恭的程度。

如实回答下面的问题。从 1 到 5 这五个数字中选出一个最能代表你对商业的态度。

	绝对不同意	不同意	既同意也不同意	同意	完全同意
在商业中最重要的就是财务收益	1	2	3	4	5
在商业活动中，道德标准必须做出让步	1	2	3	4	5
一个商务人士越成功，其行为越不道德	1	2	3	4	5
在商业中道德价值是不相关的	1	2	3	4	5
商界有属于自己的规则	1	2	3	4	5
商务人士只在乎能否创造利润	1	2	3	4	5
商业就是一个有输有赢的博弈行为	1	2	3	4	5
在商业中，人们会不惜一切代价使自己的利益最大化	1	2	3	4	5

续表

	绝对不同意	不同意	既同意也不同意	同意	完全同意
竞争会促使企业管理者寻求不正当的方式	1	2	3	4	5
利润会使管理者在伦理问题上做出妥协	1	2	3	4	5

将各题得分相加，你的总分是____________。

最高分是 50 分。你的得分越多，那么你玩世不恭的程度就越高。思考一下其中的原因。在课堂上讨论一下。

第 2 部分
伦理和个体

第2章 判断什么是正确的：规范性方法

伦理和个体

从本章开始我们将着重讲解个人面对的伦理决策。许多组织中的伦理决策都是由像你这样的个体决定的。而之后的几章中，我们将着重讲解组织架构和商业大环境对个人伦理决策的影响。

在论及个体的伦理决策时通常有两种方法——规范性方法和描述性方法。本章主要讲规范性方法。规范性方法，源自哲学中的伦理理论，它给决策者提供了决策工具（看待伦理抉择的视角），由这个决策工具帮助“慎重对待伦理决策”“有良心的管理者”等想要做出“正确”伦理决策的你，做出正确的抉择。我们认为这样的你，动机是善良的并且目标是正确的。所以在这一章中， 我们会将这些决策工具介绍给你，并说明如何将它们结合起来，运用于实际当中。

但是，我们也深知人们并不总是能够做出最好的决定，也并不总是会按照规定来做出选择。因此，理解人们思维的运作方式——人们实际上如何做决策，会起到很大的帮助作用。我们在第 3 章中将讨论的描述性方法，就是一种用来描述人们现实中是如何（而不是应该怎样）做出伦理决策的应用心理学研究。它特别关注对决策产生影响的个人性格和阻碍我们做出最优决策的认知局限。但愿，在我们理解这两种方法后，能够改善伦理决策水平。现在让我们一起了解规范性方法。

伦理困境

许多伦理选择方法对我们来说是足够清晰明确的，这些方法将“正确的”与“错误的”

放在一起比较，因此能让我们轻易地做出决定。判断是否要贪污公司基金这算是一个困难的伦理困境吗？肯定不是，因为贪污就是偷，是错误的，事情就是这样简单。但是有时候事情会变得相当模糊，在有两个或者多个重要价值观、权利或义务产生冲突的情境下，我们将不得不在同样不理想的方案中做出抉择。我们将两种或多种“正确的”价值观产生冲突的情境，定义为“伦理困境”。接下来，请思考下例伦理困境。

裁员

帕特是 ABC 公司五大工厂之一的管理人员。自从公司送她去进修学院学习并毕业以后，她就开始在公司工作，至今已经在这家公司工作有 15 个年头了。她的老板刚刚私下告诉她，公司将裁员 200 人。幸运的是，她的工作不会受到影响。但是，公司现已流言四起。她的一位同事（和她共事的老朋友）问她：“帕特，这意味着什么呢？公司要倒闭吗？我会失去工作吗？我们的新房子下个星期就要付款了。我需要知道这些事情！”她应该说什么？要是你，你又会说什么？

这是一个典型的伦理困境，因为案例中有两种价值观发生冲突。这两种“正确的”价值观就是能产生典型冲突的诚实和忠诚。像在案例中所说的，向你的朋友说出实情就意味着对待你不薄的公司不忠。甚至忠诚这一价值观本身就可以自相矛盾，如对朋友的忠诚和对公司的忠诚。在本章中，我们将把从哲学方法中得出的一些概念性工具运用到伦理决策中，这些工具会帮助你从不同视角去思考如何走出伦理困境。这些方法都不完美。事实上，它们还会导向不同的结论。使用这些方法的目的，是让你仔细思考并深刻理解伦理困境，避免被偶然得出的解决方案蒙蔽双眼。至少，你会有些成就感，因为你深入思考了问题，并从多角度对其进行了分析，如果有必要，还可以向他人阐述你的决策过程。

商业环境中伦理决策的规范性方法

几个世纪以来，哲学家都在努力解决伦理决策问题。本书没打算开讲哲学课程，但是我们仍可以从哲学中汲取重要、实用的原则，引导你做出优秀的伦理决策。本部分将列出一些主要的能给你提供实际帮助的现代方法。我们将试着让这些方法变得通俗易懂，把它们编成一系列步骤。你可以用这些步骤来评估伦理困境，同时，将这些步骤实际运用于上文的裁员案例以及其他案例中。

关注结果（结果主义理论）

有一系列哲学理论被归类为结果主义（有时也称目的论）。当你决定什么是对的、什么是错的时候，结果主义关注决策或者行为的结果及后果。

功利主义可能是最为著名的结果主义的理论。按照功利主义的原则，伦理决策应符合社会益处最大化、社会伤害最小化的标准。重要的是，给整体带来的正面结果大于负面结果。

当面对伦理困境时，功利主义者会在这种特殊环境下，系统地审视利益相关者，思考可供选择的行动，预测这些行动对每位利益相关者所带来的结果（伤害或益处）。利益相关者指的是影响组织实现目标的任何个人或团体。在裁员的案例中，谁是利益相关者？关键的利益相关者包括帕特的朋友、朋友的家庭、帕特的老板、帕特自己、帕特的家庭、其他员工和公司——名单真不短！说出实情或不说出实情对每个利益相关者的后果（伤害或益处）是什么？结果主义要求你分析并估算每种选择对每位利益相关者所带来的损害和益处。如果帕特告诉她的好朋友裁员的事，会有什么样的结果？如果帕特不告诉她的好朋友裁员的事，又会有什么样的结果（伤害或益处）？将裁员消息告诉朋友的潜在代价可能是她将这个消息告诉其他人，导致这个工厂混乱。更多的人会因此失去他们的工作。另一个潜在代价是帕特可能将失去那个私下告诉她裁员消息的老板（另一位利益相关者）的信任。甚至她可能失去自己的工作，给家庭带来伤害。而将裁员消息告诉朋友的潜在益处是，她会继续获得朋友的信任。另一个潜在益处是她的朋友会用这个信息，重新考虑是否要买新房子。在帕特仔细分析，并评估每种选择对每位利益相关者带来的伤害和益处之后，“最好的”伦理决策会对社会产生最大的益处；“最差的”伦理决策会给社会带来最大的伤害。因此，如果帕特说出裁员的消息会导致更多的人最终被伤害，而不是被帮助，那么功利主义者就会得出这样结论——帕特不能说出这个消息。请记住，这种视角要求你从给“社会”带来的后果的宏观视角着眼，而不仅是考虑你自己和那些跟你亲近的人。当分析时，你应该给自己列出一张表。请将表 2.1 作为引导，它可以帮助你把复杂的利益相关者、行动选项以及所带来的益处和伤害分门别类地列好。没有这种系统化的方式，你很可能错失许多重要的思考。但是，即便遵循这些步骤，想要达到结论中所谓的社会效益更大化的标准，也是一件说时容易做时难的事情。你不能期望简简单单地列出益处和伤害之后，就能得到答案。更为有效的方法是找到“权重”益处和伤害的方式，那就意味着要苦苦思索你更重视什么。我们建议你在完成表的时候标记出“权重”项的比例。有些人喜欢用数字，有些人喜欢打对勾或用星号标记。不论哪种方式，都能帮助你在进行结果主义分析后，得到应该怎样做的答案。

表 2.1　结果主义分析

利益相关者	告知伤害	告知益处	不告知伤害	不告知益处

2005 年，被称为“内部检举人”的马克·菲尔特，透露了他曾作为信息源，秘密地向《华盛顿邮报》的调查记者伍德沃德和伯恩斯坦提供情报的事情。他的行为最终导致 1974

年理查德·尼克松的辞职。因为他向这两名记者提供了尼克松于 1972 年在水门大楼民主党总部的所作所为。这个故事被伍德沃德和伯恩斯坦编入了书中，并且拍成了电影，名字叫《总统班底》。现在，我们无法进入菲尔特大脑中发现当时他是如何进行伦理决策过程的。我们也无法知道他的真实动机，因为菲尔特现在已经上了年纪，认知能力也减弱了。但是我们能够设想，作为美国联邦调查局的第二号人物，在泄露水门事件以及尼克松及其助手卷入违法犯罪案件的信息时，应该会对这件事权衡利弊。菲尔特肯定是冒着极大的个人风险，并且考虑到了其他人会因此付出的代价。调查的结果使得一群人入狱，他们的家庭也因此承受痛苦。总统也因此蒙羞辞职。如果菲尔特的行为被发现、曝光，他很可能丢掉现在的工作，家人也会因为他的失业而受到牵连。但是，那些认为菲尔特做得正确的人会说，菲尔特的决定为美国社会长期更好地发展下去做出了贡献，为保护美国的民主提供了巨大的帮助。

在思考伦理困境的时候，功利主义的方法是极其实用和有帮助的。在试图做出正确决定的时候，难道我们不先看看我们自己和他人行动所带来的结果？难道我们不去考虑谁会受益，谁会受伤害？当国家决定在你的房地产旁建一条新的高速公路时，特别是当他们辩称给社区带来的益处（经济增长和增加工作机会、缓解交通拥堵、减少交通事故等）将超过给少数财产所有者带来的伤害（他们会因为在他们后院有个不顺眼的东西感到不适）时，他们难道不是在使用功利主义的基本理论？

但是，严格地使用结果主义方法论时也面临一个挑战。那就是，获取评估对利益相关者将要产生的后果所需的所有信息非常困难，因为他们可能被某一行动或决定直接或间接地影响到。在商业（或生活）中，何时你会获得所有事实？内部检举人能够知道他的决定会带来一些什么样的后果吗？即便这次你拥有所有信息，但是每次你遇到一个新的伦理困境都要计算所有的伤害和益处，这是极其麻烦的。你能否列出在上文裁员案例中，裁员对牵涉其中的利益相关者所带来的所有潜在伤害和益处？对帕特来说，列出自己和亲近的人受到的伤害或益处还相对简单些。但是你能预想到裁员给波及的所有人带来的潜在伤害和益处吗？如果你没有遇见未来的水晶球（我们都没有），你就不可能准确预见未来的结果。尽管如此，结果主义也要求我们一定要尽可能地预测到潜在后果。要尽可能地收集并利用好手中的最新资源。要记住，依照功利主义原则，最适宜的伦理决策一定是将社会益处最大化、社会伤害最小化的。最优伦理决策的难点是，它需要我们跳出自身局限，尽可能广泛地思考，从而预想到对所有牵涉人员所带来的后果。跳出自身局限是拓宽决策视野的保证，它能够让你考虑到平常料想不到的后果。

结果主义所面临的另一个挑战是，为了多数派的利益，可能会牺牲少数派的利益。例如，南北战争前的南部奴隶主认为，保留奴隶制度对大多数人都有利无害。但愿我们都同意，奴隶制度是对被奴隶者人权的践踏（接下来我们会讲解道义主义视角）。

但是在商业中，结果主义的方法论仍然因为许多原因，依然保持着相当重要的地位。

首先，功利主义思维，通过它的起源——功利理论，构成了许多商业和经济著作的基础。其次，从表面上看，我们许多人会承认，在做出正确的伦理决策时，考虑到个人的决策或行动给社会带来的后果是极其重要的。实际上，一些对于商业伦理决策的研究也发现，商业管理人员通常在进行伦理决策时常常依赖于功利主义方法论。但接下来我们会明白，其他思维方式也同样重要。

关注责任、义务和准测（道义主义理论）

“道义”（deontological）这个词来源于希腊语“deon”，意为“义务”。与关注结果不同，道义主义会问：“既然帕特知道裁员信息，那她的伦理责任是什么呢？”道义主义者把他们“正确的”决定建立在基本的、抽象的共同道德准则或价值上，如正直、守信、公正、忠诚、权利（安全权、隐私权等）、正义、负责、同情心、对人身和产权的尊重等。

按照道义主义方法论，不论结果如何，某些道德准则必须遵守。因此，即便某些行为带来的结果是好的，但它还会被认为是错误的。换句话说，道义主义者关注是否在做“正确的”事情（道德准则或价值观，如诚实），而功利主义者关注是否在做能最大化社会福利的事情。一位坚持道义主义的审计师，会不顾公司倒闭、许多人因此失业的风险，坚持揭发公司财务困难的事实（遵循对股东诚实和公平的原则）。而坚持功利主义的审计师，在做决定之前，会衡量他的行为给社会带来的伤害和益处。如果认为暂时的谎言从长远来看能够拯救一个不错的公司，功利主义者更倾向于不说出事实。

搞清楚哪种价值观对你来说更重要，你将怎样为这些价值观的重要性排序，是将对应的方法论运用到实际生活中的第一步（现在是完成本章末练习“认清你的价值观”的好时机）。对你来说最重要的价值观是什么？哪些是你想要坚持贯彻的？如果这些价值观产生冲突，你将怎样排列它们的重要性？试着挑选出一些（3~5 个）对你来说最为重要的价值观。为了挑选出这些最为重要的价值观，请回想最近一次你所面临的伦理困境。哪些价值观在引导你的行为？哪些价值观从冲突的价值观中胜出？在挑选你的伦理价值观时，一定要认真思考。例如，学生经常会选择遵守承诺为其价值观。但如果遵守承诺要让你背弃其他更重要的价值观（如诚实和公正），你该怎么办？如果遵守承诺对你来说很重要，就要注意你承诺了什么。你要答应一个违反法律且伤害他人的朋友，在法官面前说谎吗？如果你选择了忠诚，就要思考一下“对谁忠诚”。因为就像上文提到的裁员案例，忠诚本身就可以产生冲突。另外，研究发现对某一团队忠诚，会带来更多的伦理行为。但在特定环境中，如果这个团队和其他团队竞争，也可能产生问题（如欺骗行为的增加）。你可能想要帮助你的团队“赢”，但赢得竞争可能以牺牲对方团队的利益为代价。所以，请再仔细想想你对忠诚的看重程度。最后，如果你选择了“诚实”，请写下最近几天的诚实清单。你能“诚实地”说，过去几天你对所有人都绝对诚实吗？如果不能，你是否还把诚实作为你的首要价值观呢？

道义主义理论关注的是权利，而不是权力、价值或者准则。权利的观念可以追溯到古希腊时期在“自然法则”中出现的“自然权利”的概念。权利既可以是“消极权利”，如对政府干预市民隐私权和追求快乐权的限制；也可以是积极权利，如个人的健康权和安全权。一方的权利可能与另一方的权利相冲突。例如，某公司为股东追求利润的权利可能与某社区享有清洁空气和水源的权利，或者与消费者购买安全产品的权利相冲突。此外，一方的权利通常与另一方的责任相关。因此，如果我们同意社区有享用清洁水的权利，工商业就有义务保护此项权利。

道义主义者怎样决定该遵循哪种规则、准则或者权利呢？一些人依赖根植于西方圣经中的传统道德准则，也就是每种主要宗教中的基本道德准则，即黄金准则，它被我们所熟知，并为我们提供道义指导。例如，我们最熟悉的那一句“推己及人”。在上文的裁员情境中，“推己及人”的黄金准则会建议帕特向朋友说明自己所知道的一切。因为如果帕特和朋友的立场互换，她也会希望她的朋友告诉她真相。但是注意，黄金准则只有在你具备高度道德感的情况下才会引导你做出最好的决定。例如，你认为黄金准则期望你为一个犯法的朋友撒谎，仅仅因为你也想让你的朋友为你这样做？不，因为一个具有道德感的人不会让朋友撒谎。一个有道德感的人会是一个负责任的人，会接受他的违法行为带来的后果。也许作为一位有着高度道德感的朋友，得知帕特承诺过不泄露有关裁员的消息之后，就不会让帕特打破这个承诺了。

德国哲学家伊曼努尔·康德在“绝对命令”中提供了一条实用的道德准则：“要这样行动，就好像你的行为准则应当通过你的意志成为普遍的自然法则一样。”这条准则让你思考行动的本质是否能成为让他人遵循的自然法则或准则。如果你打破了承诺，“绝对命令”会问：“打破承诺是否是每个人都应遵循的准则？”答案是否定的；如果每个人都打破承诺，承诺就会变得毫无意义。事实上，承诺也将不复存在。

康德主义提出了一个非常实际的问题：“如果每个人在这种情境下都这么做，或者都做出这种决定，那么世界将会变成怎样？”如果每个人都不遵守承诺，世界将会变成怎样？我会想要生活在这样的世界里吗？思考下列案例。

药物研究

一群内科医生被召集起来参与一项大规模的多中心研究计划，调查采用一种新药治疗乳腺癌患者的存活率。对“怎样的病人可以进入这个研究计划中”这个问题，他们有严格的规定：仅仅是那些在最近三个月内已经做过手术的病人才能参与进来。史密斯医生有一个病人听说了这项研究计划，非常想参加。因为史密斯医生认为这个药对病人真的有效，所以就同意了她的请求，尽管这个病人上次做手术是在六个月以前。他更改了她的手术日期以符合研究的要求，并认为这样一个小小的改动不会影响研究结果。

根据绝对命令，我们必须回答这样一个问题：史密斯医生的行为（通过违反研究规则来帮助他的病人）本质是否可以变成他人遵循的原则？答案是否定的。如果其他医生也像史密斯医生这么做会怎样？如果参与医学研究的人都只考虑个人的偏好和动机，而不是遵守为推动研究而制定的规定，事情将怎样发展？后果就是，社会将不再信赖医学研究的结果了。如果研究人员都习惯了不诚实，那么这个世界会变成什么样呢？我们将不再相信科学研究的真实性，大多数人都无法接受这样的世界。有趣的是，按照结果主义方法论，做出的决定是相同的。因为不诚实地将患者收入研究对象范围将给社会带来潜在伤害。只有患者本人会获利，而整个社会将受到伤害。

另一种道德准则来自备受推崇的美国哲学家约翰·罗尔斯。他建议决策者利用“无知之幕”实现基本公正原则，以指导伦理决策。在这个方法中，想象中的人们都要聚集在假设的幕布之后。他们对自己无论是身份或社会地位都一无所知。他们也不知道自己（或其他人）是男性还是女性，年轻还是衰老，富裕还是贫穷，黑人还是白人，是 CEO 还是看门人，智力超群还是智力退化，四肢健全还是残疾，身患疾病还是身体健康，患者还是医生。根据罗尔斯的观点，理智运用“无知之幕”理论的人，将制定出对任何一方都不会有失公允的道德准则。在幕布之下，帕特将不会知道向她打听消息的是自己的朋友，也许她会认为将裁员消息尽早地、及时地通知给所有员工才是最为公正的，而不是对自己的朋友特殊照顾。在无知之幕后的中立者会达成公平的原则，保证所有个人享有基本自由权和机会平等权，让弱势群体也能够获益。这种方法可以指导任何伦理决策，但在面对公平作为中心问题的伦理决策时最为有效。它为你提供了拓宽视野的另一种视角，促使你考虑弱势群体的需求。根据罗尔斯的观点，如果一家公司要缩小规模，那么，在无知之幕后的人们将如何设计决策流程，如何决定裁员对象，何时告知，告知哪些人裁员消息；医生将怎样决定药物研究对象；救命的处方药应该怎样定价；血汗工厂是否应该被接受。

道义主义方法面临的主要挑战，是决定哪种责任、义务、权利或准则应当放在优先的位置。就像我们前面所讲的，伦理困境涉及这些问题的几相权衡。如果遵循的道德准则与其他原则产生了冲突，那么道义主义者会怎么做？他能决定哪个是更重要的权利或原则吗？因为美国宪法是以权利为基础的，许多美国公共政策的争论都是围绕这些问题展开的。例如，对于堕胎的争论点就在于是母亲的权利优先，还是婴儿的权利优先。工作中的伦理困境则是对老板和组织的忠诚经常与公正和同情等其他价值观相冲突。如果你的老板告诉你必须解雇一位下属——这位下属的工作能力非常突出，但因为他进公司的时间最晚，而按照这次的解雇规则“最后雇用的最先被裁掉”，你会怎么做？这位下属会因为这次解雇失去他的健康保险，而你知道他的孩子正患有严重的疾病。同时，另一位下属在公司时间更长，他的工作能力也不错，但他是单身，没有家庭负担。此时，最合乎道德的决定是什么？

当道义主义者与结果主义者的观念产生冲突时，另一个挑战就出现了。首先，当你遵循会产生毁灭性结果的原则时，会发生什么？例如，在第二次世界大战中的德国，告诉纳粹党有犹太人正躲藏在你阁楼里这个事实，会带来毁灭性的结果——他们会被抓走并惨遭杀害。面对这一问题，一些哲学家认为，道义主义原则（诚实、守信）并不是绝对的。如果事出有因（根据康德的理论，任何和你处在相同境遇中的人都可以接受的理由），我们可以违反某种规则或原则。在纳粹党的例子中，康德的绝对命令理论很有说服力，因为我们不想生活在由于说实话而导致无辜的人们丧命的世界中。对生命的尊重战胜了诚实的原则。

请再思考另一个结果主义和道义主义相冲突的例子。2009 年一家船运公司需要决定是否给劫持了公司船只的海盗支付赎金。海盗威胁，如果不支付赎金，将杀光船上的所有船员。船运公司的所有者认为，如果支付了赎金，将激励海盗的行为，导致更多的绑架和劫持事件发生，结果会对整个社会产生巨大的危害。然而，尽管如此考虑之后，他还是决定支付赎金，因为他强烈地认为，自己的首要责任是对员工负责。在这种情况下，他对生命的尊重和对员工家庭的同情比对支付赎金带来的潜在长期危害更为重要。

沃斯堡得克萨斯天主教大学的荣誉教授斯图尔特·扬布拉德，在他的商业伦理课程中会用到下列案例。

着火的建筑

想象你正在经过一栋着火的建筑，建筑两端都有求助的声音。假设火势迅猛，你只有时间救助某一端的遇难者。首先，设定情境为你听到其中一端有很多人在呼救，而另一端只有孤零零一个人的求助声。你将帮助哪一端？为什么？现在，再给设定情境添加一些条件。那一个人的求助声音来自你的女儿（或者父亲、母亲），又或者，那一个人的求助声音来自一位将马上研究出癌症治愈方法的诺贝尔奖得主。你将如何抉择？你还会选择帮助许多人所在的那一端吗（带给社会的益处更多）？不同的方法论将给你怎样的建议？你会如何选择？

有时，能带来正面结果的决定会与某些重要的道德准则背道而驰。例如，弗吉尼亚州研发出了一种新方法来审判有重犯危险的罪犯。根据性别、年龄、雇佣状态和先前犯罪记录等因素，就可以预测出其重新犯罪的可能性。设计这种计算方法是为了保护公众并节约纳税人的税款，它使得许多罪犯从监狱中被释放并成功地回归社区。从结果主义思考的人认为，这个系统很有效，它将惠及大多数人。而从道义主义出发的人会持反对观点，因为他们认为犯罪者应当接受惩罚，但触犯同一刑法的人待遇却不同，这是不公平的。根据这个系统的计算方式，一位无业的年轻男士，比一位有工作的老年妇女更有可能会进监狱。虽然此系统对社会将带来好处。但它公平吗？

关注正直（美德伦理学）

美德伦理学的方法论更关注道德实践者本人的诚实正直，而不是他的道德行为（决定）。美德伦理学的目标是成为善良的人，因为这才是你想成为的人。尽管美德伦理学作为一种哲学传统是从亚里士多德开始的，但是一些当代的伦理学家（包括商业伦理学家）

却把它带到了伦理思考的前沿。

美德伦理学的视角主要考虑行动者的品质、动机和意图（这方面在前两种方法论中我们没有讨论过）。根据美德伦理学，想要成为善良的人的意向非常重要。他将不遗余力地将自己塑造为道德实践者，并致力于创造支持道德行为的组织环境。当然，这并不意味着不再考虑原则、规定或者后果，而是要用它们来评估行动者的品质和诚实正直。例如，一个人的品质需要从他的原则（是否诚实）、对规则的遵守度（他的行为是否符合职业伦理规范）或者结果（如在与医生的协议中最重要的一点是不带来伤害）等方面进行评估。

动机和意图作为法律共识对伦理决策来说是十分重要的。例如，一个人伤害了另一个人，如果他不是故意的（只是个意外）， 我们就不会很严厉地去惩罚他。在思考马克・菲尔特向伍德沃德和伯恩斯坦提供水门事件信息的决定时，美德伦理学会让我们去思考他的意图和动机。他是否因为没能获得美国联邦调查局一把手的职位而怀恨在心（有些人这么认为）？或者他只是作为有良知的道德实践者，因为心怀天下而想保持美国政府系统内部力量的平衡？

在美德伦理学里，品质很大程度上是由一个人所属的团体来评定的。因此，考虑决策者所处的团体是很重要的。马克・菲尔特是一名美国联邦调查局工作人员，他曾发誓要效忠组织。因此，要使在美国联邦调查局这个团体中的成员来接受他向记者泄密的事情就十分困难了，尽管他的行为的长期结果是对国家有利的。但如果从更广泛的团体角度来看，如美国公众，就可能会对马克・菲尔特的行为有更高的评价，因为他冒着极大的个人危险去做了一件自己认为正确的事情。思考一下你自己。在评判你自己是否是一个正直的人时，你会向哪些团体寻求帮助呢？你会选择职业联盟、宗教团体、家人、公司的伦理办公室，或者更广泛的大众？记住，千万不能选择你的工作小组或者组织作为求助团体，除非你在一个道德标准非常高的组织环境中工作。美德伦理学要求你向能保持最高道德标准的团体求助，它能够支持你成为道德高尚的人的理想。

对在拥有完善的行为规范和行为标准的专业团体中工作的个人来说，美德伦理学尤为有用。例如，会计职业已经形成了对职业会计师的行为规范要求。做一个有美德的会计师就意味着要遵守职业规范。同样，合格的理财顾问、工程师、律师、外科医生以及心理医生，都要遵守专门的职业规范和标准。这些职业规范都会随着时代的变迁而修正。例如，在针对伦理和心理折磨问题长达20年的思考后，2009年美国心理学会提出了新的准则，与“不伤害”原则相一致：新的准则禁止专业心理医生参与涉及心理折磨的有关活动。一旦发现涉及心理折磨的活动，心理医生可以拒绝服从指令，终止行动并上报。决策者可以依靠此类相关社团的准则来指导行动和决定。但要保证专业团体已经思考过此类问题并认真实践了。

请看看下列美国法律职业团体涉及的金融案例。律师—客户保密特权，要求刑事辩护律师对客户的所有信息绝对保密。这条准则建立的基础是，为了尽可能地提供最佳辩护，被告人必须对律师完全坦诚。美国司法体系的基础原则是，每位公民都应得到强有力的辩护，所以辩护律师必须代表客户的利益。最终由法官和陪审团决定被告人是否有罪或无罪。从理论上来看，以上说法都很有道理。但发生在伊利诺伊州的一起案件（CBS 电视台《60 分钟》曾报道过），却让非法律专业人士无法理解。事情是这样的。两名辩护律师向公众披露，他们的客户对一起谋杀案认罪。而当年这起谋杀案的罪名错判给了另一位名叫阿尔顿·罗根的人。当律师向公众公开信息时，阿尔顿·罗根已经因为这项莫须有的罪名在监狱里度过了整整 26 年！大多数人的第一反应是，律师当年应该马上将事实公布出来，让一位无辜的人蹲进监狱 26 年是不公平的，他们应该阻止这样的事情发生。但法律行业的核心道德准则，就是律师—客户保密特权，它不允许律师泄露客户的私人信息。作为律师，他们深知宏观司法系统是建立在这条准则基础之上的，即便遵守这样的准则会损害一部分人的利益（你能看出与结果主义以及道义主义的关系吗？）。有趣的是，即便当年公布了这个信息，该信息也不会被法庭作为呈堂证供而采用，无法在罗根被定罪、判刑时起到帮助。律师最终能够站出来说出这一事实的原因，只是因为在多年前，他们劝说客户签订了一份同意书。同意书中明确，在客户死后，律师可将他的认罪事实公之于众。律师在客户死于监狱（因其他罪名被判终身监禁）之后，才将信息公布，阿尔顿·罗根最终被释放。对律师的采访表明，他们理解并遵从了法律职业道德准则。然而，重要的是，当他们要求客户签订允许公开信息的同意书时，这一行为已经超出了职业团体的期待。从美德伦理学的角度来看，他们遵从了团体的指导，但同时也是深思熟虑的道德实践者，为了做正确的事情，没有完全向法律职业标准投降。他们的意图是善良的，并通过思考设计了这样的计划，最终让罗根被释放出来（尽管道义主义可能认为 26 年太晚了）。你对律师保守客户信息，最终公布出来的做法怎么看？

在美德伦理学中最重要的是一定要自我思考。因为我们大多数人的职业团体没有提供相关的指导，有些职业团体的指导非常有限或根本没有。例如，管理学在阐述道德准则和社会责任方面就并不专业（虽然许多有影响力的学者认为管理学可以并应该在这方面变得专业）。2008 年登载于《哈佛商业周刊》中的一篇文章中，作者建议管理者遵从如下“管理者的希波克拉底誓言”（原文摘抄如下）：

1. 服务大众与社会：明确管理者的责任是服务公众，为社会创造长期价值。

2. 平衡多方利益相关者的利益：管理者要平衡利益相关者的需求冲突，在创造社会福利的前提下，不断提高企业自身价值。作者强调“这并不一定是指壮大或维持企业的规模，也包括重建、终止商业活动和出售企业等充满痛苦的行动，只要这些行动能够保留或增加企业价值”。

3. 在实现企业利益的同时保持正直诚实：将企业利益置于个人利益之上，同时保持与个人价值观相符的诚实正直，以身作则地引导他人。这意味着要避免因个人野心，给企业和社会带来伤害的行为。这也意味着，在发现他人不符合伦理或违法活动时要及时上报。

4. 遵守法律：领会法律精神，承诺在个人和企业行为中，遵守法律和合同条款。

5. 上报内容准确、透明：当对所有利益相关者（如投资者、消费者、公众等）汇报企业业绩时，要做到准确、透明，以让各方做出明智的决定。

6. 心怀敬意、不存偏见地决策：在做决策时，不受种族、性别、国籍、政治倾向或社会地位等因素的影响，心怀敬意、不存偏见地做出决策。这样做的目标是保护受到决策影响的弱势群体的利益。

7. 职业发展：为实现利用最新资源做出明智决策的目标，为自身和企业成员开展长期职业发展项目计划。

8. 行业保护责任：作为专业化从业者，有责任实践并保护行业准则，并在此基础上精益求精，为行业赢得信任、尊敬和荣誉。

有趣的是，如果你仔细研究上文，其中就有伦理决策的三种方式的映射。你可以找到代表结果主义、道义主义和美德伦理学的准则吗？你觉得管理岗位是否能够胜任指导成员遵守以上准则的重任？这应该由管理者来做吗？

无论你是否身处有着明确指导准则的行业团体，自我思考都是极其重要的。因为行业团体也可能犯错。例如，审计师是有公众信托责任的职业会计师。他们的审计工作为投资者提供保证——上市公司的财政状况是可以被信任的。美国注册会计师协会（AICPA）是美国注册会计师的国家级职业机构（www.aicpa.org）。它为所有成员提供行业行为规范。它的使命宣言包括建立并执行该行业的行为标准。但是这个机构也是一个游说组织。在 20 世纪 90 年代，审计公司开始以给客户提供咨询的方式进入商业界。由于存在潜在的利益冲突，因此这项活动极具伦理危险。例如，为了得到客户的咨询生意，审计师会被要求对审计工作睁一只眼闭一只眼。事实也是这样的。做咨询顾问比做审计更有利可图，所以会计公司都希望保护和客户之间的关系，以承接同一家公司的审计和咨询两项业务。最终，由于为安然公司、世界电信公司和其他审计丑闻创造了滋生环境，美国注册会计师协会因此受到了谴责。如果你正寻求一个坚实的伦理指导，就要从源头上仔细地审查，确定没有利益的冲突（本书后面的内容将会讲到）。

如果没有职业社团，或者职业社团不能提供良好的指导，又或者指导的方向有误，你就可以寻求更宏观的社会规范作为指导。有一个基于广泛社会团体指导的伦理决策捷径非常有效，即“公开原则”。这种方法被管理人员和执行人员大规模应用。公开原则会问这样的问题：“如果你的行为在________上出现，你的感受将如何？”你可以在空白处填上媒体或社交网络的名字。你会填上《纽约时报》的头条、《华尔街周刊》、美国有线电视新闻网、家乡报纸、校报或 Twitter、Facebook 吗？公开原则的背后存在着团体标准，我们大多数人都本能地知道这些标准是什么。如果本能告诉我们，自己的行为公开在这些媒体上将非常难堪，我们就不应该这么做。因为如果你这样做了，公众就不会把你当作一个正直诚实的人。

如果做一个正直诚实的人是你的目标，你还可以问自己这样一个问题：在道德问题上，对我们进行过最严厉批评的人或道德模范将建议你怎么做？这个人选是谁？你的家人、受人尊敬的老师、教练，或你的精神导师？想想他们会怎样看待你的行为。我们中的大多数人都有自己所尊重的人，并重视他们的道德评价。许多学生都选择了家人。如果你没想到合适的人选，可以想想你心目中的道德模范是谁。他可以是任何你尊敬的人。如果你认识他，我们相信他一定会乐于知道你的选择。

最后，美德伦理学认为你对自己的定位是道德实践者，并将持续提高自己的道德水平。美德是造就你这个人的重要组成部分。心怀美德的人深知，无论在生活中还是工作中，都将面临诸多道德挑战，与此同时，也让我们有机会将自己的道德准则付诸实践。当你决心成为品行良好的人时，可以把这些挑战看作伦理适应项目。用不了多久，你就会发现自己已经养成了良好的习惯。这就像对肌肉、平衡性和协调性的训练一样，伦理适应项目可挑战你的伦理思考能力，并通过训练加以强化。另外，这些训练能够帮助你无障碍地表明自己的价值观。随着时间的推移，伦理适应项目还可以强化对自我诚实正直的认同感，提高个人伦理适应能力。在生活中找到你心目中的道德模范，和他们多沟通交流。另外，选择一个能够帮助你发展良好伦理观念的工作环境。我们已经讨论了结果主义、道义主义和美德伦理学的方法论。这些只是在面临伦理困境时，可以应用的一部分方法。我们选取了对于商业管理者来说可能最为实用的方法。但不可否认的是，这些都只是泛泛而谈，并未对近年来哲学家的研究成果进行细致说明。我们认为每种方法论都存在其局限性。没有一种单一理论能够在任何情境下提供完美指导。显而易见，如果每种方法论都得到同一种解决方案，做决定就会变得相对容易。但如果每种方法论得出的结论相冲突，做决定就会变得异常艰难。遇到这种情况，只能在尽可能了解原委的基础上，综合社会效益、个人价值观等信息，想象正直的人会怎样做之后，依靠自己做出最优决策。

我们肯定不去用所谓的“最好的”哲学方法来解决学术争论。但是我们相信，我们所呈现的方法给出了一些在商业伦理决策时应当记住的重要因素。所有这些要素都原本可以给造成美国金融危机的人们提供良好的伦理指导。在这场金融危机中，贷款公司将贷款批给了原本无力偿还购房资金的 NINJA（无收入、无工作或无资产的人），而投资银行将风险抵押包装成证券，并吹嘘这些证券都是安全的，最后评级机构将其安全性定为 AAA（没有强调潜在的风险）。结果主义会关心风险抵押和住房抵押贷款证券化对多方利益相关者（客户、社会）带来的潜在伤害。道义主义则更关心这些产品对客户是否负责，以及产品的诚实度和透明度。美德伦理学则会思考一个正直的人是否会将贷款批准给收入较低或无收入的人，或者在缺乏市场表现的情况下，为证券评级。如果相关从业者能谨慎思考以上因素，这场伤害了所有人的系统危机就可以避免。

接下来，我们给出了下面八个步骤，对讨论过的分析方法进行整合。在呈现它们之前，我们首先要给出一个防止误解的声明。这八个步骤组成的决策过程是线性的，这必然不准确，因为伦理决策通常不是线性的。尽管这些步骤不一定要按照如下顺序进行，但胜在包含了所有要点。

➲ 做出正确伦理决策的八个步骤

第 1 步：收集事实

收集事实，换句话说，就是“做好功课”。哲学方法没有清晰地告诉我们要如何去收集事实，但是它们好像认为我们会完成这重要的一步。如果你知道有多少人没有经过这一步就直接得出解决方案，你就会感到震惊。问问你自己：“这种情况为什么会发生？这里有没有我应当知道的历史事实？这里有没有我应当知道的关于目前情境的事实？”

收集事实经常是说时容易做时难。许多伦理选择之所以特别困难，就是因为包含了许多不确定性。所以你就是看不清事实的真相，而我们也没有魔法球可以助力。例如，在我们裁员的案例中，帕特可能不知道通知员工裁员消息的法律要求。她也可能不具备判断 200 名员工找到新工作所需时间的充足信息。重要的是，意识到这些局限性，并尽可能地收集你所能得到的事实。

在金融危机中，决策者不仅没有好好收集事实，而且好像在故意回避事实。例如，在批准贷款的流程中，并没有提供工作证明的要求（以往申请贷款的手续中，必须提供工作证明），所以无业人员也可以得到贷款。只要声称自己有工作，贷款申请就可以被批准。抵押贷款机构从批准和办理贷款中赚取费用，再把贷款卖给次级抵押市场。次级抵押市场又把这些贷款打包卖给投资方。借贷方是失业者，很有可能无法偿还贷款的“事实”首先被忽略了，而随着抵押贷款进入抵押市场系统，人们就无法看到这个事实了。

第 2 步：确定伦理问题

大多数人面对伦理困境时会有一种条件反射般的反应。他们会直接跳到解决方案，而没有真正地深入思考这个伦理问题以及我们会如此反应的原因。例如，在裁员的案例中，有人可能会说：“噢，这个很容易，保密是伦理问题。帕特必须保守对老板的承诺，保护自己的工作。”而有些人可能认为诚实才是伦理问题的核心，“帕特必须告诉她朋友实情”。

在没有审视伦理问题或其中牵涉的主要价值观冲突之前，不要直接跳向解决方案。必须清楚地知道，面对多个伦理问题才是最困难的情况，回想一下上文讨论过的哲学方法。例如，在裁员案例中的一个伦理问题就涉及员工和公司两方面的权益。你将如何定义员工提前知晓工厂倒闭的信息的权利？提前多久通知员工才合适？法律如何规定？另外，这又涉及公司的信息保密权。从信息保密权出发，公司对员工的责任是什么？而站在更为个人化的角度，还涉及诚实、忠诚和守信等相关伦理问题。对朋友诚实比对老板的承诺更重要吗？应该对哪一方更忠诚？从正义和公平角度来思考这个问题：怎样做才能对公司和即将被解雇的员工都公平？

可能伦理冲突的本质就在于结果主义和道义主义的冲突。如果我说了实话（与守信原则相一致），就产生不好的后果（负面结果）。结果主义者会从伤害或益处方面来考虑伦理问题。谁会受到伤害？谁会从特殊的决定或行动中受益？对社会的效益是怎样的？美德伦理学会建议从团体行为标准的方面来考虑伦理问题。你所接触的团体会认为这一行为是错误的吗？为什么？

当我们感受到压力或急于解决问题时，就会倾向于停留在首先出现在我们脑海中的伦理问题上。例如，在裁员案例中，我们会倾向于停留在对一个朋友忠诚的问题上。挑战一下自己，让自己考虑尽可能多的问题。例如，你对老板和公司的忠诚度是怎样的？无论你做出哪种决定，对其他员工会造成怎样的伤害？此时，与其他人讨论一下会很有帮助。把这个难题与同事、配偶或者令你尊敬的朋友分享一下，寻求他们的意见，看看他们是否能够想到你所漏掉的问题。如果能找到当事人聊一聊，就更有帮助了。

第 3 步：确定受影响的各方（利益相关者）

结果主义者和道义主义者都需要具备找到受到决策影响的各方的能力。结果主义者希望界定出所有得到益处或受到伤害的利益相关者。道义主义者希望了解情境中涉及了哪些权利，谁有义务采取行动。

从他人的立场审视问题，是伦理判断的核心技巧。劳伦斯・柯尔伯格，道德推理核心理论的提出者，将这项技能称为“角色扮演”。这意味着你必须换位思考，敏锐地捕捉他人的需求，体会他人的想法。更“感性化”的说法就是具备同理心，对他人的痛苦经历感同身受。这和罗尔斯“无知之幕”的练习相类似。为了鉴别出受影响的各方，找到公平的解决方案，你必须置身事外地思考问题。通常可以从案例中直接受影响的个体开始（如裁员案例中的帕特、员工、帕特的老板），然后慢慢地扩展，考虑更大的群体。例如在裁员案例中，公司的其他员工、地方团体和社会。随着你考虑范围的扩大，更多问题就会显现在你眼前。例如，思考当地的团体。如果这是一个小城镇，雇主很少，公平就变成了一个重要问题。难道他们不应该为工厂倒闭带来的影响早做打算吗？换位思考一下，他们会怎么说？他们的感受如何？

我们之前介绍了利益相关者的概念，即那些在组织行为和运行中存在利害关系的人。

在商业伦理决策的情境中，我们应该鉴别出所有受影响的利益相关者，并思考他们受到了怎样的影响。在这里，要拓宽你的思维。一些受到影响的利益相关者可能还没有浮出水面。最典型的例子就是“己烯雌酚女儿”（DES daughters）。己烯雌酚是一种合成雌激素，在 20 世纪 40 年代，曾被当作处方药开给那些有流产危险的孕妇。1971 年，大家突然发现己烯雌酚会造成服药妇女的女儿的先天缺陷。因为这种先天缺陷，己烯雌酚女儿比正常人更可能罹患阴道癌，尤其是在 15~22 岁时。她们患子宫癌的概率也比正常人高。

一旦确定了利益相关者，角色扮演就能帮助你从不同的利益相关者的视角来看待这个问题。在你的班上或单位里，请一些人来认真地扮演相关角色。在这个简单的练习中，你会对观点的变化感到惊异。如果你是这个情境中的某个人（如客户），你会做出怎样的决定？这个步骤包含了一个黄金法则：像你希望别人对待你一样地对待别人。在决策情境中，把你自己设想成每一个其他的玩家，他们会做出什么样的决定？为什么？

另一种方法是，在决定最终的行动方案之前，你是否可以和受影响的各方“测试”决策带来的潜在影响。目的就是判断有多少人会参与进来，以便你能够随时调整决策。问你自己这样一个问题：如果决策被公之于众，各个利益相关者的反应将如何？想象一下，ABC 公司（裁员案例中的公司）在其他地方还有一处效益非常好的工厂。但是，假设雇员的家都在本地，不想更换工作地点。在决策过程中，事先询问员工的想法，难道不比揣测他们的想法更好吗？

第 4 步：确定结果

在确定受影响的各方之后，思考你的决策会给他们带来的后果。这一步显然是从结果主义的方法中汲取的。当然，没有必要把所有结果都确定下来。但是你应当把可能性很高以及会带来相当大负面影响（尽管发生率会很低）的后果找出来。某种决策或行动对谁的利益会产生伤害？在裁员案例中，把实情告诉员工会导致帕特丢掉工作，这会给她的家庭带来负面影响（尤其当她是家里的顶梁柱时）。但是，这将给其他员工（那些被告知的人）带来益处，因为他们有更多的时间去找新工作，而且会让很多家庭避免负面经济损失。你能判断哪种方案给社会带来的益处最大、伤害最小吗？

思考沙利度胺的例子。20 世纪 50 年代，医生经常给孕吐（怀孕初期反应）的妇女开具这种药物。但这一药物导致了 12 000 名婴儿的先天性缺陷，范围波及欧洲、加拿大、澳大利亚和日本（美国食品药品监督管理局从来没批准过在美国使用这种药物）。许多婴儿因此丧生，幸存的也都是畸形儿。1961 年出生于加拿大的兰迪・华伦，是加拿大沙利度胺受害者联合会的创始人。他的妈妈仅仅服用了两剂沙利度胺，就导致华伦身高只有三英尺（约 91 厘米），拇指缺失，胳膊长度只有 2 英寸（约 5 厘米），走路蹒跚。在得知孕妇服用这种药物所导致的后果后，人们感到非常震惊。华伦出生后不久，许多地方就禁用了这种药物。但是随着研究的深入，人们对它又重新燃起了兴趣。因为发现这种药物对治疗汉森氏病（麻风病）、艾滋病、关节炎、失明、白血病以及其他癌症很有疗效。这种药物虽然给很多人带来了严重的后果，但又不得不批准重新使用，因为它有可能帮助到其他与疾病斗争的人。正如华伦所说：“当我听说……沙利度胺能让人脱离轮椅时，我却想起了我和其他人是被沙利度胺送上轮椅的……真希望我们从没有遇到这个道德困境。”

最后，在决定这种药物是否能重返市场时，有关人员征求了华伦的意见，让他也参与到决策中。1998 年，美国食品药品监督管理局批准，该药物可以用于治疗汉森氏病，但是对其设置了最高级别的应用限制。医生、药剂师和病人都必须在制造商塞尔基因公司登记注册。为了避免妊娠导致的先天性缺陷，服药期间，要求两种形式的节育措施。男性病人需要使用避孕套，且不允许自主更换此药物。华伦还成为类似“公司良知”的代表。尽管将沙利度胺推向美国市场的决策，是在听取了熟知这一药物的利益相关者对于其潜在灾难性后果和卓越疗效的建议后确定的，但是过程是极其困难的。美国食品药品监督管理局的监管人员和药物公司的管理者都知道兰迪·华伦这个人的存在，知道他正继续遭受着沙利度胺带来的痛苦，这种痛苦是依靠读取报纸和数据无法想象的。

长远的后果与眼前的后果　在商业决策中，思考眼前的后果和长远的后果是相当重要的。你是否有信心说，自己的行为在时过境迁后还是符合伦理的。在裁员案例中，公司长期的健康发展和得以留用的员工是否比解雇 200 名员工所带来的短期结果更重要？在金融危机中，如果人们能够想得长远一些，就会质疑只顾眼前利益的行为了。

象征性结果　在商业中，思考行动潜在的象征性结果也是极其重要的。每个决定和行动都传递了信息：它代表着什么。特殊的决策和行动传达了什么信息？如果被误解了，会导致什么结果？如果帕特没有告诉她的同事实情，后来她的同事发现帕特知道这件事，对这个同事和其他为帕特工作的人来说，这会有什么象征性信息——她只想着自己而不顾其他员工？从领导的角度来看，如果在组织明确规定，不允许员工接受客户礼物的情况下，你却收下了一位重要客户送来的足球比赛门票，这一行会带来怎样的象征性结果？尽管领导会认为去看比赛对整体销售有所帮助，但这一行为传递给员工的信息可能是：公司制度对中层领导来说就是摆设。这种信息会给组织带来极其严重的后果，因为员工会认为自己也不应该遵守规定，并开始打破规定。

保密的后果　透明度是非常重要的。如果为了避免某些负面影响，而私下做出了某一决定，这就要考虑一下这个决定被公之于众时所带来的潜在后果。思考一下公开原则。如果你倾向于不公开，那这其中肯定有什么不对劲。例如，当得知烟草公司隐藏了吸烟有害健康的事实，并在听证会上欺骗了美国人民时，公众被彻底激怒了。

第 5 步：确定义务

确定涉及的义务，并给出原因。例如，思考一下帕特对利益相关者各方的义务。当确定帕特的各种义务之后，一定要说明她为什么有这种责任或义务。你可以从价值观、行为准则或后果等各方面来思考。如果你认为帕特有遵守对老板承诺的义务，你的理由可能是这样的：“帕特不应该对她老板食言。如果她这样做了，他们之间的信任就会瓦解。守信和信任在上下级关系中都是很重要的行为标准。”

每个人所认定的义务都会不同，这取决于涉及的相关方和他们所扮演的角色。例如，我们对财政系统的信任有赖于审计师如实告知公司财务困境的义务。我们对评级机构的信任来源于其为金融机构正确评级的义务。相似地，我们信任科学取决于科学数据的真实和科学家的报告。在社会中扮演如上角色的人，都有强烈地告知实情的义务。如果他们把自己看作道德实践者，就会激励自己说出实情。

第 6 步：诚实正直与你的个人品格

在这一步中，先把自己想象成一个诚实正直的人。想象一个诚实正直的人在这种情况下会怎么做。为了回答这个问题，先找到相关的道德团体，并听取它们的建议会对你大有帮助。所以，首先要确认相关的职业或者社会团体，随后询问团体成员如何评估你的决定或行动。

记住公开原则。它要求，如果将你的行动毫无保留地呈现在公众视野之下，如刊载在《纽约时报》或者其他公众媒体上，你对此是否感到不舒服？通常来说，如果你不想在《纽约时报》上看到相关报道，就不要做。如果将决策告诉你的父母、孩子、配偶、员工或伦理榜样也会让你感到不舒服，就要重新思考一下自己的决定。

托马斯·杰弗逊曾这样说道："不要为你不愿意公开的想法而烦恼。在试图秘密地做一些事情之前，问你自己是否愿意在公众面前这样做。如果你不愿意，那你肯定做错了。"

当需要快速决策时，这种方法特别有效。假设组织中有人让你对客户歪曲公司产品的功效时，你就会迅速设想出明早报纸上的一个新闻故事是如何报道你与客户交谈的细节的。如果让公众读到你和客户的交谈内容，你会感到舒服吗？理想状态是，当你的行动或交谈细节公之于众时，你丝毫不会尴尬。

另一种方法是，问这样一个问题："在我弥留之际，别人会认为我是怎样的人？"许多人并不经常去想这个问题，但这个问题确实不错。大家会认为你是一个正直的人吗？学生常常想象不到职业圈有多么小，尤其是在现今社交媒体和网络发展的今天。即便你在几年之内多次跳槽，但仍有许多人在同一个行业中摸爬滚打，成了该行业的翘楚。值得信赖、尊重他人、诚实正直的良好声誉可以为你带来新的客户，也会为你带来事业上新的机会。而声名狼藉带来的毁灭也是真实存在的，而且这种不好的声誉是很难抹去的。

第 7 步：有创造性地去思考你能采取的行动

这一步也许应该是第一步。在做决策之前，要确认自己没有被逼进一个死胡同。你是否认为自己只有 A 或 B 两种选择（像帕特，只有告诉或不告诉员工这两种选择）？创造性地去寻找备选项是至关重要的。可能在你只关注到 A 或 B 两种选择时，其实还有 C 可供选择。在裁员案例中，帕特可以和经理设计合适的能尽快通知员工相关消息的系统流程，或者至少她可以建议其他员工，马上就会有消息了，在正式通知还没公布之前，先不要做大额的资金交易。也许还可以告诉老板，她从小道消息听到了裁员的传言，建议公司提前通知员工。另一个例子，如果你从一位外国供应商那里接受了一件昂贵的礼物。这个情境很容易被看成非 A 即 B 的困境。接受礼物（违反公司规定），或者不接受礼物（这位供应商的国家文化将赠送礼物视为重要商业关系的一部分，如果不接受礼物，对方会认为你不给他面子）。而 C 方案是，收下礼物，但将其当作送给公司的礼物陈列在总部入口，同时说明个人收受贵重礼物是违反公司规定的。当然，你还要和公司协商 C 解决方案的可行性。但这个例子的重点是，要跳出常规思维模式。

还有一个例子。美国康明斯发动机公司在海外的一个分部遇到了难题。当地的孩子剪断了铁丝栅栏，将昂贵的电子组件偷走了。A 方案或 B 方案是抓到他们时，拘留或不拘留这些孩子。当社区介入后，公司管理者想到了 C 方案。他们发现这些孩子之所以会去偷窃，是因为当地的学校没有足够的教室，导致孩子整天无所事事，只有去找麻烦。康明斯公司就在当地捐建了教室。由市长提供开办学校的资格证明并安排书籍和教师。C 方案的花费很少，但带来了巨大收获。该方案共计安置了 350 个孩子。不仅偷窃问题解决了，康明斯公司也变成了受人尊敬的企业。

第 8 步：检验一下你的直觉

上述步骤所强调的都是高度理性的事实搜集和评估过程，但是请不要忘记你自己的直觉（这也可以成为第一步）。我们一直都在被灌输要考虑别人的感受，要追求公平。同理心是一种重要的情感，它能够使你意识到别人会受到伤害。同时，直觉也是做出良好商业决策的根据。在某些情境中，虽然不能准确地说出我们为什么不舒服，但是多年的社会化经验已经使我们对那些不太对劲的情况非常敏感。因此，如果你的直觉发出了警报，就再思考一下。事实上，这可能是得知你在面临伦理困境的唯一线索。关注你的直觉，但不要靠直觉做决定。当你意识到自己身处伦理困境中时，请使用这部分所介绍的理性决策工具，帮助你、引导你做决定。

实用的预防“药”

做好功课

毫无疑问，你会遇到伦理困境——每位员工在他的职业生涯中都有可能遇到几百个伦理困境。唯一不确定的，就是什么时候会遇到。你的目的就是在遇到伦理困境问题之前，做好充足的准备。你的知识储备越丰富，你就会越有效地保护你自己和雇主。最好的方式就是学习组织规则和职业规范，并且从中发展能够帮助你的人脉。

你可以采用各种各样的方法去学习。首先，阅读公司的道德行为准则（如果有的话）和政策手册。大多数政策手册都很冗长，显然你连一条都背不出来。但如果你浏览一下，你就可以理解某些规则——虽然不能准确地记起规则的具体内容，但至少你知道确实有这样的规定并且知道它的出处在哪里。

其次，要善于提问。当你询问“你觉得工作中最重要的是什么”的时候，管理人员、执行人员和同事会赞赏你的主动性。由于许多组织都有不成文的规定，且公司之间也不尽相同，最好的方式就是提问。结识人力资源部、法务部、审计部和伦理办公室以及其他相关部门的同事。他们会向你提供一些信息，帮助你解决问题或者帮助你判断这是不是一个问题。他们也会在你面临危机时为你提供信誉担保。你也可以加入专门的行业社团或联盟。许多行业已经发展出许多区别于你所在组织的道德标准，认识这些能够在公司面临危机时向你提供建议的同行，对你来说也会很有帮助。有些人认为这样做太政治化了，但我们认为这只是联络工作和公司之外的人脉的一种颇为聪明的方式。这就是受害者和有权力、有知识、有关系来控制局势的掌控者的不同之处。

做完关于公司制度的功课，并且记住公司准则和价值观之后，你会发现你和雇主的价值观是相互冲突的。如果冲突很大，你只有另寻一份工作了。

当你需要迅速做出决策的时候

许多商人很看重迅速做决策的能力。因此，我们很多人被迫迅速做决策。对于某些人来说，这一问题尤为突出。他们可能出于某些原因而缺乏经验——这是第一份工作，或者刚刚进入新公司或新行业——认为需要通过快速决策来证明自己的能力。很显然，这个想法很危险。上一章中归结出来的伦理决策工具要求你有时间去思考决策——从多方面思考问题并想到某一行为会带来的内在冲突。尽你所能争取时间去获取、思考并归纳信息。当需要进行快速决策时，可以参考如下指南：

1. 不要低估直觉的重要性，它可以当你面临伦理困境时提醒你。正如我们前文所说的，直觉是你的内部预警系统。一位跨国计算机公司的高级行政人员曾说过："直觉不会撒谎。"当你的直觉告诉你这是错误的时候，就已经为你敲响了警钟。

2. 争取思考的时间。快速决策其实在大多数情况下都没有必要。可以这么说："让我想一下，我会很快给你答复。"在时间上讨价还价是让你有机会喘息的好方法——然后你就可以真正地审视决策并咨询他人的看法。花时间慎重地做决策，总比快速得出糟糕的决策再去花时间挽救强。你愿意被认为是谨慎的还是粗心大意的呢？

3. 如果你的决策符合组织的某项规定，请迅速将这些规定找出来。

4. 向经理或同事征求建议。当面临伦理困境时，将你的经理作为第一道防线。不论你在组织中是什么级别，都应毫不犹豫地去问一下其他人的意见。如果你有朋友在人力资源部或法务部，那么你可以和他们私下交流，看看是否存在问题。

5. 用《纽约时报》迅速做测试（公开原则）。如果你的决策被公开在媒体、社交网络上，或者被家人知道后会让你觉得难为情，就不要这么做。

乔丹是否该接受打印机的折扣

为了提高公司的数据处理能力，乔丹从计算机公司销售员那里购买了四台计算机和两台激光打印机。当乔丹提出，他想在家里也安装一台一样的打印机时，销售员告诉他，由于他下了很大的订单，所以乔丹家里的那台打印机可以享受50%折扣。乔丹觉得这么做不太对，但他也不知道为什么觉得不太对，他感觉自己需要一点时间来考虑折扣这件事。

在这个案例中，乔丹对自己是否应该接受这50%折扣的问题，是真的很纠结。虽然他觉得这个提议很可笑，但又觉得自己在家也要做很多工作，所以接受这个折扣也没什么不好。而且，销售员是在上一个订单完结后才提出这个提议的，所以没什么利益冲突——很显然，乔丹为公司采购时，并没有受到折扣的影响。

但是他应该倾听直觉的意见，直觉告诉他这样做不对。他应该敷衍一下这位代表，告诉她晚点或者明天给她答复。同时寻找公司规章中有关采购政策的规定（有些公司会将非所有员工都能够享受到的折扣视为礼物或贿赂）。

假设他在政策手册中没有找到禁止折扣的相关规定，其他员工也建议他“就按折扣买”，那么他就可以使用《纽约时报》测试法。公众对他的决定会产生什么反应呢？一些人会认为，他的订单受到了折扣的影响。他知道这不是事实，但这难以让公众信服。这被称为表象冲突（判断被质疑的一种现象），表象冲突和实际冲突一样有害。如果有人认为你的判断被某种关系（如此案例中的折扣）所影响，这就可以被视为表象冲突且应该避免。表象在商业中极其重要，而且是前文列举的哲学工具所解释不了的。你看起来是否公正，与你实际上是否公正同等重要。

底线就是：如果你觉得自己的决定会被误解，你就要重新思考一下。乔丹可以对销售员说，“我的公司不准许拿私人折扣”或“我觉得这么做不对”来礼貌地拒绝她给你的优惠。

如果你觉得从供应商那里接受优惠，会在将来对他承担一些义务，就要小心一些。一位公共关系经理玛丽向我们讲述了和打印机销售员之间的小麻烦。这位销售员来自一家打印公司（我们称它泰普公司），想拿到玛丽部门的生意。泰普公司和其他部门已经建立了业务往来，但玛丽对现在的打印机很满意，并不想更换。在暑假前，泰普公司给玛丽和它在公司中的每位客户赠送了一个很流行的电器（价值 250 美元）。玛丽立刻感觉到接受这个礼物不合适。为了验证自己的判断，她打电话给同为泰普公司客户的同事询问这件事。而同事告诉她，接受礼物肯定没什么错，这只是一种表达友善的方式（如果玛丽与她公司里的律师或人力资源经理关系不错的话，她就会得到非常不同的建议）。最终玛丽听从了自己的直觉，不管同事怎么说，她还是把礼物退了回去。

当被问到为什么要送还礼物时，玛丽说：“我感觉这是被泰普公司贿赂，要和它做生意。”《纽约时报》的读者也会同意这个看法。

结论

这一章为个体的伦理决策提供了规范性方法。当你面临伦理困境时，思考本章介绍的方法和步骤会对丰富你的选择很有帮助。章后问题和案例会给你一些练习，让你把这些方法和步骤应用到现实中。

问题讨论

1. 如果你必须选择一个本章中讨论的哲学方法来辅助你做决策，你会选择哪个？为什么？如果要将其按帮助性排序，你会怎么排？
2. 做出正确伦理决策的八个步骤提供了非常不同的解决伦理困境的行动建议，你会怎样选择？为什么？
3. 思考你所经历过的价值观发生冲突的场景，你以前是如何解决这些困境的？现在你已经学过了伦理决策的框架，如果再回到那个情境中，你又会如何做呢？
4. 回想一个你曾经面临的伦理困境。利用本章学习的三种方法和八个步骤对这个伦理困境进行分析。它们能改变你对情境的思考吗？能改变你的行动计划吗？
5. 一些公司结合本章所介绍的原则和体系，设计了伦理决策测试。例如，前得州仪器公司副总裁兼伦理指导官卡尔·斯库尔兰德，列举了如下公司员工所使用的快速伦理测试：
   - 这种行为合法吗？
   - 这与你所准确理解的公司价值观和原则相符吗？
   - 如果你这么做了，会感觉到不舒服吗？
   - 报纸会怎样报道这件事？
   - 如果你认为这是错误的，就不要这样做。没什么好说的。
   - 如果你不确定，就多提问。
   - 在你得到答案前，要不断地提问。

从本章介绍的决策制定方法的角度来分析这个速测法。哪些方法被用到了？哪些没有被用到？你会提出哪些建议来修改这个速测法？如果你必须为公司制定一个速测法，你会列出哪些内容？为什么？

试试劳特莱国际公司的四步测试法：

- 这是事实吗？
- 它对所有相关者都公平吗？
- 这么做会建立好感、增进人际关系吗？
- 这会让所有相关的人都受益吗？

赛内卡（易洛魁族五个原始部族之一）人的自律指南包含以下问题：

- 这么做我会感到幸福、开心吗？
- 这么做会添乱吗？
- 这么做能带来和平、和谐吗？
- 当我去世后，别人会记得我是怎样的人吗？

这些可以在商业中作为伦理决策指南吗？为什么可以？为什么不可以？

6. 最后的问题带给我们一个很好的练习。如果你要写给自己的悼词，你会怎么写？你希望别人怎么缅怀你？你想过怎样的生活？你想要怎样的事业？
7. 阿尔贝特·施韦泽（一位哲学家）说："成功不是幸福的钥匙。幸福才是成功的钥匙。如果你喜欢自己的工作，那么你最终会获得成功。"你怎么看待这句话？这与本章讨论的方法有什么关联？
8. 你怎样看待"管理者的希波克拉底誓言"？
9. 你认为本章中所提供的方法存在哪些局限性？你能说出它们不起作用的原因吗？
10. 如果你要为自己设计一个伦理适应计划，你会使用哪些方法？请思考短期和长远的影响。

练习

认清你的价值观

如果你希望你能更好地为工作或生活中的伦理决策做好准备，在你的个人伦理价值观受到严重威胁之前就去认清它们是极其有帮助的。下面是价值观选择清单（按字母顺序排列）。如果你有一个根深蒂固的价值观但是没被列在清单（这份清单并不追求无所遗漏）上，你可以将其加上去。按照优先顺序（1 代表最重要的价值观），列出 3~6 种在你做决策时最重要的价值观。这一步很容易。下一步，仔细思考一下当两种或多种价值观之间发生冲突时会出现什么情况？如果你同时看重诚实和成功，但它们之间发生冲突时该怎么办？你会为了保证对供应商的诚实而放弃财务上的成功吗？换句话说，就是你更看重哪种价值观？如果你已经工作，请回忆你所在组织的价值观。组织各个价值观的重要性是怎样的？思考一下你的个人价值观和组织价值观之间有没有严重的冲突。最后，挑选出可以作为理想世界中，商业活动基础的价值观。做好准备，开展讨论。

行动导向	自由	责任
利他主义	和谐	冒险精神
权威	乐于助人	安全感
同情心	诚实/正直	自律
能力	荣誉	社会地位
守纪	谦逊	成功
创造性	主动性	团队协作
客户满意度	革新	传统
多样性	忠诚	财富

续表

平等	特立独行	胜利
兴奋	顺从	
实验	秩序	
平等/公正	信守承诺	
灵活性/适应性	尊重	

关于福特斑马汽车失火案的简介

下面我们将讨论一起发生在大约 40 年前的案例。你可能问，为什么要研究如此陈旧的案例呢？因为它被认为是对美国商业史极为重要的一起案例。2005 年，《财富》杂志称它为“成就了今日商业世界”的 20 个商业决定之一。《财富》杂志评论这起案件及随之而来的法律斗争，带来了被现今社会认为理所当然的消费者行动主义、消费者保护和集体诉讼的蓬勃发展。我们也可以看到，此案所涉及的安全性问题在近年的汽车行业中仍在上演（通用、丰田和高田安全气囊）。

福特斑马汽车失火案

丹尼斯·乔亚

1978 年 8 月，三名年轻的女孩死于一场恐怖的事故。她们开着一辆 1973 年的福特斑马汽车（Pinto）去印第安纳州参加排球训练。途中，她们突然被一辆雪佛兰面包车追尾。班马车的油箱破裂，汽车顿时爆炸起火。其中两名乘客，林恩·玛丽·尤里奇（16 岁）和她的表姐堂娜·尤里奇（18 岁）被困在烈火中活活烧死。经过三次尝试，林恩·玛丽的姐姐，18 岁的朱蒂·安从驾驶座上被拽了出来，但是几小时后，在医院里痛苦地死去。

福特公司自从 1970 年开始销售斑马汽车，此型号车所卷入的交通事故不胜其数。她们仅仅是活活被烧死的受害者中的最近几个。在这起事故发生前，斑马汽车的安全性，尤其是低速情况下追尾易燃的问题，已经引起了大众的强烈谴责和广泛争议。但这起特殊的事故，却引来了媒体前所未有的关注。为什么？因为控方史无前例地以疏忽杀人罪起诉福特公司——这是第一起企业受到刑事指控的案例，而且指控罪名不是玩忽职守，而是谋杀。这比 3 万美元的最高额度罚金严重多了。迫在眉睫的是，如果被判有罪，这一审判结果会影响美国 40 个待决的民事案件，导致几亿美元的惩罚赔偿费。而且还有更深远的影响，将涉及组织社会责任、组织内部个人的伦理决策，最终涉及现代商业行为的指导原则。

福特公司是如何陷入困境的呢？这要从 1968 年年初，公司决定要与国外竞争对手抢占小汽车市场的决策说起。国外竞争对手，尤其是德国汽车公司，而且日本汽车公司所带来的威胁也日益大。当时的福特公司总裁西蒙·克努森与李·艾柯卡为此在公司内部进行了两年的艰苦斗争。李·艾柯卡因为“野马”汽车而在公司中迅速晋升，他强烈支持抢占小汽车市场，而克努森却反对这么做。他认为公司应该把注意力放在更有利可图的大中型汽车上。最终的决定权掌握在亨利·福特二世手上，他不仅赞同李·艾柯卡的观点，在克努森被迫辞职之后，还将艾柯卡晋升为总裁。

艾柯卡希望在 1971 年的年度车型介绍中推出“斑马”汽车。这将创造汽车制造史上最短的生产计划。一辆新汽车从概念到产品的生产通常需要三年半以上的时间，但是艾柯卡希望在两年内就推出这款汽车。正常情况下，底盘设计、款式选择、生产计划和元件测试等工作都要赶在工厂动工制造前完成。但是因为有 18 个月的时间限制，这些工序近乎同时进行。最终，在撞击测试中发现，斑马汽车在追尾时，油箱经常因撞击而破裂。可此时已经为时已晚（换句话说，太费钱了），根本不可能重新设计。

仔细审视测试报告就会发现，福特公司已经意识到了油箱设计的缺陷。公司拿 11 辆斑马汽车做测试，规定它们以每小时 31 英里的速度去撞击障碍物，以此来检测油箱在汽车尾部被撞击后是否会漏油。其中 8 辆配备标准油箱的斑马汽车没有通过测试。另外 3 辆虽然通过了测试，但也是因为采取了特殊的措施来预防漏油或油箱破裂。这些措施包括，在轴箱和油箱之间放一个塑料缓冲板，在油箱和后保险杠之间放一块钢板，在油箱里放进一个橡胶内衬，等等。

应当注意，以上斑马汽车测试是按照美国国家公路交通安全管理局在 1968 年所提出的《美国机动车辆安全标准第 301 号》的指导做的。但是这一标准在 1977 年之前还未被官方正式采用。所以当年在进行官方测试时，斑马汽车达到了当时的测试标准。《美国机动车辆安全标准第 301 号》的通过遭到了汽车行业，尤其是福特公司的强烈抵制。事实上，游说势力过于强大，导致对通过《美国机动车辆安全标准第 301 号》的协商持续到了 1976 年。研究表明，在此期间每年数以千计的汽车被烧毁，3 000 多条生命因此而丧失。通过这条标准是为了减少每年高达 40%的死亡率。1977 年《美国机动车辆安全标准第 301 号》通过后，所有的斑马汽车都装上了防破裂设计的油箱。

但是为了斑马汽车 1971 年的首秀，艾柯卡决定不参考撞击测试的结果，仍然使用原始的油箱设计方案。斑马汽车的消费群体主要是对价格较为敏感的人群。因此，艾柯卡制定了名为“计划 2000”的目标：斑马汽车的成本投入不能超过 2 000 美元，斑马的重量不能超过 2 000 英镑。所以，为了与外国制造商竞争，福特公司认为不应该花费更多的资金对油箱进行改造。20 世纪 60 年代末 70 年代初，美国消费者不太关心安全性问题，因此以安全性为卖点并不占优势。艾柯卡对此重申了多次“安全性没有市场”，这是他在尝试为 20 世纪 50 年代福特汽车增加昂贵的安全性失败后得到的教训。

福特公司曾尝试把油箱放在其他位置，但是所有的替代方案都会减少可用的后备厢空间。一种与福特卡普里（Capri）车设计相似的油箱在每小时 50 英里的撞击测试中通过了检验，但是福特公司认为减少后备厢的空间会影响销量。当被问及油箱的危险性时，一位福特公司的工程师说："安全不是问题，后备厢空间才是问题。你不知道在这上面的竞争有多么激烈。如果我们把卡普里车的油箱放到斑马汽车里，后备厢就只能放下一套高尔夫球棒了。"

然而，福特公司没有调整油箱设计的最后一个理由，毫无疑问是最具争议的。经过大量游说努力之后，福特公司和汽车工业基本上说服了美国国家公路交通安全管理局的监管机构，他们声称成本效益分析才是决定安全设计标准是否可行的基础。然而，这种分析需要计算一个人生命的价值。之前的一项研究结果显示，每起因汽车事故致死的案例，大约要花费 200 725 美元的"社会成本"（见表 2.2）。

表 2.2　你的生命值多少钱

组成部分	1971 年成本（美元）
未来产能损失	
直接	132 300
间接	41 000
医疗费用	
住院	700
其他	425
财产损失	1 500
保险	4 700
法律费用	3 000
雇主损失	1 000
受害者的痛苦和折磨	10 000
葬礼	900
资产的损耗	5 000
事故其他费用	200
每起事故总成本	200 275

注：该表来源于美国国家公路交通安全管理局于 1971 年的一项研究。它列出了每起交通事故所造成的每个死亡案例对社会带来损失的明细。福特公司将 200 275 美元作为内部成本效益分析的基数。

得到这些估价数据后，福特公司又计算了添加 11 美元的油箱改造装置成本和挽救 180 条生命的效益（根据公司内部的记录"因撞击产生的汽油泄漏和起火所造成的伤亡"）。结果如表 2.3 所示，成本超过了效益近 3 倍。成本效益分析表明，没有必要改进充满安全隐患的油箱。

表 2.3　斑马汽车致死案的花费

效益	
节省	180 起烧伤致死事件，180 起严重烧伤事件，2 100 辆汽车烧毁事件
单位成本	每起死亡 2 00 000 美元，每起受伤 67 000 美元，每辆烧毁的汽车 700 美元
总收益	（180×200 000）+（180×67 000）+（2 100×700）=4 950（万美元）
成本	
销售	11 000 000 辆轿车，1 500 000 辆轻型载货车
单位成本	轿车每辆 11 美元，载货车每辆 11 美元
总成本	（11 000 000×11）+（1 500 000×11）=13 750（万美元）

注：以上数据来源于福特公司的内部备忘录。它记录了避免油箱起火，价值 11 美元的改进装置（将应用于所有类似油箱设计的汽车上）将带来的成本效益分析。

福特公司决定继续按照原计划生产，但是斑马汽车的问题很快就浮出水面。1973 年年初，福特公司召回协调员收到多份现场报告。报告怀疑，斑马汽车在低速（每小时 25 英里）追尾撞击中会发生爆炸。在接下来的几年，福特公司持续收到类似报告。但福特公司无视这些证据，依然没有启动召回机制。在每次内部会议上，负责人都做出不用召回斑马汽车的决定。

在印第安纳事故之前，最引起轰动的有关斑马汽车油箱问题的是理查德·格里姆肖事件。1972 年，时年 13 岁的理查德，正与邻居行驶在加利福尼亚州圣贝纳迪诺附近的公路上，突然被后面的车追尾。斑马汽车油箱爆裂，导致汽车陷入滚滚火焰之中。他的邻居在事故中被活活烧死。如果不起火的话，他的邻居本可以生还。理查德身上 90%的皮肤被烧伤，烧伤程度达到三级，接受了成功概率很低的 60 多处手术。1978 年 2 月，民事诉讼陪审团判处福特公司赔偿 1.25 亿美元，其中大多数都是惩罚性赔偿（后来，一位法官把罚金降至 600 万美元，但他也指控福特公司“漠视他人生命”）。福特公司未能花费 11 美元改进油箱，以弥补撞击测试中发现的汽车缺陷，是判决最具说服力的证据。

斑马汽车在媒体报道油箱事件之前的销量一直很好。最后，面对来自媒体、政府和诉讼的压力，以及未来销售可能潜在的损失，福特公司在 1978 年 6 月决定召回 1970—1976 年所生产的所有斑马汽车，总计高达 150 万辆。在 1980 年印第安纳案件审理期间，斑马汽车起火事件的各方纷纷表达了不同观点。福特公司的代表辩称，公司需要做成本效益分析。他们声称，这是商业中最基本的。尽管每个人都知道车祸会造成死亡，但是买家希望买到低价的汽车；因此，买家在买车时，就间接接受了风险。

在一篇指控福特公司在斑马汽车问题上的犯罪行为时，调查记者马克·道伊的措辞更为激烈。他的观点与福特公司不同但更具煽动性。他曾说：“人们不禁会问，在福特二世和李·艾柯卡在位的 20 年间，福特公司会把多少谋杀消费者的致死汽车推向市场？”

讨论题

你将扮演福特公司召回协调员的角色。现在是 1973 年，你已经接到了关于尾部撞击、起火和致命的现场报告。你必须决定是否召回这款汽车。

a. 了解相关事实。

b. 确定相关伦理问题/伦理冲突的要点。

c. 确定利益相关群体。

d. 确定可选择行动的可能后果。

e. 确定相关责任。

f. 确定相关团体中对于正直的相关标准。

g. 检验一下你的直觉。

你将如何决策？

小案例

作为再就业公司的顾问，你已经为欧文找了六个月的工作。在此期间，他已经接受了大量关于他的工作是否合适，他是否能够从职业变动中获益的测试。测试结果表明，欧文非常自卑，需要心理治疗，目前的工作非常不适合他。欧文正在积极地准备一份工作的面试。而这份工作与他的前两份丢掉的工作非常相似。他十分需要且迫切希望得到这份工作。而这家公司恰恰是你最重要的客户公司之一。该公司人力资源总监给你打来电话，说欧文建议给你打电话，询问他的能力、兴趣、性格等曾在测试中得到过的信息。她还要求你为欧文写一封推荐信。既然欧文已经允许你分享自己的信息，你可以向人力资源总监提供对欧文诚实的评价吗？你对欧文担负着怎样的责任？在此案例中，谁是你的客户？是否有办法让你既可以保持诚实，又不会损害欧文获得这个工作的机会？或者你觉得这重要吗？你会怎么做？

你已经工作好几年了，现在正准备进修一下。你通过一个名为 ApplyYourself.com 的网站申请了多种著名的 MBA 课程项目，这个网站可以帮助你办理课程的申请。你十分急切地等待着，期望在一个月内能收到答复。有一天晚上你深夜未睡，当你正在上网的时候偶然发现了一个“走后门”的教程，它告诉人们如何利用网站技术上的小失误查看申请状态，这样你就可以查看自己是否被录取了。虽然步骤非常烦琐，但教程提供了详细指导。利用这种信息是正确的吗？为什么是？为什么不是？如果你是其中一所学校的录取主管或院长，你知道有一些申请者利用了这个小失误，你应该怎么做？

第3章 判断什么是正确的：心理学方法

第 2 章介绍了规范性伦理理论。这些由哲学家研究出的理论，在面对伦理困境时将告诉我们应该怎么做。但心理学家认为，人们其实意识不到自己所在的伦理维度。即便意识到了，也无法按照期望的思维方式思考问题。本章将向你介绍心理因素——影响人们思维和行为的个性差异、心理和情绪等要素，帮助你理解人们的实际想法、感受和行为方式。本章也会解释为什么有些人出发点是好的，却做出了糟糕决策，并且提出了克服这些问题的相关建议。

伦理意识和伦理判断

如果决策者要展开伦理判断程序（就像第 2 章中讨论的那样），他首先要判断此时的伦理性质。

伦理意识 → 伦理判断 → 伦理行动

我们将伦理决策过程中这首要一步称为伦理意识。通过伦理意识，我们就能确定此时的处境或者所面临的问题是否涉及伦理，是否必须用伦理术语来思考。这是非常重要的步骤，而不是想当然的事情。许多人就是没有意识到自己所面临的问题其实暗藏伦理玄机。如果他们没有认清问题并将问题打上伦理的标签，那么伦理判断程序就无从展开。近期的研究显示，大脑中识别伦理问题的部分与其他部分不同。一项使用了功能性磁共振成像术的研究结果显示，在让行政工商管理硕士找到“重点和问题”的场景中，当面对暗含伦理的问题时，大脑中某部分与面对其他中性问题相比，表现得更为活跃。在另一项研究中，当浏览与伦理相关的图片时，参与者大脑中与情绪处理相关的一部分区域被激活了。因此，在认定问题暗含伦理陷阱时，我们大脑的活动与平常是不同的。

请思考下面这个例子。学生的作业需要上网查找资料。科学技术为学生提供了方便，获取最新数据、下载、剪切、粘贴，最后拼凑成论文交给教授并获得成绩。你自己这么做的时候可能没想太多。在这个过程中，学生往往忽视了他们可能正在盗窃的事实——“偷窃”了其他人的知识产权。在美国，知识产权受到版权和专利权法的保护。这些法律非常重要的原因是，如果人们随意地复制使用而不在乎花费了时间和资源去创造它的个人或公司的权利，那么人们将失去著书、出版杂志或开发新产品的动力。教育界已经形成学术诚信规则以指导学生如何正确地使用知识产权。这些规则要求，学生应对所用信息进行释义，并清楚地标注所有信息的出处。当你引用他人的话时，必须在原句上加上引号，并标注该句的来源。在进入网络时代以前，做这种调查研究意味着要亲自去图书馆，从书架上寻找所需信息，动笔抄下所需信息，并仔细地记好来源，最后整理成论文，再打印出来。那时候，剽窃确实需要煞费苦心。现在，信息随手可得，剪切和粘贴又是如此简单，以至于我们很难判断所涉及的伦理问题。但是如果你的学校有关于学术诚信的相关政策和荣誉准则，而且你的教授花时间去解释学术诚信的重要性、知识产权对社会的意义、剽窃的定义以及作为高级知识分子一员的责任，你就会对伦理问题有更强的意识。在这种环境下，当想要复制粘贴的时候，你就会思考自己行为的伦理维度——知识产权所有者的权利，同时会考虑自己的行为是否会被学术圈的其他人视为剽窃。

接下来是一个有关工作的例子。

> 你刚获得一份金融服务业的新工作。一天下午，经理告诉你他要参加儿子的垒球比赛，所以要早点走。但是，他让你帮忙查收一份要求签字的重要支票。他告诉你收到支票后，在支票上签上他的名字，再转交给老板。

对一位天真的职员来说，这也许看起来是一个直接而简单的要求。但是如果接受过公司的良好培训，你立马就能够意识到这种情况的伦理性质。你的经理让你参与伪造，这是一种严重的伦理失检行为，特别是在金融服务业。意识到这种情境下的伦理性质，你可能做出不同的回应。

最近的一项研究发现，在以下三种情况下，人们的伦理意识更强，更能判断出问题或决策的伦理性质：（1）如果他们认为同事觉得这是一个伦理问题时；（2）当向决策者描述问题时，使用到了伦理术语；（3）这一决定会给他人带来潜在伤害时。

让我们就此思考一下。首先，我们将在下文中讲到，大多数人在面对伦理问题时，会以社会环境中其他人的做法为指导。如果你的同事认为某种决策存在伦理问题，这意味着，这一问题已经被讨论过，也许曾在公司的伦理培训项目中出现过，或者同事对此普遍知晓。这些讨论让你提前做好准备，将此类情境区别对待。当类似情境出现时，就会重现对于和伦理相关问题的讨论，你就更有可能用伦理术语区别和思考你所处的情境。我们以伪造的例子来做说明。可能公司的培训项目中已经说明了签名在金融业的重要性，并且将代签视为伪造。可能公司曾向所有参加培训的员工提出过类似的问题，你们都曾认同在支票上替人签字是不对的。参与过这样的讨论，你就会意识到，在支票上签字涉及伦理问题，也更有可能将你老板的请求视为伦理问题。

其次，情境可能是以不同的方式表达或“建构”的——用伦理术语或更中性的语言。使用伦理术语（正面用语如正直、诚实、公平、礼貌，反面用语如撒谎、欺骗、偷窃）更容易引发伦理的思考，因为这些术语是附着在具有伦理内涵的已有认知范畴上的。如果前面那个例子中的经理让你为他伪造支票，“伪造”这个词，相较于让你帮他在支票上签名（这是更中性的说法）更可能引发对法律或者和伦理相关的思考。当听到“伪造”这个词时，你更可能思考在支票上签名是否存在伦理错误，是否有人会因此受到伤害，如果你签了或者不签会带来什么后果。“剽窃”这个词也更可能引发类似的思考。

想想“种族屠杀”这个词的威力。如果你看过电影《卢旺达饭店》，就应该知道这场可怕的屠杀。80 万名图西族男人、妇女和孩子被胡图族偏激分子所杀害，而其他国家，包括美国却袖手旁观。根据克林顿政府的国家安全事务顾问的说法，政府长达六周拒绝使用“种族屠杀”这个词。因为“如果你使用了这个词，就要求有所行动”，美国前总统克林顿曾说，没有向卢旺达伸出援手是一个错误，现在这是他“最大的遗憾”之一。逃避使用具有道德力量的术语“种族屠杀”可能是政府没有采取行动以及缺少公众支持的原因。2016 年，在进行多方讨论之后，奥巴马政府用“种族屠杀”这个词来描述在伊朗和叙利亚的 ISIS 组织的做法。

越中性的语言越可以让不道德行为不那么成问题。例如，那些让我们想不到决策或行为的伦理含义的“委婉的语言”。在委婉的语言中，我们命名某种行动时，会将其伦理意味降至最低。例如，“问题资产”听起来就比“有害资产”的危害性更小。“无证贷款”（一种不需要贷款方提供工作或收入证明的高风险贷款）比“骗贷”更不容易引发伦理思考。后者说明了借贷者申请贷款时在收入上撒了谎。使用委婉的语言也许不是刻意隐瞒伦理问题，但在需要我们更深入地思考与伦理相关问题时，这样的说法确实会让我们放松警惕。

下面将列举一个关于委婉的语言在商业中的案例。2006 年，帕特里夏·邓恩时任惠普公司董事会主席，她因在董事会上关于惠普的战略问题被泄露而沮丧不已。公司为了找到泄密者，雇用了调查员，并允许他们伪造身份打电话给电话公司以获取董事会成员和记者的通话记录，他们用“假托”来指代这种行为。当媒体得知后，他们给这种行为打上了更具伦理性质的标签（更可能是故意的），即“间谍行为”，此事因此成了备受关注的丑闻。邓恩和其他两位董事会成员以及公司伦理项目的执行领导（他也是泄密调查事件的知情者）都被辞退。公司 CEO 出席了国会听证会并提供证词，惠普公司想要迅速地撇清和间谍行为、撒谎和侵犯个人隐私的关系。如果批准调查的相关者能够把这种行为打上更具伦理性质的标签（撒谎、间谍、侵犯隐私），那么也许就会拉响警报从而制止调查员的行动。

研究还发现，问题的“建构”（有意或无意）方式也会对伦理意识和行为产生巨大影响。例如在科学实验中，仅仅注重金钱，将导致实验更注重经济建构，而不是伦理建构。如果注重经济建构，就会使伦理问题变得暧昧，就会带来更多不符合伦理的行为。所以，如果你的目标是符合道德标准，那么在“建构”问题上，请多考虑使用伦理术语，或者至少不要只关注商业或经济。如果我们只着眼于经济建构，以利润至上，就很有可能看不到行动中潜藏的伦理危机了。

最后，也许是最重要的一点，如果某个问题或情况有对他人造成严重伤害的可能性，就会被视为伦理问题。在惠普公司的案例中，如果意识到对董事会成员或记者的潜在伤害，或丑闻对公司声誉的影响，调查案的参与人员也许就会多一些伦理意识。在伪造的例子中，如果伪造签名会对客户带来严重的伤害，你就更有可能把它当作一个严重的问题。托马斯·琼斯提出，当问题的道德感强烈时，人们就更能辨别问题的伦理性质。当对他人的潜在影响更大时，问题的道德感则越强。这些行为带来的后果很快且很有可能发生，而且潜在的受害者会在心理或地理位置上都与决策者相近。举个例子，将有毒的化学物质排入当地水源的决定很可能对所在社区的很多人造成危害。这样的决策就是“道德感强烈的”，而且因此决策者更有可能将其视为伦理问题。相反，如果决策要求裁掉海外子公司的一部分员工，就不太会激发伦理意识。因为只有小部分人将受到影响，而且这个结果发生在未来，另外，这些被裁掉的员工在心理和地理位置上都与决策者相距甚远。

所以，管理者可通过提供员工培训，与员工讨论可能面对的伦理问题类型，并讲解问题为什么会涉及伦理范畴，激发员工的伦理意识。管理者也可以鼓励员工自己开展以上讨论，并在互动中使用伦理术语，将决策构建为伦理决策并鼓励他们思考行动可能带来的后果，并且要为自己决策所带来的后果负责。

另外，我们都要小心让我们忽略伦理问题的情况。如果你不知道美国经济每年会因此损失数千万美元，你也许就会觉得从网上下载音乐没什么不好。这些损失来源于因“盗版音乐”造成的工作收入和税收的减少。邀请互惠基金经理观看超级杯，并大方地为客户买单的投资银行家，不大可能觉得自己的行为是在“行贿”，而只是觉得做了“大家都在做的事情”，丝毫没有考虑到，这些酒宴会对普通投资者不利。如果我们能用从伦理角度思考问题，就可以开启接下来的伦理判断流程。

个体差异、伦理判断和伦理行为

一旦人们意识到情境或决策的伦理维度，就可以开启伦理判断的过程，这都有助于伦理行为的产生。伦理判断指的是在面临伦理问题时，做出正确的决策。神经科学对伦理意识的相关研究表明，与其他决策相比，同一位研究对象在做伦理决策时大脑中某一部分被激活了。这项研究说明，伦理判断确实是一项独特的决策过程。

本章接下来的内容将把重点放在影响伦理判断和行动的个体差异上。本书的大部分内容关注的是情境中的外力。例如，大家会效仿领导和同事的做法，并乐于去做会得到奖励的事情。然而，尽管存在这些力量巨大的外力，人们还是会将个人因素带入其中。当你最不抱期望的时候，英雄就出现了。尽管害怕被报复，吹哨人还是会揭发不正当的行为。尽管管理层一直在提供良好的行为指导，但还会有人挪用公款或欺骗客户。解释这些符合或不符合伦理的一种说法是，人与人之间的个性差异，导致有一部分人的思维和行为更符合道德标准，而另一部分人则更不符合道德标准。

科学研究已经揭示了面对伦理困境时，很多影响思维和行为方式的个体差异。

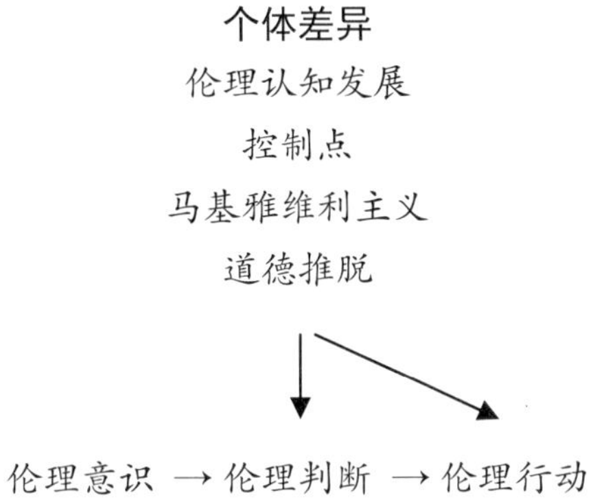

伦理认知发展

劳伦斯·科尔伯格的伦理认知研究对个体差异基础上产生的伦理判断和行为做出了最好的诠释。当面对伦理困境时，他们首先必须判断，哪种行为是符合道德标准的（如第 2 章所说），他们必须选择符合伦理的解决方案。换句话说，如果他们认为揭发不正当的行为是符合伦理的，那他们必须坚持自己的看法并勇于举报（伦理行动）。

科尔伯格的伦理认知理论是建立在人们如何看待并决定伦理行动的认知发展理论的基础之上的。他的研究内容是追踪 58 名美国男孩，当他们 10~16 岁时，对他们进行定期采访，询问他们关于假设伦理困境的看法，而且所有问题没有标准答案。这些男孩的回答将被拿来分析，用于理解人类伦理水平如何随着大脑发育和人生阅历的增长而逐渐发展。

科尔伯格的伦理认知发展理论认为，伦理的发展会经历三个级别，每一级别由两个阶段组成。当个体按照阶段性顺序发展时，他们能够理解处于自己所在水平之下的所有观点，但无法理解高于现阶段的观点。阶段性发展来自认知的失衡，这种失衡发生在自己的认知水平和更高级别的认知水平出现矛盾时。这种发展可以通过培训产生，但更多发生于和同事的互动中，或出现于生活中挑战现有思维方式的情境中。你可以把父母和孩子在晚餐时的谈话，当作挑战孩子的思维方式或影响和提高孩子的伦理水平的一种尝试。按照科尔伯格的理论，实际的伦理决策并不如伦理判断过程重要。但他认为（这是非常重要的概念），道德水平发展程度越高，决策的伦理程度就越高。因为更高的水平意味着与道德准则中公平和公正的标准越一致（如第 2 章所介绍的道义主义）。

科尔伯格的理论被成功地运用于对商业环境中成年人的研究。詹姆斯·韦伯采访了几位管理者对下列假设伦理困境的看法：

> 伊芙琳在一家汽车钢板铸造公司工作。她同时也是调查小组的成员，负责调查一款新型奢侈汽车车轮铸造过程中的操作问题，并提出改进建议。这个问题不会直接对安全性产生影响，但确实导致了很大噪声。工程副总裁告诉这个小组，他确定问题出在铸造过程中的拉伸应力上。伊芙琳和实验技术人员进行了测试，结果证明问题并不是出在拉伸应力上。当伊芙琳准备开始寻找其他可能的原因时，她被告知问题已经解决了。上级写好了报告，而报告中的观点极力支持拉伸应力导致现有问题的观点。伊芙琳的实验数据被大肆篡改以印证现有结论，而一些与结论相去甚远的数据则被删除了。报告“证明”了拉伸应力就是问题所在。

受访者需要回答很多问题。例如，伊芙琳是否该反对她上级的报告，为什么。我们将用这一假设情境理解科尔伯格的理论。对以上问题的回答可以帮助我们判断受访者在科尔伯格伦理发展中所处的阶段（见表 3.1）。

表 3.1　科尔伯格伦理认知发展的阶段

阶　段	正确的标准
等级 1：前因循水平	
阶段 1：服从和惩罚导向	为自身利益服从权威，坚守规则以避免惩罚
阶段 2：功利主义目的和交易	只有即时得到利益的情况下才会遵守规则，平等交换，达到平等交易才是对的
等级 2：因循水平	
阶段 3：人际关系的和谐、协调、多重期望	典型的“良好”行为，符合同事及亲近的人的期望
阶段 4：社会和谐、系统维系	承担社会系统要求的责任和义务，遵守法律，除非遇到法律和社会责任相互冲突的极端案例
等级 3：后因循水平	
阶段 5：社会契约和个人权利	遵守规则的原因是，这些规则是与公平、权利和社会贡献相一致的社会契约（而并不因为这些规则是大多数人的观点）
阶段 6：统一的伦理原则	坚持公正权利的伦理原则。当法律违反这些原则时，仍能在自我行动中坚持原则

等级 1：前因循水平

处于此水平（称为前因循水平，包括阶段 1 和阶段 2）的个人以自我为中心，并将伦理视为外部强加的规则。不幸的是，有一小部分成年人无法从这一阶段成长，管理者必须做好相关准备。请阅读下文的几种描述，想想你认识的人中谁会有类似的想法。

阶段 1：为自身利益服从权威。避免被权威人物惩罚是他们的主要想法。不难想象孩子的想法："我应该分享我的玩具，如果不这么做的话，妈妈会朝我发脾气（遭受惩罚）。"处于阶段 1 的人对伊芙琳问题的回答会是：和上级作对是错误的，她必须服从上级，如果不这么做，就会遭受惩罚。

阶段 2：对个人的奖励和满足成为考虑的关键。另外，还会考虑到市场互惠。正确的标准要从"你帮我挠背，我就帮你挠背"式的互惠角度来考虑。处在阶段 2 的孩子可能这么想："如果我和弟弟分享我的玩具，那他以后也会和我分享他的玩具。"处于阶段 2 的人对伊芙琳问题的回答会是：应该支持她的上级，因为她可能因此受到表扬。同样，如果上级对她很好或者曾帮过她的忙，那么她则有义务回报上级。

总而言之，处于等级 1 中的个人更可能从"从中我能得到什么"的角度思考问题。阶段 1 的问题可能是："我是否能脱得了干系？""我会受惩罚吗？"而阶段 2 的问题可能是："如果这么做，我将得到什么好处，或我将得到哪些回报？"

等级 2：因循水平

处于等级 2 的个人，仍将关注点放在他人身上，但自我中心的程度有所减弱，并且将社会共享的所有或部分道德准则内化为家庭或工作团队的准则。伦理正确就是效仿榜样并符合他人的期望，承担责任和义务，遵守规则和法律。

阶段 3：能够愉悦或帮助他人，或者得到周围人肯定的事情就是正确的。相互信任和社会认同非常重要。举例来说，处于阶段 3 的人对伊芙琳问题的回答会是：她不该违抗上级，因为他会认为伊芙琳不忠，而且可能失去社会认同及上级和同事的信任。另外，如果伊芙琳告诉家人这件事情（家人的意见对她来说很重要），而家人强烈认为应该违抗上级。这时该怎么办？在这种情况下，她得出的结论可能是该违背上级的意思，因为她最信任的人认为这是正确的做法。

阶段 4：思维角度扩展到了社会。个人应该承担社会义务，并遵守促进集体利益的规则或法律。处于阶段 4 的人对伊芙琳问题的回答会是：伊芙琳应该违抗她的上级，因为她对社会负有义务。如果那个噪声确实代表了安全问题，那怎么办？作为社会的优秀成员，她有责任上报问题。如果她知道产品安全法律中关于上报问题的要求，她就会更为强烈地感觉到自己应该上报。

所以，处于等级 2 的人会在做决定时寻求外部指导。阶段 3 所面临的问题是："我的同僚会怎么做？""我信任的指导者会如何建议？"阶段 4 所面临的问题是："规则和法律是如何规定的？"科尔伯格的研究发现，大多数成年美国人处在这一阶段。韦伯的采访结果也发现，多数管理者对于伊芙琳问题的回答，也与这一阶段相吻合。

等级 3：后因循水平

处于等级 3（后因循水平，有时也称原则性思考水平——阶段 5 和阶段 6）的个人已突破了来自他人的期望、规则和法律，他们做决定时自发性更强。他们将公正权利视为道德准则（类似于第 2 章中的道义主义）。需要注意的是，阶段 6 只存在于理论当中，因此我们将重点讲解阶段 5。

阶段 5：仍然重视规则和法律，因为它们代表了社会契约。但处于阶段 5 的个人也会质疑法律，并思考为社会利益而修改法律的可能性。他们会将伦理法则至于社会法律之上。例如，思考怎样的决策能创造最大的社会效益。处于阶段 5 的人对伊芙琳问题的回答会是：她应该违抗上级，因为这样才符合社会最大利益的伦理原则，尤其是在她已经考虑到汽车潜在问题的时候。她的责任感已经超越了遵纪守法的优秀社会公民的范畴，毫无疑问也超越了老板的想法。处于阶段 5 中的伊芙琳还有责任维护公正权利。所以，即便法律没有要求她上报问题，但出于对汽车消费者安全权利的维护，她还是会将问题报告上去。当决定应该怎么做时，处于阶段 5 的个人会问："法律如何规定？""怎样做才能给整个社会带来好处？"

学生有时会对科尔伯格提到的原则性的含义感到困惑。他们会有类似这样的问题："9·11"事件中的袭击者有原则性吗？虽然最佳答案是应该向当事人提问，并找出导致这一行为的原因（现在已经不可能了），而他们的回答（如"首领让我这么做的""我这么做会在天堂受到奖励"等）表现出其思维可能处于较低的伦理认知水平阶段。需要引起注意的是，科尔伯格对于"原则性"思维所指代的原则范围有着明确的界定。从广义上来说，等级 3 的原则即公正权利，这与第 2 章中道义主义所介绍的原则相类似。违法犯罪者只关注他们所谓的原则，例如，墨西哥暴力犯罪集团声称，他们要对成员进行伦理原则培训。而设立这些原则（如冷静）的目的，是为了让成员听从团伙领导的指挥。而这一案例中的伦理辅导员因指使杀人及强迫少女卖淫而受到指控。这些行为违背了公正权利的原则。

最后，"我总是按照宗教信仰做事，因为如果不这么做上帝会惩罚我"的原则也不是原则性思维。在科尔伯格的模型中，这种思考类型其实代表了低水平的伦理认知发展，因为它建立在不辨是非地服从和对惩罚的恐惧之上。宗教的观点，例如黄金律，一般来说是和公平和权利相一致的。但为了成为一位有原则的决策者，个人在伦理困境中需要有独立思考的能力（遵守公正权利的原则），而不是盲从某种宗教。

所以，不要因为有人使用了"原则"这个词就感到困惑。原则上，在伦理认知发展理论上，个人必须基于公正权利和更大的利益自发地做出决策。

你必须记住这是一个认知理论。重要的是，决策过程以及过程中的思维方式。尽管思维会影响决策，但起决定作用的实际上是决策过程。

本章最后提供了伦理认知水平发展的练习，可以测试你目前对该理论的理解。现在不妨试试看。

女性和男性不同吗

1982 年，心理学家卡罗尔·吉利根，出版了一本关于女性伦理认知的书，名为《一种不同的声音》（*In a Different Voice*）。吉利根是科尔伯格的学生，她认为科尔伯格的理论存在不足之处，因为他只研究了男性。吉利根对科尔伯格高水平伦理认知阶段中的公正度产生了质疑。她认为，女性更可能从“伦理关怀”的角度强调人际关系——关心他人，对他人负责，相互依赖关系的持续性。

吉利根的理论赢得了巨大关注，特别是在儿童和青少年发展领域。但是该理论对在商业组织中工作的成年人的应用很有限。在比较男性和女性医学生的伦理判断差异的研究中，吉利根并没有发现性别之间的明显差异。研究结果表明，男性和女性都受到医学实践的社会化和文化准则的影响。同样，基于吉利根理论之上的，对于企业管理者的采访研究结果也并未发现性别差异。除了一位管理者，所有管理者（男性和女性）都说当遇到工作中的伦理冲突时，他们的伦理判断都建立在公正而非关怀的基础上。最后，许多建立在科尔伯格理论基础上的伦理认知发展水平的研究，只发现了极小的性别差异。有趣的是，这些差异指的是在做伦理判断时，女性在公正方面的得分普遍比男性高。商业伦理研究者建议，没有必要对性别差异问题开展进一步研究。

我们现在可以开始提出伦理行为的第二个要求：做正确的事情，或让行动伦理化。记住，人们首先必须判断，伦理正确的行为是什么。这在很大程度上取决于他们的伦理意识和伦理判断（伦理认知发展水平）。他们必须选择符合伦理要求的方案。

四处找寻

理解伦理认知发展是至关重要的一个原因是，大多数成年人处于伦理认知发展的因循水平（等级 1）上。这意味他们在判断是否符合伦理及应该采取怎样的行动方面，很容易受到外界的影响。他们对于伦理的判断、所做的决定都受到他人的想法、说法和做法的影响。我们将这种现象称为对伦理导向的“四处找寻”。

这些个体不是遵循内在道德标准的自发性决策者。他们会环顾四周，看看上级和同事怎么说、怎么做，然后将这些作为自己行为的指导。因此，大部分人做事会遵循他人的期望，这是奖励体系、角色预期、权威人物要求以及团队准则的产物。这就是本书如此关注外在因素对伦理行为的影响的原因。这也是管理者需要建构支持伦理行为的工作环境并带领员工朝着正确方向前进的原因。大部分员工都在寻找指导，如果管理者和同事按照伦理要求提供指导和支持，员工就会做正确的事情。

自发的原则性思维和行动

处于更高思维水平的个人将不受外界因素的影响。处于后因循水平的决策者是在遵循公正权利基础上做出决定的。研究显示，他们的实际行为也会与决定相一致——这些人更有可能将决策贯彻到底，并坚持自己认为正确的事情。原则性较强的个人欺骗他人的可能性较小，更有可能抵挡来自权威人物的压力，更有可能帮助需要帮助的人，而且更有可能检举揭发不正当的行为。所以，这个理论告诉我们，诸如沃特金斯这样的“吹哨人”，努力劝说安然公司总裁在事态演变得不可收拾之前揭开公司的财务骗局，就是原则性思考者。但管理者要记住的是，在大多数组织中处于等级 3 的个人可谓凤毛麟角。自发性决策是建立在公正权利基础上的，它区别于建立在规则之上的决策。

同样还要记住的是，伦理认知发展代表的是在特定认知发展水平上判断伦理困境的“能力”，很有可能最终行动与实际的判断能力不符。但伦理认知发展理论认为，这种状态不会长期维持下去，因为行动和想法当处于两种水平上时会产生认知压力。他们会思考：“我知道这是错的——为什么我还在这么做？”所以，当处于原则性思考阶段的个人发现自己被要求去做不符合伦理的事情时，会选择改变现状或离开。

管理者的底线就是，伦理认知发展理论和研究告诉我们，你所管理的大多数人，都会被你所说、所做及所奖励的事情深深影响。你可以把他们当成“优秀的士兵”。他们会四处寻找来自你和周围同事的指导，并效仿周围人的做法。所以，管理者有责任创建支持伦理行为的工作环境。如果你逃避这种责任，员工就会从其他地方（如同事）那里寻求指导。这样的指导有可能是不符合道德标准的。

小部分人则无法从前因循水平成长。这些人可以看作“松动的大炮”。他们只做免受惩罚的事情。这些人需要强力的监管，当他们掉队时，则需要明确的惩罚。

对少数达到原则性水平的个体，应该委以领导关键决策团队的重任，让他们在伦理问题不明确的情况下，正确地领导组织。对团队伦理决策的研究发现，如果个体领导团队的原则性水平较低，那么整个团队的决策表现就会下降。另外，如果个体领导团队的原则性水平较高，那么整个团队的决策表现就会得到提升或至少保持不变。同样，当组织领导者的伦理认知发展水平较高时，整个团队的伦理氛围就会更浓。这在领导者的决策符合其伦理判断水平的团队中，以及在更易受领导者影响的年轻团队中更是如此。最后，当员工和组织领导者伦理发展水平相似时，员工的满意度会更高，对组织会更忠诚。当领导者的伦理发展水平低于员工时，员工的满意度和忠诚度都会非常低。

控制点

另一个影响伦理行为的个体特征是控制点。控制点指的是个人对其生活事件控制程度的认知。可以将控制点想象成从高度内控到高度外控的直线循环体。高内部控制点（高度内控型）的人认为，他的行动带来的结果主要取决于他自身的努力。而高外部控制点（高度外控型）的人认为生活事件主要取决于命运、运气或其他力量。

外部控制点 ⟷ 内部控制点

控制点并非与生俱来。它会在很长一段时间内，随着同其他人的互动和社会环境而发展。在特定时期内，控制点可以作为区别于他人的稳定的个人特征。一些人更偏向于内部控制点，而另一些人更偏向于外部控制点。从这个角度来看，控制点更类似于将个人思维和行动分类的个性特征。控制点不会随着情境的变化而改变。因此，“我在这种情况下变成了外部控制点，因为我老板让我在数字上造假”，这种说法是不对的。在这个情境中，变化的是老板施加的压力，而不是员工的控制点。

如果一位员工属于内部控制点（内控型），而老板的控制欲又极强，那么当老板让员工去做错误的事情时，员工就会感到非常不舒服。所以，由于外控点带来的压力，这位员工很可能抵制老板对他的影响，并寻找机会离开，去寻找更合适的上级或工作环境。而属于外部控制点（外控型）的个人则会认为他的命运掌握在老板的手中，所以只要完成老板的要求就行了。老师会给你提供一张测试控制点的调查问卷，你可以测试一下自己属于哪一类。

忠告：尽管控制点相对来说比较稳定，但经历巨大生活变化或在非自愿的情况下，个人的控制点还是会产生变化的。如果高内部控制点的个人变成了战俘，而且他逃脱的希望非常渺茫，那么经过一段时间后，他会变得更倾向于外部控制点。

控制点与伦理判断和伦理行为的关系

控制点和伦理有怎样的联系？控制点可能和个人是否能对自己的行为负责有很大关系。首先，与属于外部控制点的人相比，高内部控制点的个体更能看清楚行为和结果之间的关系。属于内部控制点的人认为他们自己能够控制生活中发生的事情。所以，他们更有可能承担行动的后果。他们很难说出这样的话：“噢，这不是我的责任。我只是在这里工作。”“我只是遵守命令。”如果个人愿意为自己的行为承担责任，他们的行为就会更符合道德标准。研究发现，属于内部控制点的个人更可能帮助他人，即使这么做会受到惩罚。

属于内部控制点的人认为，个人能够掌握自己的命运。所以，他们不愿意在他人的压力下去做自己认为错误的事情。曾经有一项有趣的实验，实验参与者被要求完成一个故事。在这个故事中，主角要被迫完成违反社会规则的事情。实验参与者的内部控制点程度越高，故事中就越有可能出现反抗压迫的英雄。“服从权威”实验中（第 7 章有更详细的介绍），属于外部控制点的人更有可能按照要求对他人实施看起来有害（但不是真的）的电击。对于管理者来说，了解你和员工所处的控制点是非常有帮助的。它可以帮助你理解在不同的情况下，包括伦理困境中，员工的想法和可能的做法。例如，之所以不断抱怨运气不好，或者将失败或伦理缺失归结于外部因素的员工，可能是倾向于外部控制点的人——这就是他们看待世界的方式。管理者可以通过不断要求他们为自己的行为负责的方式，帮助其认清自身行为和结果之间的关系。经过一段时间之后，他们的控制点就会发生改变，为自己的行为承担更多的责任。

马基雅维利主义

内部控制点和原则性水平较高的个人的行为，基本上符合道德标准。而对另一种个体差异，马基雅维利主义者会更多地将其与不道德行为联系起来。你也许听说过，马基雅维利主义者被用来描述自私自利、机会主义、满嘴谎言、为了赢而不计代价或不顾对他人影响的人。马基雅维利主义作为一种性格特质，是以 16 世纪哲学家、政治家、政治理论家尼可洛・马基雅维利命名的。他推动了讲求实效的政治风格。但这种政治风格主张为达到个人利益，允许没有明确地违反道德标准但不辨是非的行为。“只求结果，不问手段”的观点常常与马基雅维利联系在一起。在著作《君主论》中，马基雅维利提出了一个著名的观点，统治者应该“尽可能做善事，但如果做不到，在必要的情况下，也可以向邪恶妥协”。在对个人马基雅维利主义程度的问卷调查中发现，马基雅维利主义程度较高的个人更可能有违反道德准则的意图，更可能产生诸如撒谎、作弊、吃回扣等违反道德准则的行为。管理者应该多注意那些自认为马基雅维利主义的员工，因为他们很有可能为了自身利益而将整个组织置于危难之中。组织在评估工作申请时，也应该把马基雅维利主义作为一项个性特点考虑在内。

道德推脱

大多数人在大多数情况下的行为都是符合道德标准的，这是因为我们内化了正确的道德标准，并以此标准来评判各种行为，这就是道德推脱的理论背景。如果行为不符合道德标准，我们就会感到羞愧并会阻止自己。所有人几乎都会认同这个过程。但研究发现，个别人更有通过以下八个道德推脱机制关闭自我控制系统的倾向。这些道德推脱机制会让人在做了违反道德标准的事情之后，不会感到不舒服。

道德推脱机制可以被分成三类。第一类道德推脱机制是与看法相关的。它让不良行为看起来是可以接受的，有三种表现。表现之一是使用“委婉的语言”（在伦理意识相关内容中有所介绍）。表现之二被称为“道德合理性”。由于不道德行为给社会带来了一些有价值的结果，所以是可以被允许的。例如，也许借贷方认为销售无证贷款没什么不妥，因为他们是在为买不起房子、实现不了“美国梦”的个人提供帮助。表现之三被称为“优势对比”。人们会将自己的行为和更应该受到谴责的行为相比较，让自己的行为看起来更好接受。例如，某位销售员认为自己销售这种贷款没什么不妥，因为她确认了客户会每月还贷，且不会使用信用卡，而她的同事对此根本不在乎，只想着拿到佣金。

第二类道德推脱机制是与结果相关的。它扭曲了结果，或者减轻了个人对不良后果的责任。例如，通过“责任转移”，个人会将自己的行为看作受权威人士的指使（“老板逼着我做的”），以此减轻自己的责任。“责任分散”则让个人得以依靠他人或团队，以减轻自身责任（“这不是我的工作”“这是团队所做的决定”）。“结果扭曲”则指的是低估不良后果的实际严重程度。

第三类道德推脱机制是减少对不道德行为受害者的身份认同。通过“去人性化”，将受害者认定为异类、愚昧或根本不把受害者当人看待，因此不值得伦理考量。这类机制在支持种族大屠杀的个人中表现较为明显。例如，借贷方认为明明知道自己无力还款，却还要办理贷款的人都是蠢货，不值得关心。“罪因推诿”将造成伤害的多种原因归罪于受害者身上（“这是他们自己的错”）。

在特定情况下，以上某些机制会表现得较为明显。如果你的老板一手遮天且不在乎伦理，那么责任转移（“老板强迫我做的”）就会被更多地使用。研究还发现，不论情况如何，有些人总会保持道德推脱的思维方式。他们缺乏同情心、愤世嫉俗、将自己的所作所为看作命运使然（更倾向于外部控制点），道德认同度较低——不太认为自己是符合道德标准的人。最重要的是，习惯于道德推脱的人更容易出现违反道德标准的行为。

有趣的是，研究证实，道德推脱可以帮助人们解释出现在不道德行为中“滑坡谬误”的现象。你也许听说过这个术语。随着时间的推移，滑坡谬误会导致越来越严重的反伦理行为。例如，一位学生在课程论文中抄袭了小部分内容，因为这看起来“没什么大不了的”（扭曲结果）。过段时间之后，尤其是在没有产生负面结果的情况下，这位学生会扩大抄袭的范围，甚至在网上购买论文并署上自己的名字。或者，会计师起初在工作中运用了“创造性会计法”（用投机取巧等方法做账。——译者注），这种做法虽然看起来不明智，却并不违法。但过段时间之后，就演变成了做假账，将会计、公司以及股东置于极为危险的境地。这项重要的研究证明了非常真实的现象并解释了这些现象是如何发生的。它同时提醒我们，行动的结果会多么轻易地被忽略掉，尤其在小事上。所以，如果有人说“没什么大不了的”“我们只做这一次”时，你一定要提高警惕。如果下一次违规程度更严重了一点，而你觉得这更合理，你就陷入了滑坡谬误之中。另外，如果你所参与的反伦理行为是众所周知的，你就更难坚持自己的原则。他们会问：“那你一开始为什么同意？”这是一个非常好的问题。大多数人在撒谎时会感到内疚，但研究发现有些人可以通过撒谎获得快乐，这种现象被称为“骗子的快感”。这种快感会持续激励不良行为。所以再重申一遍，如果目标符合伦理，最安全的做法就是明确你是谁、你的价值观是什么、你会做或不会做哪些事，并从一开始就坚持自己的道德标准。

你可以用老师提供的一份问卷调查来测试你的道德推脱程度。你可以通过关注脑海中的正当理由或与他人讨论的方式减轻道德推脱倾向。当你发现自己有下列想法时（或在会议中听到了类似的说法时），“暂停并思考”你现在的所作所为是否正确。

“这不是我的责任——老板让我这么做。”

“这不是我的责任——我的团队做的决定。”

“这没什么大不了的。”

“这比（其他人）做得好多了。”

“这是他们自己造成的。”

良好伦理判断的认知壁垒

在之前的内容中，我们曾讨论过区别个体的个人特点。不论个体差异如何，所有人对促进或阻碍良好伦理行为的标准都是一样的。第 2 章提供了理性化伦理决策步骤，描述了伦理决策过程应该是怎样的。然而，研究发现实际的人类决策过程并不能达到如此理性的状态。虽然人们试图在决策中变得理性，但是他们常常做不到。

近年，心理学家发现了人类决策过程中存在的很多缺陷和偏见。其中某些缺陷对组织中的伦理决策和第 2 章中给出的建议有直接意义，所以你可以把这部分内容看作现实中的瓶颈。如果你要管理你自己和别人的伦理行为，你就要理解人们实际是怎么想的，而不仅是了解他们应该怎么想。虽然不确定性是组织生活中既存的事实，但商业人士非常想否认眼前的不确定性。所以他们试着表现出这个世界是理性的，一切尽在掌握之中。掌控和预测事件是要受到高度重视的，特别是在商界。但是对掌控的过度关注是一种错误的观念，会给管理者带来麻烦。如果你确实对风险、潜在的影响和决策的后果并不是了如指掌，该怎么办？最好的避免决策缺陷和偏见的方式，就是意识到它们的存在，并在决策过程中利用以下步骤，以显著减少决策缺陷和偏见的不良影响。

➲ 考虑事实收集

在第 2 章中，我们建议你将“收集事实”作为良好伦理决策的重要的第一步。但要注意，你对于事实的看法可能带有偏见。研究表示，你找到的可能是错误的事实，或者认为自己已经找到了所需的全部事实，从而太早停止收集工作。

我们知道，绝大多数人包括商学院的学生和企业执行官，都对自己所了解的事实过于自信。在一项实验中，研究员向参与者提出基于事实的问题。然后，再询问参与者觉得自己的答案是否正确。例如，在回答“罗马和纽约的位置哪一个更偏北”时，绝大多数人都选择了纽约，他们相信自己回答正确的可能性高达 90%。事实上，他们都是错的。罗马要比纽约偏北一点。过分自信会让你无法看到其他事实，或者无法找到支持现有事实的证据。

即使你收集到了额外的事实或证据，另一个被称为“证实陷阱”的认知偏见，还会对你选择收集事实的种类和地点产生影响。所有人都有一种倾向，那就是寻找能够支持我们偏好的答案或信息的证据，而不是去寻找能够证明我们错误的证据。如果你是一位投资银行家，你想要相信抵押支持债券是安全的（因为利润很大），你就会寻找支持它的信息并问这样的问题：“在这以前，抵押贷款的违约率是多少？”得到答案后，银行家很可能低估其中的风险。因为无证贷款和其他高风险次级贷款是新型产品，只参考历史违约率并不合理。如果银行家这么问，“未来这一类型的新产品会出现哪些问题？新产品有哪些变化？有哪些我们还没想到的问题？”，那么结果也许会发生很大的转变。

为了克服这些陷阱，很重要的一点是，要有意识思考你可能出现的错误。在个体和群体决策过程中，考虑以下问题：“我/我们会出现哪些错误？”“还缺少哪些事实？”“现有的哪些事实可以证明我们是错误的？”如果思考了以上问题，虽然还会遗失一些重要事实，但起码遗失的少了。

考虑结果

在第 2 章中，我们建议你思考决策对广泛的利益相关者所带来的潜在结果。谁会质疑这样睿智的建议？但心理学家发现，许多人看待结果的方式存在问题。

减少结果的数量

人们简化决策、让事情看起来更可控的方式之一，就是减少所考虑到的结果。他们尤其无视那些只会影响到小部分人的结果。但是只影响小部分人的结果，也可能带来很严重的后果。例如，一个疗效不错的药物会对很多人都有积极的疗效，但只对少数人产生不良反应。但是如果那些少数人会死于这种药物的副作用呢？显然，无论受影响的人数多么少，你都不能无视这种严重的后果。为了处理这种情况，大范围地询问决策相关方会起到很大帮助。邀请各方利益相关者，特别是和你意见不同或损失最大的人，询问他们所担心的问题以及原因，将他们的回答考虑在你的决策之中。

对自己的影响和对他人的影响

结果主义理论要求我们考虑社会成本和效益——多方利益相关者的角度。但是心理学研究认为，人们倾向于从自身利益角度进行决策。例如，人们更倾向于衡量决策或行动对自己（或者自己亲近的人），而不是对其他人的影响。这可能是因为对自己的影响更直接或更明显。此外，当多种选择的结果都模糊不清的时候，人们倾向于选择自己更喜欢的，而不是更公平的那一个。更糟糕的是（从伦理的角度来看），人们低估了自己以自我利益为中心的程度，高估了自己行为的理性化程度。人们并没有意识到自己的认知偏见。有意识地考虑到除你之外受到决策或行动影响的人，是非常有帮助的。作为管理者，你可以要求员工列出可能受到影响的个人或团体的清单，并寻求员工的建议，或者让员工想象他们就是那些利益相关者。员工会做何反应？

风险结果

另一种思考结果的方式就是考虑决策的风险，在商业中则是风险评估。研究认为，乐观主义幻觉的存在，导致人们总是低估潜在的风险。人们高估了未来出现好事的可能性，低估了出现坏事的可能性。例如，即便离婚率已经高达 50%，新婚夫妇还非常乐观地认为自己的婚姻能够天长地久。再如，尽管某些分析家对抵押贷款证券化的前景撒了谎，但许多人还是过分乐观地认为，国内的房产市场不会同时崩溃，也不可能拖垮整个美国市场和经济。

人们还普遍觉得自己比起别人更不可能遭受风险。这种想法来自“控制幻觉”，它让人们以为自己对发生的事情尽在掌握。如果人们认为一切都已在掌控，那么也会认为坏事不可能发生。来自美国顶尖商学院的 MBA 学生，已经证实了控制幻觉的存在。受到这些认知偏见影响的管理者，会低估特定决策给公司带来的风险。如果管理者无视风险，那么自然也会无视重要的结果。所以，意识到这种无视风险的倾向很重要，要将风险分析加入决策过程中。

即使考虑到了风险，也很难以一种完全理性的方式来看待它们。我们已经讲过一种会导致轻视风险的倾向——只关注能够证实个人偏好决策正确性的信息（证实偏见）。在著名的挑战者号宇宙飞船惨剧中，每个人都知道存在风险。问题在于这个风险有多大。会很大吗？许多经济和政治因素迫使美国国家航空航天局发射了这架宇宙飞船。由于宇航员中有一名学校老师，所以与平时相比，媒体也给予了这次发射更多关注。研究者认为，证实偏见可能影响了决策者，让他们更关注能够支持他们偏好的（发射的）信息。而对报告有关风险的（支持延期发射的）信息有所忽视。

最后，我们要回到怎样构建情境的问题上：情境是构建于“损失”的基础上的，还是“获得”的基础上的？当决策构建于损失（销售额或佣金损失）而不是获得的基础上时，人们的行为会更倾向于违反道德准则。有趣的是，当被给予更多时间考虑自己的决策时，这一发现就消失了。这证明这种偏见更可能发生在对决策没有深思熟虑的情况下。所以花时间去思考，也可以减少一些认知偏见给我们带来的影响。

长时间的结果：承诺升级

考虑结果时也常常忽略这样一个事实，那就是决策并不是单一的，而是更大决策或项目中众多选择的一部分。思考以下场景。

> 你终于毕业并找到了一份不错的工作，你用自己的大部分积蓄购买了一辆梦寐以求的汽车——二手宝马。但时间不长，这辆汽车就出现了机械故障。每次把汽车送去修理工那里，他们都说已经修好了，但故障还是不断。而银行账户里的钱已经耗光。你应该放弃修理这辆汽车吗？

因为你已经做决策购买了这辆汽车，而且投入了非常多的资金，所以你更倾向于坚持原有的选择。这种倾向被称为“对损失行动的承诺升级”或“赔了夫人又折兵”。理性的决策是将已投入的时间和金钱看作“沉没成本”。它们已经无法恢复，所以不应该考虑在未来的决策中。做决策时，只有未来的成本和效益才应该被考虑在内。但要做到很难，因为社会准则和组织都鼓励我们坚持下去。同时，如果有他人的参与，我们更有可能坚持最初的决策——无论是买车、买设备，还是买地。研究发现，人们更容易对亲社会性①的失败行为进行承诺升级。

所以，如果你面临着决定是否要向已有损失的项目继续投资，一定要慎重！克服承诺升级的方法，和其他认知偏见一样，是要认识到它的存在并努力调整。清楚地问自己，是否因为不想承认最初决策的失败，所以才要坚持下去。问问自己：“如果我接管的项目中没有我的个人投资，我还会支持这个项目吗？”另外，还可以征求局外人的意见，或者将项目完全转交给他们。这样可以将你的自尊排除在决策过程之外。

考虑正直感

在第 2 章中，我们建议你思考自己的特质和正直感——问问自己，在伦理水平较高的社群中，极具正直感的人会怎么做。但是，认知偏见也许会阻碍这种思考。第一，如果你认为自己是被错误的观念，而不是现实所控制的，那么你怎么能做出好的决策呢？这里的基本概念是，个体可能把自己的道德标准想得正面了。他们可能为了维持自己所偏好的正面的自我形象而下意识地过滤和扭曲了一些信息。心理学家认为，人们有一种优越幻觉。调查发现，人们倾向于认为自己比其他绝大多数人更有道德、更公平、更正直。当绝大多数人宣称自己比一般人或同事更有道德、更正直时，这显然是幻觉在作祟。这有点像加里森·凯勒笔下神秘的乌比冈湖，在那里所有的孩子都比一般人强。除了诚实地面对自己，你基本别无选择。但这种幻觉可能会带来糟糕的决策——例如，外科医生接受了医药销售代表的礼物，因为坚信自己道德高尚，决策绝不会受到外界影响。或者借贷方在销售次级贷款时劝说自己，这样做是在帮助更多的人实现“美国梦”。

① 亲社会性：亲社会行为又叫利社会行为，是指符合社会希望并对行为者本身无明显好处，而行为者却自觉自愿给行为的受体带来利益的一类行为。——译者注

第二，美德伦理学建议你依靠职业伦理（或相关的道德社团）准则，以指导自己的行为。但想想最近发生的与会计专业人员相关的案例。例如，安达信公司终止了错误地反馈公司财务数据的，如废物管理局、安然公司和阿德尔菲亚公司所提供的审计服务。

注册会计师应该遵守美国会计师协会准则所规定的职业道德。准则规定，作为专业人员，审计人员有责任代表公众的利益对组织的财务状况做出客观的评价——不受利益冲突的影响，不篡改事实，不将职业判断屈从于他人。尽管如此，考虑到人类认知的局限性，这种期望可能是不现实的。当决定是否对一个大客户的财务状况做出负面的审计评价时，想想审计人员的脑子里会想些什么。审计人员和他们的审计客户在工作中朝夕相处，通常会经过很长一段时间。相反，审计人员对他们所应该代表的“公众”没有任何私人关系。所以，就像扭曲了的信息处理器一样，他们很可能看重的是合格的（或者说消极的）审计意见对他们自己和客户（而不是公众）产生的负面影响。对他们自己和客户所产生的消极影响更为清楚和直接。做出合格审计的审计人员会失去客户（以及和这个客户有关的钱），也会失去经过长时间建立的个人关系。另外，合格的审计评价对公众的影响较为模糊，而且要经过更多的人和更长的时间来传播。到底有多少公众获利或受损失的具体数字是不清楚的，特别是这种篡改很小或很不明确的时候。所以，审计人员很容易做出“理性化”的决策：与他们自己和公司的利益保持一致，弱化对模糊的、未知的公众产生的潜在影响。

一个专业的组织会怎么做？很重要的一点，就是要意识到审计人员（或者其他专业人员）也是人，也要受认知局限和偏见的影响。倘若我们了解了这些偏见，就可以应用一些预防方法。首先，不应该鼓励审计人员发展和客户的私人关系或者社交。公司应该每隔几年更换审计人员以避免发展这样的私人关系。其次，审计公司应该努力让审计人员对财务不实的报告，会对他们自己的公司和公众带来的负面影响非常敏感。安然的破产导致了其员工和投资者的巨大财务损失，也导致了安达信的最终倒台。最后，时常关注审计公司的正直感和长期的名声是非常关键的，而领导者在创造一个强伦理氛围中的作用也很重要。奖惩体系（在第 7 章和第 9 章中会有更充分的讨论）可以用来传递期望行为的重要信号。例如，拒绝客户的（违法）业务或者冒着失去客户的风险也要提供负面的审计意见的审计人员应该得到支持和鼓励，而那些置公司的声誉于风险中的审计人员应该受到惩罚和教育。

第三，有些人认为自己是正直的，但有时正直的行为会被视为有些轻率。例如，当我们在说“善意的小小谎言”时，会感到愧疚感更轻。这也证实了许多人都会撒“小谎”却不会撒弥天大谎的研究结果。

停止
并
思考

结束以上讨论之后，我们建议你关注以下“红色警报”。当你发现自己有下列想法（或听到别人这么说）时，想想自己是否带了偏见！

“事实支持了我们的决定。”

“坏事不会发生！”

“我们是有道德的人——我们不会做任何坏事。”

“我们已经投入了这么多了——现在没法放弃。”

➲ 考虑你的直觉

在第 2 章中我们的最后一条建议是倾听你自己的直觉。但是本章花费了大量的时间告诉你，你的想法可能是错的，因为它受到认知局限和偏见思维的误导。

但直觉在为你敲响警钟方面（面对伦理困境时）依然有用。一旦做出决定，你就应该利用从本章和本书其他部分学到的知识进行仔细分析以调整自己的想法。我们希望你的直觉和知识储备丰富的头脑能够帮助你做出更好的决策。

直觉——“下意识”的伦理决策

在第 2 章中，我们将伦理决策看作系统化、理性化的过程。甚至在本章中，我们到目前为止也在说明伦理意识如何导向伦理判断，并在此基础上开展系统的、有意识的伦理行为。在第 2 章中，我们也曾建议，你的直觉可以为自己拉响警报。事实上，一项以神经科学和脑成像技术为背景的新型研究发现，伦理判断过程其实是更为直觉化、冲动化和下意识化的。纽约大学心理学家乔纳森·海特认为，许多伦理判断是“快速、不费力气且下意识”产生的，人们通常感觉不到。海特对人类下意识的厌恶反应特别感兴趣。在研究中，他展示了一个小品。小品中的一家人不小心撞死了自己家的狗，于是这家人就把狗做成菜吃了。多数人马上会感觉到很恶心。对我们来说，吃自己家的狗是恶心且错误的。但被问道觉得恶心的原因时，我们却无法解释这样强烈的直觉反应。毕竟，我们当中大多数都是肉食主义者。所以，显而易见，有一些理性之外的东西——更为直觉化和情绪化的东西在起作用。更有趣的是，实验还发现，与依赖有意识的、有控制的决策方法做出伦理决策的人相比，靠对伦理问题的道德直觉和能够产生强烈情绪反应的人，更易做出正确的伦理决策。另一项研究则发现，当决策步骤不过于简单又不过于复杂时，会得到最优的伦理决策。要完全理解这些重要的步骤，就需要更多的研究。但显然，正确的思维在正确做出伦理决策的过程中，发挥了至关重要的作用。接下来让我们看看正确的伦理思维是如何脱轨的。

下意识的偏见

内隐联结测试是一种新型的研究工具。它可以帮助我们理解在特定伦理思考过程中，潜在的下意识（一般是消极的）所起到的作用。结果显示，多数人对年轻人的偏爱多于老年人，对正常人的偏爱多于残疾人，等等。例如，上百份对“种族问题的内隐联结测试”结果显示，我们当中的大多数人有更重视白种人的下意识倾向，虽然我们有意识地反对这种观点而且真心觉得自己并没有种族偏见。以下是种族内隐联结测试的研究过程。研究要求参与者在看到黑人的脸或消极含义的词语（腐朽、不好）时，按下键盘上的某个按键。而看到白人的脸或积极含义的词语（爱情、好）时，按下键盘上的另一个按键。之后，任务发生变化。参与者被要求在看到黑人的脸和积极含义的词语时，按下同一个按键；而看到白人的脸和消极含义的词语时，按下另一个按键。结果，大多数人在将黑人的脸和消极的词语相联系，白人的脸和积极的词语相联系时的反应更快，因为这种联系对我们来说更容易认知——更符合我们的下意识和内在态度。一些人指出这种研究只能代表对某一种族的熟悉程度，并不能够预测现实生活中的行为。我们的目的并不是反对或指摘内隐联结测试。相反，我们只是用它来说明，下意识对我们行为的影响远远超出我们的想象。

在工作中，面临所有的伦理决策（如招聘、嘉奖、裁员、补偿等）时，都要重视平等的重要性，明白下意识偏见对我们产生的潜在影响。这能够帮助我们理解将组织程序落实到位的原因，并防止下意识偏见对决策的影响（如果想做内隐联结测试，请点击 http://implicit.harvard.edu/implicit/ ）。

伦理决策中的情绪

古老的哲学方法假定人们会做出冷静、理性的伦理决策。但是我们已经开始明白情绪对于伦理决策有多么重要。为了更好地理解其中的联系，我们先从一位世界著名的病人——费尼斯·盖吉的故事开始讲起。他的故事让科学家将大脑、情绪和伦理的相关知识联系在了一起。故事发生在 19 世纪，费尼斯·盖吉是一个铁路建筑工人领队，他在工作中遭遇了一场可怕的事故。一根 3 厘米粗的铁棒径直穿过他的面部和头颅后径直落在地上。尽管他又活了 12 年，但事故夺走了他的左眼且造成了他大脑左额叶的损伤。人们惊异于他在事故之后居然还可以活下来（12 年），而且智力未受到影响！但在遭遇事故后接下来的几年中，费尼斯·盖吉的社会行为发生了戏剧化的变化。他一改往日的高度勤勉，变成了失礼、不负责任且亵渎神灵的人。他好像失去了自我控制。对费尼斯·盖吉故事的研究表明，费尼斯·盖吉脑部受到损伤的区域，正是在社会环境中负责情绪处理和制定良好决策的部分。所以，我们依赖于通过高效（通常是下意识的）处理情绪的能力来做出正确的伦理决策。结果是，情绪并不像人们之前所想的那样，会阻碍正确的伦理判断。相反，情绪常常会导向正确的行动，甚至是伦理决策所不可或缺的要素。例如，当我们想要伤害其他人的时候，正常的大脑会产生消极的情绪反馈（“内部警告”），阻止暴力行为。这种反馈是非常迅速的，甚至没来得及进行理性思考之前就已经发生了。

考虑两个经典的哲学难题。第一个难题是，一个脱轨的火车朝着五个人驶去。如果什么都不做的话，他们就会死。而如果把火车转向另一个轨道，就可以救下这五个人，但这样会杀死另外那个轨道上的一个人。你应该将火车掉头吗？

在第二个难题中，你和一个陌生人并肩站在一座立于铁轨之上的桥上。唯一能救那五个人的方法就是将这个陌生人推到铁轨上，这样他的身体就能使火车停住。你应该把这个陌生人推下去吗？

对于哲学家来说，这两个场景的逻辑是类似的，因为在这两个案例中，你都要有意地牺牲一个人以换取五个人的生命。但是，当被问到这两个问题时，绝大多数人都认为在第一个难题中你应该掉转车头，而在第二个难题中你不应该将那个陌生人推下去。心理学家认为，情绪可以解释这两个场景中的差异，因为第二个场景比第一个场景牵涉更多情绪。这个假设得到了一项实验结果的支持。在实验中，脑部扫描被用来追踪决策过程中的大脑活动。在第二个难题中，大脑中和情绪过程相联系的部分更为活跃，那些决定将陌生人推下去的人要花更长时间做出决策，因为情绪减缓了他们的思维过程。绝大多数有道德的人会发现在这种情况下，实际很难夺走另一个人的生命。这种抗拒来源于对夺走人类生命的想法的恐惧。而这些也许是人类进化过程中天生的反应，因为它帮助人类生存下去。有趣的是，大脑前额叶皮质损伤的人（如费尼斯·盖吉）就没有这种反应。他们更容易做出实用化的分析，认为自己应该杀死一个人以挽救其他人的生命。（如果你想“体验”此类练习，可以在 http://moral.wjh.harvard.edu 上完成道德感知度测试。这个网站提供了很多没有正确答案的伦理困境案例。）

所以，情绪显然在伦理决策过程中很重要，而且需要更多的研究来充分地理解这个过程。但清楚的是，情绪能够提醒我们注意伦理方面的思考（因为对他人的同情或者愧疚之痛），而且当我们觉得受到背叛或者义愤填膺时，它们可以促使我们做出反应。如果因为同事遭受了不公正的待遇而义愤填膺，人们很可能为同事打抱不平。研究还发现，如果人们觉得受到了不公平的对待，他们甚至会放弃利益。

在一些出色的实验中，研究者还发现，即使在不存在得失的情况下，个体也会惩罚他们觉得违反伦理的其他个体。即使不认识这个违反伦理的人，他们也会这么做。研究者还发现，当我们想要报复那些伤害了我们的人时，大脑中与满足感相关的部分会被激活。另外，婴儿和灵长类动物也表现出了对公平的关心，在受到不公平对待时会非常愤怒。公平、对他人的同情和伤害是随人类进化过程而产生的几种基本的伦理动机。

这里的重点是，通常我们的行动往往不是根据冷静、理智的决定而产生的，而只是因为当时“觉得”这样做是正确的。例如，同情、打抱不平等根深蒂固的情感会指引我们做出正确的伦理决策。但情绪也会激发报复的欲望，阻碍我们做出良好的决策。例如，你的竞争对手“挖走”了你的手下爱将。你会为了报复而从竞争对手那里招聘员工，还是做出理智的决定，思考一下谁更适合这份空缺的岗位？

考虑一下通用汽车的管理者是如何处理和大众汽车长达四年的法律纠纷的。在他们的申诉中，56 岁的通用汽车执行官何塞·洛佩兹（Jose Lopez）于 1993 年离开通用汽车加入大众汽车时带走了 20 箱通用汽车的文件。1992 年，洛佩兹掌握着通用汽车全球的采购大权，以无情的削价能力著称。丢失的文件包括通用汽车的供应商以及汽车部件的价格，还有通用汽车即将在欧洲上市的车型。《财富》杂志将这四年的法律纠纷描述为“背叛”和“报复”的故事。通用汽车欧洲子公司的领导人卢·休斯（Lou Hughes）对洛佩兹将这些专有文件带给最强劲的竞争者的行为非常愤怒。他坚称，只要洛佩兹待在那里，他们和大众汽车之间就没有任何回旋的余地。当他被问到希望从诉讼中获得什么赔偿时，休斯说：“这不是一个商业问题。这是一个伦理问题。”

经过多年的调查并未发现确凿的证据，表明大众汽车的任何人实际上使用了通用汽车保密的信息。《财富》杂志当时建议说：“希望通用汽车能够务实地行动，找到某种体面的解决方案，将注意力转移到汽车生意上来。”那可能才是“理性”和冷静的做法。相反，通用汽车将这场纠纷升级了，提出了诈骗的罪状。这场诉讼要持续很多年，耗费上千万美元。当务实的董事会成员质疑这场行动时，董事会主席坚持说公司应该持续这场诉讼，因为“这确实是很不对的”“有些东西不是以时间和金钱来衡量的”。

最后，1997 年 1 月，两家公司解决了这个问题。已经从大众汽车辞职的洛佩兹，被禁止为大众汽车从事任何工作直到 2000 年。大众汽车给通用汽车支付了 1 亿美元的赔偿，并且同意七年内购买价值 10 亿美元的通用汽车部件。《财富》杂志问道：“但是那又怎样？最后这场长时间的、痛苦的、耗费巨大的战争结束了吗？答案看起来既简单又令人震惊：并没有。”由于管理者对于以前的朋友背叛感到义愤填膺，因此一家大公司在这上面花费了数年的时间和大量的金钱。这显然是情绪化的反应。

显然，气愤和其他情绪能够影响思维和行动。它是好是坏取决于这种情绪导向的是“对的”还是“错的”行动。如果移情或愧疚让你意识到伦理问题的存在或者考虑到行动对他人的影响，那么这是一件好的事情。如果伦理上的愤怒让你寻求正义，那也很好。但是愤怒很可能让你渴望报复，而且那时你很可能做出更为冷酷的决策。那些没有带入情绪的人能够对身边的情形做出更为理性和更为冷静的评价。在通用汽车和大众汽车的案例中，那些务实的董事会成员主张迅速解决这个案子就很可能是对的。

伦理行动

本章大部分内容关注的都是伦理意识和伦理判断过程。我们看到，这些因素都会影响伦理行动。例如，伦理意识更强的人会做出更符合道德标准的选择，因为他们会考虑到行动给他人带来的伤害。他们会用伦理术语来定义所处的情况，或者会意识到他人认为这样的行动是反伦理的。同时，我们了解到，有些人的思维倾向会使自己的行动更符合伦理。伦理认知发展水平较高或属于内部控制点的个人，以及马基雅维利主义程度较低和不善于道德推脱的个人会让自己的行为更符合道德标准。

但是，我们也认识到，作为人类，我们都难免存在认知偏见。这些偏见会阻挠我们正确地思考，阻碍伦理行为的产生。因此，即便有优秀的思考能力和善良的意图，有时我们也难以判断怎样做才是正确的。我们的老板也许不在乎伦理道德，坚持让我们做不正确的事情；我们也许身处道德标准低下的文化环境中，生怕因为说真话而遭到打击报复。接下来，你将读到一篇强调这些问题的文章：丹尼斯·乔亚对斑马汽车失火案的反思。在接下来的几章中，我们将更关注于你该如何找到自己的道德准则，如何在质疑声中做出正确的选择。

对斑马汽车失火案的反思

丹尼斯·乔亚

第 2 章以一个发人深省的案例结束。这个案例反映了斑马汽车失火案所隐藏的一些丑事。就像作者在这章后面提到的，我参与了 20 世纪 70 年代早期的那个声名狼藉的事件。他们让我讲一些从亲身经历中得到的教训。

虽然我的名字很少出现在报道中，但是我亲身经历了这件事情。我就是那些“无耻的官员”之一，总是被描述成不负责地做出决定，然后走开的人——哪怕这些决定事关生死。当然，这种描述太刻板和肤浅了。我肯定不会认为自己不知羞耻，也对于自己被贴上官僚的标签非常恼火，虽然有时候我自己也会这样不公平地说别人。而且，在这场事故中，我和自己所做的决定脱不了干系。它们久久萦绕在我的心里，尤其是当像斑马汽车失火案被公开时。

但是为什么要重温 20 年前的决定？为什么要从个人的角度重新审视它们呢？这是因为：当年我处在应该对这样严重的问题采取些行动的位置上，而我什么都没做。这个简单的原因，让我停下来做了个人反思，也让我开始思考试图在组织中成为有道德的决策者的许多人所面临的困难。它还帮助我牢记现代企业和组织生活的特性，这些会影响并导致像我这样的人（那些原先很想成为一个有道德的决策者的所有人）在做出决策时忽略基本的伦理问题。有些决策看起来很容易，但其实并不简单。而且这可能就是所有教训中最重要的一条。

个人的角度

我想要反思自己的经历主要是为了强调伦理决策中涉及的个人困境。虽然工作中组织的影响力还很强，但我还是想要将批判性的焦点关注在自己（以及你们）作为个体的身上。我相信，我的教训可以帮助你们思考自己在隐含伦理问题中的行为。

不过，首先还是要讲一下我的个人背景。20世纪60年代末70年代初，当时我是一名工程及工商管理硕士学生；我还是一个“运动分子”，参加了反对社会不公正和企业社会责任缺失等活动。我坚定地坚守自己的价值观：我觉得我能承受任何挑战，并且当我从事某项事业时，我能“做正确的事”。我觉得你们中的大部分人也有坚定的价值观体系，它让你们能够抵制组织对你们的违反伦理的诱导。不幸的是，挑战并不总是以显而易见的形式出现，呼喊着让你去抵制或者坚持正确的伦理。它们要微妙得多，因此很难处理，因为你不容易看清楚自己面临的确实是一个伦理困境。

离开学校后，我就职于福特公司，得到了我梦想中的工作。而且如预期的那样，我很快得到了晋升。这种快速发展让我很快上升到一个需要负起重要责任的位置。在两年内，我成了福特公司的车辆召回协调员，对追踪安全问题负有一级责任。这是你所能想象的最紧张、信息超载的工作，我们要经常处理公司中一些最为严重的问题。电话铃声响起时，就意味着灾祸的来临，而对此采取行动就是我所在的部门的任务。我们都知道要处理的事很重要，对待工作也很严肃。和通常的描述相反的是，那里没有不负责任的官僚怪物。

在这种背景下，我在偶尔提交的报告中第一次接到了遇到斑马汽车失火问题的初始征兆。报告称：低速运行的车辆发生碰撞后，会瞬间爆炸成可怕的火球。而我自己则有一次亲眼看到一辆车燃烧起来，烧死了困在车中的人。一年多的时间里，我有两次明显的机会可以召回油箱可能存在问题的车辆。但是这两次，我都做出了不予召回的选择，尽管过去我曾经是企业社会责任的倡导者。

关键问题在于，在不到两年的时间里，我是如何参与这个明显违背自我坚定价值观的决策过程的——这一决策过程被很多观察者所引用，作为企业不道德行为的研究。我不想谈论那些显而易见的错误：我的价值观实际上没有那么坚定；在对福特公司的利益尽忠面前我无视了自我的价值观；我或多或少曾受到胁迫，被要求做出对福特公司利益最大化的决定；虽然我有原则性的宣言，但是我实际上并没有达到较高的伦理认知发展水平；等等。相反，我相信对我自己行为的一个更合理的解释，那就是正常的人类信息处理过程中的弱点。

我想声辩，召回协调员工作的复杂性和紧张性，要求我对堆积成山的待处理问题，具有简化信息的认知策略。最好的方法就是将信息结构化为认知“框架”，或者更为具体的“脚本框架”，这样就可以在面对普通或反复出现的情况时指导我们去理解和行动。脚本提供了很好的认知捷径，因为它让你能够下意识和自动地做出反应，而且无须费力地考虑每一件事情。这样的脚本框架让我甄选出最可能需要召回情况的特征标志，并且提供了实施召回的一系列复杂步骤的指导。

我们所有人无时无刻不在对信息结构化。因为如果不这么做的话，就很难完成每天的工作。但是这个“伟大”的认知效率是有代价的：我们对于那些需要特别对待的重要信息没有给予足够的重视。因为所有的信息模式都表现出，这个问题用自动化的处理程序就足够了。我想，这就是我遇到的问题所在。斑马汽车事件一开始只是一种平常的情况，但是隐藏在认知外表之下的是一系列凶险的情形。抛开事故的严重性，斑马汽车的问题不适用于已存在的脚本模式：按照召回标准，斑马汽车发生的事故量相对来说很少，而且事故无法追溯到某个具体的零件。哪怕设计上存在缺陷，与竞争对手的汽车相比，在碰撞测试中斑马汽车的表现也没有明显差多少。也许有人可以很轻易地指出，我本来应该对事故非同寻常的特性（低速，以及未受伤的乘客被围困于可怕的火势中）高度警惕，但是这些事实并不是召回的惯常要求。（很难向外行解释，对于召回协调员来说，恶性事故并不是非同寻常的特性。事故的严重程度并不是召回的必然信号：模式反复出现和原因可识别才是召回的条件。）

公司环境

除了个性化的信息处理脚本，造成斑马汽车失火案的另一个重要因素是：决策者处于公司环境之中。几乎所有人都能意识到，公司员工所做出的决策要代表公司的最大利益，哪怕是那些能够做出更好决策的人也是如此。为什么？因为社会化过程和组织文化的强力影响，塑造了一种强有力的、潜移默化的环境，这种环境决定了看待和理解问题的方式。一系列的脚本构成了组织文化，因此脚本化的信息处理和组织层面的思考息息相关。脚本与环境不可分割：它们不是适用于各种情况的通用认知结构，而是要受到环境的约束。没有比组织环境更有力的环境了。

毫无疑问，加入福特公司后我处理问题的角度发生了改变（如果我没改变那才奇怪呢）。在之前社会运动者的角色中，我秉持正确的价值观，因为我明白正确的普遍意义；但是后来我没有将我的价值观应用到实际的商业环境中。在福特公司和召回协调员角色的强力背景下，我的脚本处理过程被公司和行业文化所影响着，而且我不可否认且不可避免地认为这样的脚本是合理的。我想做好工作，我也想做正确的事情，这两者不是相互排斥的，但是公司环境破坏了它们之间的平衡。我开始接受这样的观点：不可能解决掉所有问题。于是，我开始转变我的价值观，去做能带给大多数人最大利益的事情（伦理价值观因经济型企业实践层面的限制而产生改变），这就意味着带着紧张感和责任感地去处理能够使绝大多数人远离伤害的问题。这还意味着开发处理一般性问题的脚本，而不是像斑马汽车那样特殊问题的方法。

另外，个人身份会受到公司身份的极大影响。这是组织环境对个人产生巨大影响的另一种表现。作为学生，我的身份集中在做“好人”（做符合道德标准的事情）。作为一个召回协调员，我的身份变得更代表公司，这一点极其重要，特别是对于那些还没有固定工作角色的学生来说。在接受职业角色之前，身份主要来自社会人际关系。一旦进入某个职业领域，或者进入富有责任的岗位，身份开始和你的角色保持一致，而且处理信息的角度将和岗位身份保持一致。

我还记得，那时我认同汽车工业和福特公司是遭受多方（石油危机、政府法规、通货膨胀等）“袭击”的观点。众所周知，遭受袭击时，团队会强调内部共性和身份认同，从而发展为更有凝聚力的团体。我从那时起就成为行业和公司的局内人，认同他们的观点，即我们被一股巨大的力量所压迫，公司的利益可能受到威胁。

最初认为福特公司是不负社会责任的巨人，应该受到惩罚的观念去哪儿了？因为置身于局内，看法就会变得不一样。经过一段时间后，反对企业主导的合理的价值观被另一个价值观修正了，那就是，企业是满足社会需求的，而不是社会中的反派。我知道需要在多种价值观中找到平衡，因此最终，我的身份朝着更为公司化的身份上转化了。

火炬传到你手中

所以，鉴于我的经验，我应该对崭露头角的组织决策者提供什么建议呢？我有一些强烈的建议。首先，现在就开始强化你的伦理基础！太多的人没有认真地评估和清楚地表达他们自己的价值观。人们不清楚他们的立场仅仅是因为他们没有认真地想过这个问题。课堂上或执行项目中展现的伦理场景，都被当成有趣的小游戏，而你却没有真正思考应该怎样想、怎么做。应该利用这些练习，发展出今后你生活中所坚持的原则或个人价值观，下意识地去形成你的价值观。如果现在还没有选定自己的价值观，你就很容易受别人的左右，他们将很高兴为你做决定，或者不动声色地影响你，让你接受他们的价值观。

其次，意识到每个人包括你自己，都在不知不觉地成为自己认知结构的受害者。许多人当得知组织世界中，其实是用框架和脚本来理解信息和行动时，都会非常诧异。我们要在如此紧迫的时间里处理如此多的信息。如果不把信息和期望结构化，那么我们确实会变成彻彻底底的傻瓜，但是这种结构化过程会隐藏一些重要的信息——让你直面自己价值观的信息。于是我们产生了一种虚假的感觉：自动信息处理程序很好，因为它可以解决很多伦理难题。

事实上，我觉得自己过多地重视为处理伦理困境提供标准做法的伦理培训了。其实，我认为最重要的问题是要先判断这是一个伦理困境。利用脚本处理的另一个后果是，人们将意识不到自己所处理的问题潜藏着伦理危机。我敢说脚本化处理过程基本没有考虑到伦理维度。在没有意识到情境中存在伦理问题的情况下，人们的行为会不符合道德标准吗？人们其实并不是愚蠢、坏心眼或马基雅维利主义者，只是常常意识不到。从下意识到有控制地进行信息处理的过程才是人类处理信息的真正特点，但人们花费了太多时间在自动化信息处理上。我们真正要做的，是鼓励人们发现隐藏的信息，并将“再想想!”

的步骤加入脚本中（向你自己拉响警报），就算在基本的自动认知和行动的情况下。

再次，由于脚本和环境密不可分，而组织又是强有力的背景，因此要注意你的工作角色和组织文化是如何强烈而又微妙地影响你理解和处理信息的方式的（同时影响着你的信息处理脚本，这些脚本在你毫无准备的情况下将为你提供指导）。组织文化对个人认知的影响要远超过你的想象（见第 5 章）。

最后，做好准备，在相对年轻的时候面对重大责任，就如我一样。你要知道你的价值观是什么，你要了解你该如何思考，这样你才能知道如何做出好的决策。在你误入歧途之前，需要清楚地表达和确定你的价值观。我当时就没做好准备。那么，你呢？

再看斑马汽车失火案：脚本处理和成本效益分析

管理学者、社会认知专家丹尼斯·乔亚，为我们提供了一个罕见的机会，得以审视卷入巨大商业伦理窘境的个人的内心活动。在斑马汽车事件被曝光后不久，在《商业伦理周刊》和你刚刚读到的“反思”的文章中，他都分析了当时自己作为福特汽车召回协调员的思想和行为。

1972 年，乔亚从 MBA 毕业。他的价值观体系包括反对越南战争以及对商业伦理行为的深刻思考。“我培养自己的社会意识；我也非常坚持自己的原则；我坚定地想要改变充满问题的世界；那时我留着长发。无论从哪个角度看，我都是一个典型的‘60 后’。”作为汽车爱好者，乔亚受雇于福特公司，成为一名“问题分析员”。在他成为福特公司汽车召回协调员的两年期间，他负责公司的召回行动以及识别出现的问题。

脚本处理程序

在分析自己没有对斑马汽车展开召回行动的决定时，乔亚认为他的行为受到了脚本处理程序的严重影响。脚本是一种指导人类思考和行动的认知框架。尽管没有书写成文，但是脚本包含了在一般情境中某事可能产生的后果。例如，我们中的绝大多数人对于在高级餐厅如何用餐有相当复杂的脚本：从招呼餐厅服务员到品尝红酒，再到选择使用叉子，最后留下合适的小费。信息处理的过程会非常高效，因为认知脚本让个人依赖于已有的行为模式，无须具体思考，每个决定和行动可以自发地展开。由于情境符合特定类型，脚本和既定的行为就会被激活，因此不需要积极主动地思考。乔亚说，这就像“乘坐自动飞机巡游”。我们中的很多人都发现，当开往一个熟悉的目的地时，我们犹如乘坐了自动飞机巡游，我们想不起来我们是怎么到达那儿的。我们遵循的是一个既定的行为模式。这个路线是如此熟悉，以至于我们都不用再想它，就神奇地到那儿了。类似的事情也会发生在工作中。工作中的行为会变成一种我们不用思考的模式或者“脚本”。很多工作有与它们相关的脚本。例如，保险索赔调解人员有处理索赔的系列标准，应急救护人员对于决定最需要及时关注的医疗问题有一个脚本。如果症状并不是既定脚本的一部分，那么它很有可能被忽视。

由于要同时处理几百份可能存在安全隐患的文件，因此信息负荷巨大，而脚本为福特公司的召回协调员提供了良好的信息处理模式。因为不用去考虑每个潜在的问题，乔亚可以节省很多时间和精力，以在问题确实出现时做出迅速而有效的决策。当早期关于斑马汽车的报告呈上来时，它们没有引起乔亚的任何警觉，因为它们符合脚本中“正常的”标准，而不符合召回的标准。和其他标准一样，乔亚被告知在提出召回之前，要寻找大量的事实，寻找导致事故的原因，以及设计或制造问题的确切原因。所以，他自动将报告进行了分类，然后将精力投入在其他看起来更重要的问题中。

尽管如此，脚本程序除了对信息处理的效率有贡献，也存在显著的缺点。乔亚对于潜在问题“看上去没什么特别的”，因为他在之前看过几百次类似的信息。他所接受的信息并没有满足危机事件的脚本，而他也有选择性地接受了和脚本一致的信息，而忽视了不一致的信息。

压抑的情绪也会成为脚本的一部分。很多工作要求对情绪（尤其是消极情绪）进行控制。召回协调员的工作就是这一类型，同样的还有急救室医疗人员的工作或者保险索赔处理人员的工作（他们一直在阅读可怕的事故报告以及由此导致的残疾）。为了让乔亚每天的工作正常进行，他需要将情绪压制在一定的范围内。就算某个事件进入他的脚本，也不会导致斑马汽车的召回。他收到过一辆烧毁的斑马汽车的照片，后来他也亲自去看了这辆车的外壳。这些有力的视觉形象引发了情绪回应，让他将这个案子带给召回办公室的成员。但是在会上，显然斑马汽车问题的特征没有达到团队所认为的应该召回的脚本式的标准。例如，收到的报告中只有很少一部分是关于斑马汽车问题的，远低于召回所需的报告数量。包括乔亚在内的所有成员，都选择了不予召回。

脚本化的处理过程会妨碍伦理决策。首先，伦理决策要求积极地思考情境中的伦理维度，并根据这一情况的复杂性，做出“定制化”的决策。然而，就像乔亚所说的，在许多情况下，组织成员没有意识到正在面临着伦理困境，也就是缺乏我们之前所讨论的伦理意识。他们根据脚本处理问题，而脚本很有可能不包括伦理思考。换句话说，伦理困境不允许我们做“下意识”的决定。但繁忙的工作让这种“下意识”的错误决定变得非常普遍。

成本效益分析

通常，除了决策者个人认知过程的局限性，组织层面的决策过程也会有力地影响到个人或群体的决策。在斑马汽车的案例中，不更改油箱设计的决定是建立在矛盾的决策过程之上的。美国国家交通安全协会已经使用成本效益分析来建立汽车安全设计标准。这包括一美元对于人类生命的价值，在 1970 年这一价值大约是 2 万美元（相当于现在的 300 万美元左右）。在内部备忘录中，福特公司列出了改变油箱设计（对所有类似设计的车辆）

所耗费的成本，这个数字是 13 700 万美元，或者说每辆车的成本是 11 美元，而收益是 4 953 万美元。这主要指通过更改油箱装置，阻止 180 人死亡所省去的每人 2 万美元的赔偿金，再加上省去的因起火造成的 180 人的烧伤赔偿，每人 67 000 美元，以及烧毁的 2 100 辆汽车每辆 700 美元的车辆赔偿款。使用成本效益分析会让决策看起来很直观。重新设计的成本超过了效益，所以该方案不会被采用。在这个方程式中并没有考虑相关伦理。

将复杂决策简化为具体数值的情况非常普遍，特别是在高度竞争的商业环境中。通过这种方式简化了复杂的决策过程，这是它的明显优势。现在，当试图计算新规则的成本和效益时，保险公司和很多政府机构也会采取赋予人类生命价值的方法。例如，在世贸大楼袭击事件之后，负责安抚工作的人员需要决定应该对那些失去亲人的家庭补助多少钱。生命值多少钱？如果一些人活着会比其他人赚更多钱，那他们的生命是否更“值钱”？这样的决策每天都在法庭上演，每天都在保险公司上演。但是将人的生命简单量化的潜在弱点也显而易见。这样的简化将道德标准从决策过程中排除了，从而淡化了伦理意识。

斑马汽车失火案强调了多重伦理本性和角色行为的重要性，这些我们在第 7 章中会有深入的讨论。乔亚曾是一个理想主义的年轻学生，但是进入公司之后他也公然抛弃了自己的理想，每天都按照公司的方式处理事务。在担任召回协调员的过程中，他被角色期望和脚本深深影响了。正如他所说的：

> 召回协调员的工作是严肃的。与之相联系的脚本影响我的程度要远远大于我影响它们的程度。在我到福特公司之前，我会很强烈地表明福特公司有义务召回。而在我离开福特公司之后，现在我在教育别人的时候，会说福特公司有召回的义务。但是，当身处其中时，我并没有意识到召回的责任。这是完全受时间、地点、情境主导的脚本所驱动而带来的非常直接的决定。

显然，个人和组织用来简化复杂决策的程序对于管理者做出伦理决策有着重要的内在意义。尽管脚本程序和量化的决策标准可以帮助我们更有效地开展工作，但是它们也会将伦理考量从决策过程中剥除。

有一种强调上述问题的方法，就是将伦理考量作为脚本的一部分。乔亚认为这也许是可行的，但他还警告说：“需要对公司文化（见第 5 章）中的伦理维度给予持续的关注，在教育、培训和决策过程中强调伦理的重要性，以让典型的组织脚本包含重要的伦理要素。”可以通过和下属一起制定脚本以及分析伦理要素的方式，来为员工提供帮助。

你还可以要求决策团队分析决策中有关伦理的思考，并将伦理考量写入报告当中。就像环境影响报告现在已经成为很多商业决策的固定组成部分一样，一份伦理分析可以要求管理者关注其决策对于利益相关者的影响，以及给社区带来的结果或者社区因这个决策而受到的影响。你也可以要求团队同时按照道德标准和量化标准来调整他们的决策过程（如决策标准和得失）。

结论

本章向你介绍了影响伦理决策的个体差异，概述了干扰伦理决策的认知局限和偏见。我们希望，通过了解这些问题的存在以及如何克服它们，可以帮助你成为一位更优秀的决策者。本章还介绍了情绪在伦理角色中的重要作用。第 4 章将提供一些指导，帮助你找到自己的伦理价值观，并在实际生活中做你认为正确的事情。本书的其他部分将超越对个体的关注，而关注群体和组织对于你的决定和行为的深刻影响。

练习：理解伦理认知发展水平

莫莉在当地一家报社做了 10 多年的记者。她得知一位州长候选人乔伊·汤普森曾在 20 年前因在商店行窃而被捕。她还了解到，早年间汤普森曾有过一段迷茫的时期，并做了一些让自己后来后悔不已的事情。在商店行窃的事情因为是小罪，所以从汤普森的履历中抹去了。从那之后，汤普森在事业上受到了贵人提携，并领导着一项重要的社区项目。许多人认为汤普森是州长的最佳候选人，而且还会继续升任政府要职。莫莉犹豫着，是否应该写一篇关于汤普森过去经历的报道，而这篇报道可能会导致他竞选失败。

你可以判断出莫莉的伦理认知发展水平吗？在下列问题中，哪个代表前因循水平，哪个代表因循水平，哪个代表后因循水平？

- 写了相关报道是否会触犯法律？
- “独家新闻”会帮助或损害我的事业吗？
- 如果我不报道，是否还会有其他记者报道？
- 哪种行动可以给社会带来长期效益？
- 我的老板对我写或不写相关报道，有怎样的反应？
- 记者不就应该不顾环境如何，向大众报道所有的新闻吗？
- 汤普森为了不让我做报道，会付钱给我吗？
- 这篇报道是否会让选举程序更公平？

问题讨论

1. 纳贝斯克公司（美国四大烟草制造商之一）的主席兼首席执行官史蒂文·戈德斯通在 1998 年的一次杂志采访中说：“我对这件事没有道德观念。……我认为这是合法的生意。你不应该对一个国家认为合法的，而且还疯狂地向它征税的企业进行道德评判。”从伦理意识角度思考戈德斯通的言论。如果他从伦理的角度，而不是法律的角度思考他的企业，可能会发生什么？

2. 从伦理认知发展水平、控制点、伦理决策风格、道德推脱和马基雅维利主义的角度评价你自己。你的伦理决策过程如何？对你熟悉的人做相同的评价。
3. 你能想起自己表现出道德推脱的情境吗？
4. 想出一个你在工作或生活中使用脚本处理过程的情境。
5. 你相信脚本可以凌驾于个人价值观体系之上吗？
6. 思考乔亚在“反思”中提出的问题：如果没有以伦理思维来理解面临的问题，也就是说，没有伦理意识，那么会出现违反伦理的行为吗？
7. 在设计产品的过程中，拿他人生命冒险的决策，应该由谁做出？
8. 是否应该允许个人、公司和政府给人类的生命估价？如果答案是否定的，那么如何决定是否将某种产品投放于市场（对一些人有危险，但对另一些人有帮助），如何决定给灾难中失去家人的家庭多少赔偿等问题？
9. 你如何看待将人类生命计算进成本的成本效益分析？使用道德语言是否会改变决策者的想法？例如，让决策者必须谈谈杀死 180 个人的责任？
10. 所有汽车在一定程度上都是不安全的。你对产品安全的标准是什么？如何判断它足够安全——这由谁决定？

小案例

玛丽是一个地区血库的负责人，她在担心血液捐赠者数量日益减少的问题。现在是 5 月，玛丽知道即将到来的夏季将意味着血液需求的增加，尤其是稀有血型。因此，当一家大公司从总部到各分部开展了一系列捐赠血液活动时，玛丽感到非常兴奋。玛丽和同事到达该公司之后不久，她听到了一个插曲。当一位名叫佩奇的护士在给一位稀有血型的男性捐赠者抽血时，这位捐赠者摸了她的胸部。佩奇马上跳了起来并开始哭泣。一位男同事，乔，出面保护了佩奇，并且让这个捐赠者离开。让玛丽感到震惊的是，这个男性捐赠者居然是这家公司的高级管理者。

在这个案例中伦理困境是什么？发生冲突的价值观是什么？玛丽应该如何处理佩奇、乔、捐赠者以及公司代表的关系？个体差异、认知偏见以及情绪将对玛丽的想法和行为产生怎样的影响？

第4章 普遍存在的商业伦理问题

引言

有关商业伦理的一个坏消息是：对伦理问题的处理不当会对你的职业造成无法挽回的损失。但还有一个好消息，就是商业中的很多伦理问题都是可以预测的。可以确信，在你的职业生涯中，你会遇到无数伦理问题。例如，客户提出了特殊要求，如果你不满足他，他就不会和你交易；企业资源如何恰当运用，以及存在这样或那样的歧视等。鉴于很多伦理问题都是可以预见的，因此如果你事先思考可能发生的问题，你就能更好地处理它们。你需要恰当的工具来帮助你解决问题。

在深入讨论这类伦理问题之前，有必要说明一下你和你的雇主之间的关系。虽然大多数人在进入某公司之前并没有签订合同，但是在雇主和员工之间存在某种合同关系。双方都有所期待，获得某种权利，并为对方考虑——这些特征都构成了合同关系。雇主支付给你工资和津贴，你所在的组织期待你按某种方式工作；你有责任“成为大家庭的一员”并表现出忠诚和其他“美德”，避免做出不可取的行为。另外，你所期待的并不只是工资，还有一定程度的公平。大部分人期待得到雇主的公正对待和良好的工作环境。本章所讨论的雇主—雇员合同指的都是上面所说的这种复杂的期待关系。

那么，典型的伦理问题是什么？我们整理了一些很明显的问题并将其分成几大类，包括人力资源问题、利益冲突、客户信心和企业资源的使用等。每类问题又被细分成一些具体的问题。为了便于理解，每个话题都包括以下这些信息：

- 问题是什么（问题的定义）。
- 为什么是伦理问题。
- 如何思考这个问题。
- 成本以及伦理或法律侵权可能获得的惩罚。

- 特别说明和与该话题相关的其他重要话题。

为你所重视的事情发声

在探讨本章所讨论的各类伦理问题之前，我们希望你再次思考，你的价值观是什么，换句话说，你最看重什么。在第 2 章中，我们讨论了伦理学中的各种哲学方法，这些都可以在困境中帮助你思考。从原则上来说，你应该首先思考对你来说最重要的是什么。假设遇到问题后，从对你来说最重要的点上找到了问题的突破口，但因为组织的奖励体系或老板、同事带给你的压力，而不敢将你认为符合道德标准的解决办法公之于众或付诸实践，这时你该怎么办？一旦你认定了这就是正确的解决办法，接下来该怎么办？阿斯彭研究所的道德专家所做的研究结果，会对我们有所帮助。

第二次世界大战后，研究人员发现，很多欧洲人不惜牺牲自己的幸福生活，帮助受纳粹迫害的人。他们之所以这样做，是因为他们在很早之前就设想了如果价值观受到威胁，自己该如何做出道德选择。他们不仅想到了这种情况，而且思考了自己与他人可能的行动——如果真遇到了这种情况，他们有可能采取哪些行动。研究人员推测，这属于一种“暗示”，为他们后来的英雄行为奠定了基础。就好像因为在实际遇到这个问题之前，他们早已思考过应有的处理方式，所以这给了他们做出符合道德标准抉择的勇气一样。阿斯彭研究所开启的“为你所重视的事情发声”项目，就是基于这一有趣的有价值的前提的。该项目负责人玛丽·金泰尔写道，这种方法“先要设想我们想要做什么，再思考应该怎样将其付诸实践，最后说出你的想法并实际操作它”。

该项目建议所有学生首先思考他们所重视的是什么（正如我们在第 2 章中所说的那样）；你最关心什么；当深入思考你的生活时，你哪些价值观最吸引你或激起你的深情。例如，大多数人倾向于诚实、尊重、责任、同情、公平和其他相似的价值观。

除价值观外，每个人都有不同的境遇。当面对艰难的伦理问题时，我们的个人经历可以帮助我们思考。当回顾人生经历时，那些过往的经验也许会为你提供解决问题的激情或力量的源泉。你的过往塑造了独一无二的你。很多顶尖领导者认为，那些艰难时期是他们的转折点，为他们的生活提供了新的意义和方向。例如，威胁生命的重大疾病会让你对于工作中的困难不再感到恐惧。你也许会告诉自己：“恭恭敬敬地对老板说话又不会让我丧命。”所以为什么不恭敬地对老板说话呢？诺华制药公司首席执行官兼董事长（任职时间长达 14 年）丹尼尔·魏思乐 4 岁时因食物中毒第一次进医院。他 8 岁时感染肺结核，随后又得了脑膜炎，并在疗养院待了一整年。10 岁时，他的姐姐不幸离世。而以上种种遭遇只是他在孩童时期所面临的一部分挑战。他还清晰地记得所经历的孤独和痛苦，但也记得那些给予他关爱和怜悯的人，给他带来的强大影响。是这些人让他萌生了帮助他人的愿望，并让他最终成了医生。他后来决定成为医疗保健行业的领军人物，因为与医生相比，前者可以产生更大的影响力，并帮助更多的人。想想你的个人经历，其中哪些方面可以帮助你在艰难的环境下做出正确选择。

以下是“为你所重视的事情发声”项目中，供学生进行自我评估的简要问题列表：

1. 目的。你的个人目标和职业目标是什么？你希望达成什么？怎样做才能让你的职业生涯有意义？

2. 风险。你所面临的风险是什么？你敢于面对风险，还是倾向规避风险？你在工作中所面临的最大风险是什么？你能承受的风险等级是怎样的？怎样的风险等级让你无法承受？

3. 个人沟通风格和表现。你是否能够合理地处理冲突？你会尽量避免冲突吗？你喜欢面对面沟通，还是用文字沟通？你认为凭直觉当下解决问题更好，还是需要一定的缓冲时间来组织沟通的语言？

4. 忠诚度。你是否认为对家庭成员、同事、雇主或客户等其他利益相关者，需要付出最大程度的忠诚？

5. 自我意象。你认为自己是精于世故的，还是未经世事的？是理想主义的，还是现实主义的？是学员，还是教导者？

这种自我分析的重点在于，首先，确定自己的“自我描述”——这是人人都能做到的。其次，思考你自身的性格特征，这将帮助你找到与自我形象相一致的行为方式。如果你对自己的描述是勇敢大胆的，那么你也许会以勇敢的方式来面对自己的境遇——一种和你的自我描述相一致的方式，反之亦然。如果你惧怕冒险或性格胆怯，那么你也许会找到更“符合”你自身性格的处理方式。你可能已经猜到了，我们的目标是通过建立反映你独特个性的处理方法和行为表达方式，来帮助你将你的价值观和信仰更好地表达出来。透过你个人的独特视角，对可能面临的困境进行评估，并发掘自身优势，这有助于表达自己的价值观，坚持自身的信仰。

“为你所重视的事情发声”项目也鼓励学生认识到，价值观冲突并非不正常或罕见的。每个人都会遇到伦理困境。这是十分正常的现象。每天所面临的伦理困境，都在考验着我们做出正确选择的能力。如果事先预估到需要承担风险，那么无论决定是好是坏，我们都将有所准备。我们会内化这种认知，并在潜意识里认为，伦理困境是普遍存在的，别人也在经历相同的事情。这些困境并不会压垮我们。

该项目的另一个重要组成部分是掌握各种沟通技巧。“说出”可以指谈话、倾听或其他沟通技巧，如研究数据、提供数据、提问、谈判、以身作则、支持盟友等。它并不单单指声音这一概念。它更多是指对当时的情况、受众、动机和行为风格进行分析，并在此基础上找到将自己的想法传达给他人的最好方式。这可以帮助你在组织中找到支持你的盟友，而不是让你孤立无援，尤其是当你想对自己所在的系统进行改变时。花时间说服盟友站在你这一边，能够增加成功率。

此项目也强调了在做决策和表达观点时，我们所遇到的障碍——在某些原因和合理化作用[①]的驱使下，解决问题的思路会出现短路现象。在这一部分，该项目要求我们在提出反对观点时先思考几个问题：眼前对大多数参与者来说最为利害攸关的问题是什么？我们的观点会对意见不同者产生怎样的影响？我们最为有力的论据是什么？在第 3 章中所提到的，干扰伦理判断的障碍因素同样很可能对你此时的论点造成影响。

最后，该项目鼓励学生思考：我们都有能力按照我们的价值观行事，但有时不会这么做。这让我们明白，即使道德最为高尚的人，也不一定总是会做正确的事情。我们一直在做出选择，以加强或改变我们的决策模式。一旦犯错，我们就会在下一次规避错误。重要的一点是要有自知之明，承认错误并从中学习。想要了解这个项目的详细内容，请访问 www.aspencbe.org/teaching/gvv/index.html。

由于涉及某些风险，有时在工作中表达自己的价值观需要巨大的勇气。我们将在本章后面的内容中，讨论一些诸如举报（你的老板或组织）等可能潜在风险的情境。

人力资源问题

我们使用“人力资源问题”这个词组来描述人们在一起工作时遇到的伦理难题。这些难题包括个人隐私、歧视、性以及其他形式的骚扰、业绩评估、雇用、解雇或简单的“如何相处”等。

在考虑人力资源问题时要记住的一个词是“公平”。在大多数人看来，公平是指平等、互惠和公正。有人认为，在两个人之间以价值和投入为依据分割某事物，那么就是平等的。例如，如果两个人共同负责某个项目，他们有可能质疑：“我们的工作量一样大吗？我们得到的待遇一样吗？”大多数人认为，如果两个人履行同样的职责，却得到不同的奖励，那么就是不公平的。公平的另一个测量工具是互惠，或者公平地交换，也就是说，“你为我做了这些，我会为你做那些”。大多数人认为，如果一个人没有完成他应完成的那一部分责任，就是不公平的。公平的第三个衡量工具是公正。即“听了我的故事的人是否持有某种偏见？或者他是不是事先就对某件事有了判断？”大多数人认为，公平就是不先入为主，不带有偏见。

大部分保护性立法和企业人力资源政策都试图将这些因素囊括进去。这样做的目的就是按照员工的资格，而不是按照性别、种族或年龄等因素来雇用、对待、提升、评价，以及裁掉或解雇员工。换句话说，这样做的目的在于创造公平的竞争环境。在这种环境中，员工的业绩表现是唯一起作用的因素（平等），员工和雇主理解彼此的期望并且满足这种期望（互惠），消除偏见（公正）。

---

① 合理化作用：又称文饰作用，自我防御机制的一种，指用一种自我能接受、超我能宽恕的理由来代替自己行为的真实动机或理由。

我们要记住的很重要的一点是，对员工来说，公平不仅是指员工所得到的结果（工资、升迁等）。员工同样关心决策过程的公平性以及彼此的待遇问题。如果决策方式是公平的，或者监管者和该组织对于事情的结果的解释表现出了足够的关心和敏感度，那么员工更易于接受糟糕的结果。如果组织的决策过程是公平的，并且对员工表现出了极高的敏感度，那么这就相当于向所有员工传递了一个强有力的信息，即该组织将所有员工都看作这个群体的重要成员。

歧视

五年前，你和丽莎一同参加了某大型机构的管理培训项目。虽然你俩在不同的部门工作，但一直都是很好的朋友，保持着亲密的关系。丽莎刚刚做了母亲，并且打算充分利用公司所给的六个月的产假。她告诉你，假期之后她肯定回到公司，她所在部门已经答应为她保留这个职位。而你却看到公司网站上登出了她所在职位的空缺信息。你碰到了她的一个同事，询问关于这个职位的事情。他说："对，他们要找人来填补那个职位。不要告诉丽莎。她还有五个月的假期呢，让她做个开心的妈妈吧。如果她回来了，公司会给她找些其他事情做的。"

美国的联邦法律规定，禁止种族、宗教、国籍、性别和年龄等歧视行为，并且很多企业都制定了相关的政策，禁止任何类型的歧视行为。不幸的是，企业的政策和现实之间存在着很大的差别。当不同背景的人聚到一起，共同提供某项服务或者制造某种产品时，人们会对不同的群体存在某种有意识或无意识的偏见，或者有些人根本不知道自身的行为会对他人造成什么样的影响。

是什么

当待遇不以员工资历为依据时，就会产生歧视。不平等对待（通常是不利的）有很多种形式。老员工如果发现自己在向比自己年轻的员工汇报工作，他们就会对其产生蔑视感，因为他们认为年轻员工缺乏工作经验。而另一方面，年轻员工往往会忽视老员工的建议，因为他们认为老员工落后了。随着老龄化的来临，在接下来的十年里，人们对年龄的态度会变得越来越重要。

即使思想很开放的人，其行为也会受到固有的种族、民族、宗教或性别的影响。对不同类型人口管理的重要性从来都不会言过其实。在美国，少数民族和少数种族群体的增长率高于全国人口的整体增长率，劳动力的多元化变得更为普遍。

在丽莎的案例中，她的产假最终导致了歧视。怀孕员工虽然受到了法律的保护（请参阅“为什么是伦理问题”部分），但是在本案例中，她远离工作岗位显然被看作一种个人应当承担的责任。当然，公司有权替换因为疾病、残疾或者完成学业等原因而延长假期的员工。但是在丽莎的案例中，问题在于她原来所在的部门在她本人不知情的情况下让他人顶替了她的职位。如果丽莎事先知道公司的打算，那么她可能缩短假期，或者从事几个月的兼职工作。作为她的同事，除非你告诉她你所知道的信息，否则，她回来之后就失去了以前的工作。将丽莎蒙在鼓里显然是不公平的。

在工作关系，以及雇用、晋升和裁员决策中，歧视可能是个微妙的因素。你可能被告知不符合“公司规定”而错过了晋升机会，而实际原因就在于你是女性，或者属于某个少数群体，或者年龄太大了，等等。有些歧视也许不属于法律保护范围之内。当然，工作环境中存在很多障碍，这不仅是指那些众所周知的阻碍女性晋升的障碍，还可能是年龄超过 50 岁，有健康问题，太矮、残疾、肥胖、留大胡子或同性恋等，即任何一种与“常规”不相同之处。有些雇主设定了能够自动排除某种类型员工的职务要求，以至于这些员工被排除并不是因为个人资格问题，而是某些个人条件问题。

如何思考这个问题

我们可以使用第 2 章所介绍的各种理论对其进行分析。我们可以将这些理论视为看待问题的不同“视角”。虽然理论并不能提供完美的答案，但会帮助我们分析问题，以便我们做出更好的决策。假设我们从结果主义的角度看待这个问题。那么，谁是利益相关者？每个人所受到的危害和利益是什么？在这种情况下，怎样做才能使大多数人受益？如果我们以这种方式思考，可能得出的结论是：最好对丽莎保密。我们可以想象，如果丽莎的经理马上找人填补她的工作岗位，更多的人会因此受益（至少在短期内）。毕竟，丽莎休假期间会给她的同事带来麻烦。然而，从更长远的角度来看，我们可能思考，其他女员工会怎样看待丽莎受到不公平待遇的问题。她们的不满情绪可能给公司造成严重伤害。那么，对于整体来说，最佳的解决办法是什么？

而从义务论的角度分析，我们要思考的是，丽莎和雇主对彼此是否存有义务或责任，以及涉及哪些价值观或原则。使用黄金法则，换位思考，如果你是当事人，你会希望丽莎或你的同事怎样做？根据康德的绝对命令理论，如果雇主总是以这种方式对待员工，世界将变成怎样？从罗尔斯的无知之幕的理论来分析，如果你不知道丽莎是男人还是女人，你会怎样做出决定？

最后，从美德伦理学和自身性格的视角来分析，我们会考虑自己的意图和动机，也会思考专业的人力资源经理怎样看待这个决定。我们也许自问，如果将决定公之于众，他人将如何看待这一决定。道德模范或最苛刻的道德评论家会怎样看？如果从自身的性格和价值观出发，你认为最好的决定应该是什么？我们也会思考第 3 章中提及的一些心理问题。我们是否全面考虑了告诉或隐瞒丽莎这一事实所带来的后果？她和你之间会发生什么？

如果想让生活符合道德规范，你就发现自己真正在乎的问题点是非常重要的。这种情况也正能够检验出你个人最关心的是什么。正如我们在上文中提到的“为你所重视的事情发声”项目中所建议的那样，这也是一种对自己的价值观进行评估，并思考如何实现这些价值观的方式。

如果你认为正确的做法是站在丽莎这边，你会怎么做？你会找谁，说些什么？或者，你会考虑向丽莎提供信息，让她自己采取行动吗？

为什么是伦理问题

歧视是伦理问题，它超越了法律保护的范围，因为这是工作环境公平的核心。公平这一概念已写进了全世界的商业法。在美国，公平是一种“不可剥夺的”权利。美国政府试图确保公平与正义。“信任”一词被印在了每张货币上，《效忠宣言》上也声明“给予每个人以自由和公正”。此外，整个美国法律体系都是以正义和对于个人权利的保护为基石的。因而，人们期望组织的公平对待，具体来说，就是雇主的公平对待。

代价

世界各国关于公平的法规各有不同。在美国，被歧视的受害者可以按照《1964 年民权法案》第七条的平等就业机会委员会（EEOC）条款上诉，或者按照侵权或者合同法进行上诉。这项立法具体表明要禁止种族、宗教、性别、肤色和国籍的歧视行为。受到第七条保护的群体具体包括妇女、非裔美国人、西班牙人、土著美国人以及太平洋岛居民。（有些州还在上述名单的基础上加入了更多保护条款，如性别倾向和戒烟状态。）《1978 年怀孕歧视法案》禁止歧视孕妇。《1967 年就业中的年龄歧视法案》将保护对象扩展到 40 岁及以上的人群。《1973 年康复法案》是第一部禁止联邦、州、地方政府、机构和承包商歧视残疾人的联邦立法。《1990 年美国残疾人法案》规定拥有 15 名以上员工的所有公司都应为可能雇用的残疾员工提供必要的条件，从而将保护对象的范围拓展到了私人部门。因为不同的人对于同一种病的判定是不一样的，有的人认为是残疾，有的人则认为不是，所以这项法律并没有具体列举受保护的疾病类型。但是它列举了一些肯定属于疾病以及肯定不属于疾病的案例。例如，HIV 传染病被列为一种残疾，这种疾病患者受到《1990 年美国残疾人法案》的保护。有两个案例说明了偏见会给企业带来多大的成本支出。一个案例是在 2005 年，UBS（欧洲最大的银行）向一个妇女（原告）支付了 2 900 万美元的赔偿，因为这个妇女抱怨说她受到了不平等对待。另一个案例发生在纽约，几个妇女控告受到了美林证券公司的歧视，因此在仲裁小组的要求下，该公司向这些妇女支付了 1 亿多美元的赔偿。

对于雇主来说，歧视诉讼的代价是很高的，不仅表现在法律费用和损失以及媒体报道方面，受害者因为要经历歧视诉讼的过程，他们的情绪自然会受到伤害，其他员工的情绪也会受到伤害。员工所在的公司受到指控的事情会人尽皆知。对于这些员工来说，这将是多么尴尬的事情。

如果有人控告你歧视另外一名员工，那么你至少也要接受法院的调查。如果你被证明有罪，那么你很可能要受到惩罚，甚至会被公司解雇。如果你是无辜的，那么公司很可能对你和原告进行审查，你或他或者你们两个可能都会被调到其他领域或部门。如果你的手下受到了歧视指控，那么你很可能面临来自其他人的质问——为什么你当初没有意识到这个问题？为什么你会忍受这个问题的存在？如果你意识到了这个问题，但是没有采取任何行动，那么你本人很可能受到惩罚，甚至被上诉。

特别注释

很多培训项目的目的是让员工“尊重多样性”，这似乎与同化团体的努力，尤其是禁止歧视的法规政策背道而驰。尤其在我们小的时候，父母教导我们要“适应环境”，而这恰好与要学着去理解人与人之间的差异是相互冲突的。我们被告知要淡化我们自身的个性以更好地融入集体，同时我们还被告知要忽视与他人的区别。我们通常被告知“要忽略”肤色、宗教、语言、穿衣风格以及肢体残疾等不同之处。我们很难忽视性别的差异，但是在不久之前，这种区别也曾被人为地淡化。

尊重多样性的价值意味着在接受他人的不同观点的同时平等地对待他人。歧视意味着因对方与大众确实不同，或看起来不同而采取不平等对待方式。尊重多样性的价值是积极的行为，而歧视是消极的行为。尊重多样性试图使整个体系变得更加公平，而歧视是使整个体系变得不公平。尊重多样性的关键是要认识到差异并不是一种缺陷，并不意味着比较差。差异只是差异而已。

性以及其他形式的骚扰

20 世纪 70 年代到 80 年代，女性开始大量涌入劳动力市场。随着社会和商业环境的变化，性骚扰成为工作场所中的一大问题。而今天，这一问题尚未得到解决，很多公司因此付出了高昂的代价。如今，平等就业机会委员会要求所有拥有 15 名以上员工的组织制定与性骚扰相关的政策，对员工进行相关培训。另外，员工，尤其是男性员工，在与异性交往时越来越谨慎。有时候，友好与冒犯之间的界限是模糊的。

> 你有一个同事叫乔安妮，她是个电脑迷，为人大大咧咧，很有幽默感。乔安妮最喜欢的两个“攻击目标”是你和比尔。比尔是你的另一个同事，为人非常冷淡。乔安妮是部门的活跃分子，一直都在与你和比尔套近乎。之所以这么说，是因为：你呢，她最忠实的观众，却觉得她太闹腾；比尔呢，她总是试图使他变得更加平易近人。乔安妮经常会提到性这个话题，并把你和比尔称作“可爱的猫”和“小家伙（尤指性欲旺盛）”。乔安妮的行为根本没有冒犯你，但是有一天你在洗手间的时候，比尔靠过来，跟你抱怨乔安妮经常取笑你。

是什么

性骚扰被定义为，在工作场合中的一种让人感觉不舒服、不受人欢迎的性倾向行为。这种行为通常是指上级对下级的行为。针对性骚扰问题进行上诉的不仅是女性。根据平等就业机会委员会在 2015 年发布的报告，性骚扰案件的数量比上一年有所减少，但其中 17% 的上诉来自男性。

联邦法律中定义了两种类型的性骚扰行为，即交换型（quid pro quo）和敌意工作环境（hostile work environment）。交换型是指要在工作中有所发展，获得提升，必须或者似乎要求牺牲色相。敌意工作环境是指员工听到了不愿意听到的有关性的行为或评论，感觉不舒服。这种性骚扰行为通常是很模糊的，因为这种类型的性骚扰行为就好比“情人眼里出西施”，每个人的感受是不一样的。同样是把胳膊搭在别人的肩上，对于某个人来说可能是骚扰行为，而另一个人可能感觉很舒服，很习惯这种行为。这种性骚扰行为不仅指身体的姿势，也指与性有关的言论，甚至包括恭维的话，还包括在办公室展示裸照等刺激性的图片。

以上两种性骚扰类型的判定方式，都是从“当事人”的角度考虑的，而性骚扰施行者的真实意图却未被考虑进来。这也正是性骚扰问题让人困扰的原因。因为性骚扰行为是根据受害者的反应来判断的，所以你要考虑的并不是自身行为或者言论本来的意图，而是对方对于这种言论或行为的理解。

很多人认为拍同事的屁股会构成性骚扰。但如果你夸赞他人的长相，碰到了他人的胳膊，或者开性器官的玩笑是否也构成了性骚扰呢？乔安妮就是没有认真思量她的听众是谁，也没有考虑到她的两个同事在听到这种笑话后会如何反应。也许你会觉得“小家伙”这个名字虽然有趣，但乔安妮也应该多考虑比尔在听到性器官的笑话时会如何反应。是乔安妮越界了吗？是比尔的反应过度了吗？根据法律规定，你和乔安妮的想法无关紧要。法官判定是否构成性骚扰的标准是，当事人在听到乔安妮的笑话时，是否感到不适，而乔安妮真实的想法不会被考虑进来。比尔的感受比乔安妮的真实意图更重要。

如何思考这个问题

请思考：结果主义者将怎样看待这个问题？你可以找出所有利益相关者吗？对利益相关者的危害和好处分别是什么？你如何思考这个问题？你那一方应该如何做，才能使更多人受益，尽量减少伤害？例如，如果乔安妮继续这么做，会带来哪些潜在的影响？心理学家丹尼尔·格尔曼著有多部有关情商和智商的畅销书。他曾指出，成功人士与普通人在以下几种因素上存在差异：（1）自我意识——了解自己的强项和弱项，增强内心道德意识；（2）自我管理——管理情绪以高效地领导自我；（3）同理心——理解他人的情绪反应以高效地领导团队。如果乔安妮意识不到自己对他人的玩笑会对他人造成怎样的影响，她也就不太可能被提拔到管理岗位。如果她无法对自己的行为进行自我约束，组织也就不会将她提升为领导者，因为缺乏自我约束的行为会影响到其他员工。所以，以柔和且考虑全面的方式解决这个问题会帮助包括乔安妮在内的所有人。

现在，从另一个角度审视这个问题：你是否有道义上的义务或责任？是什么？对谁？这种情况下的道德原则是什么？哪些原则可以帮助你做出正确的决定？换位思考一下，如果你是比尔或乔安妮，你希望他人怎样帮助你？

站在“当事人”的视角上审视这件事情，可能对你有所启发。当事人会怎样看待这件事？他会怎样处理？如果比尔将这件事透露给媒体并在当地报纸上报道，你会怎么想？如果你什么都不做，会感到懊恼吗？你能毫不羞愧地向你的母亲或牧师描述你的反应吗？

想想你的组织文化。组织最重要的价值观是什么？很多公司以创造让员工得到尊重的工作环境而自豪。如果查看公司的价值观宣言，你就会发现对于尊重的描述。出于对尊重这一价值观的重视，你的上级和其他领导者会希望你怎样做？

如果你决定遵从自己的价值观，那么会有几种选择。其中一种是帮助比尔解决问题。也许乔安妮并没有意识到自己的言论对比尔造成的影响，你可以鼓励比尔和乔安妮谈谈，让比尔说出自己的感受，要求乔安妮停止对他的取笑。另一种是你可以扮演乔安妮，让比尔练习自己想要说的话。比尔应该对乔安妮说些什么呢？比尔怎样说才能达到他想要的结果，同时不会对未来造成影响呢？如果比尔不愿意这么做，你还有其他选择吗？你可以将这个问题投诉给组织的伦理热线，但是如果没有比尔的同意，你这么做合适吗？在哪些情况下，你可以不经当事人允许上报一些事情？

为什么是伦理问题

骚扰行为（性或其他）是歧视的一种。因为它是以个人能力以外的因素为标准来决定员工业绩、晋升或去留的，所以属于伦理问题。大多数性骚扰行为都与浪漫无关，都是与权力和公平相连的。

代价

性骚扰行为的受害者可以根据《1964 年民权法案》第七条中的平等就业机会委员会条款上诉，或者按照侵权或合同法进行上诉。如果雇主明知员工的性骚扰行为但是不采取措施制止，那么雇主要为员工的行为承担责任。因此，大部分企业都会慎重对待性骚扰诉讼。

在有责任感的企业中，一旦某人对员工有性骚扰行为，公司一定会立即展开调查。如果属于第一次，并且并不属于猥亵或暴力行为（例如前面讨论过的乔安妮的案例），那么员工会受到警告处分、纪律处分或者被调离所属部门。（然而，在某些大公司，即使第一次也可能被解雇。）如果调查结果显示该行为属于猥亵或暴力行为，或者有证据表明该员工一直表现出某种行为倾向，那么这名员工很可能被解雇，并且通常很快就被解雇。（公司有权力成立调查小组，找出证明某种行为倾向的证据，并在 48 小时之内解雇骚扰行为的行为人。）如果被告是无辜的，或者原告和被告之间存在误会，那么人力资源部门很可能对被告和原告进行行为审查。如果有必要的话，其中一方可能被调到其他领域或部门。如果你的下属被指控性骚扰，那么你很可能面临来自其他人的质问。如果你意识到了这个问题，但是没有采取任何行动，那么你本人很可能受到惩罚，甚至被起诉。

平等就业机会委员会收到的上诉有近四分之一属于性骚扰上诉。对于企业来说，性骚扰诉讼的成本是很高的。一方面，对于受害者的赔偿金额巨大，另一方面，这种控诉也使企业在招聘的时候对应聘者的道德水平和能力提出了更高的要求。例如，2012 年加利福尼亚州萨克拉门托市的一位助理医师获得了 1.68 亿美元的赔偿金，这也许是个人起诉案件得到的最高赔偿额。据报道，心脏部门的医师不断向这位女助理医师提出性需求。当她将这件事情告诉主管之后，得到的只有奚落和嘲笑。她针对这一问题，总共向医院的人力资源部门发送了 18 封投诉信。但在送出最后一封投诉信的第二周，她就被解雇了。尽管她在医院的其他部门找到了工作，但当她将性骚扰事件告上法庭时，医院吊销了她的医师执照，让她无法在其他地方应聘。

办公室恋情

调情和办公室恋情是工作生活的一部分。毕竟，我们在工作上投入的时间最多，我们会和有着共同利益的人交流，也有机会真正了解他们。为什么不能和同事开展一段你情我愿的恋爱关系呢？很多办公室恋情确实都是有益的，其中一些无疾而终，一些是双方最终走向了幸福的婚姻殿堂。但是，这种关系也是危险的，我们听说过不少这样的案例。例如，如果这段关系不欢而散，其中一方可能指控另一方性骚扰或打击报复，最终将公司卷入进来。

从伦理学的角度来看，最好是避免和你的主管或上级谈恋爱。因为这其中存在利益冲突，以及潜在的不公平待遇的问题（很多公司有反歧视政策）。管理者的判断会因这段关系而受到影响。团队中的其他人也很可能失去对涉事双方的尊重，并关注其中一方是否因此受到优待。诚实是牵涉的另一个道德问题。因为你对于这段关系的走向不明确，所以想先保密。但即便你行事谨慎，流言蜚语也会迅速传播开来，其他人很可能从小道消息中找到答案。所以你最好实话实说，让当事的另一方同步知道这些消息。如果双方在同一个部门工作，那么组织可能将其中一方调离该部门，以避免负面影响。最后，请记住——如果你不想让自己的行为成为公司的热点话题，就最好不要尝试办公室恋情。

利益冲突

你和公司自然处于一个个人与职业互相缠结的关系网中。你的个人名誉和公司名誉对你与其他员工、客户、咨询人员、供应商、家人以及朋友的相处有着密不可分的联系。办事公平公正或者看似公平公正的能力是你能否完成雇主员工合同中应尽的责任的关键。

> 你的女儿要申请一所著名的大学。由于要被该大学接受是很困难的，因此，你的女儿事先已经对于整个申请过程做了仔细的安排与计划。她一直保持很好的学习成绩，认真学习了入学考试的课程，并且积极参加各种活动。你有一个很好的客户，当你告诉他关于你女儿申请这个学校的事情时，他提出要给你女儿写一

封推荐信。因为他恰巧是你女儿要申请的这所大学的校友，并且是该校的积极筹款人。虽然他是你的客户，但你们经常在一起打高尔夫球，两个家庭偶尔还会一起聚一聚。

是什么

当你需要对自己的判断能力或者客观性做出妥协的时候，利益冲突就出现了，尤其是当个人决定能够为决策者带来经济收益或其他好处，或者为近亲、好友牟利时。通常，利益冲突出现在个人利益与他人，如行业、客户或大众（如果问题决策者是政府官员）的利益背道而驰的情况下。因此，如果管理者与给自己赠送礼品的（或者这位供应商是自己的表兄或朋友）供应商签订合同，而不是因为这个供应商能够提供最好的价格、产品或服务时，就出现了利益冲突。在任何情况下，认知偏见都很难让我们做出“不带偏见”的决策。事实上，在利益冲突的情况下，几乎无法不带偏见。我们常常认为自己并未带有任何偏见，但研究发现，实际情况大相径庭。所以要从根源上消除偏见（如拒绝礼物）或干脆退出决策过程（如你亲戚的公司是选项之一）是非常重要的。以下是一个小小的馈赠对决定产生影响的案例。一项研究发现，即便医药代表请医生吃一顿普通的午餐，都会增加医生开处方时选择该公司药品的概率，即使其他同等效果的药品价格更低。总而言之，一起吃饭的次数越多，药品出现在处方单上的概率越高。医生都认为一顿比萨饼或三明治不会左右自己的想法，但数据的结果与之相反。因此，最保险的做法就是完全避免这样的冲突。需要重视的是，利益冲突的出现，也就是当第三方认为你的判断力已经出现妥协的时候，与事实上的冲突发生所带来的危害是一样的。

一个利益冲突的案例导致了金融危机的产生。例如标准普尔这样的评级机构，对我们在第 1 章中提到的提供复杂抵押贷款的证券机构，进行了评级。3A 的评分等级让投资者感到安心。美国人从惨痛的经历中得知，很多证券并未达到如此高的评分。诸多因素导致了经济的崩溃（包括评级机构用老旧的方法对新产品进行测评）。最主要的原因是严重的利益冲突——评级机构由证券公司资助，因此在评级时很难甚至不可能做到公正、客观。

另一个案例可能让大学生很感兴趣。2007 年，得克萨斯大学解雇了其资金援助部门的经理。该经理与一些学生贷款公司有金钱往来，并向学生和同事吹捧这些贷款公司。学生没有被介绍向他们提供最佳贷款或服务的公司，而被介绍向资金援助部门经理提供礼物（及股票）的公司。

当你的客户提出要帮助你、你的女儿或你的其他家人的时候，你需要问自己这些问题：客户的帮助会影响你和他的商业关系吗？如果你接受了他的帮助，其他人会觉得你的商业判断力受到影响了吗？你们之间的关系不仅是一种商业关系吗？他对你的帮助可以看作简单的朋友之间的互相帮助吗？

有的企业有这样一个政策：如果公司员工事先就与公司的客户或供应商有朋友关系，那么员工可以接受这些商业伙伴的恩惠或帮助；这些企业同时将这种朋友关系定义为大家都知道的长久的人际关系。例如，在一个小镇上，人们彼此都很熟悉，很多客户可能就是自己的朋友，这是很现实的。其他组织（包括政府机构）则不接受这种关系。在这种情况下，做决策的时候要考虑的问题包括：你和客户之间的朋友关系有多深？你所在的团体是否知道你们的朋友关系？他对你女儿的能力是否有清楚的认识？你的客户是否期望你对他的推荐信做出相应的回报？或者这封推荐信只是出于朋友的情谊，没有其他意图？其他人会怎么看待这封推荐信？

几乎所有的商业关系都会出现利益冲突。当供应商殷勤地讨好你，或者你讨好客户时，就会产生冲突。在这两种情况下，其他人都会认为双方在进行特殊的交易或者在交换优惠条件。当你的一个下属发现你与其他同事有着特殊的亲密关系的时候，利益冲突就出现了。因为他们会认为，你对下属的评价建立在关系亲疏远近的基础上，甚至会对不是朋友的同事做出消极的评价。（这就是不要和下属恋爱的原因。）利益冲突还出现在别人邀请你对同桌办公的同事的可信度做出判断的时候，或者你为你雇主的竞争对手做咨询服务的时候。利益冲突可能意味着接受广告公司的名牌牛仔靴，或者在咨询公司的资助下成为专属私人俱乐部的会员，或者在为办公室购置办公设施时，接受供应商为你私人购置家居用品提供折扣的承诺。

常见的利益冲突包括公开的或私下的贿赂行为，以及影响力或特权信息的交换等。

公开的贿赂或回扣行为

所有的贿赂或回扣行为显然都是利益冲突的表现，因为它们会影响最终的决策，为贿赂或回扣提供方带来好处。这种贿赂或回扣的目的都是为了交换某种特别的产品、服务或影响力，其形式可能是金钱，也可能是其他有价值的物品。

微妙的贿赂行为

这种贿赂包括礼物或娱乐。一些组织严令禁止收受礼物，即便礼物微不足道。例如，医院不允许员工接受药品销售代表的礼物，就算笔记本和笔都不行。他们自问，如果患者看到医生用药品公司的笔写处方时会做何感想？难道患者不会质疑，处方上的药品是他们真正需要才开的，还是因为医生收了礼物才开的？大多数企业都将员工可以馈赠或接受客户或供应商的礼品的价值设定在 25~100 美元的范围内。互惠是判定娱乐和礼物是否在正常范围内的标准。如果你接受了对方的娱乐邀请，却不能向对方提供同样的娱乐作为回报，那么接受这种娱乐邀请是不恰当的。例如，一个供应商提出要送给你两张超级杯的门票，或者周末场高尔夫券，或者可供四人使用、每人的消费额度为 200 美元的晚餐票，那么你很可能不应该接受。之所以强调互惠，是因为要给予所有供应商公平竞争的机会，以确保作为采购方的你在决策的时候没有偏见，保持公平。前面已经说了，互惠和无偏见都是公平的要素之一。

案例：比格度假酒店和会议中心

作为活动策划师，你经常将公司活动安排在本地的比格度假酒店和会议中心。因其出色的餐饮条件和会议设施，从宴请客户、公司会议到陪客户打高尔夫，你几乎在这家酒店预订了公司的所有活动。最后，公司得到了比格度假酒店 20%的优惠折扣。你和酒店经理也十分熟悉。当你不经意间提到，自己为父母策划结婚 25 周年聚会时，他建议你可以考虑在比格度假酒店举办，他能为你提供与公司一样的 20%的优惠折扣。这当然会为你和你的兄弟姐妹省下一大笔钱。

接受供应商给予个人的折扣也被看作利益冲突。决定是否要接受折扣的方法很简单，即如果是你们公司与供应商正式的安排，并且所有员工都能享受供应商的折扣，那么是可以接受的；如果只有你才能享受这种折扣，那么是不可以接受的。在上文中所提到的比格度假酒店的案例中，在该酒店为你父母举办结婚周年纪念日的聚会也许丝毫不会影响你的判断力。虽然你在比格度假酒店举办了那么多场活动，享受那里的私人折扣并不算什么，然而，你还需要考虑其他因素。因为你所享受的私人折扣，会不会让其他供应商觉得你和比格度假酒店有内幕交易？如果单纯地因为你为酒店带来的生意而享受了酒店给你的私人折扣，你的公司老板是否会怀疑你在选择酒店时的客观性？你是否完全肯定，即便接受了私人折扣，也不会感到有义务在比格度假酒店举行活动的心理负担？毫无疑问，这是典型的滑坡谬误。你最好在其他地方组织聚会。如果你真的想在比格度假酒店举办，就按照正常价格而不接受任何折扣，并告诉你的领导，自己并未接受任何好处。

影响力

你与他人的关系也会构成利益冲突。例如，你现在负责公司的广告运营工作，而你的邻居或表哥或大学同学恰好经营着一家广告公司。如果你雇用了你认识的这个人的公司来为你所在公司提供广告服务，就可能构成了利益冲突。但是，在这种情况下，这家广告公司是可以参加招标的，而你本人并不能做这个决定。如果你要做的一个决定涉及你的个人关系，你就应该退出决策环节。为了避免利益冲突的出现，做出公平决策，另一种解决方法就是进行“盲选”，也就是说，只有不参与决策过程的人了解所有竞标者的身份。然而，在这种情况下，你所做的任何决策，即使在“盲选”的情况下，都会受到他人的质疑，所以，你应该让其他人参与决策过程。

特权信息

作为公司的一名员工，你自然会掌握一些对雇主的竞争对手有价值的信息。这也正是作为 ABC 保险公司的全职员工的你，决定要给 XYZ 保险公司提供咨询服务的时候，会面临利益冲突的原因。当然，也有例外的时候。例如，你是格林餐馆的计算机程序员，同时又在瑞德餐馆工作，这或许不会造成利益冲突。这种情况之所以可以接受，有两个原因：你的第二份工作不会要求你的第一份工作做出妥协，并且两个雇主都知道你在同时从事两份工作。

此外，如果某位近亲或好友和你所在的公司是竞争对手，或者其中某位所在的组织（如传媒公司）对你公司的活动感兴趣，那么你可能遇到利益冲突问题。例如，你是高盛的投资银行家，你妹妹是摩根士丹利的投资银行家，那么你们都应该将这种情况告诉你们的上级。如果你们的上级知道这种关系，就能够化解潜在的问题。充分的信息披露有利于转移潜在的风险。

➲ 如何思考这个问题

在面对利益冲突时，从伦理决策角度出发会对我们大有帮助。例如，结果主义要求我们思考怎样做才能使多数人受益。假设你的兄弟经营着一家广告公司，而你在另一家公司的工作就是负责广告宣传。如果雇用你兄弟的公司，会让其他人受益吗？如果别人知道了这层关系，会让公司的声誉受损吗？但如果使用道义主义来分析，又会出现其他问题。也许公平是最为重要的。怎样做才能创建公平的投标环境？怎样做才能让投标过程绝对公平和公正？你是否向往生活在绝对公平的世界中？

事实上，根据无知之幕理论，你需要表现出不知道广告公司的负责人是你的兄弟。如果你是参与竞标的另一家广告公司负责人呢？你难道不想中标吗？试着从美德伦理学的角度看待这个问题。你的哪些行为是不想被当地媒体曝光的？你也许想在报纸上看到对你作为购买者公平对待每个竞标公司的赞美。你一定不想看到报纸上曝光你为了让家人和朋友受益才签订了合同。

这也是让你考虑如何处理此类问题并和他人讨论的不错的案例。你肯定会遇到利益冲突问题，每个人都会，就像为第二次世界大战受害者伸出援手的人们一样，先“预演”即事先思考这些问题，等问题真的发生时，就会对你起到莫大的帮助。想象一下，如果你兄弟的公司正经营不善，他希望你能和他的公司合作。如果你认为这违背公司政策且不道德，你会怎样向他解释你的决定？你可以在不伤害彼此感情的同时，处理好这个问题吗？而公司政策在这种情况下会起到帮助作用。如果公司有明确的对利益冲突问题的规定，你就可以向你兄弟指出该规定，解释自己有义务遵守公司规定，并主动退出决策过程。

➲ 为什么是伦理问题

人际关系和企业关系的基础都是信任。只有当个人和企业感觉得到了公平、开放、一样被对待的时候，这种关系才会存在。利益冲突削弱了与其他人之间的信任关系，因为好像对特殊的朋友有着特别的待遇。这样做只加强了与这个特殊朋友的关系却破坏了与其他人之间的关系。

代价

不计其数的联邦和州法律都对利益冲突问题进行了相关的规定。某些行业，如银行、会计、法律、宗教和医学等，都有特殊的责任，也就是通常所说的“委托”责任。人们通常称这些行业为“信托”行业，也就是说，这些行业的从业人员都掌握了有关其客户的最敏感且最保密的信息。委托责任是指建立在信任、信仰和信心基础上的义务与责任。2008 年的金融危机之后，金融行业从业者的信托责任吸引了越来越多的关注。例如，大都会人寿保险公司就因出售的一款年金产品（在退休人员中很受欢迎的金融产品）而被罚款 2 500 万美元。该公司被指控误导投资者。问题的关键在于，金融产品销售员因售出的年金产品而获得的提成。这类产品的投资者都是缺乏投资经验的人士。显而易见，销售年金产品所获得的提成非常可观，因此，一些销售员不顾客户是否适合该产品，奋力向其进行推销。这就是典型的利益冲突。提成左右了销售员的选择和对客户的建议。向投资者推销不合适的产品以赚取高额提成是不道德行为。特别需要注意的是，2016 年美国劳工部规定，投资咨询师或导师（所有相关从业者）需要严格遵守信托标准，也就是说，当为客户的养老储蓄存款进行投资推荐时，必须以客户利益最大化为原则。由于以往并未有相关规定，因此这一规定在业界引起了不小的轰动。当然，还有很多以提成计算工资的从业人员，仍然在向投资者推荐那些让自己拿到高额提成的，而不是对投资者最为有益的金融产品。

一项由普华永道会计师事务所对私人银行和财富管理公司进行的一项调查显示，“经济危机是客户关系经理从未经历过的，也没有能力处理的挑战。”调查中，只有 7%的客户经理表示，他们所受到的培训足以让他们的表现达到预期的最高标准。普华永道会计师事务所的调查也指出，以往以销售为中心的旧的管理模式，正在被以委托责任为中心的新的管理模式所取代。

如果你的行为有悖于他人的利益，那么你至少会受到公司的调查；一旦你的行为被证实确实属于或者似乎属于利益冲突，那么根据行为性质的不同，你可能受到警告处分、纪律处分或者被解雇。如果你接受了回扣，你可能被终止公司职务，甚至被逮捕。参与利益冲突行为意味着你的判断力做出了妥协，会对你的职业声誉带来严重影响。

2006 年，因与富达投资的利益冲突问题，国家证券交易商协会（NASD）[现名为美国金融业监管协会（FINRA）] 对杰弗里斯集团判处 550 万美元的罚款。据调查，杰弗里斯集团的交易商在富达投资交易商身上花去了 150 万美元。这些钱被用于购买奢侈礼物和享受娱乐休闲项目，具体包括去拉斯维加斯、棕榈滩等地游玩、品尝葡萄酒和打高尔夫等。2002 年，杰弗里斯集团在富达投资的中介佣金费用排名中占第 50 位，到了 2005 年，已经上升到了第 15 位。很显然，杰弗里斯集团投下的大把钱起到了作用。因此，杰弗里斯集团的这个中介人员被公司解雇了，该公司也受到了美国证券交易委员会（SEC）的调查，并且在媒体上造成了很不好的影响。

客户信心

我们都听说过“客户永远是对的”这句谚语。像里昂比恩和西尔斯这样的公司都成功地将这句口号写入了企业文化，并因此受益。出色的客户服务不仅是指微笑的客户服务代表（当然，这也会起到很大帮助），或者退换有问题的冰箱，还意味着优质优价的产品和服务、诚实的产品和服务代理，以及保护消费者的隐私。

➲ 是什么

客户信心所包含的内容有很多，如保密、产品的安全性与有效性、广告内容的真实性，以及某些特殊的委托责任等。

> 你在亚特兰大的一家咨询公司工作。你的团队刚刚为比格公司完成了一项分析报告，内容包括未来五年的销售预测。一天晚上，你在工作的时候接到了比格公司一个副总裁的电话，要求你立即将刚做的分析报告的摘要传真给她。当你找到报告的时候，你发现，你们团队的领导在该报告封面上盖上了“仅供内部使用”的章。问题是这个领导现在在外旅行，无法联系到他。比格公司与你们公司已经建立了长久的关系，并且已经向你们公司支付了大量的服务费。

保密性

隐私权是客户的一项基本权利。客户的隐私和对客户信息保密的义务不仅包括保护销售的预测信息或财务信息，还包括绝对保密并购、迁址、裁员以及某经理的健康或婚姻问题等信息。在有些行业，保密问题尤为重要，因此这类行业中的企业会禁止任何员工公开承认任何客户关系。例如，金融服务行业有一个准则，即使 XYZ 公司是否属于公司的客户这种信息也拒绝泄露。

在比格公司这个案例中，这个副总裁提出要看一份保密的报告。首先，你能否百分百确信对方确实是比格公司副总裁？竞争对手常常会假冒客户或其他人的身份。如果你确定了她的身份，那么你认为比格公司是否授权她查看该报告？如果她确实接到了授权，那么你们公司与比格公司的合作方式是什么？是共同分享吗？或者，报告还需要修改吗？想想我们在第 2 章中所说的，如果你的行为被当地报纸放在头条报道，你会怎么想？读者会批评你的做法吗？他们会怎么说？只要你看到“仅供内部使用”的章，那么未经公司内部相关负责人的允许就将报告给其他人查看，包括客户本人，都是极为冒险的。遇到这种情况，在向客户透露任何信息之前，应该征求公司的主管人员（有可能是你的直接上级的上级）的同意，不能擅自越权。

有时，第三方会要求了解客户信息。例如，有份报告的编写需要了解客户的消费趋势方面的信息。与第三方谈论关于某公司或个人的信息，或者向第三方提供帮助确认其某客户身份的信息，这都是绝对禁止的。如果你想提供信息，那么你可以提供一些公司的整体信息，只要这些信息不会暴露某个客户的身份。

> 你是一家小药品公司的老总。你们公司刚刚发现了一种能够治愈阿尔茨海默病的药物，很有前景。几个月来，你一直在精心策划促销的事情。这次的促销活动包括宣传材料和药物样品包。这些材料将被分发给全国几乎所有的家庭医生。然而，在将这些促销材料装进纸箱，即将发给公司的销售代表的时候，你的助理告诉你，他发现说明文字中有打印错误，并且会严重误导医生和病人。在关于副作用的说明中写道，腹泻和胃肠道问题出现的可能性是 2%。而事实上，这种概率应该是 20%。也就是说，所有的宣传材料和药物包都存在这样的错误，并且已经在几家消费杂志上登载的促销广告中也存在同样的错误。

个人责任

客户的另一个基本权利涉及我们提供产品或服务时的诚信和责任心。也许没有任何问题能够像不负责任那样摧毁我们的声誉。很多严重的伦理问题都是由最初的小麻烦演变为关键核心问题的。尤其在商业服务中，由于其产品是个人对个人的，个人责任就尤为重要。

在新药物副作用打印错误的案例中，营销经理面临的情况极为麻烦。如果她重新打印所有材料，那么会给这家小公司带来很大的成本损失，并且会拖延药物送达各个医生手中的时间。然而，很多老年人极易感染胃肠道疾病，并产生并发症，甚至导致死亡。所以，现在面临的问题也极为棘手。这些材料绝不能就这样分发出去。当然，最理想的方法是重新修改所有的材料。然而，如果时间和资金等不允许，那么还有其他解决方法。一个办法就是，在每份药物包内加入一个修改说明。或者可以给每个医生寄一封信，在信中对修改做出说明，并指出质量和完整的信息对你们公司的重要性。这种方法的成本也很高，但至少比什么也不做，让错误泛滥的代价要低。想想即便只出现一起错误致死的上诉案件，公司要付出的代价是多少呢？面临集体诉讼又会怎样？随之而来的媒体报道又该如何处理？

真实性

很多销售人员会向消费者夸大所推销的产品或服务的好处。高级跑车真的能让年轻人变成詹姆斯·邦德吗？投资某个债券能确保你退休后的安稳生活吗？所有的推销用语都存在夸张的成分，而且大部分消费者都期待一定的夸张成分。然而，在其他情况下，关于产品的虚假信息绝不仅是夸张的问题，而是不公平的表现。

假设你所在的金融公司推出了一个新的企业债券，年收益率预期为 4%~4.5%。这个债券一直对客户有很大的吸引力，是不错的投资产品。并且，已经有几十个大小投资者通过你购买了这个新的债券。你即将休假两周。然而，就在你离开办公室，开始休假之前的几小时内，你们公司宣布，要降低新发行的这个债券的收益率，最高不超过 4%。该债券下周就停止发行，而那个时候你还在休假。你该怎么办？

现在的问题是，在新债券的收益率上，你的客户受到了误导（尽管不是故意的），而你有义务在债券停止发行之前将这一信息告知客户。为什么？因为客户的另一项基本权利是被告知所购买产品或服务的真实信息。向客户传递虚假信息会对组织造成破坏性影响，也会给传递该信息的员共带来很大的麻烦。

特殊委托责任

正如本章前面所讲的，某些行业，如银行、会计、法律、宗教和医学等，都对客户承担某种特殊的责任，通常称作委托责任。法律和司法体系承认这些特殊责任，并将其列为这些行业的道德准则。委托责任的存在使得这些行业的行为标准有很大提升，因此，违反这些责任所面临的惩罚也是非常严厉的。例如，20 世纪 90 年代，安达信休斯敦分部对于安然公司的高风险的会计行为视而不见，因此使得安然公司股东十分失望。这直接导致了 2001 年安然公司的破产。

虽然，在 1999 年，安达信派往安然公司的审计团队的负责人大卫·邓肯曾经向安然公司董事会发出警告，认为安然公司的会计行为是高风险的。然而，很显然，他后来并没有采取任何必要措施来阻止这种高风险行为（事实上，董事会对他的警告置若罔闻）。例如，邓肯原本可以威胁安然公司撤回服务团队或者告发安然公司。不过，如果这样做，安然可能直接解雇这些审计人员，安达信也就失去了一个大客户。但是，事后看来，实施有效的委托责任也许能挽救两家公司、几千人的工作以及巨额的股东财富。参与 1941 年安达信公司建立的一位亚特兰大的元老级会计员博斯说，以前的安达信公司的创建人肯定认为“这些人的所作所为极为恶心”。博斯继而讲了一个关于亚特兰大的大果汁公司的故事。他说：“这家公司的首席执行官在运营另外一家果汁公司，为自己谋取利润。我告诉他最好终止现在的行为，否则就告发他。他接受了我的建议，但是也非常生气。”当然，博斯说的是会计人员的委托责任，这只是确保公开上市公司财务信息准确性的委托责任之一。2001 年，安达信公司违反了自身的委托责任，因此最终导致了一家大公司的倒闭。

12 年来，你一直是一位 70 多岁老人的财务顾问。他的主要投资目标是自身的资产组合以及两个孩子的信托基金。最近几个月，你发现他的行为明显发生了微妙变化。他越来越健忘，也越来越喜欢刨根问底，似乎连最基本的交易步骤也不明白了。他要求你拿出其资产及信托基金的大部分资金用于某项证券投资。然而，你认为这项投资的风险极大，并向他坦诚地表示了自己的疑虑。他却勃然大怒，并表示，如果你不购买这种证券，他就找其他人来做。

如果你是在一家家电连锁店工作，那么你没有必要评估要购买新电视机的客户的精神状况。你卖，他买。然而，在信托行业工作的人有责任保护客户的资产，这就要求了解客户的信息，因此也就意味着要评估客户的行为，保护客户的利益。在这个案例中，如果客户不采纳你的意见，坚决要进行风险投资，那么你也不能做什么，只能祝福他。谁知道呢？你可能错了，客户可能大赚一笔。然而，作为财务专家，如果你发现你长期服务的一个客户判断力明显下降，同时突然喜欢冒险，你就有责任为他们提供帮助。

评估长期服务客户的精神稳定状态是金融咨询师经常遇到的难题。上文的财务顾问可以再次尝试说服客户放弃投资行为，或者找公司的高管与客户商量。财务顾问还可以联系客户的家属（如他的儿子），向家属说明自己的理由。当然，该财务顾问还可以联系客户的律师或会计，这些人也属于信托行业，也受到委托责任的约束。不管怎样，大部分财务人员都认为，应该采取措施帮助这些长期客户。

➲ 如何思考这个问题

不难想象，所有的伦理理论都不会鼓励我们忽视产品安全或信托责任。产品安全显然是对多数人有益的。客户信心源于信任。信任的建立是漫长的过程，久经时间的考验。我们不会相信不熟悉或对其缺乏信心的东西。再次重申，这是你进入商业世界肯定会遇到困难和冲突的领域。你可以提前就这个问题进行讨论。现在就想好你的决定，并大声地说出你的观点，以应对未来可能面临的挑战。

➲ 为什么是伦理问题

我们用客户信心问题来概括一系列能够影响与客户关系的话题。这些话题之所以会成为伦理问题，是因为这些问题都涉及公平、诚实和尊重，如果这些最基本的信任都不存在，客户关系也就不存在了。

代价

在组织层面，针对虚假广告和在产品或服务的有效性或安全性上误导公众的行为，已经出台了严厉的惩罚措施。虽然个人失信通常不会引起公众关注（但有时也会——想想伯纳德·麦道夫的案例），没有什么比不诚实更能摧毁一个人的名声了。当你还是未涉足劳动力市场的学生时，很难想象其实工作圈很小，但事实确实如此。一些行业（如银行业和生物技术业）的工作圈非常小，你的声誉将像影子一样伴随着你。即便刚工作几年的人，都可以和你在茶余饭后谈论哪位同事“正直诚实”，而哪位同事“不值得信任，要远离”。你的个人声誉是在长时间的行为、言谈和交流中建立起来的，但也有可能被一个愚蠢的错误瞬间摧毁。你需要谨慎地维护好自己的声誉——这是你在商场中，最为重要的东西。

公司资源的利用

正如我们在引言中所说的，你和你的雇主之间有一种特殊的关系，彼此之间都有忠诚的义务。并且，你是公司的代表，是公司的“代理人”。这意味着你的行为代表了公司的行为。以上主要讨论的是人力资源问题，即雇主对你的责任，而这一部分主要是关于你对雇主的责任。

是什么

利用公司的资源完成与雇主之间的“合同”。这意味着坦诚地面对雇主和管理者，负责地使用公司的资源，包括公司的财务和名誉等。

> 你手下一名年轻的女员工打算和丈夫搬到另一个城市去，在那里寻找新的工作。她的工作很优秀。她让你给她写封推荐信，你很高兴地答应了。她又特别提出，需要用公司的信笺写一封书面推荐信。

利用公司的名誉

只要你告诉别人你是某企业的一名员工，人们都会认为你是在代表公司发表言论，这也正是你将自己与公司联系时必须谨慎的原因。例如，当你使用公司的信笺给别人写推荐信或者对电话公司的服务提出意见的时候，对方很可能认为这是代表公司的意见。因此，企业的信笺只能用于公司的商业活动。在推荐信这个案例中，如果你需要表明自己是某公司的员工，那么使用你个人的信纸，并附上你的名片。这样是为了区别你的个人观点和公司的官方意见。

尤其是推荐信，对于雇主和个人来说都是很有挑战性的。很多企业在雇用某人之前都要询问这个人前任雇主的意见，因此就带来了很大问题。因为，有很多上诉是由这些雇主提供的推荐信引发的，以致大多数企业禁止给员工提供这种推荐信息。现在，有很多社交网站允许人们在职业圈中发表对他人的评价，但当给下属评论时一定要注意。如果在网络上你对他赞赏有加，但在存档时的关键绩效评语却差强人意，那么万一这位员工随后被解雇了怎么办？他的律师会将你在网络上的评语作为证据，提请不正当解雇诉讼。（很多雇主只愿意提供员工的如下信息：姓名、在公司工作的时间以及所担任的职务。很多公司在向第三方提供任何工资信息之前都会征求该员工的书面同意。这又产生了另外一个伦理问题：如果无法得到前任雇主或主管对员工良好、诚实的推荐信息，可怜的应聘者就只能在毫无戒心的组织中流转了。对吗？）

同样，如果你被邀请参加任何可能暴露你与某公司的雇佣关系的活动（如演讲、发表文章加入某个非营利组织的董事会等）之前，都务必征求你的上级、法律部门或者人力资源部门的同意。你可能不知不觉就支持了某种观点或某个组织，而这些都是你所在组织所不愿关联的。例如，对你来说，成为反虐待动物协会的董事会成员是很不错的主意，但是，如果你是在一家药物公司工作，而公司会在动物身上进行药物试验，那么你的行为只会让公司的处境很尴尬。当然，你可以以市民的身份答应这个邀请，但是不能是以该药物公司员工的身份，除非你获得了公司的授权。博客、Twitter 等社交媒体让这个问题变得越来越复杂，越来越多的组织出台了相关政策以指导员工在社交媒体上的行为。

> 你是全国最大的一家零售连锁店的员工，并已经升任为部门经理，在高档购物商场的门店工作。想象一下，当你登录 Facebook，发现一位“朋友”——你们连锁店其他部门的一位年轻的女性管理者——在她的主页上发布了保密的促销信息，并对一位向他汇报工作的男子进行带有性意味的评论。

社交网站和其他社交媒体带来了新的棘手问题。如果员工在网上发布关于公司的秘密信息怎么办？可以在公共场合发表对同事或老板的性评论吗？这种行为会对雇主造成不良影响，并让这些评论的始作俑者显得十分愚蠢。最为恐怖的是，永久性地在网上留存这些内容。你无法“擦掉”它们，因为你无法保证这些内容是否真的被清除了。组织对这种行为的态度非常严肃。一位刚刚毕业的大学生，因在 Facebook 上发布不合适的对雇主的评论而被解雇。还有一个相似的案例。一位员工在 Facebook 上发布了度假照片，照片中这位员工骑着马，玩着羽毛球，还在夏威夷攀岩。但这些照片都拍摄于该员工带薪病假期间。所有和她共事的人都看到了这些照片。她的老板马上展开了调查，以确认该员工是否假借病假之名度假。最后给她了两个选择：还回公司在带薪病假期间支付给她的工资，或者辞职。

在社交媒体上会遇到的另一个难题是，员工已经在社交网络上拥有一片天地——也许他是知名博主，也许他使用网名提供关于行业的“本质”、“背景”或“观察”等内容。你该如何处理？如果员工的网络影响力不大，或者观点正好与雇主相同则另当别论。如果员工的想法与雇主的观点完全相反，怎么办？你能让他们再想想吗？员工的声誉是否和雇主毫不相关？你能让员工指出网上有哪些内容仅代表他个人的观点，而不代表他雇主的意见吗？员工在 Twitter 上发表有关工作的评价怎么办？你是否可以，或者是否应该阻止这种行为？你是否能够明确指出可接受的内容范围？你如何处理员工潜在的不满？如果你是员工，事先和管理者（以及同事）谈谈这些问题是一个不错的解决办法，并商量出一个能够适用于所有人的解决计划。

> 你是一家再就业公司的就业顾问。布莱克公司即将解雇 500 名员工，而你正在和该公司协商这些员工的再就业问题。你有一个邻居，也是你的好友，是你们当地报社的记者。某周六你们一起喝咖啡的时候，她提到她在写一篇关于布莱克公司的报道。根据她的信息来源，有 1 500 名员工会失业。你知道她的信息是不正确的。你会告诉她吗？

与新闻界打交道——如果你的朋友或者亲戚恰是一名记者——是一件很有技巧的事情，注意不能受到诱导。在上面的案例中，你可能认为你朋友的消息是不正确的，但沉默是最好的对策。她的数字也可能是正确的，你所得到的数字可能只是能够获得再就业帮助的员工的人数，而不是全部的失业人数。

另一个让商业人士很困惑的问题是，“不能发表我的这些言论”是什么意思。在大多数情况下，这是指记者不会直接引用你的原话，或者不会对你的言论发表意见。然而，你不能告诉记者，“不能发表我的这些言论”。告诉记者言论是不能发表的，其实是在告诉他们你接下来会提供一些信息。确保某些言论不被发表的最好的方法就是闭嘴，什么也不说。有些记者本身可能没有任何不良动机，但是，当他公布的信息只有某类人才能知道时，他就有可能在无知的情况下暴露了信息的来源。

如果有新闻工作者联系你，你要立刻通报你公司的公共关系部门。除非你受过如何回答媒体提问的培训，或者得到了公司的授权，否则，不要发表任何言论。如果你没有受过相关培训，那么当面对老练的新闻工作者提问的时候，你很可能在无知的情况下向对方透露了保密信息，或者给公司造成了负面影响。

> 几小时以来，你一直在为公司的董事会主席做一个特殊项目。根据公司的政策，如果员工一天的工作时间超过 12 小时，那么员工可以乘坐公司的车回家，费用由公司承担。公司还规定，如果员工的工作时间超过规定上班时间 2 小时以上，那么员工可以在办公室就餐，费用由公司负担。你和另外一名做这个特殊项目的同事早上 8 点来到办公室，晚上 7 点订了晚饭，然后你们两个边吃饭边谈话，长达 1 小时，然后你们坐公司的车回家。这样做符合公司的规定吗？

利用公司的财务资源

西米尔二世发明了一个游戏，名为“界限在哪里”。在这个游戏中，参与者要找出如下三种行为之间的区别：从公司拿走价值 10 美元的铅笔，然后将铅笔送给贫穷的孩子；用公司的电话打了价值 10 美元的长途电话；从公司拿走了 10 美元的现金。这三种行为有区别吗？大多数人最终的结论是，不管该员工的意图是什么，最后都是从公司偷走了价值 10 美元的资产。底线就是企业的设备和服务只能用于企业的商业活动中，不管是打私人电话，垫支报告费用，挪用办公室用品，利用公司的邮件收发室邮寄私人物品，还是为你的社团打印传单。私自挪用或者不恰当使用公司资源都是不道德的，违反了公司的政策。

在上面这个案例中，你和你的同事长时间都在忙特殊项目，你们严格遵守公司的规章制度，因此你们的行为在大多数组织中都是可以接受的。然而，你和同事延长了晚饭时间，这样你们就可以乘坐公司的车回家，所以你们就遇到了伦理问题。你是不是还延长了工作时间，这样你们就能吃到免费的晚饭呢？如果你们能够向董事长解释清楚，或者不担心董事长在你们吃晚饭时进来察看，那么吃晚饭和乘车都是可以接受的。重要的是，要像对待自己的财产一样对待公司的财务资源。

> 明年 1 月初你的上级就要被调到公司的另一个部门。11 月初他召开了一个会议，要求每个部门经理都将发票延缓到 1 月 1 日以后再处理。他想以此降低费用支出，提高销售收入，从而使他在该职位的最后一个季度的营业收入最大化。

提供真实的信息

另一个关键问题是真实性。我们在本章提到过对于客户的真实性，现在我们来谈谈组织内部的诚实，以及向内部人员提供真实信息的问题。虽然每个人都认为说实话是很重要的，但是有一天你上级可能这样说："这些数字看起来太差了，我们还是调整一下，以更好地适应管理层的想法。"很多管理者都认为在将财务报告呈交上级之前，都有必要让财务状况表现出积极的势头。有些公司因此遭受了严重的财务惩罚，因为这些数字经过了这么多层级的修改之后，呈送给高层的时候已经与事实相差很、面目全非了。由于高管要依据这些错误的数据进行决策，因此"扭曲"的数据会带来很严重的财务后果。（如果向监管机构提交了不准确的数据，或者使用这些数据编制财务报表，那么公司会因此承担罚款。）如果有人要求你篡改公司的信息，那么你最好咨询一下公司的法律、人力资源或审计等部门。一些与此相关的公司丑闻甚至随之而来的牢狱之灾，都是从"就做这一次"的要求开始的。一旦卷入其中，就无法全身而退。南方保健公司和世通公司的很多员工也因此遭受了多年牢狱之灾。

在上面这个案例中，这个经理要将费用的支付推迟到他离开这个部门之后，这种记账方式不仅伤害了 1 月即将接替他职位的人的利益，还伤害了期待这些账款得到迅速支付的供应商的利益。要求供应商再等 60 天，这是极为不公平的。一个解决办法就是找到另一个部门的经理，与他一起共同拒绝该经理的要求。另一个解决办法就是告诉审计部门，他们也许对这个经理的伎俩非常感兴趣。

如何思考这个问题

同样，利用各种理论方法进行分析是大有裨益的。思考对利益相关者的潜在危害和利益将在交易中让你保持诚实的态度。从义务论角度来看，大多数人在价值观中最为重视诚实和正直这两种素质。换个角度想，我们也希望他人诚实地对待我们。这也是我们所希望倡导的道德标准。

更为重要的是，在特定情况下如何实现你的价值观。如果你认真地思考自己是谁，想要了解什么，你做决定时就会容易得多。例如，你想做一位心直口快，得到高层信任又能够斡旋于客户之间的人，你是否会滥用公司资源或篡改公司数据？别人对你会做何评价？将对你的声誉产生怎样的影响？你的声誉很可能摧毁你的职业生涯。在职场中，做正确的事情常常意味着要坚持自己的价值观，尤其是高层希望甚至要求你坚持的价值观。在这种情况下，你需要鼓起勇气为信仰挺身而出。如果事先练习一下，就会取得更好的效果。找一位与你观点相同的同事进行练习，然后说出你的想法。你会惊讶地发现，一旦清晰了自己的道德标准并用清晰、明白的方式表达出来，就没有人会对你提出这种要求了。如果因处理不好而对工作产生了恐惧，就该润色一下简历，寻找一份新的工作了。

➲ 为什么是伦理问题

利用企业的资源是不符合伦理的，因为这代表了你是否完成了雇主—雇员合同义务，是公平与诚实的根本。

代价

显然，如果你偷了公司的财产或者夸大了开支报告，你很可能被解雇，并且被逮捕。如果你向另一家公司透露了保密信息（如为以往员工提供推荐信），你所在公司将面临被上诉的风险。如果你在社交网站上发表了有关雇主、同事或公司的诋毁评论，就会断送你的职业生涯，并让周围的人不信任你。

如果你没有忠实于雇主—雇员合同，你就可能因此缩短在公司的工作时间。大多数企业的文化都尤为重视员工的诚实、忠诚和团队合作能力。通常，成功的企业鼓励员工将企业看作一个大家庭。像家庭一样，企业也希望员工会保护彼此的安全，保守企业的秘密。如果某人挥霍了企业的资源、不诚实或者滥用了企业的名誉，从而违背了“家庭”的信任，那么他通常会被隔离或解雇。

以上方式均失败后：举报

伦理和个人这部分内容还应当包括，探讨当你发现自己所在组织的内部存在违法行为时，应该怎样处理。如果这种行为让你晚上难以入睡，那么你可以向上级汇报这种行为，设法阻止这种行为，并发出警告。这对于理解并实践你的价值观非常重要。如果在工作中陷入困境，而你又没有实践自己价值观的经验，那么你的处境会更加艰难。通过实践（以及一点运气），你有可能在问题发展到难以收拾的地步之前就将其扼杀。我们希望如此。但偶尔你会发现一些严重的错误行为，那么举报（内部或外部）似乎是你的唯一选择。

在这种情况下，由于你所承担的风险剧增，所以说出并实践你的价值观需要莫大的勇气。南加利福尼亚大学教授凯思林·里尔登鼓励我们在工作中进行“风险计算”。她建议我们做以下几件事情：

1. 问问自己对某一问题的感受有多强烈。当有人问你“你的道德底线在哪里”时，很显然重要的问题已经超出了底线。采取某种特殊方式办事或无所作为都可能造成极大的伤害，或者违背我们珍贵的价值观。根据里尔登的说法，这些都是逼迫人们有所行动的“暗礁”。所以，首先想想自己面临哪种问题。

2. 问问自己的目的。你是为了推进个人计划，还是为了更大的利益？如果你看到同事受到了上级不公正的对待，你应该怎么做？例如，举报同事的主管是不是顾全大局的做法？

3. 考虑权力和影响力。正如我们前面提到的，除非你是首席执行官，否则你不能为组织做出决定。如果你对某件事很有看法，那么你不得不说服别人。所以想想怎样让你的社交网络发挥作用，说服上级或组织做出正确的决定。这不是趋炎附势，而是了解权力的重要性，并与上级建立良好的信任关系。但是你不能在最后一刻这么做。信任关系是随着时间的推移建立起来的。如果已经发展了这种人际关系，你就要在问题被举报前已经对此发出警告。

4. 权衡利弊。这与对多个利益相关者的危害和好处的分析（见第 2 章）不完全相同。这种分析更广泛，侧重于社会利益。在这里，你将更务实地看待相关人员，剖析组织中的声誉或地位（你的或他人的）是否会因采取行动而受到损害。可以利用创造性的解决方法来降低风险并增加潜在的收益。例如，是否可以通过避免正面交锋的匿名举报上报问题？是否可以为过去的错误道歉，以鼓励犯了错误的人知错认错？

5. 把握时机。如果问题并不紧急，特别是如果问题不是“箭在弦上”，那么问问自己，是否可以采取一些行动来更好地做好准备，并深入思考了所面临的风险，想清楚了自己的目的。例如，你是否预演了自己和老板的谈话？是否找到了和看法一致的盟友？

6. 思考备选方案。在没有十分把握的情况下，准备一个备选方案会非常有帮助。如果你没有得到你想要的结果，怎么办？你有没有别的选择？如果涉及组织的隐秘问题，你是愿意失去工作，还是睁一只眼闭一只眼？

一旦你下决心举报，就应该思考怎样实施你的计划。以下是几个反面教材。一位资深的投资银行家发现，他的一些同事正在与几个客户进行一项不道德的交易。他将其汇报给了他的经理，经理却告诉他不要管。这个银行家下定决心要揭发这个问题，于是他一怒之下，给公司首席执行官写了一封备忘录，说明了情况，并指出了相关人员的名字。他又将这个备忘录抄送给了其他几个高管。首席执行官和这个银行家之间只隔着三个层级，并且这个银行家对于涉事同事的看法也是正确的，但是这些人最终都被解雇了，包括这个银行家。

在另一家大型跨国公司中，一个年轻的来自亚洲国家的实习生感觉当地的管理层没有公平地对待他。他一怒之下，写了长长的一封信，利用公司电子邮件系统表达了他的不满（放在今天，他可能发布在博客、Twitter 等社交网络上）。他将信发给了公司的首席执行官、总经理、人力资源部经理（这三个高管都在纽约办公），他还向使用公司电子邮件系统的所有人——全球范围内该企业的 3 万名管理者——都发送了这封信。这个实习生被解雇了，问题不在于这封信本身，而在于他的沟通方式。人力资源部经理说："他正在接受管理培训。我们无法接受判断力这么差的人承担管理角色。如果他只是向高管抱怨，我们或许还会听取他的意见，并且会维护他的利益，改正这种状况。但是，他的抱怨传送到了全世界。我们感觉他很没有方向性，只好开除他。"

如果不想让别人感觉你的判断力很差，那么请仔细考虑如何向上级汇报你发现的问题。通常，首席执行官是最后的选择，只有在你尝试了内部所有资源之后，准备从外部寻求帮助的时候，才能寻求这种途径。但也有例外，那就是像 PPG 工业这样的公司。该公司前任首席执行官文斯・萨尼要求并鼓励员工有问题直接和他联系。为此，他的办公桌上设了专门的热线，他会亲自接听打进来的电话。伯克希尔・哈斯威公司首席执行官沃伦・巴菲特在 1991 年担任所罗门兄弟公司管理者的时候，也曾经使用过"给我打电话"的方式。当该公司深陷投标丑闻的时候（见第 10 章），巴菲特成为临时的首席执行官。他给所罗门兄弟公司管理者写了一封信："这是我在奥马哈家里的电话号码。如果你发现有失伦理的情况，给我打电话。"管理者确实给他打了电话，他们共同研究出了解决方案，从而使得所罗门兄弟公司免遭安然公司那样的灾难。

那么，应该怎样举报呢？首先，我们来看什么时机比较合适。

> 一个老客户想要你们为一项新的风险投资提供融资帮助。他提出以新购买的郊区的一块地作为抵押物，这块地是用于房地产开发的。你指派了一名评估人员前去，结果偶然发现这块地含有大量的有毒垃圾。你确信这个客户并不知情，而这些垃圾正在蔓延，几年之内就会侵蚀附近农田的地下水。你向经理说明了情况，经理要求你拒绝接受这块地为抵押物，还要求你不要告知客户有毒垃圾的事情。他说，"让他们自己去发现"。你会告知客户有毒垃圾的事情吗？你会告知政府管理机构吗？

何时举报

首先假设你关心的是很严重的问题。例如，举报有毒物质是件很严重的事情，因为这些物质会对人造成潜在的严重伤害。请记住，严重的问题会提升此类问题的道德高度，你的道德敏感度会更强，因此会觉得更有义务做些什么。如果你的同事稍微歪曲了费用报告，可能并不是什么严重的问题。只要将这件事情告知经理，你可能就完成了自己的责任。然而，一个同事歪曲费用报告与一群员工在经理知情的情况下系统地篡改了所有费用报告的性质相差很远。如果发现了这么严重的问题，你就应该将其汇报给你责任范围之外的人，如组织内部的审计人员。

很多人可能不赞同这种做法，但是在商业界中很少有人有时间"巡查"。只要你将其告知了经理，他就有责任处理费用报告这样的问题，除非情况很不寻常。这有点像"奔赴战场"，要跟随直觉应对状况。你显然需要决策工具，帮助你决定如何应对特定的伦理困境。现在先考虑些简单的触发因素，以帮助你确定哪些是严重的问题。

一些触发因素可以帮助你决定，问题是否严重到必须越过你的直接上级的程度。这些因素包括真实性问题，员工或客户（或其他利益相关者）权利问题，信任、伤害、个人名誉或组织名誉等问题，以及是否违反了某项法律或者做出了妥协，等等。例如，在有毒垃圾的案例中，有毒垃圾当然会引发伤害，这也会涉及客户（和其他利益相关者）的权利，组织的名誉面临风险，还可能辜负公众的信任，并且，如果你在已知要进行房地产开发的情况下保持沉默，那么可能违反法律或者有所妥协。这种情况绝对可以看作一个严重的问题。

假设你的管理者要求你向另一级管理者提供不准确的财务报告，那么这不仅违背了信息的真实性，而且存在潜在的伤害，你的名誉将受到伤害，最终你们公司的名誉也将受到伤害。这么严重的问题你应该向上级汇报。

如何举报

假设你面临的问题很严重，并且你已经掌握了所有的事实，对一切了如指掌，你还征求了同事和经理的意见，另外，这违反了某项法律或者企业政策，或者某个触发因素导致了严重问题的产生。现在怎么办?

1. 向你的直接上级报告（如果直接上级并未牵涉其中）

如果你的直接上级告诉你不要管这件事情，那么你再向他汇报一次。当第二次向他汇报的时候，你可以以书面的备忘录形式向他说明你的忧虑，这样他就难以忽视这件事情了。通常，书面记录足以让你的上级认识到问题的严重性，你就可能得到有利的回复。你还要对自己的内心进行检讨，以明确举报这个问题是出于客观的原因，而不是源于对经理、同事或公司的报复。你还可以和别人（父母、爱人或信任的同事）事先预演一遍，说出你的想法。这样可以帮助你清晰地表明自己对问题的看法，以及你担心的原因（而不是一味指责）。此外，你应该研究一下公司对于如何举报问题的规定。如果存在特殊的举报程序，那么一定要严格遵守。

2. 征求家人对于这个问题的意见

制止不法行为这种事情会对你和你的家人的生活造成影响，因此你的家人也有必要知道事情的始末，同时，这也是记录你行为的良好时机。复印好牵涉这一问题的信件，以及写好的并准备交给管理层的备忘录。用日记的形式记录与这个问题有关的活动，以及与这个问题有关的所有谈话内容。

3．向再上一级的管理层汇报

如果你的直接上级没有给你满意的回复，那么向再上一级的管理层汇报。你可以这样圆滑地对上级说："我强烈感觉有必要和您以及您的上级一起讨论下这个问题。"这种方法的好处是，他不会感觉受到了背叛，而会感觉到你是个团队协作者。这种方法的坏处是，你的上级可能禁止你向他的上级汇报。如果这样，或者在与再上一级谈论之后，你仍然感觉不满意，那么你可以考虑从职责范围之外寻求帮助。

4．联系你们公司的伦理办公室或者监察员

确认一下你所在的州是否有举报违法行为的法律。也许有保护举报违法行为的法规，但是只有你遵守了一定的程序才能对你加以保护。你可以首先选择去这些人的办公室，尤其是在你的经理牵涉其中的情况下。在美国量刑委员会指导原则以及《萨班斯法案》的作用下，大多数大型组织现在都有举报系统，允许个人以匿名的形式举报所发现的问题。

5．考虑在你的授权范围之外寻求帮助

如果你们公司没有正式的伦理部门，那么寻找其他可能的部门。如果这个问题是关于公司内部人际关系的，如歧视、性骚扰等，那么你可以尝试去找人力资源办公室或人力资源部门。如果这个问题是关于公司外部的，如公司与供应商、客户、管制机构等的关系，那么你还可以尝试找人力资源部门，但更好的选择是联系法律部门或公司内部的审计人员。显然，如果这个问题是与法律有关的，或者事实上构成了法律问题或者有潜在的法律问题，那么你应该联系法律部门。如果属于财务问题，最好还是联系公司的审计人员。大多数审计人员都有自己的一套内部审核体系，可以用来判断你的疑虑是否合理，甚至能够保护你的利益。此外，某些行业的审计人员有地下网络组织，不同组织的审计人员之间相互联系。因此他们可以暗中调查，以防问题发展到无法控制的程度。

人力资源、法律和审计等部门的作用就是保护公司的利益，只要是对公司带来风险的问题，它们都会接受。然而，如果最高管理层已经给你合理的解释，那么这些内部部门也会倾向于"例行公事"。因为这些部门的任务就是保护公司的利益，所以你会发现他们首先忠实于公司，而不是你。

寻求这些部门的帮助通常是很安全的做法，但也不是完全没有风险的。如果你可以说服更多的同事和你一起做这件事情，你所面临的风险就会降低。如果你能找到同盟，那么律师和审计人员会更加重视你所提出的问题。征求你的私人律师的意见也是很明智的做法。根据霍夫曼和摩尔的说法，你的律师能够"帮你决定你所说的违法行为是否违反了法律，帮你记录有关信息，告知你在行为过程中需要遵守的法律条款，帮助你决定向谁举报，确保你按时提交报告，帮助你预防报复行为"。

一旦你与直接上级、伦理部门（如果公司设置了这个部门）、人力资源部门、法律或者审计部门进行了沟通，你就得到了一些满意的结果。在大多数举报案例中，只需要与其

中的一个部门沟通就能解决问题。然而，如果你的疑虑仍然没有消除，那么你继续追究下去所面临的风险就会明显增强。在公司内部，你可以寻求的最后一个途径就是高管，包括首席执行官、总经理和董事会成员。显然，你应该寻找最容易接近的那一个。你要知道，如果你向高管反映了问题，那么你的直接上级会很不高兴。但是，如果你的判断是正确的，并且，如果你所举报的这个问题还很普遍，而高管还没有意识到问题的存在，那么你很可能成为英雄人物。

在接触高层之前，一定要确保你完全了解事情的真实情况，并且进行了详细的记录（日志和信件的复印件就在这时发挥了作用）。如果你错了，那么几乎没有人会对你表示理解，也几乎没有人会原谅你。你可能受到骚扰、训斥、惩罚，公司甚至会找借口开除你。但你可以留下曾向首席执行官汇报问题的证据。例如，谢伦·沃特金斯原来是安然公司企业发展部的副经理，后来她给安然公司首席执行官肯莱写了封信，表示了自己对公司非常规会计方法的担心。几个月之后，该会计团队辞职了。再后来的一年内，她仍然还在安然公司工作。问题是，她的信只寄给了公司首席执行官，而没有寄给当地报社。和安然公司其他举报者一样，她目前只能靠公开演讲和提供咨询来维持生计。

6. 在公司外部寻求帮助

如果你为了举报这个问题，从低到高，最终接触了公司高层，并且你并没有被公司开除，但是你还是对结果不满意，那么现在你唯一的选择就是从公司外部寻求帮助。如果你所在的公司属于被管制的行业，那么你可以尝试寻找负责监管该行业的管制机构。或者，你可以联系新闻工作者。但是，如果你为了这个问题，已经找遍了公司的所有人，大家很容易就能猜出是谁在公司外部奔走。很显然，即使你是匿名联系新闻工作者的，那么你的同事也知道是你做的。

如今，很多企业是政府的签约方，联邦政府也曾经受到过一定程度的欺骗，因此政府的立法也做出了相应的调整，从而使得向管制机构举报更加容易，更加有吸引力。根据《虚假索赔法》的规定，如果向政府提供了伤害政府利益的违法行为的信息，那么政府将拿出所获得的赔偿金的 15%~30%作为举报者的奖励。而政府获得的赔偿金是政府所受损失的三倍。自从这项法律实施以来，政府已经收回了上百亿美元的赔偿金，对于员工举报也有很强大的激励作用。例如，吉姆·奥德森曾经在科勒姆健康集团（Quorum Health Group）做会计工作，但是后来被公司解雇了。该公司的医疗报销通常要做两本账，一本给政府，另一本为“绝密”。但是他没有这样做。他以非法解雇向法院提起了诉讼，最后发展成以违反《虚假陈述法》为由，起诉公司及其子公司向政府虚假报账的行为。最终，政府获得了 20 亿美元的赔偿，奥德森获得了 2 000 万美元的赔偿。近年，这样的诉讼数量明显增多。迄今为止，数额最大的诉讼案件之一的判决是，TAP 药物公司支付给政府 8.75 亿美元的赔偿，原因是该公司对某一癌症药物进行非法定价与非法营销。

在另一起赔偿数额更为巨大的诉讼案件中，牵涉了葛兰素史克集团的四名举报者。该集团被指欺诈，将面临 30 亿美元的罚款。反欺诈纳税人组织称，在 2012 年 9 月为止的财政年度中，医药行业支付了 100 亿美元，用于解决各类欺诈案件。这对举报者来说是一笔不小的财富。2002 年，国会通过了《萨班斯法案》，该法案最大的贡献是，对于上市公司举报者的保护获得了革命性的进展。该法案规定，如果举报者“向监督机构、执法部门或者国会调查人员检举，就会对该公司的股价造成‘重大的影响’”。根据这项法案，董事会应建立相应的机构，倾听举报者的意见；规定打击报复行为是违法行为，实施主体可能面临长达 10 年的监禁；工会可以强迫公司重新雇用被解雇的举报者；被解雇的员工可以在 6 个月后要求陪审团审理。该法案还要求在行政部门对于错误行为置之不理的情况下，企业的律师有责任向最高管理层和董事会汇报。但是，和《虚假索赔法》不同的是，这项新的法律并没有提供财务激励，并且，私企员工并不在受保护的范围内。

根据《多德-弗兰克华尔街改革和消费者保护法案》（在 2008—2009 年金融危机后通过），如果举报者提供的信息，可以让政府在金融诈骗中收回超过 100 万美元的损失，美国证券交易委员会将向举报者支付政府收回金额的 10%~30%作为奖励。也许公司鼓励内部举报的计划正在发挥作用（我们希望如此）。从 2011 年（美国证券交易委员会开始奖励举报者）到 2015 年年底，美国证券交易委员会向 23 名举报者支付的奖励金，已经超过 5 500 万美元。其中一名举报者收到了一张 3 300 多万美元的支票。

你可能疑惑，举报仅仅是做了正确的事情，需要向举报者支付奖励吗？这个问题存在很大争议，你也许想在课堂上进行讨论。然而，我们相信举报者并不是单纯为了奖励才揭发某些问题的。这也与国家伦理调查问卷得出的结果相一致。当被问及为什么要上报问题时，82%的人回答，如果问题足够严重，他们一定会检举。当他们得知如果检举会得到奖励时，他们表示自己会更放心地对问题进行揭发。我们知道很多举报者因为报告问题而丧失了原有的生活。也许我们可以将奖励看成让举报者在开始新生活之前，维系现有生活的一种保障。

要了解更多关于举报行为的信息，可以查看相关网站。这些网站会对你的问题进行解答。你只需在搜索引擎内输入关键字“举报者”即可。信息最全面的网站应该是国家举报者中心（www.whistleblowers.org）。这是一个非营利的免税组织，致力于向举报者提供指导和支持。

7. 辞职

有些情况很棘手，以至于你唯一的办法就是辞职。前面讨论过的有毒垃圾的案例就属于这种情况。坦诚地讲，举报者的压力往往很大，在步骤 3 和步骤 4 之后，你可能需要考虑辞职。另外，你需要所有道德决策模型帮助你做决定，是否有道德义务对问题进行汇报，或者单纯地辞职走人。

举报者的压力是非常大的。一项关于采取这种行为的人的调查结果表明，有三分之一的人建议别人不要采取这种方式。参议员查尔斯·格拉斯利将这种人比作“野餐中的臭鼬”。然而，要注意，还有三分之二的人是支持举报的。很多人认为要违背良心生活是很困难的，很可能无法生活下去。明知存在有毒垃圾，并且这些垃圾会污染地下水，却不告知有关的人，这是很多人都无法忍受的。当情况变得无法忍受时，举报并最终辞职可能是唯一的解决办法。（或者采用另一种方式——先辞职，再举报。）

结论

本章主要介绍了你在工作中可能遇到的一些最常见的伦理问题，并提出了相应的处理建议。虽然这些伦理问题都很难评估，但是如果你在这些问题出现之前花时间认真思考了，那么应对起来肯定更加简单。我们依然强烈建议，明确你的价值观、思考多种伦理情景并事先练习你的对应措施，是帮助你构建有道德的职业生涯的有效方式。

问题讨论

1. 你的价值观是什么？你是否可以列出 3~4 个你所坚持的价值观？你将怎样向他人说明你的价值观？为什么？
2. 你是否曾向教授或上级举报过伦理问题？你怎么说的？结果如何？
3. 反歧视的法律是推动了还是伤害了对于员工的公平性？
4. 多样化管理是伦理问题吗？
5. 性骚扰问题对男人和女人来说是一样重要吗？
6. 在什么情况下可以接受客户或供应商的礼物？
7. 你在什么情况下会雇用大学同学？
8. 为什么有些行业，如银行、会计、律师、医生等，会存在特殊委托责任？
9. 如果你以前的下属让你用公司的信笺为他写一封推荐信，你会怎么办？
10. 雇主有责任写一封不利的推荐信，告知其他雇主某个员工的不法行为吗？说明原因。讨论：社区责任与自我保护之间的矛盾。
11. 在什么情况下你才会举报工作中的不道德行为？你会怎么做？
12. 如果谢伦·沃特金斯只向《休斯敦纪事报》举报了情况，但是没有向安然公司首席执行官肯·莱举报，那么你认为她能够继续在安然公司工作吗？
13. 找一个关于举报行为的案例。将所找案例中举报者的行为与本章建议的七个步骤做比较。你发现了什么？
14. 你认为向举报者“支付”奖励金是鼓励他们寻找违背道德的罪行，还是与违背道德的罪行“博弈”？你认为人们举报问题，仅仅是因为这是应该做的正确的事情吗？金钱起到什么作用？

小案例

讨论下面的伦理困境。对于每一个困境，找出至少两种解决方法，并说明原因。对你的同学或朋友描述你将开展的行动。你怎样做才能和自己的价值观相一致呢？

价值观问题

你在两年前成为一家大型投资银行的交易员。你的另一位同事交易员派特因为敢于冒风险且为大公司赚了不少钱而十分出名。管理层也对派特青睐有加。一天晚上，你在某个聚会上看到了他，并惊讶地发现他正在吸食可卡因。几周后在他的办公室里，你注意到他十分兴奋，瞳孔也急剧扩大——这都是吸食毒品的症状。你决定向他的经理鲍勃提起这件事。而此时，派特正负责一项能够让公司大赚一笔的交易。鲍勃开玩笑地说，他并不知道派特会怎么做，但是他并不关心。“他马上成功了，这会对公司做出巨大贡献。”你强烈地感觉到这是一个大问题，会将公司至于危险境地。你已经向他的主管鲍勃指出这个问题，但他并不重视。你还会向更上一级举报这件事情吗？你将如何表明自己的价值观？

人力资源问题

你所在的部门成立了一个员工委员会，目的是听取大家的建议，商讨一个创造性的奖励优秀员工的办法。这个委员会只有五个成员，而你显然是唯一一个少数群体代表。你很高兴成为其中的一员，因为这显然是对良好业绩的证明。在第一次会议上，大家分配了各自的任务，并且其他四个成员都认为你应该调查少数群体的投入情况。在接下来的几周，你发现，他们在你不知情的情况下，召开了几次会议。当你质问为什么没有通知你的时候，有两个成员说，你的调查信息并不是这几次会议所需要的，在召开一般会议的时候肯定会通知你。但你在某个委员会成员的办公室看到了一份你从来没有见过的项目建议报告。当你问到这份报告的时候，他说，这只是他和另外两个成员做的一个草案而已。

利益冲突问题

你们刚刚促成了一笔一亿美元的退休基金交易，交易对象是一家大型资金管理公司格林公司。你和你的同事为此投入了很多时间，付出了很大努力才最终完成了这笔交易，因此非常有成就感。你和你的三个同事来到一家很不错的餐厅，准备庆祝。这时服务员转过来一个电话，电话是格林公司的一个财务总监打来的，他表示要给你们买单，以感谢你们所做的努力。他说：“我会将信用卡号码告诉餐厅。你和你的团队就尽情地享用吧。”

客户信心问题

你在一家快餐厅工作。早班期间，餐厅的牛奶、鸡蛋和其他奶制品都已送达。当地的新闻报道说，配送给你们公司的奶制品中含有受污染的牛奶。你更加仔细地阅读了新闻报道之后发现，只有很少一部分牛奶是有问题的，并且报纸上还列出了受污染的产品批号。你让经理看这篇报道，他却叫你不要管它。“如果你认为我们有时间一箱一箱地检查核对产品批号的话，那你肯定是疯了。”他说，“文章也说了概率非常小，任何人都可能收到受污染的牛奶。”他还解释说，他不仅没有足够的人去检查，而且销毁牛奶意味着他要以零售价购买牛奶来应急。因此，他告诉你，回去继续工作，不要管牛奶的事情。他说：“我没有时间也没有资金来处理这些细枝末节。”

公司资源利用问题

你在瑞德公司工作。你和同事帕特·布朗被委派去洛杉矶参加为期一周的会议。此次会议有至少 25 名瑞德公司的员工，以及很多来自其他机构的客户和竞争对手。会议期间，你在每场会议上都能看到瑞德公司的人，但唯独不见帕特。尽管你给她的电话留言了好几次，但她似乎没有参会的时间。可是，当你返回公司时，负责整理报销报告的部门秘书向你提到，你在洛杉矶的宴请一定非常重要。当你问道“宴请什么”时，她回答说有 20 位客户和瑞德公司的员工在洛杉矶的一家豪华餐厅里吃了晚饭，是帕特结的账。当你解释说自己并未参加时，她拿出了费用报告，你的名字赫然在参加者名单之中。

第 3 部分 组织伦理管理

第 5 章 将伦理作为一种组织文化

引言

到目前为止，我们主要讨论了针对商业伦理，员工个人应怎样思考和回应的问题。但任何有工作经验的人都知道，他们不仅是个人，他们还是集体中的一分子，是影响着自身思维和行为的组织文化中的一员。我们将文化的概念应用于组织伦理。你可以将伦理文化看作组织文化的一个“层面”，它代表着组织文化的某些方面，并在与伦理相关的问题上影响着员工的思维和行动。组织伦理文化的重要性日趋增加。2016 年 1 月，当企业规范和伦理协会寻找最令人关心的热点话题时，“创造和发展伦理文化”成为最为热点的五个话题之一。对小企业、私人企业、跨国集团、非营利组织以及政府机构等组织来说，情况也是如此。

伦理文化会对个人意识、判断和行为产生重大影响，加之个体差异以及第 3 章所讨论的其他影响因素，共同推动了伦理决策。回想一下，大多数员工都处于传统的道德认知发展水平，这意味着他们期待着外部给予他们思维上和行为上的指导。伦理文化正是指向标，可以让员工发现伦理问题、做出判断，并选择是做正确的事情还是错误的事情。

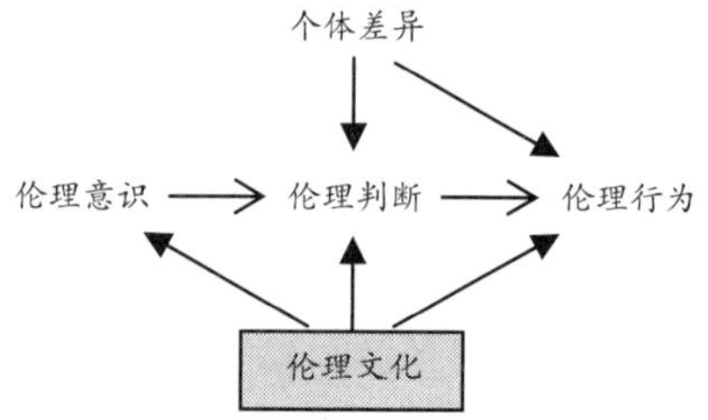

将组织伦理作为一种文化现象

文化是什么

人类学家将文化定义为：在某个社会或某个群体中，大家已经了解的信仰、传统以及行为指导原则所构成的整体。文化这一概念对于组织及组织成员的行为有很大帮助。组织文化代表了各成员共有的价值观以及信念，是组织之所以成为组织的社会黏合剂。组织文化的表现形式有很多，包括行为规范、工作环境、着装风格、特有的语言、庆祝活动、英雄人物以及英雄事迹。评估和理解组织文化需要了解组织的历史和价值观，并对多个正式和非正式组织系统进行分析。

即使在同一个行业内部，组织文化也是各不相同的，如沃尔玛、塔吉特和开市客等大型零售商的企业文化相差很大。例如，多年来，IBM 公司都保持着相对正式的组织文化，最具有代表性的就是员工的着装准则。IBM 公司要求员工必须穿深色套装、白色衬衣以及锃亮的皮鞋。然而，与之形成对比的则是苹果公司的非正式的组织文化。尤其是在公司创办早期，T 恤衫、牛仔裤和网球鞋是人们熟知的苹果公司的着装风格。《财富》杂志是这样评价 IBM 公司的："属于纽约的明智的、出色的计算机公司，而不是穿着网球鞋、吃着豆腐等食物的硅谷极客。"虽然 IBM 公司的这种特色多年前就已存在，但到今天还没有丝毫变化。

强势文化/弱势文化

组织文化可以很强势，也可以很弱势。在强势文化氛围中，行为标准和指导原则是组织成员所共知的和共同拥有的，是成员日常行为的指南。因为在强势文化氛围下，组织中的正式与非正式的文化体系相一致，都明确规定了行为准则和方向。20 世纪 80 年代，花旗集团的组织文化是很强势的。因此，本书的作者之一凯瑟琳·尼尔森，也就是花期集团前任副总裁兼人力资源交流部门负责人，当时去公司驻远东的办公室进行伦理培训的时候，感觉自己就像回到了家（虽然这两个办公室存在巨大的文化差异）。她感慨道："不管是在伦敦，还是在东京或者纽约，你都能清楚地感觉到自己就是在花旗集团。"尼尔森曾对日本的管理者进行过一段时期的伦理培训。她给他们出了一个常见的伦理困境问题：如果你向你的上级提出了一个重要的伦理问题，但是没有收到任何答复，并且，这位上级劝你不要再追究这个问题。你会怎么办？潜在的答案就是：什么也不做，越过他去找更高层级的领导，以书面的方式再次向他提出这个问题，或者将这个问题汇报给人力资源等部门。

根据花旗集团当时的组织文化，这些日本管理者都不约而同地给出了"正确的"回答。他们的回答是越过这位领导，将问题汇报给更高层级的领导。这样的回答让尼尔森感到很惊讶，因为这与广泛意义上的对于权威、等级制度以及重视荣誉的日本文化是互相冲突的。

因此，她问道："这个答案难道不违背日本文化吗？"他们的回答是："你忘了，我们现在更大程度上属于花旗人，而不是日本人。"花旗集团的文化是如此之强势，该文化所包含的行为标准和指导原则打破了地域界线，超越了国家文化。（请注意：1998 年花旗与旅行者合并，形成了花旗集团，结果企业文化产生了巨大的变化。）

我们有一些国际学生在返回学校修读工商管理硕士学位之前，曾在总部设在美国的跨国公司工作。这些学生的经历恰好证实了尼尔森的说法。例如，有一个学生在百特医疗用品公司工作，他所工作的这个国家是以腐败和贿赂而出名的。然而，百特所具有的强势伦理文化是不允许这种行为出现的，员工也很自豪能够成为这个组织的一员（即便身处腐败之风盛行的商业文化中）。

在弱势文化中，各个部门或者科室的亚文化更可能成为员工的行为指南。很多公立学校拥有的就是弱势文化。在大学中，各个院系的亚文化往往比学校的文化更强势。例如，浪漫的语言系与会计系就很不同。需要特别指出的是，弱势并不一定是坏事。在某些情况下，弱势文化更加可取。因为弱势文化意味着亚文化很强势，从而带来想法与行为的多样性。然而，在弱势文化中，达到行为的一致性虽说不是完全不可能，但也是极为困难的。观察你所就读的学校或工作的组织。你认为该学校或组织的文化是强势的还是弱势的呢？

➲ 文化对行为的影响：社会化与内部化

员工融入组织文化的过程被称作文化适应或社会化。通过社会化，员工将掌握工作"要领"。社会化可以通过正式的培训和指导，或者在日常工作中与同事和上级的沟通等非正式方法实现。新员工会从观察同事的行为或非正式沟通中学习。一旦实现了有效的社会化，就会营造强大的文化氛围，那么员工就能够做出与组织文化预期一致的行为。他们就知道该如何着装，如何表达，如何处理事务。

通过社会化，人们会做出与组织文化一致的行为，因为他们认为组织的期望就是这样的。虽然行为可能与自身的信仰没有任何关系，但是他们很清楚组织的期望，并让自己的行为符合组织的期望，从而适应这个环境，得到他们在乎的别人的赞同。例如，一家大型金融公司总裁曾经和一位年轻有为的经理共进晚餐。在就餐之前，总裁径直带着年轻人到布克兄弟公司买西装。这位总裁告诉年轻经理："你不能穿着这样便宜的套装去那个地方就餐。"后来，这位年轻经理就一直在布克兄弟公司买西装。

个人可能按照组织文化的预期行动的另一个原因就是，他们将组织文化的期望内化了。通过内化过程，个人将外部的组织文化标准内化为自己的标准。他们的行为与组织文化是一致的，而且与自身的价值观是一致的。他们在入职之后，或者直接接受组织的价值观、理解组织文化的期望，顺利适应其中；或者需要一定时日理解和内化组织文化及期望。在上面的案例中，年轻经理刚开始也许被强迫着买了布克兄弟公司的西装；但随着时间的推移，他再在那里买西装，可能是因为他将期望内化了，自己也想这么做。

社会化和内部化的概念可以用来对组织中的员工道德或不道德行为的理解。多数人愿意遵守道德标准。当他们加入一个有着强势道德文化的组织时，诚实和尊重等观点就会与他们的个人信仰产生共鸣，并很容易被内化。他们的行为无须刻意，自然而然是符合道德准则的，这与他们接受的文化信息一致。但不幸的是，很多员工可能被社会化，导致不道德行为的产生，别是对于工作经验尚浅，却又置身于不道德文化下的员工。如果身边的每个人都会向客户撒谎，作为组织中的一员，他们就很有可能不得不这么做。

伦理文化：多体系结构

我们之前说过，伦理文化可以看作更广泛组织文化中的一个层面。伦理文化是由组织内部复杂的正式或非正式体系交错作用产生的（见图 5.1）。正式体系指的是高管的指示、选拔体系、政策和规范、培训计划与培训项目、绩效管理体系、组织结构及决策过程等。而非正式体系指的是榜样和英雄人物、行为规范、庆祝活动、传说与故事及语言等，这些因素可以证明正式体系中所传达的伦理信息是否真实或虚假。如图 5.1 所示，所有这些因素都会导致道德或不道德行为的产生，保证正式和非正式体系的一致性是非常重要的。接下来，我们会举出一些关于伦理文化体系重要性的案例。虽然我们会分开讲解，但请记住，正式和非正式体系之间是相互关联的。

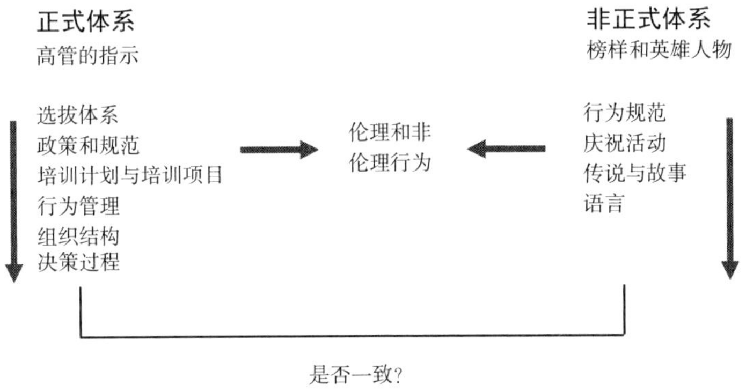

图 5.1　多体系伦理文化结构

➲ 协调伦理文化体系

为了贯彻落实伦理文化，正式和非正式体系必须保持一致（共同作用），以支持伦理行为。因此，正式和非正式体系必须向员工传递相同的信息，为他们指明道德行为的方向。例如，一家公司的官方价值观及伦理规范是重视诚实，要求所有员工对客户和同事讲真话、说实话。为了与价值观保持一致，该公司在选拔员工时，要对应聘者进行背景调查，在面试中提出与伦理相关的问题，并强调诚实的重要性。入职后，新员工需要通过了解企业创始人的价值观、企业秉承该价值观的历史沿革、现任管理团队对传统伦理文化的继承等培训项目，对企业的伦理文化进行深入了解。企业还要针对怎样合理地处理工作中的具体伦理问题，对新员工进行指导，并且让新员工明白，绩效管理体系将以价值观相关标准为基础，对其进行评分，包括诚实和可信度等方面。这些方面的评分是薪资和升职的重要决定因素。企业鼓励员工勇敢地承担个人责任并指出伦理问题。从非正式方面来看，他们了解到高管总是能够坦诚地面对客户，明确地告知客户公司是否能够满足其需求。公司还会在年会上奖励表现出色的员工。在这样的组织中，员工接收到了关于诚实的表里如一的信息。正式和非正式体系所传达的信息是一致的，是支持他们的道德行为的，因此，员工也会相应地诚实。

但是在这些复杂的体系中，常常会出现不一致的现象。例如，一个组织在官方价值观中声明重视诚实，但为了完成销售任务欺骗客户，并将销售奖励颁发给以欺骗手段“成功”达成业绩的销售代表，这就是正式体系和非正式体系传达的信息不一致的案例。正式声明和公司奖励所秉承的理念背道而驰。这会让员工认为，无论道德准则如何宣扬，欺骗才是组织的真正价值观。文化可以分为表里如一的伦理文化（所有体系都支持道德行为）、表里不一的伦理文化（所有体系都支持不道德行为），以及混合伦理文化——多个文化体系所传递的内容冲突，导致员工接收到的信息不一致。

领导者要致力于创建表里如一的伦理文化，因为美国的员工强烈希望为这种组织工作。一项 2006 年开展的研究发现，82%的美国人愿意在薪水较少但是道德的企业中工作，而不愿意选择薪水较高但不道德的企业。更重要的是，超过三分之一的人表示，他们曾因无法认同企业的道德标准而离职。因此，坚实的伦理文化是挽留优秀员工的重要手段。

从 2004 年美国量刑委员会修改了对于组织行为犯罪的指导原则之后（见第 6 章以及网站 www.ussc.gov）各个组织领导者开始致力于创造并维持表里如一的伦理文化。美国量刑委员会对最初的 1991 年版的指导原则所发挥的效用与影响进行了评价，发现很多组织都按照指导原则的要求建立了各种正式的项目。为了达到指导原则中规定的减轻量刑和罚款的条款，组织建立了伦理办公室、行为准则、培训项目以及汇报体系。但是，对于员工来说，这些项目只不过是“面子工程”，因为它们与员工平时所感受到的真实的组织文化是矛盾的。量刑委员会因此修订了《联邦量刑指南》，呼吁企业发展并维系表里如一的伦理文化。因此，各公司开始对他们的伦理文化进行评估，以评定在伦理相关问题上的表现。即便公司身陷法律问题，也可以以此证明，公司确实通过表里如一的伦理文化，努力地指导员工的伦理行为。

伦理领导力

公司管理者创造了组织文化

虽然我们按照对伦理文化的影响将文化分为正式与非正式两类，但是管理者对于组织文化的影响也表现在正式与非正式两个方面。公司高管通过自己的言行等创造、维持或者改变正式或非正式的文化体系。他们通过正式的政策与项目影响正式文化体系，通过榜样和自己的言行影响组织的非正式文化体系。

人们往往认为新组织的创始人对于组织文化的形成起着极为关键的作用。通常，这个创始人对于新组织的未来有自己的想法，他会使组织的价值观个人化。他会成为其他人模仿的对象，引导组织内部各个层级的决策。例如，托马斯·杰斐逊创办了弗吉尼亚大学。虽然他已经去世很多年，但据说，即使现在，每当学校的管理层面临决策困境，他们仍然会受到“杰斐逊先生会怎么做”的引导。

西南航空公司通常被称作运营最好的航空公司。这家公司的传奇创始人兼现任董事会主席就是赫伯·凯莱赫。这家低成本航空公司创建于 1971 年，并且自创办以来，该公司一直在不断扩张，高歌猛进。西南航空公司从来都不提供飞机餐，飞机能够在 20 分钟之内进入并离开登机口。凯莱赫在任期间，很多其他航空公司都濒临破产或者不复存在。特别是在 2001 年 9 月 11 日的袭击事件之后，整个航空业受到了重创。然而，西南航空公司却一直保持着上升的态势。有人认为，公司成功的背后所隐藏的秘密就是受到凯莱赫精神激励的公司文化以及团队精神。该公司的文化重视高效、归属感以及快乐。为了实现效率目标，飞行员会协助卸载行李甚至清扫飞机。

在石油危机期间，凯莱赫要求员工每天帮助企业节约 5 美元。凯莱赫的要求立即得到了响应。在之后的六周内，公司的员工共节约了 200 多万美元。在快乐方面，大家都知道凯莱赫疯狂地喜欢搞怪、笑话和恶作剧。他通过掰腕子的方式解决了商业纠纷。当同行，一家航空公司首席执行官嘲弄西南航空公司的扩张有杀人鲸的特色时，凯莱赫马上送给这位首席执行官一碗巧克力布丁（像鲸鱼的粪便），并且附上写有“爱意满满。杀人鲸赠”的便笺。公司鼓励员工创造快乐的飞行环境，并让他们无须刻意，而要真正从内心里表达自己的快乐。西南航空公司是公认的行业领导者，并且经常名列《财富》杂志全球最受尊敬公司榜单的前 10 位。即使在吉姆·帕克于 2001 年接替凯莱赫成为公司新的首席执行官之后，西南航空公司也一直保持着良好的经营业绩。该公司的运营主管科林·巴雷特在解释公司一直保持成功的原因时，提到了公司文化。他指出，西南航空公司“无论做什么事情都满怀热情。我们互相高呼，我们热情拥抱彼此……无论发生了事情，我们都无一例外地要庆祝一下”。西南航空公司总部的墙上贴满了身穿奇装异服的员工（包括凯莱赫）的照片。但该公司的财务还是很保守的，很重视成本管理，这也是该公司一直保持成功的原因。西南航空公司仍然在持续扩张，但很多评论家怀疑西南航空公司会步其他航空公司的后尘。西南航空公司今后的故事会怎样发展呢？

领导者将维持或改变组织文化

现任领导者也能以多种方式影响组织文化，他们可以帮助组织维持现有文化，或者通过各种方式改变现有文化。例如，可以通过描述自己对于未来的愿景，或者通过关注、衡量或控制某些事情，或者通过做出批判性的正常决策，或者通过吸收或雇用能够符合组织期望的新员工，或者通过加强公司的行为责任制度，等等。

有时，新领导确实会改变组织文化。杰克·韦尔奇已经从通用电气公司退休。在他担任该公司首席执行官期间，公司文化发生了根本性的变化，由原来稳重的官僚文化的组织转变为精简且高度竞争性的组织。首先，韦尔奇清晰地阐明了他对于未来的愿景：新的通用电气公司在各个商业领域内都应该成为世界第一或第二。无法达到该目标的业务将被出售，不再保留。

传统的通用电气公司员工都是因为工作的稳定性才加入的。但是，韦尔奇提倡竞争，鼓励冒险精神，激发员工的创造性、自信心与活力。他吸纳了一些愿意做一番大事业的人作为公司的管理者。这些人即便在通用电气公司不续聘他们的情况下，也依然能够奋斗前进。很多旧的生产线上的通用电气公司员工因为不能适应新的环境而被迫离开了公司。

韦尔奇还集中精力找出并消除组织中不具有生产力的工作项目。他要求各部门经理消除不必要的管理层级，从而加快决策循环过程，加快信息在组织内的传播速度。他还创建了末位淘汰的绩效管理制度。这种制度不但要求工作效率，还要求管理者对下属的工作成绩进行排名，排名在末尾 10%的员工会惨遭淘汰。所有这些行为最终造就了他所创造的“更加精简”的通用电气公司文化。

2001 年，杰夫·伊梅尔特接替他成为通用电气公司新的首席执行官，这位新的首席执行官再次改变了公司文化。2004 年，他宣布要使公司保持在世界第一的同时，必须注意以下四点：执行力、成长、人才与美德。前三点与以前的公司文化是一致的，是所有通用电气公司员工都谨记于心的。然而，大多数人都不认为这样一家在 2004 年创造了 1 500 亿美元营业额的公司会拥有“美德”。伊梅尔特了解到，人们将通用电气公司看作社会责任方面的“落后者”，他发誓要改变这种状态。他说，在商业伦理丑闻层出不穷的时代，人们不再像以前那样尊重商业，贫富差距在不断拉大。因此，他认为公司有责任找出难题的解决方法，而不是仅仅像米尔顿·弗里德曼建议的那样，只是为股东创造利润。“好的领导者懂得回报……我们有责任利用我们的平台做个优秀的公民”。

为了实现对于美德的承诺，伊梅尔特任命了通用电气公司第一位负责企业公民力的副总裁，并每年发布企业公民报告。该公司还致力于成为环境保护方面的领导者，成为改变世界的催化剂。你也许听说过该公司的“绿色创想”计划。这项计划提倡关注环保问题，重视全球气候变暖。随着通用电气公司企业公民计划（www.ge.com/citizenship）的广泛发展，衍生了“绿色创想”计划的专门网站（www.ecomagination.com）。如今，通用电气公司还对发展中国家的供应商进行审核，以确保符合劳动力、环境、健康与安全标准。此外，公司还越来越关注多样性发展，例如，向员工发放医疗福利，并且开始与对社会负责的共同基金进行对话。

在非洲的美国员工要求增加在非洲的业务，为此，通用电气公司正在与加纳的公共健康服务部门谈判，购买设备、处理淡水与领导培训。在本书上一版出版时，通用电气公司的子公司与伊朗仍有业务往来。但 2008 年，公司决定不再与被美国国务院认定为支持恐怖主义的国家开展业务。这一行动表示，该公司随时关注国际形势，以价值观和企业声誉为出发点，决定应该或不应该在哪些国家开展业务（见第 11 章）。

最后，通用电气公司改变了员工绩效评估方式。大约在 2005 年，该公司取消了以提倡分化（或末位淘汰）而闻名的绩效评估体系。现在该公司的绩效评估方式与年度的、正式的评估方式大不相同。相反，该公司利用 App，以更为轻松的方式记录员工的绩效表现。这是由新一代员工所主导的一场巨大的变革。他们渴望及时得到反馈，渴望摒弃员工之间的不良竞争和吃回扣等对伦理产生负面影响的文化。

有道德的领导者与伦理文化

领导层是一个组织伦理文化的重要组成部分。但是很多员工与这些高管并没有什么接触，他们只能从远处猜测与观察。因此，高管必须使自己在伦理方面的行为可视化，逐渐培养作为有道德的领导层的声誉。一项研究发现，这种声誉是建立在共同作用的二维空间上的，即个人伦理维度与管理者伦理维度（见图 5.1 和图 5.2）。首先，我们分别说明各个维度，然后，我们把这些维度综合起来，用矩阵的形式说明作为管理者，如何成为有道德的领导者、没有道德的领导者、虚伪的领导者或者在伦理上中立的领导者。

个人道德维度代表的是“有道德的领导者”这个术语中的“道德”部分，是在员工中培养领导者声誉的关键。作为一个“有道德的人”，这个管理者应该具有某种优点（正直、诚实以及值得信赖）。例如，有位管理者认为有道德的领导者应该“干干净净地做事”。但更为重要的是他本身的行动。

这包括要关心他人、尊重他人、善于倾听、心胸宽广，在个人生活中也能以身作则，遵守伦理规范等。在一定程度上，高管就像住在玻璃房子里，他们通常是公众人物，因此他们的行为必须特别谨慎。谣言的产生与传播是很迅速的，即使原本很稳固的声誉也会受到玷污。最后，要使别人认为自己是一个有道德的人，就要以某种特别的方式进行决策，具体来说，就是要在价值观、公平、关心社会以及其他道德准则的基础上进行决策。

伦理方面的领导力就是声誉

有道德的人 领导或做出什么样的行为	有道德的管理者 怎么做并让他们为自己的行为负责
优点 • 诚实 • 正直 • 信任	榜样 可以看到的伦理行为
行为 • 开放 • 关心他人 • 个人道德	奖惩 要为自己的伦理行为负责
决策 • 基于正确的价值观 • 公平	沟通 传达“伦理与价值观”的信息

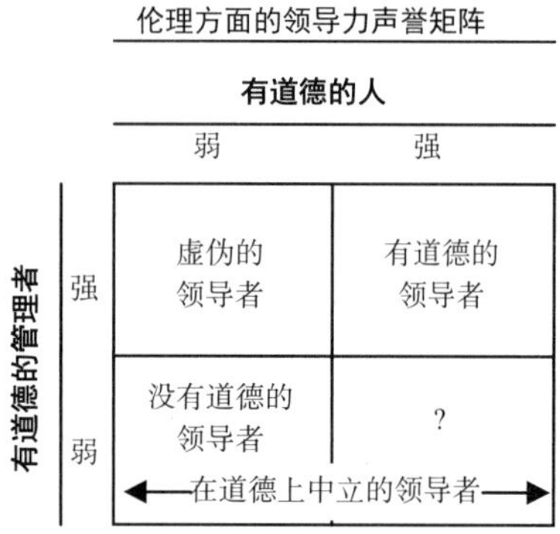

图 5.2　管理者的伦理领导力

但是，成为一个有道德的个人并不足以成为一个有道德的领导者。如果领导者是一个有道德的人，只意味着员工知道这个领导者会做出什么样的行为，但是员工并不知道这个领导者期望他们做出什么样的行为。因此，要最终实现有道德的领导者这一目标，管理者必须成为“有道德的管理者”，他们还必须关注“有道德的领导者”这个术语中“领导者”的含义，使得道德和价值观成为领导者信息的重要构成部分，逐步形成公司的伦理文化。这就要求管理者以各种方式传达有道德的行为的重要性。

工作中员工接收到的多数信息是关于利润的。若要让员工重视伦理，那么高管必须使伦理成为领导工作的重中之重。对于有道德的管理者来说，可以通过如下方式来实现：树立道德榜样；经常与员工进行交流，互相交换对于伦理和价值观的看法；制定奖惩标准，使得员工对自己的行为负责。这种“道德个人/道德领导者”的方式与高管猎头托马斯·奈夫和詹姆斯·希特林寻找企业之星时所关注的最为重要的一点（共有六点）有异曲同工之妙，那就是“正直生活，以身作则”。他们认为：“正直是构建高级管理团队信任度的基础，是企业走向成功的关键。”

强生集团的前任首席执行官詹姆斯·伯克可能是“具有最可视化的伦理行为的领导者”。

在 20 世纪 70 年代末，刚被任命为公司首席执行官时，他就开始挑战高管的行为，重新修订、更新公司的古老信条。他不愿意将公司管理层做不到的信条张贴出来。在经历了多次讨论以及听取了众多来自世界各地的强生分公司的意见之后，这个信条最终得到了修订，确定了以客户为中心的价值观。在价值观修改后不到三年，就发生了泰诺中毒事件（见第 10 章），这个信条成功地引导公司度过了危机。在这次危机之后，伯克就发起了一个定期的信条审核流程，了解员工对于这个信条的实施情况的看法。这个流程至今仍在使用。强生集团的员工很清楚，伯克确实很关心这个信条及其所代表的价值观。

保罗·奥尼尔在成为美国铝业公司首席执行官之初就很关心工人的安全问题。依据行业标准，美国铝业公司的安全记录在当时就令人称赞。奥尼尔去工厂视察的时候告诉员工，公司不再制定安全预算。如果危险是可以消除的，就立即消除，公司会支付所需的费用，不允许对此提出任何反对意见。然后，他把自己家中的电话号码告诉了管理者，告诉他们只要有安全问题，就直接给他打电话。他创立了事故报告体系，要求不管是多小的事故，都必须在 24 小时之内上报。他将事故报告作为学习的材料，以从中吸取教训。此外，只要有员工受到严重的事故伤害，不管员工在哪儿，他都会坐飞机去看望伤员。安全信息无处不在，甚至被印织在工作现场的地毯上。匹兹堡总部的员工甚至都不会横穿马路，因为那是“不安全”的。在奥尼尔退休几年后，美国铝业公司不曾松懈，现在已经成为全世界安全性最高的公司。该公司员工告诉我们，美国铝业公司至今仍然把安全作为重中之重。

即便在如此多元的时代，奥尼尔仍坚守着自己的领导原则。在他上任后的第一周，秘书让他签字加入一家俱乐部。这在过去是一项上任后的标准程序，首席执行官成为俱乐部会员后，美国铝业公司的其他高管也就能够入会并享受俱乐部服务。在求证该俱乐部是否对于入会申请者不含歧视的无差别对待时，奥尼尔发现该俱乐部不是对所有人都开放申请的。他马上拒绝入会。此外，他出台了一项新政策，禁止美国铝业公司员工在只接待特定人群的地方花费公款。很多人都劝说奥尼尔，在做出巨大改变前应该稳定局势，不要轻举妄动。他回答说：“那等六个月或一年后我要怎么解释呢？我刚刚发现了自己的原则？我刚来的时候，它们（原则）还在度假？”他解释说，我们必须有坚持原则的勇气，无论何时都不能动摇。

商业领导者都面临要取得胜利的巨大压力，这样他们会给他们所管理的人施加很大的压力，以至于最终会扭曲或者破坏正常规则。伦理管理者无论是在顺利的时候，还是在艰难的时候，都要保持自己的原则。比尔·乔治已从美敦力公司（医疗设施制造企业）退休，他曾经是该公司首席执行官。他讲述了这样一个故事：一次，他告诉公司的分析员，虽然这个季度公司的收入上涨了 15%，但是可能低于分析员的期望。分析员厉声斥责他，称他是个骗子。这种经历会使一些管理者篡改数字，以达到华尔街的预期。但是，真正的有道德的领导者不会被这种压力所左右。他们会忽略外在的声音，认真听取自己内心的想法，坚持自己的价值观。后来，一位医生给他上了重要的一课。当时，医生正在用美敦力公司的球囊导管进行血管成形术试验。结果，球囊导管在操作的过程中断裂。医生很生气，他捡起满是血的导管，扔向了乔治。这位伦理领导者得到的教训是什么？乔治说：“首席执行官在决策的时候不能一直以股东为中心……美国有些企业之所以伟大，并不是通过推动股价上涨实现的，而是由于出色地完成其既定目标而实现的。”

没有道德的领导者

不幸的是，没有道德的领导者会影响公司伦理文化的形成。在我们的伦理矩阵模型中，没有道德的领导者都是那些个人道德缺失的管理者。高管艾尔·邓拉普就是一个没有道德的反面教材。《商业周刊》杂志的约翰·伯恩写了一本关于邓拉普的书，名为《吝啬的商业》，并在《商业周刊》上出版了一些书的节选。伯恩说，邓拉普之所以出名，是因为他让一家公司起死回生。作为一位名声显赫的首席执行官，他后来又受雇于新光公司。他上任后，该公司的股价在一日之内攀升了 49%。在新光公司任职期间，他又再次出名，这次是因为“情绪暴力”——居高临下，不尊重他人。“在最糟糕的时候，他会恶意亵渎，甚至表现出暴力倾向。据其他管理者描述，他会将文件或者办公用品扔出去，一边砸着桌子，一边大吼大叫。他的吼叫声非常大，以至于从邓拉普口中喷出的气流足以将一个人的头发吹到后面去。”

此外，他会要求员工不惜一切代价编造数字，这样员工就会得到丰厚的报酬。但他们因使用不道德的财会和销售技巧而压力重重。邓拉普还欺骗了华尔街，他向华尔街保证，根据预测，公司的业绩会更好。短短几年的时间，邓拉普再也不能掩盖真实情况，1998 年被新光公司董事会解雇。但是，新光公司最终也垮了。2002 年，美国证券交易委员会向邓拉普提请民事诉讼，为此他缴纳了 50 万美元的罚款，并承诺不再担任任何上市公司的负责人。调查员发现，从 20 世纪 70 年代起，就有对邓拉普的财务欺诈指控。

虚伪的领导者

最让我们愤慨的，莫过于领导者自己喋喋不休地谈论正直和伦理观，然后却做出没有道德的行为，以明确或暗示的方式鼓励其他人做出同样的行为，只以利润论成败，对错误行为视而不见。显然，他不是一个有道德的人——不能“实践自己的诺言”，这就是“说一套，做一套”。邓拉普丝毫没有伪装自己。他所追求的只有利润，并未假装善良。虚伪的领导者往往打着伦理的幌子，将“正直”放在聚光灯下，提高了人们对于伦理的期望。同时，员工意识到，他们不能完全信任这样的领导者所说的话，这样员工就产生了愤慨情绪。以后，如果他们看到这个领导者做出了不符合道德标准的行为，他们自己就会忽视这些道德标准。

金·贝克是众所周知的虚伪的领导者。20 世纪 70 年代末 80 年代初，金·贝克创建了感谢上帝俱乐部，并使其成为世界最大的宗教广播平台之一。在顶峰时期，有超过 1 000 万个家庭收看贝克的电视台，有 2 000 名员工为其工作。贝克声称将斥资数百万美元，建造以基督教为主题的感谢上帝俱乐部美国遗产公园，还劝说虔诚的信徒购买公园中两家酒店的限量终身制会员。他和妻子泰弥·菲儿声称这是“为上帝工作”。可问题是，原本限量的 25 000 名终身制会员（可以每年免费入住四天三夜），却变成了 66 683 名会员。另外，原本拟定的只有 30 000 人可享受 Heritage Towers 的会员资格，最终却变成了 68 755 人。大家可以算算这笔账。这就意味着会员无法享受到应有的优质服务。更过分的是，第二家酒店从未完工。

消费者付出的资金被用于维系感谢上帝俱乐部的运营，包括支付贝克和感谢上帝俱乐部高管层巨额的奖金和薪水。当被问及感谢上帝俱乐部的财务状况时，贝克总回复其年度审计工作是由大型审计公司负责的。不幸的是，在 1987 年贝克辞职后三个月，感谢上帝俱乐部就申请了破产。国税局撤销了感谢上帝俱乐部的免税身份。1989 年，贝克因欺诈和阴谋罪名而被判八年监禁。

英国石油公司前首席执行官约翰·布朗勋爵是一个虚伪领导者的案例。在布朗的领导下，该公司发起了一项价值 2 亿美元的“超越石油”计划。该计划承诺将不会以工人的生命安全和破坏环境为代价开展商业活动，而是要塑造有高度社会责任感的公司形象。但得克萨斯工厂爆炸（导致 15 名工人死亡并多人受重伤）以及阿拉斯加两起大规模石油泄漏等事件发生后，监管机构和员工称，安全防范措施的预算削减和对预防管道腐蚀的忽视，是造成以上事件的罪魁祸首。“超越石油”计划似乎更像一句口号而并非实实在在的行动。绿色和平组织曾在 2005 年授予布朗“环境保护最佳印象”奖。2007 年，在个人生活丑闻被曝光后，这位首席执行官被迫辞职。这个案例给我们的教训非常深刻。如果领导者想谈谈伦理和社会责任（他们应该这样做），就最好“说到做到”，否则就会饱受责难，或者身陷更糟糕的局面。

在道德上中立的领导者或沉默的领导者

很多高管既不属于有道德的领导者，也不属于没有道德的领导者。这类领导者就属于在道德上中立的或沉默的领导者。他们不会在关键的伦理问题上发挥自己的领导作用。实际上，他们对这类问题保持沉默；即使他有自己的想法，员工也不知道他到底是怎么想的。也许这是因为，这种领导者并不知道高管层的伦理领导对组织伦理文化的重要性，他们不愿意谈论，或者根本不在乎伦理问题。在有道德的个人这个维度上，沉默的领导者并不是明显地让人感觉没有道德，只是让人感觉他是一个以自我为中心的人。在有道德的管理者这个维度上，沉默的领导者只设定伦理底线，但没有全面的伦理目标。高层基本不会传达伦理的相关信息。结果，沉默成了最为重要的信息。在一个高度竞争的商业环境中，员工很可能认为，沉默意味着公司的高层事实上并不关心商业目标是如何实现的（只要能够实现这些目标就足够了）。这些员工会按照这样的信息来行动。

想想花旗集团魅力四射的首席执行官桑迪·威尔的案例。在金融危机发生之前，《财富》杂志中的一篇文章将花旗集团形容成“大型货币机器”。但文中重申了对花旗集团及其所罗门美邦公司（现已出售）的丑闻指控，“花旗集团帮助安然公司隐瞒债务；所罗门公司兜售毫无价值的世通公司债券；著名分析师杰克·格鲁曼在 Winstar 即将破产时推荐了它；所罗门公司嘉奖了热门 IPO 公司的高管”；等等。2004 年，日本关闭了花旗集团在日本的私人银行，这家银行的累计营业额高达 8 400 万美元。监管机构列举了该银行的一系列违规行为，包括洗钱、向客户推销不合适的产品等一切草率的商业行为。公司花费了大量的时间和资源与媒体斡旋，定期回应负面的头条新闻。《财富》杂志评论，威尔最后非常痛苦，“沉迷宗教”是否为时已晚。威尔告诉董事会……他最重要的工作……是确保花旗集团的工作，符合最高道德标准，在诚信度方面追求极致。文章还节选了对于威尔这句话的广泛评论并指出，对于道德问题，威尔常常“装聋作哑”。

至少从局外人的角度来看，威尔在伦理方面是中立的领导者。在伦理问题上装聋作哑，正是中立领导者的作为。对于伦理方面的管理问题，威尔曾公开声明“因公司太大而不能事无巨细地管理”。他说，在这方面，他全权交给一位“非常有能力”的首席执行官，并相信他一定能做得很好。这就意味着将伦理管理交给负责花旗集团各项业务的高管。如果部门负责人认为伦理至关重要，伦理就会得到支持和关注。如果负责人不重视伦理，那么大家的关注点会转向别处，多数情况下是财务绩效目标。所以，威尔的忽视导致他并未提供明确的伦理领导。因为公司奖励制度是以利润为基础的，所以管理者（以及员工）将无心顾及其他问题。

这种伦理观与前任首席执行官约翰·里德的观点形成了鲜明的对比。里德的整个职业生涯几乎都是在花旗集团度过的。当这个金融巨头和威尔的旅行者合并组建花旗集团时，他出任了当时的首席执行官。作为银行家，里德从骨子里深知声誉对于金融机构的重要性。因此，他提倡在全球范围内制订强有力的、集中管理的企业伦理计划。有趣的是，和该计划有关的负责人不久后都离职了。威尔接管集团之后，该计划中的很多内容都被取消了。

威尔于 2003 年从花旗集团辞职，该集团随后由新任首席执行官查克·普林斯掌舵。他继续处理丑闻带来的遗留问题——包括 80 亿美元的费用。普林斯解雇了与丑闻相关的高管，包括花旗国际集团的董事长。这位董事长曾承诺，要在 2003 年将花旗集团的收益提高 30%。在接受《财富》杂志采访时，普林斯说：

> 约翰·里德（花旗集团的前任首席执行官）曾告诉我，文化是一套共享的、不言而喻的假设……我认为公司的规模越大，越需要谈论那些不言而喻的假设。我们需要重点关注财务业绩中的合法活动，构建持久经营的蓝图。因此，从 2005 年开始，我们将实施一系列活动——培训、沟通和绩效评估——这将对我们长期倡导的激进的财务目标起到一些平衡作用。
>
> 以长期发展为代价的短期收益，是一比非常不划算的买卖。有些人一叶障目，只听片面之词而做了坏事。如果他纵观全局，了解组织整体所要传达的信息，他就没有任何借口，如同我桌上的警示牌所写的——没有任何借口。

当对这个组织越了解时，普林斯对组织内部松散的管理结构就越担心。他开始对遵守法律这个方面投入更多资源。他甚至将原本位于威尔旁边的办公室搬到了楼下，并不时请教约翰·里德。但普林斯似乎无法撼动威尔深植于企业的文化。普林斯曾承认，如果停止低息贷款，就会对银行的业务产生巨大的打击。但是，他说：“只要音乐还在播放，你就必须站起来跳舞。”2007 年夏天，当信贷市场已经开始动摇时，他还是对《金融时报》说：“我们还在跳舞。”

在普林斯的领导下，该公司遭遇了严重的绩效问题。2007 年年末，普林斯被维克拉姆·潘迪斯所取代。（董事会认为其管理存在失误，2012 年潘迪特被迫辞职。）2008 年秋天，美国政府出台了金融援助计划，花旗集团和几家“大而不倒”的金融机构因此获救。但该集团因风险性抵押贷款所带来的损失而陷入困境。我们推测，这可能与威尔忽视伦理管理有关。很多人认为，《格拉斯-斯蒂格尔法案》的废除是造成 2008—2009 年金融危机的根本原因。该法案曾经将商业银行和投资银行及保险公司的业务严格地划分开。威尔是撤销该法案的支持者。该法案的撤销也让组建花旗集团得以成行。最近，约翰·里德对自己当年支持废除《格拉斯-斯蒂格尔法案》的行为表示后悔，但威尔却毫无愧意。“当被问及如何看待里德的道歉时，威尔先生说，‘我完全不同意他的观点’。面对分歧，他说，‘这是我们之间的问题’。”最近，威尔的立场却有所改变，他开始呼吁重新出台那个他曾费尽心力，成功地废除掉的《格拉斯-斯蒂格尔法案》。

现在，距花旗集团的业务合并已有 20 年之久，约翰·里德开始顿悟到将传统银行和投资银行结合在一起的问题。里德说，将传统银行和投资银行合并在一起是非常草率的，并不仅是因为收益没有人们想象得那么高，还因为这两种银行的文化无法兼容。他说：“将两种无法兼容的文化混合在一起是自找麻烦。这会让整个金融行业更加脆弱。现在清楚了，传统银行所吸收的人才和投资银行的完全不同。传统银行重视维护客户的长期关系，更倾向于选择那些性格开朗、善于交际的人作为员工。他们在很多方面是会尽量规避风险的。投资银行和它的交易员更注重短期收益。他们会接受并主动寻找风险性投资，重视即时回报。另外，投资银行的关注点在于产品而不是客户。这是两种银行价值观上的根本不同。”在价值观差异如此之大的基础上建立并发展伦理文化，当然是充满挑战和艰辛的。

研究发现，领导者在伦理方面的领导力对员工至关重要。在高管提倡伦理文化并能够以身作则的企业中，不道德行为较少，员工对组织更为忠诚，伦理意识更强并起到积极的帮助作用（包括向管理层汇报问题）。研究证据发现，高管的伦理领导力将在组织中自上而下传播，影响中层管理者并最终对基层员工产生作用。但有趣的是，很多高管并未意识到他们伦理领导力的重要性。很多人认为只要做一个有道德的人，做出符合道德的伦理决策就够了，但其实这远远不够。对于员工关注的问题，高管在解决时必须起到主导作用。在竞争激烈、利益优先的环境中，员工需要知道高管对道德操守的关注度有多高，至少让他们像了解领导者对经济效益的关注度那样，了解领导者对道德的关注度。重视道德的领导者会清楚地说明，虽然非常期待丰厚的收益，但必须在遵守道德的前提下实现。领导者可以从企业声誉或价值观，抑或是其他适宜的话题着手，展开说明。但传递的信息必须是，企业的长期声誉是每个人都必须保护的资产。

我们强调高管的重要性，是因为他们是建立并维护组织整体道德文化的有力实施者。

但我们也必须重视组织上下的伦理领导力。由于主管领导监督并评估员工的日常工作，因此，他们实际上会对员工产生最为重要的影响。而他们，当然又深受高管的伦理领导力感染，也就是组织当中的“涓滴效应”。主管领导有时会创造一些与整体不同的伦理文化，这在亚文化丛生的弱势文化中更为明显。因此主管领导会对员工的日常生活和行为产生重大影响。我们将在第 7 章中分析他们应该怎样做。

其他正式的文化体系

选拔体系

选拔体系是已有的用于雇用新员工的正式体系。该体系是雇用到适合公司文化的新员工的关键。例如，西南航空公司的所有员工（包括飞行员）都是根据性格（开朗、乐观、有团队合作精神等优点）选拔录用的。因此我们才会看到，驾驶人员在时间紧迫的情况下帮忙清扫机舱，空乘人员会在万圣节举行小型晚会，并在广播上讲笑话。

在伦理文化方面，企业可以通过招聘合适人选并提前建立“无论在哪里，你的一言一行都代表着组织”的观念，以规避伦理问题。例如，可以对应聘者的背景进行调查，查看推荐信、组织诚实度测试，并浏览应聘者的社交媒体如 Facebook 等网站主页，并利用之前提到的个体差异对应聘者进行问卷调查。例如，企业一向营造互帮互助的合作文化，他们可能谨慎选择高度机械主义的应聘者。面试官也可以在面试中向应聘者提出与伦理相关的问题。例如，询问他们过去所遇到的伦理问题以及处理方式。

一篇名为“你能诚实面对面试吗”的文章，列举了面试官最为关心的并可能问到的一系列问题。以下是其中的一些节选：

1. 我们会面临一边是自己认为对的，一边是对公司有益的两难选择。你能举出这样的案例吗？你会怎样处理？

2. 你可以描述一下你的现任雇主的伦理行为吗？有哪些你认为做得好？有哪些你认为做得不好？

3. 请你列举工作中有关伦理的决策，并告诉我们你是怎样处理的，以及你考虑到了哪些因素。

4. 在工作中是否有过让你后悔的行为？现今你会怎样做？

5. 你是否认为，为了销量有必要夸大产品功效、扭曲事实？

6. 你是否注意到工作中有人违反规定？对此你做了什么？

7. 人们常常会美化事实。你曾经遇到过这种情况吗？

8. 你是否曾为了达成某些目标而破坏公司政策？

9. 你是否遇到过误导客户的下属？你如何处理的？

10. 你是如何理解公司政策的？你是否认为它是一种指导，需要按照字面规定去遵守？

我们的学生在参加大公司面试时，也被问到了类似的问题。你准备好这类问题的答案了吗？

面试官还可以告知应聘者，诚实在组织中的重要性，并让他们知道违反公司规则的人下场如何。重视诚实的企业，还可以在招聘启事、面试官准备材料、聘用书、新员工培训计划中声明公司的价值观和期望。

如今，企业在招聘即将在公司决策过程中起重要作用的领导人才时，也要进行筛选。曾经发生的很多丑闻的主角，都是企业的首席财务官，他们十分擅长数字游戏，能够变着戏法地达到华尔街所期望的利润目标。这些人必须拥有最坚强的性格才能承受巨大的市场压力。在挑选这些关键角色的时候，有一些问题可供借鉴，例如，如何应对市场压力，以及以前是如何处理这些问题的。

价值观和使命宣言

一旦员工开始工作，很多组织就试图通过正式的组织价值观、工作使命的说明文字、信条、政策以及正式的行为准则等指导员工行为。价值观与使命宣言的说明以及信条都是抽象的、概括性的指导原则。很多公司都有自身的工作使命，但最重要的是，要确保工作使命的描述与公司文化的其他维度保持一致。《奋战到最后：有远见的公司成功的习惯》一书的合著者詹姆斯・科林写道："文字本身远远没有实践这些文字的方式重要。大多数公司的错误就在于没有建立起确保公司使命能够实现的程序。"如果说公司政策与信条是日常行为准则，人们应该对自己的行为负责，那么下面是另一个能够说明文化一致性的案例。

2000 年年末，韦瑞龙公司公布的核心价值观是正直、尊重、想象力、激情与服务。但是请考虑下面的事实。公司要求客户服务代表在每个客户电话结束的时候都要问这样一个问题："我今天是否为你提供了出色的服务？"在 2000 年秋季的罢工中，工人们指出这是公司的价值观与运营程序的不一致之处，也是工作压力与抵触情绪的源头。要求客户服务代表遵循某一具体的"剧本"，这是对客户服务代表服务客户的个人能力的不尊重，使其不能以更加自然的方式服务客户，自然也就使得他们在服务的过程中不能充分发挥自己的想象力和激情。"剧本"本身出于一种好的意图，但是，这又与公司所宣称的核心价值观存在很大冲突，因此在员工看来，公司很虚伪。文字性的价值观说明与公司实际的管理行为不一致很容易引发员工的抵触情绪。如果公司只是要求客户服务代表在通话结束之前都问一下客户对于服务的质量是否满意，让员工选择自己的说话方式，这样不就更加符合公司的价值观，效果更好吗？

最著名的有效说明公司使命与价值观的案例就是强生公司的信条。信条中强调了一家医药公司的承诺。其中最重要的就是："我们的第一要务是，要对医生、护士、病患们，要对全天下的父亲母亲们，以及所有使用我们产品，享受我们服务的人们负责。"其次是对员工、供应商、社区和股东们负责。请注意，之所以将股东放在最后，是因为如果能够重视其他方面的责任，股东也会因此受益。公司官网（www.jnj.com）上包括有关信条的所有信息。

最著名的是，该公司在信条的指导下处理 20 世纪 80 年代末的泰诺危机。当时公司的产品中被人恶意掺入了氢化物，作案人至今未被找出。当时的公司领导与员工在该信条的启发下，做出了不计成本的决定（包括大规模召回泰诺）。至今，公司员工会定期参加调查问卷，评估公司是否承担了信条中所强调的责任，评估结果会反馈给公司高管。如果发现任何不足，高管会迅速采取补救措施。2007 年当发现公司有可能违反了《反海外腐败法》（见第 11 章）时，公司主动上报了美国证券交易委员会和司法部。

对公司来说，制定类似于强生公司这样的正式信条是再简单不过的事情，但真正做到并坚持下去是十分困难的。近几年，强生公司发生的几起法律案件及出现的伦理问题，让很多人质疑该公司是否坚守着自己的承诺。我们认为，即便首席执行官（以及在表里如一的伦理文化中的其他人）有着强烈地遵守承诺的意愿，但在这个有着众多分支及领导者的组织中，要想完全遵从信条中的规定，会给管理者带来前所未有的挑战。当我们和现在的强生公司员工交谈时，我们发现大多数人对公司的信条、它对公司文化的重要性，以及它是怎样指导组织的伦理文化等内容，还是能够讲得头头是道。

1999 年，谢家华以独特的企业文化创建了 Zappos 网上鞋店。他有个心愿，就是将"快乐"带给员工、客户和商业合作伙伴。2008 年，该公司成立了一个名为"Zappos 观察"的部门，帮助对公司感兴趣的人们了解 Zappos 独特的企业文化，并鼓励参与者思考，如何在不照搬 Zappos 模式的前提下，创造出属于自己的文化。上千人参与了参观活动，并参加了针对如何创造核心价值观、如何实践核心价值观的培训。谢家华说："重要的是，你要创造它们（价值观）并让组织上下和你的价值观保持一致。力量并不是来自价值观本身，而是与组织风格的高度统一。"（我们表示赞同！）谢家华同样强调，雇用符合公司文化的员工，以及让公司的行动和文化保持一致，都是至关重要的。该公司已经被亚马逊收购。Zappos 总部为应对这一变化，出台了独特的"买断"计划，即支付员工上万美元以让其离职，目的是确保最终留下来的员工是符合公司文化要求的并真心希望留下来的。因为该公司已经被亚马逊收购，持续关注其独特的文化是否能够存留将是一件有趣的事情。

当考虑加入某个组织时，你先查询该组织的价值观，并咨询相关人员，该组织是如何遵守（或违背）其价值观的。通过这些问题，你可以了解该组织的价值观是脱离实际的，还是人人能够遵守的实用性宣言。Glassdoor.com 这样的网站也十分有用，它为你提供了审视组织文化的内部视角。例如，该网站提供了很多大公司（包括 Zappos）现任及离职员工对公司的评论。这些评论内容涉及公司文化、价值观等其他话题，还包括那些你认为不会得到直接答案或不好意思询问的问题。这是获取关于公司文化等问题最本真信息的不二选择。利用该网站调查员工对你感兴趣的并想要为之效力的公司情况，对你会有非常大的启发作用。退一步说，这种调查起码会让你想到一些问题，以便在有机会和面试官、员工以及管理者互动时提问。

关键是要了解自己的价值观（见第 2 章）是否与组织价值观相符合。如果答案是肯定的，并且组织能够实践自己的价值观，那么你将在这份工作中获得满足。

政策和规范

道德政策（通常称为道德准则或行为规范）比宽泛的价值观和使命宣言篇幅更长，也更为详细。道德准则会提供多个特定领域行为的指导。例如，大多数道德准则对尊重他人、利益冲突、费用报告以及收受适度礼物等问题提供指导。政策手册相较于法规的篇幅更长，其中涵盖了特定行业、组织和工作种类的更详细的规则列表。在第 6 章中有政策和准则的详细讨论。

2007 年伦理资源中心的研究显示，在全美各个行业的私人企业中，有 83%的员工表示，公司有正式的道德准则，而国有企业存在正式道德准则的比例则占到了 98%。因此，我们可以很公正地说，大多数雇主都在努力为员工提供正式的伦理和法律行为指导。注意：这些道德准则需要根据实际情况进行修订。例如，过去的道德准则并未提到网络隐私和对社交媒体的行为指导，但如今这些已经是道德准则中常见的话题。

如今，大多数公司都会广泛传播自己的道德准则。在 1995 年对《财富》1000 强公司所做的一项调研表明，在做出回应的公司中，有 75%的公司认为公司的政策或准则覆盖了至少 80%的员工。这样的结果得益于《联邦量刑指南》。因为它的指导原则就是为所有员工提供具体的行为标准。研究发现，当员工熟知组织的行为准则，并以此为标准指导日常工作时，员工的不正当行为会减少，在遇到伦理问题时员工会积极寻求帮助，并会在发现伦理问题时及时举报。但要想对行为产生真正的影响，行为准则必须得以推行并与公司文化的其他组成部分相一致。不然的话，行为准则就仅仅是“粉饰门面”，而不是对实际行为的指导。

很多公司将行为准则登载在官网上。除本公司的员工外，很多公司还将其道德准则传达给经销商和供应商。例如，一家超市以信件的形式向其供应商传达了自己的行为准则，信件由其总裁签名：

> 尊敬的商业伙伴：
>
> 随着节假日的临近，我们深刻意识到了我们公司与供应商之间的互惠互利关系。我们期待，通过我们的共同努力，为客户提供优质的产品、出色的服务和低廉的价格，从而实现长期的发展。
>
> 近年来，我们发现了一个令人尴尬的现象。我们公司的员工会收到与公司有

商业往来的人士别有意图的礼物。公司董事会已经通过了我们的道德准则，该准则明确禁止本公司员工接受任何供应商和客户的礼物。这个准则不仅适用于节假日，而且适用于全年各个时期。

鉴于越来越多的人开始关注会引发伦理问题的行为，我们正在努力维持人们对于行业交易公正性的尊重与信心，我们也强烈希望你们能给予支持。

如果贵公司不能严格遵守这项政策，我们会终止与贵公司进一步的商业往来。因此我们要求贵公司将这封信的内容传达给与本公司有商业往来的所有人和分支机构。

贵公司如能一如既往地帮助我们预测并满足客户不断变化的需求，那么这将是对我们最大的理解。

对于这项政策有何疑问，请联系……

衷心祝福节日愉快，生意兴隆。

即便供应商在海外，公司也应对供应商的行为承担更多责任。如果耐克或沃尔玛销售的鞋子和衣服是从位于亚洲的工厂进货的，那么这些公司对供应商行为负责的意识会不断提高。例如，沃尔玛要求其供应商遵守其道德行为准则，并要求供应商在工作现场张贴免费的举报电话。我们将在第11章进一步讨论这个话题。

用行为准则指导行为的做法拓展到了高等教育机构。很多学院的荣誉准则适用于学术行为（如考试作弊、剽窃），有时甚至是非学术性行为（求职）。对高校行为准则的研究表明，学生在设立荣誉准则的机构中作弊行为较少。然而，学生对同学作弊的看法甚至比荣誉准则对作弊行为的影响更大。此外，对举报的证实和惩罚力度也同样重要，因为它们证明了荣誉准则并不单单是摆设。

请记住，认知道德发展研究告诉我们，大多数人都在寻求指导，并表示组织政策可以成为指导的重要来源。组织可以通过询问或做问卷调查的方式，征求员工和管理者对道德问题以及每种问题政策需求的看法，以最终确定需要制定怎样的行为政策。在一项研究中，管理者明确指出，需要对费用报销、礼品和贿赂以及处理竞争对手信息等方面制定政策。

培训计划与培训项目

社会化过程通常始于对新员工的培训计划，然后通过不断的培训项目得到进一步强化。通过培训计划可以向员工传达组织的价值观和指导原则。员工通常可以从中了解到公司的价值观和使命宣言，以及公司的历史和现有的规章制度。但更重要的是，在接下来的培训项目中，公司向员工进一步传达更加具体的政策以及行为准则。在美国量刑委员会的指导原则以及《萨班斯法案》修改之后，越来越多的公司都将伦理作为一种新的培训项目。因为，修改之后的美国量刑委员会的指导原则以及《萨班斯法案》要求上市公司对公司的所有员工，包括高管以及董事会进行培训。大部分《财富》1000 强公司都提供一定的伦理培训。2007 年伦理资源中心的一个研究发现，在接受调查的人中，有 75%的人表示，他们的雇主提供了伦理培训，而且这种培训通常是强制性的。一些公司提供了在线伦理学习课程，而另一些公司则提供了面授课程。我们将在第 6 章更详细地说明不同的公司是如何进行伦理培训的。

注意：伦理培训必须与伦理文化保持一致。因为，如果某个培训项目与组织文化的其他部分不一致，那么最好的结果是，员工把伦理培训当成远离办公室的放松活动。最坏的结果是，当员工将他们学到的与实际情况相对比时，他们会把伦理培训当成一个笑话。例如，一位在 2006 年参加抵押贷款工作的年轻人说，公司为他们提供了为期一周的高质量培训计划，以做好入职准备。除技术方面的培训外，他们被教导要向客户建议，合理消费，避免超支使用信用卡。他认为这是睿智而贴心的建议，因此对自己的新角色十分满意。但当回到办公室时，他的“师傅”（一位比他入职时间仅仅长六个月的员工）告诉他，最关键的是促成交易并为自己和公司赚钱，“给客户提供建议”是在浪费时间。如果“建议者”的角色被他的“师傅”所代表的角色所取代，那么公司文化将完全不同。也许公司的命运也将改变——公司将不复存在。当考虑到公司所作所为对公司的伤害后，这个年轻人为了坚守自己的信念，主动离开了公司。

➲ 绩效管理体系

绩效管理体系包括正式地制定明确的目标，确定绩效衡量标准，最后明确针对个人的（通常也是团队的）奖励方法这一整个过程。同时，必须制定纪律，以应对可能出现的绩效问题。由于员工会关注测评、奖励和惩罚的方式，因此有效的绩效管理体系是伦理文化的关键组成部分。绩效管理体系无论在伦理文化一致或不一致的组织中都不可或缺，因为员工会关注绩效评定和奖惩标准。如果正直的员工受到褒奖，不道德行为得到惩罚，就会使企业的伦理文化得到提升。

设计一种鼓励伦理行为的绩效管理体系

因为员工“以绩效评定和是否能收到嘉奖为标准而工作”，所以如果要设计一种综合的绩效管理体系，最好的方式就是拿出时间，找出决定组织的奋斗目标能否实现的因素。通过这种搜寻方式，得到的结果往往是一连串因素，其中有财务因素，也有非财务因素。《财富》杂志在制作富有名望的企业列表时发现，很多身经百战的企业深知，在很多情况下，名誉是财务业绩的长期驱动因素。然而，很多公司在设计绩效管理体系时，仍然只考虑财务因素，忽略非财务因素。事实上，那些非财务因素是最根本的决定因素。这些公司在平时只是获得了“结果是什么”，而忽略了“如何实现”。这会马上导致伦理文化和实际行为背道而驰。

下面讨论如何设计绩效管理体系才能立即获得最好的结果。首先，应该重视机制问题。例如，一旦组织知道要实现某结果所需要的条件，那么剩下的就是设定阶段目标和小组目标以达到预期结果，并制定衡量标准以确定是否实现了所设目标。要实现真正的成功，组织必须做到：将工作目标有效传达给每个员工，帮助员工认识到每个人是如何为组织创造价值的，并对每个人所做的贡献给予公平的奖励。

一旦建立了有效机制，下一步就是将"结果是什么"与"如何实现"结合起来，这正是组织的价值观发挥作用的时刻。需要将这些价值观（包括人的重要性、正直、多样性以及客户服务等）转变成能够约束每个员工的衡量标准。工作流程确定好之后，就要认真筛选员工"如何实现"业绩了。这一步直接关系到业绩期望和奖励结果。

一位著名咨询公司的财务主管，与纽约的多家大公司维持着业务往来。她的客户因该公司的服务而获利上百万美元。这一事实足够让她成为公司的合伙人。但是公司高管团队无法忍受她对企业价值观的践踏，即"尊重他人"——她常常虐待同事。因此，高管团队屡屡反对她的升职。当然，有些人甚至认为她不配工作。她的行为——"如何"取得了令人瞩目的成果——阻碍了她的升职，毁灭了她成为公司合伙人的可能性。

美国快递公司的做法是直接将绩效评估体系与公司的价值观和行为准则相联系。与价值观相连的是一种关注长期结果、渴望成为"被选择的雇主"的组织文化。公司的道德准则表示，公司期望成为伦理方面的榜样，具体包括具有最高的正直标准，发展新员工，交流公司的伦理期望，展现公司对该期望的重视程度，以及创造一个可供员工自由交流的开放的环境。该公司针对高管的360度绩效管理流程还涉及很多领导者的领导能力，具体包括：

- 无论在任何时候都尊重他人，公平且客观；
- 积极听取和采纳他人的意见；
- 行为正直；
- 鼓励团队内部互相信任，言行一致；
- 怀着开放、诚实的态度交流——有什么说什么。

该体系还包含表现欠佳的案例（例如，不遵守承诺，不尊重他人）。

对这些领导能力的评级在晋升和奖励决策中占了很大比重。因此，如果一个人在这些方面的评级很低，那么他将很难得到晋升。最后，为了确保公司的期望能够得到有效的实现，该公司还投入了大量的资源，向领导者传授必要的技能。

目标和奖励与组织价值观相一致是最基本的准则。员工会根据评估和奖励系统指导自己的行为。另外，他们会认为，受到嘉奖的行为代表着组织"真正的"伦理文化。因此，美国快递公司以员工行为是否与公司价值观相一致为衡量标准，以此作为升职或惩罚的依据。这是伦理文化一致的出色范例。

奖励制度与伦理文化的某些方面不一致是很常见的。例如，有这样一个组织，该组织的道德准则将诚实作为一种关键的价值标准。然而，该组织的销售代表的最高销售额完全是通过不道德行为实现的。不道德行为不仅没有受到相应的管制，该销售代表甚至获得了高额的津贴和假期，并且得到了年度销售会议的肯定。销售团队的成员会认为，不道德行为得到奖励这个结果，传递了“最真实的”信息，因此，道德准则变得没有任何意义——高管都是虚伪的。

要保证伦理文化的一致性，必须快速、公正地处置违反伦理目标的行为。例如，需要建立让员工感到公平的、与时俱进的惩罚体系，以惩罚不诚实或不尊重他人的行为（或其他违背伦理价值观的行为）。对于初犯者（除非情节特别严重），可以采取警告方式，给员工改正的机会。对于再犯者，可以采取更为严厉的警告措施。对于屡教不改或造成严重后果的，可以给予解雇处分。

平等地惩罚各级员工也同样重要。这意味着，如果王牌高管经常伪造数字，那么将与低层员工一样，都因为明知故犯要受到处分。事实上，高管应该受到更加严厉的处分，因为级别越高，承担的责任越大。近期发生的丑闻以及监管者审查的加强都使企业越来越重视对不道德行为的惩罚。目前，连对不道德行为睁一只眼闭一只眼的高管都可能被公司解雇。

绩效管理体系如此重要，不仅在于它为员工提供了预期行为指导，更重要的是，它向员工传递了组织“真正”重视的是什么信息。最基本的问题是，组织所宣扬的（如价值观、行为准则）和它真正评估、奖励或惩罚的标准是否一致。

组织内部设立权责体系以明确责任

伦理文化应该指导员工对自己的行为负责、质疑不道德的指令并上报违规行为及问题。表里如一的伦理文化包括明确和支持各层级个人责任的组织结构。它鼓励员工为自己的行为负责，并大胆地质疑权威。员工在自己的行为带来不良后果时，要主动承担责任，并在发现问题后及时上报。我们认识的一位管理者将责任的重要性比作“魔术贴”。她告诉直接下属，如果你发现了某些问题，那这就是你的问题，直到你上报给上级后，才能脱开干系。它像“魔术贴”一样黏着你。

现代的组织大多是官僚性质的，也就是说，现代的组织大多有权威等级、劳动分工或各种活动标准，并且强调竞争力与效率。官僚制度有很多优势，大的组织需要一定程度的官僚制度才能运转。在第 6 章，你可以了解到更多利用官僚制度构建伦理文化的知识。例如，在组织中设立专门的伦理和法规办公室，就代表着这些问题非常重要，值得投入资源、专家及人员。然而，官僚制度的某些特征，如专业化、劳动分工和权威等级等会引发一些伦理文化难题。

权威、责任以及伦理文化

与官僚制度相伴而来的是“合法权威”这个概念。请参看任何一个组织的框架图。我可以告诉你谁是监管层——谁更有权威。这些权威发挥着重要的官僚角色，他们指导工作，分配责任，进行绩效评估，负责与晋升和涨工资相关的决策。但是，“合法权威”这个概念会给伦理文化带来很多难题。第 7 章的内容将告诉我们，人们往往会服从权威人物发出的任何指令，这种毫不质疑地服从领导指令的本能对于一个试图将个人责任融入伦理文化的组织来说，是一种真真切切的威胁。为了控制员工的行为，很多公司期望员工忠实于公司，有些甚至要求员工毫不质疑地服从权威。你也许认为权威人士的经验更丰富，应该知道什么是正确的，因此员工应该听从他们的指挥。但即便在军队这样结构森严的组织中，也需要士兵质疑不道德的指令。忠实通常是一件好事，但是，绝对不该期望员工服从或忠实于不道德的老板或组织。

毫不质疑地服从权威，意味着不希望员工自我思考、不去质疑错误的指令或不承担他们已经注意到的问题的责任。因此，在像“按我说的做”和“不要问任何问题”这样要求员工毫不质疑地服从命令的组织文化中，会出现严重的伦理问题。研究发现，公司越期望员工毫不质疑地服从权威，做出不道德行为的员工的级别越高，员工就越不会寻求伦理建议，同时向管理层举报违反道德准则的可能性越低。一些管理者创造了让自己免于责难的组织结构体系。他们最担心的是，一旦追究起责任，矛头会指向自己，他们的工作就会朝夕不保。通过将责任分担给组织中职位更低的人员，在发生错误时，权威管理者常常会免于个人责任或道德谴责。当追究责任时，矛头常常会指向下属，也就是说，下属将成为上级的替罪羊。“保护好自己”衍生成了管理者寻找职位较低人员承担责任的代名词。

组织结构会造成工作与角色分工的片段化，这并不是说个人不愿意承担责任，而是工作与角色分工太分散，以至于难以看到整体。在第 7 章，我们将看到军队的官僚们是如何推卸美莱村大屠杀的责任的。他们只是将自己看作一台机器中的一个齿轮而已，没有人感觉应该为自身行为给整体带来的后果负责。

新的组织结构

如今，各个组织都在设计新的组织结构，以消除官僚层级，将责任下放，扩大个人的决策权。例如，赫曼米勒公司是生产办公家具的。该公司的价值观是“开放的沟通”“尊重个人”“建立以信任和正直为基础的高质量关系”。凯文·诺尔斯已经做了六年的部门领导，他说：“让我高兴的是，公司里面的每个人都能自由地谈论公司的管理。”赫曼米勒公司的管理者认为，员工可以越过自己的上级是公司成功的最主要原因。“你不用因为给比自己高三级的领导打电话而担心受到报复。”赫曼米勒公司常炫耀一个被公司主席称作“巡回领导力”的机制，他们声称这使得每个人都能成为某一具体事件的领导者。

有一个案例能够证明该机制的成功性。一名员工决定告诉大家他感染了艾滋病病毒。于是，一名同事承担起了“巡回领导力”的角色，他将这个消息汇报给了人力资源部门。

很快，整个公司都知道了这个消息，总部的一位医生迅速乘坐飞机赶来，带来了培训录像，并询问了有关情况。这位“巡回领导力”说：“最重要的是，赫曼米勒公司的价值体系告诉我们，我们可以遵从自己的第一本能反应，公司会支持我们的行为。对我们来说，每个人都很重要，因此我们可以停止一天的工作，来一起照顾皮特。”这种文化也许就是公司能够经久不息的关键。组织结构的这些变化都对责任承担以及伦理决策有重要启示，并且凸显了创造表里如一的伦理文化的重要性。如果个人是独立进行决策的，并且受到的直接监管很少，就需要一种表里如一的伦理文化来引导他们。鼓励个人为自己的伦理行为负责的组织结构，就是这种表里如一的伦理文化的重要组成部分。

问题检举奖励体系

在今天的组织中，员工面临的往往不是直接监管，因此各个组织必须更加依赖员工来汇报错误行为，但员工不愿意这么做。因此，大型组织在提建议和举报不法行为方面，设立了专门的内部结构体系。这些体系利用内部网络和电话热线答复员工的疑虑，并处理对不法行为的投诉举报。

我们都知道，现实中存在很多潜规则是反对举报这种行为的。我们通常使用像“说闲话”“告密”这样的贬义词来描述这种行为。说实话，没有正面的或中立的词语能够描述这种行为。你能想出一个吗？根据第 4 章的内容，我们知道举报者通常会面临报复行为，尤其是当他们举报的是管理层面或组织层面的错误行为的时候。他们做了自己认为正确的事情，面临的往往是惩罚，而不是奖励。因此员工往往不愿意举报，相反只是对不法行为保持缄默。如果有组织声称要形成有道德的文化，而对举报者却进行报复，这是文化不一致性的最有力的证据。再次声明，员工将对举报的“惩罚”看成组织伦理“真正”标准的最好例证。

坚守道德准则的组织应该将举报者看作其控制系统中的一个重要齿轮，必须努力保护举报者。有些组织甚至会奖励举报行为。例如，1996 年《财富》杂志刊登了华尔街金融服务公司主席的备忘录。这个备忘录曾递交给公司各级管理者：

> 我们需要你的帮助。请帮助我们将信息传递给每位管理者。我们再次强调，如果有任何同事认为他在公司看到了或者听到了可能不符合我们对于正直和诚实的要求的事情或行为，我们欢迎他说出自己的疑虑。这样做是至关重要的……
>
> 我们欢迎任何人发表自己的不满与疑虑。如果这种疑虑是合理的，那么我们将给予丰厚的奖励。如果疑虑没有充分的证据，那么我们会感谢他的提醒，并请求他保留自己的意见。
>
> 忘掉层级的限制吧！这不是公司的建立之本。如果你认为某人的行为出格了或者他的决策很糟糕，那么直接告诉他你的想法，当然那个人也包括我……
>
> 请大声、清楚地传达这则消息。

有些管理者对这种“末端运行”的方式非常不满，他们准备马上跳槽去更为传统的公司。请思考这种事业转换是否对他们有利。

这位领导者传递了一个很清晰的信息，即公司鼓励举报行为，并且会对举报行为进行奖励。在第二个备忘录中，他分享了一个具体的案例。两名行政助理发现一名员工提交了虚假出租车发票。最后，这名员工被解雇了，而那两名行政助理立即获得了现金奖励。

决策过程

组织的正式决策过程是伦理文化的另一个重要组成部分。在伦理文化一致的组织中，对伦理问题的考虑是正式决策过程中的一部分。以会议的形式解决伦理问题，或者将伦理作为新产品或新投资项目报告的一部分，都强调了组织对伦理问题的重视。例如，管理者在申请新产品或新工程时，需要考虑对多个利益相关者的潜在危害。

如今，环境影响已经成为很多公司正常决策的一部分。有些组织，如医院还特别成立了高层伦理委员会，主要职责是从伦理角度评价各组织层次的决策。例如，有些负责任的医药公司在研发了新药品后，即便通过了美国食品药品监督管理局的审核，也会再次进行评估，确定药品是否存在严重的副作用，以决定是否上市。有些组织还成立了道德质量圈，目的是评估商业决策的道德。

过度依赖定量分析

仅仅依靠定量分析并只关心财务收益也会导致决策过程违背伦理。例如，通过第 3 章的讨论发现，福特公司很难做出召回福特斑马汽车的决策。在那种情况下，由于只考虑定量的成本效益分析，而不考虑道德因素，导致了灾难性的后果。另一个案例是佳斯迈威公司，曾经的石棉生产巨头。由于该公司的决策过程只关注目标的实现，而忽视员工的健康，公司最终被这种决策拖垮。40 多年前，就曾有人告诉公司高层，工人吸入石棉后，会得严重的肺病。管理层和医疗部门向员工封锁了这个信息。在法庭上，一位律师就该公司的顾问没有向员工公开体检结果进行了辩论，律师问：“你难道是要告诉我，你会让他们一直工作，直到死去吗？”佳斯迈威公司的律师回答：“是的，这样我们能节省很多钱。”显然，向员工支付赔偿金，比创造安全的工作环境更能减少开支。

新泽西的一位法官认为，这家公司“在完全知情的情况下，做出了一个很冷血的商业决策，那就是不采取任何保护或者医疗措施”。显然，组织的决策者在决策的过程中都必须依赖定量分析，然而，这种只依赖数字，而排除伦理因素的决策方法存在很大问题。管理者既要考虑什么样的决策是正确的，也要考虑某一具体的决策对伦理底线的影响。重要的决策必须考虑伦理因素，尤其是对股东的潜在影响。

举证责任

1986 年，美国第二大婴儿食物制造商 Beech-But Nutrition 公司，承认销售了成分为人工合成营养物质的苹果汁，对其 215 项重罪指控供认不讳。这是怎样发生的呢？原因很简单。其中包括，公司面临财务困难，认为其他公司销售的果汁也掺假（行业黑幕），并且自己生产的这种苹果汁极其安全。

该公司所采用的决策过程也可能是一个主要原因。1981 年研发部负责人杰罗姆·利卡里建议更换供应商（他怀疑存在掺假行为），但运营部负责人乔·莱维里把问题的关注点放在了传统的举证责任上。通常，如果婴儿食品制造商想要更换供应商，就要证明供应商的产品质量不好。在本案中，莱维里表示，如果利卡里想要更换另一家供货价格更昂贵的供应商，那么他就要证明他们现在购买的浓缩果汁有掺假的事实。鉴于当时的科技水平，这既费时又费力。因此，公司并未更换供应商。

在挑战者号太空飞船发射的过程中也面临着类似的决策问题。当时，工程师担心，寒冷的天气会导致 O 型圈失效。在以前的发射中，工程师所有的举证都是为了证明发射过程是安全的（即便可能，操作起来也很有难度）。在挑战者号的案例中，举证责任发生了变化。本来为发射做好一切准备的工程师，现在却要证明发射是不安全的。

这些案例说明，要改变决策过程来支持决策者已经做出的决策相对比较容易。这也是组织在财务状况良好的情况下，在危机发生之前就未雨绸缪，设计好决策过程的重要原因。一旦出现麻烦，就可以依赖这些有效的决策过程来指导自己的行为。如果工程师被要求证明挑战者号发射的安全性而非不安全性，那么悲剧就不会发生。管理者必须特别警惕传统的决策标准的变化，尤其是当危机出现的时候。

非正式的文化体系

除前面讨论的正式文化体系外，还要通过日常规范、英雄人物、传说与故事等非正式的，具有象征意义的体系来保持组织文化的活力。非正式沟通体系中的小道消息，就像葡萄藤和小溪流那样，蜿蜒地、持续地为员工传递着“真正”的组织信息。通过这种方式，人们可以了解什么样的行为“真正”得到奖励，决策“究竟”是怎么制定的，组织领导者“真正”关心和期望什么。如果正式与非正式的文化体系传递的信息有区别，那么伦理文化内部就出现了冲突，并且人们通常更相信非正式体系所传递的信息。研究表明，非正式的文化体系对于员工观念的影响比正式文化体系更大。因此，对非正式文化体系的管理尤其重要。在小型组织中，很多正式体系（行为准则、培训项目等）根本不存在。非正式体系就显得更为重要了。

榜样和英雄人物

很多社会化过程是由榜样或导师以非正式的形式进行的。他们可能是高管、直接上级或经验丰富的同事。通用动力公司前任伦理副总裁肯特·德鲁威斯蒂对于成为道德模范的高管，做出了重要点评：“在领导岗位上的人，需要……以身作则。我们可以在全世界开办研讨会。我们甚至可以让耶稣或佛陀参加我们的研讨会。但是即便这样，如果身处领导岗位的人违反了公司的规章准则，那么他对于员工的影响，会甚于以上所有智者。”反之，如果领导者能够起到模范带头作用，严格遵守要求，那么会让员工知道，组织传达的关于伦理的正式信息是真实的。

导师制度是一种非正式的过程，具体来说，就是一个资历较高的人将一个资历很浅的人收在自己的麾下，传授经验，提供职业发展策略等。正在跨越组织界限的人，如新员工，或者刚刚调任的人，最容易受到这种社会化过程的影响。导师可能向学员强调正直以及抵制不道德行为的重要性，也可能向学员强烈灌输已经被大家接受的有悖伦理的思想。一个会计专业的毕业生，如果来到一家上市的会计公司，他的上级告诉他“你太诚实了，不适合做审计员”，那么事实上，他接收到的就是该组织缺乏伦理的信息。要寻找不一致的证据，我们只需知道该组织的英雄人物是否代表了其公开宣扬的价值观。

在符合伦理的文化中，英雄人物将组织的价值观形象化。他们的行为被定为绩效标准，因此他们成为象征性人物。这些英雄人物可能是组织的领导者。首席执行官可以被视为组织的英雄人物。组织的创始人，即使已经辞世，也可能成为组织的英雄人物。正如之前提到的，托马斯·杰斐逊（弗吉尼亚大学创办者）仍然活在很多人的心中。英雄人物的价值观会持续影响着组织的决策过程。因此，一位正直并且代表了正确行为标准的英雄人物会影响组织中的很多人。

组织的英雄人物也可能是总裁或首席执行官以外的其他人。例如，大学或专业运动队的英雄人物可能是教练或明星队员。这些英雄人物代表了哪些价值观呢？有一般常识的管理者都知道，英雄人物在文化的形成或改变中所发挥的作用。一家财务咨询公司首席执行官认真地对待实践了组织价值观的员工，他找出这样的员工并给予其奖励。他要求公司的管理者向他推荐以正确的方式做了正确的事情的员工，并将这些模范员工的事迹搜集起来，然后给他们寄去亲笔写的感谢信。打电话原本已经让这些员工很吃惊了，更何况他们又收到了这位首席执行官亲笔写的感谢信。这些员工感到非常荣幸，他们会将这些信摆在办公室，供大家观看。这些展示出来的信很清晰地向员工传达了一个信息，那就是组织的高层最重视的是什么样的行为。当然，这样也宣传了英雄人物与英雄行为。同样，西南航空公司会在公司月报上刊登客户对于提供杰出服务（这是公司重要的价值观）人员的感谢信。他们还将这些收到表扬的员工的照片登载在月报和总部的墙上。公司通过这样的方式，将这些员工作为英雄和楷模，激励其他员工效仿和学习。

行为规范

行为规范是指组织成员认为恰当的、可以接受的行为标准。这种规范对于组织中的个人行为有强烈的影响，可能支持符合伦理或违背伦理的行为。例如，设想一位刚刚进入计算机软件销售行业的新员工。他一到单位，销售团队的同事就告诉他，他们应该一如既往地诚实地对待客户，因为公司与客户的长期关系对公司很重要。在这里，诚实地对待客户这一规范就是符合伦理的行为。再设想另一名刚刚入职的新员工。不同的是，他的同事告诉他，实现销售目标是最重要的，如果有必要可以向客户谎报软件的功能或投递日期。这种规范是违背伦理的行为。不管是哪种规范（符合伦理的或违背伦理的），都会成为该组织中“我们这儿做事的方式”。

正式的规则与不断发展的非正式的规范通常是不一致的。例如，前面说到的新入职的销售人员，可能参加了一个强制性的伦理培训项目。该项目告诉他，在客户关系中应该诚实。但是，如果实际工作中传递的信息是，不惜一切代价实现销售目标，那么正式的规则就受到了侵犯。同样，在一家快餐店，新员工可能被告知，吃任何食物都要付钱。然而，在实际工作中你会发现，同事会在监管人员不注意的时候偷吃食物。这些同事的理由可能是工资太低，或者工作环境太差，或者监管人员对此似乎并不在乎或者不愿意吃。老员工会鼓励新员工加入他们的行列，新员工在学会了“真实的”规则之后，也会做出同样的行为。因此，即使在存在正式的规则、管制方法、行为准则与信条的情况下，非正式的行为范例通常具有更大的影响力。如果正式信息和非正式行为规范相一致，伦理文化就会一致。但是，一旦非正式的行为规范与正式的规范和准则不一致，就会导致伦理文化不一致现象的产生。

庆祝活动

庆祝活动是伦理文化的重要组成部分。庆祝活动象征性地告诉人们组织期望他们做什么，以及怎样做。它其实是确认和传达组织文化的有形方式。组织会议、聚会、晚宴、烧烤和颁奖都传递着组织重视什么的信息。例如，加拿大通用汽车公司要求每个制造单位都设计一个花车来代表组织的一种价值观。该公司正在围绕“终身为客户”这一主题，以及“我就是通用汽车公司”这一口号举办为期一整天的文化创建庆祝活动。在庆祝活动的最开始是游行表演，这些花车就是游行表演的重要组成部分。在活动中，公司首席执行官展示了一张巨幅的公司未来发展蓝图，并描述了公司的前景。为了强调“我就是通用汽车公司”这一口号，公司要求每名员工无论在任何时刻都要对公司、公司的产品以及公司的服务负责。活动的最后一个节目是 100 人的合唱《通用汽车突飞猛进之歌》，这首歌经过了修改，加入了公司领导层所倡导的新价值观。

一些公司会组织年度家庭野餐以及“把孩子带到工作地点”的活动，鼓励员工珍惜与家人一起度过的时光。某些公司还提供托儿服务，让员工和学龄前儿童在公司的餐厅共进午餐。这成为一项日常活动，彰显了公司对于家庭的重视。有些公司还会举办颁奖庆典，对伦理行为模范进行奖励（见第 6 章洛克希德·马丁公司的案例）。最重要的是，这些庆典活动所庆祝的价值观是什么，因为这些庆典活动很容易鼓励不惜一切代价、达成销售目标的不道德行为。例如，很多组织在召开的销售大会中就常常会出现这样的错误。所以要注意这些庆典活动表彰的是以正直方式取得成功的员工，还是伪造数字的员工。工作结束后去运动俱乐部喝酒等增进“哥们儿间关系”的庆祝活动，是否有利于促进员工的多样性？我们应了解的是这些庆祝活动与公司所明确阐述的价值观、正式的规则以及奖励体系是否一致，从而决定是否存在文化不一致的情况。

➲ 传说与故事

另一种极为重要的传递组织文化信息、保持组织文化活力的方式就是借助非正式的沟通渠道。如果你想知道一个组织的文化，就请让组织内部的人给你讲一个带有该组织特色的故事。人们因为能够讲故事才使这个世界和生活变得有意义。组织内的传说和故事也使组织文化变得有意义。这些传说和故事记载的是组织发展过程中的一系列逸闻逸事，如强生公司的泰诺危机。故事的主人公就是公司的员工，并且很可能是公司的英雄人物；故事所传达的正是该组织的价值观。

在 IBM 公司，员工反复讲的一个故事就是，曾经有名员工拒绝让当时的公司总裁汤姆·沃特森进入公司的限制区域，原因是沃特森当时没有佩戴 IBM 公司的身份徽章。后来，沃特森表扬了这名员工，从而表明了实施公司规则并且对公司的所有人一视同仁的重要性。

在其他遵守伦理道德的组织中，会流传表现伦理文化重要性的故事。这些故事也许会记录对违反组织规则者的严厉惩罚，或者因不道德行为而被开除的前车之鉴。因惩罚赫然在目，员工会记住这些故事，将组织价值观牢记在心，做出正确的选择。

故事已经成为组织文化的重要组成部分，强调了组织对于规则的重视程度，证明了正式文化与非正式文化的一致性。但请注意，如果故事记录了违反规则者成功地躲避了惩罚，就会促进非伦理文化的滋长。

组织也可以编造故事来促进伦理文化。医药科技公司美敦力就是这么做的。在年度假日聚会上，该公司邀请了患者和医生分享公司产品如何帮助他们的故事。例如，一位患有帕金森的病人讲述了自己之前的生活如何不能自理，直到医生建议他使用美敦力公司生产的可激活深层脑细胞的设备后，才让他的生活回到正轨，让他重现笑容。首席执行官注意到了这些故事对于实现公司使命——服务他人——的促进作用。

最好的故事源自真人真事，并符合公司价值观，满足员工荣誉感。致力于创造伦理文化的领导者，应寻找并对员工的模范道德行为予以表彰，并且在公司网站或月报以及表彰大会上宣传这个故事。如果你想了解某个组织的文化，就请其员工给你讲一个能够代表该组织文化的故事。请认真聆听。希望这个故事符合并传递了公司的伦理价值观。

语言

文化是不断变化的，并且需要借助语言向员工传达组织的价值观。很多人认为伦理语言是不适合商业环境的。但在表里如一的伦理文化中，伦理是组织日常谈话中一个很自然的话题。员工可以和同事或上级随意地谈论伦理问题，在决策时也会注意是否符合组织价值观。管理者会和直接下属定期谈论伦理问题。谈话内容可能是询问决策是否正确，是否兼顾了伦理和商业实际。对客户、供应商和社区来说，决策是否“合适”？对员工、客户和社区的潜在危害是什么？

决策时可能用到伦理语言。一项研究发现，在决策讨论过程中使用伦理语言的人更有可能做出符合伦理的决策。这些人谈论的是伦理、道德、诚实、正直、价值观以及良好的素质。那些做出没有道德的决策的人更有可能在决策过程中使用传统的诸如成本、收益等语言。

如果企业文化不支持伦理语言，即便他们的行为出于道德原因，这些管理者也很不愿意从道德的角度来描述自己的行为。这种现象被称作道德沉默。出现这种现象的原因有很多。也许这些管理者在努力避免他们质疑组织行为或者做决策的时候可能出现的冲突；也许对于“有效”决策的重视可能转移人们对于道德问题的注意力；也许他们渴望展现自己的权利与有效性。谈论道德可能显得过于理想主义，是乌托邦，违背了大众对于高效领导者独立处理问题的期望。

有趣的是，让管理者和员工探讨伦理问题，类似于让父母和孩子讨论性话题。虽然父母都认为性教育是好事，但是要与孩子讨论这个话题对他们来说还是很困难的。同样，管理者可能感觉与其他管理者或下属谈论伦理问题很困难。如果管理者平时从不谈论这个话题，那么突然提出这个话题，肯定会让人感觉大煞风景。但是，那些经常谈论伦理这个话题的管理者肯定会成为下属重要的行为榜样。

肯特·朱伊威斯汀是最早研究企业伦理的人士之一。他讲了一个通用动力公司早期伦理培训中所发生的故事。

> 一开始我就在通用动力公司宣布，我们的伦理培训班是小班制，互动性质的，是由管理者来领导的。我们听到有些管理者在抱怨：“我们根本不懂这些东西。”他们以为我们要让他们教授亚里士多德与康德。在培训过程中，我们还听到有人抱怨：“我们不能让管理层这样做。那样我们将无法实施任何管理与控制。”
>
> 那个时候我会说：“让我们考虑一下我们现在要做些什么。我们的目的是要增强意识，增强对于公司标准的认识，激发实现这些标准的斗志。这才是最重要的。”打个比方来说，你有几个孩子，你打算教他们性知识。你可以通过很多方法来完成这件事。一种方法，你可以聘请一位专家——他了解性，知道使用什么词比较恰当，也了解最新的专业术语，而且很擅长教学。你可以把他请到家中，让他在

> 客厅教孩子们性知识。另一种办法，你可以亲自做这件事。你的水平可能有限，你只知道一部分知识，你可能感觉尴尬，难以启齿。那么请问，哪种方式最有效呢？让专家来完成，还是自己完成？但从来没人告诉我，他选专家。”

高管也可以通过传达一个信息——谈论伦理问题不仅是可取的，而且是应该的，使得伦理成为一个可以接受的话题。信息的传递方式可以是召开伦理讨论会，可以让员工观看有关伦理及其应用的录像，还可以公开与管理层和员工讨论伦理问题。国际化妆品公司欧莱雅公司的伦理办公室，每年会在世界范围内组织一次在线聊天，公司首席执行官将在线解答员工提出的棘手的伦理问题。数以万计的员工都会参与其中。这传递的信息是，在公司讨论伦理问题不仅是可以的，而且是受到鼓励的。高管可以通过要求定期开展有关伦理问题的讨论，将伦理融入日常业务中，使“道德对话”成为组织框架的一部分。

在非伦理文化中，道德语言几乎不存在，甚至会使用不道德的语言（就像员工谈到客户时说的“去他的”）。但是正如我们在第 3 章谈论委婉语言时所说的那样，组织语言也可以用来模糊行为的道德指向。这可能是专门设计的，也可能是无意中产生的。例如在纳粹德国[1]时期，屠杀和种族灭绝的代号是“最终解决办法”“疏散”“特殊待遇”。这种委婉的用语让他们免于直面自己的行为。同样，公司利用委婉的语言来避免裁员所带来的痛苦。“缩小规模”“调整”“重组”“合理布局”等是我们见过的一小部分说法。也许“新职介绍”比裁员更易说出口，但从伦理的角度来说，它是否比裁员考虑得更全面？回想一下第 3 章所说的，使用伦理语言可以增强个人的道德意识。因此，伦理语言是组织伦理文化不可分割的一部分。

组织氛围：公平、关怀、个人利益、原则

除这些具体的体系外，我们发现员工对于组织氛围的看法也具有非常大的影响力，往往超越文化体系。例如，当员工谈到伦理文化时，他们往往会想到组织中的公平氛围。也就是说，他们是否认为员工在结果（薪酬、升职、解雇）、流程（在关乎员工的重要决策上，决策流程是否公平、无偏见）和互动（员工每天都能得到尊重）方面受到了公平的对待？如果员工认为组织不能公平地对待自己，就无法和他们认真地谈论道德行为。研究表明，员工对于公平的看法，和正式和非正式文化体系一样，会对他们的伦理行为导向产生巨大的影响。员工似乎会以道德行为回馈组织的公平对待。

与以上关于公平的研究结果一致，员工对于组织是否具备关怀氛围的看法——组织是否“在乎”多个利益相关者，包括员工、客户、社区和公众。在充满关怀氛围的组织中，员工的行为更可能符合道德准则。

---

① 纳粹德国：1933—1945 年由纳粹党所统治的德国。——译者注

与之相较，一些员工认为公司中渲染着一种关注个人利益的氛围。在这种环境中，人们首先会保护自己的利益。他们很少关注个人行为对社会造成的影响。不难想象，一个只追求利润的公司就会营造这种工作氛围，因此，员工不道德行为的出现率就会越高。

最后，在规则森严的环境中工作的员工，会认为在做决策时需要遵循法律和组织规则。可以想象，受到高度监管的行业需要严格遵守其组织行为守则、行业规定和政策法规，因此能够营造秩序井然的工作氛围，从而极大地减少不道德行为出现的概率。员工能够遵守规则的组织，更有可能是正式（规则、政策）和非正式体系（日常行为规范）相一致的组织。

形成和改变伦理文化

通过对文化的分析，我们可以看出，工作中的伦理在很大程度上受到组织文化的影响。正式和非正式的文化体系都会形成和强化某种行为，每种体系自身或者多重体系共同作用的结果又会鼓励有道德或没有道德的行为，从而导致组织内部或者协调，或者冲突。假设组织的道德准则禁止员工接受任何礼物，但是人们发现高管接受了某客户赠送的棒球比赛的包厢票。这种“说一套，做一套”的方式最终会引发普遍的愤慨情绪。因为员工更加关注的是做了什么，而不是说了什么，所以这项道德准则就完全丧失了可信度。另外，如果该组织对这位高管实施了公开的惩罚，那么该道德准则就得到了强化，从而支持了所有员工的伦理行为。

我们可以将发展和改变伦理文化比作培育一个美丽的花园。与文化一样，成功的花园必须考虑几个要素。土壤和有机物必须考虑其中。需要做出一定的决策（有一些是以价值观为基础的）。要选择垄作栽培的形式吗？还是培育成不使用农药的有机花园？要种哪些东西？需要采取措施防止水分流失吗？要使用灌溉设备吗？用哪种？如何防治杂草和虫害？多长时间照料一次？没有仔细的计划和精心的照料，花园很容易枯萎，野草很快就会侵蚀花园。只要看看疏于照料给花园带来的后果，就可以想象忽视伦理文化会产生怎样的影响了。这就是为什么需要有人专职负责组织的伦理文化工作。细心的首席执行官也许会认为这是他的工作。但首席执行官由于过于繁忙，无法随时照顾到组织伦理文化的方方面面。这些工作必须分担给组织中令人尊敬且值得信赖的一位成员。他既要能完成照看培育文化花园的任务，又要能接受其他人加入培育的过程，并一起品尝他们的劳动果实。

伦理文化如何演变成了没有伦理的文化

已经停业的安达信会计师事务所是一个惨痛的案例。这家具有 88 年历史的公司的倒闭向我们证明了，原本稳固的伦理文化如何退化成了没有道德的文化。

创始人阿瑟·安德森在他 20 多岁的时候创办了这家公司。他担任公司总裁期间，向员工传达了强有力的、一致的、清晰的伦理行为准则。安达信的名言“正直地思考，正直地做事”，指导着坚信“正直比费用更重要”的组织中员工的行为。创始人的故事很快在组织中广为流传。例如，安德森在 28 岁的时候曾与一位铁路负责人发生冲突。这位负责人坚决要求这家审计公司对该铁路公司的账单予以通过。安德森回答说：“全芝加哥城的钱也不足以说服我更改这份报告。”安德森失去了这家铁路公司的业务。后来，这家铁路公司破产了，安德森因而成为一个知名的、可以信赖的、诚实的、坚持自己的是非观的组织领导人。

20 世纪 30 年代，安德森就强调会计人员对于公众的特殊责任。他于 1974 年逝世，但接任者都坚守着这一信念。该公司表里如一的伦理文化延续了几十年。安德森所开创的是一种集中的自上而下的管理方式，从而培养出“安达信式”的员工。全世界的客户都知道，安达信的员工会提供高质量的、正直的服务，并且这些安达信的员工都接受了细致的社会化过程，他们使用共同的语言，秉承共同的“安达信式”的价值观。整个 20 世纪 80 年代，人们都以在安达信公司工作而自豪，这是一家受人尊敬的公司，能为员工提供不错的职业。

到了 20 世纪 90 年代中期，安达信公司仍然提供正式的道德标准和伦理培训。1995 年，公司还成立了由芭芭拉·托夫勒领导的咨询团队，目的是帮助其他商业公司管理伦理问题。但很快，公司自身的伦理问题让托夫勒很担心，她在著作《最后的会计行为：雄心、贪婪以及安达信公司的衰落》中表达了自己的忧虑。托夫勒认为，公司伦理文化最终消失主要是因为公司的利润越来越多地来自管理咨询，而不是审计。审计与咨询是完全不同的业务：审计中已熟练使用的文化标准与咨询商业的需求是不一样的。在新的商业环境下，公司期望员工能够努力让客户高兴，重点关注是否获得商业收益，因为只有营业收入是最重要的。公司甚至期望员工不惜代价创造工作业绩，以实现利润。

一直以来，伦理培训都对安达信文化的传承起着重要作用，但是即使这种培训也未能保留下来。以前，新员工（应届大学毕业生）都要参加为期三天的文化熏陶培训。但是如今，为了吸引可以赚钱的客户，公司放弃了对这些新的咨询师（通常具有在其他公司工作的经历）的培训。因此，托夫勒和很多其他咨询师都从未接受过针对公司文化的培训。

托夫勒进入安达信公司的时候，已经没有人重视组织的道德准则了，尽管该道德准则登载在重要文件中。托夫勒说：“每次我提及伦理这个话题，我就感觉自己好像来自另一个世界。”因此，安达信公司即便还保留着伦理政策，也可以在正式文件中找到相关内容，但是公司的商业活动已经发生了根本性改变。在这种情况下，组织对于伦理的管理方式却相对滞后。

后来，安达信公司承认在负责安然公司的审计工作期间曾销毁了文件，因此被判妨碍司法罪。安达信公司也因此事受牵连，迅速倒闭了。因为陪审团当时并未被告知白领犯罪需要犯罪意图证明，所以最高法院在 2005 年推翻了对安达信公司的裁决。最高法院对其裁决的撤销并不能洗清安达信公司的错误行径。事实上，检察官提供了犯罪意图证明，但安达信公司已不复存在了。

安达信公司的伦理文化转变为没有伦理文化的过程是故意的吗？有人说过“现在我们要在安达信公司创建没有伦理的文化”吗？我们相信没有人会这么说。但是，在组织的商业环境已经发生显著变化的情况下，领导层却忽视了伦理文化，这样，非正式文化所传递的信息（利润，利润，还是利润）将与正式文化（道德标准）所传递的信息发生冲突，从而使组织文化内部出现严重的不一致，员工所接收的信息是只有收入才是最重要的。

如何转变成符合伦理的文化

一个组织若要使自身的文化更加符合道德标准，应该怎么做？鉴于伦理文化受多重体系影响，所以要使组织伦理往积极的方向转变，就要同时从多个方面着手，改变或发展组织的伦理文化。要想获得最终的成功，就要使各种正式的与非正式的组织体系协调一致。显然，这要求各个组织的高管做出巨大的努力。组织底层对改变文化的尝试不可能成功，除非获得了组织高管的完全支持与引导。不幸的是，很多公司（如安达信公司）在抓住这种机会之前就倒闭了。

改变组织文化比发展组织文化难得多。在新的组织中，尤其是在组织文化与员工自身的价值观一致的时候，员工通常非常愿意学习和接受该组织的文化。然而，人类学家和组织学家认为，改变现有文化是非常困难的。这与组织变革和发展的基本观点不谋而合——要改变个人和组织的行为是一件非常困难而且非常耗时的事情。人类保持现有文化的趋势被称作“文化的持续性”或惯性。文化具有成瘾性。也许是因为组织成员认为，在不影响重要价值观和制度的前提下，文化是不可能改变的。另外，非伦理的文化往往会自我繁衍。“成功的（但是没有道德的）管理者”会想要改变吗？他们不会。他们甚至还会雇用像自己一样的员工，并且延续现有的文化。

很多时候，改变组织文化的压力来自外界——股东、政府、监管人员以及其他外部利益相关者。公众对于商业人士的不信任以及政府监管的加强都可能使领导者更加关注组织的伦理文化。此外，如果一个组织中曾经出现违背道德准则的员工，或者曾经面临代价昂贵的上诉案件，那么这种组织往往最可能做出改变伦理文化的尝试。20 世纪 90 年代，美国政府制定的针对企业犯罪的《联邦量刑指南》使很多组织开始评估伦理文化。

对某个组织的负面宣传以及代价昂贵的上诉案件所产生的影响绝不限于该组织本身。各个组织会从周边的环境中搜寻其关心的信息。如果行业中的某个组织受到法律或不道德的指控，行业中的其他组织就会关注这个信息并做出反应。安达信公司面临的起诉包括在安然公司案件中销毁文件及错误地处理安然公司的审计业务。这使整个审计行业的名誉受到了玷污。因此，如果一个组织发现其面临的外部压力越来越大，那么该组织更有可能认识到重视伦理文化管理的必要性。

改变组织文化的压力也可能源于组织内部。但是，除非组织的首席执行官决定要做出改变，否则这种压力是不可能起作用的。当需要改变组织文化时，往往需要新的首席执行官执掌大局。因为只有这样的首席执行官才能下狠心，有资源引领如此巨大的改变。约翰·斯温森在结束 IBM 平稳的 30 年职业生涯后，在 2004 年受邀领导美国国际联合计算机公司（简称 CA 公司）的工作。CA 公司是一家为大型用户提供 IT 管理软件的公司，年收入高达百万美元。据斯温森所说，公司的“引爆点”是 20 世纪 90 年代董事会为高管制订的新的股票期权计划。高管必须冲击股票价格并以这个价格维持一段时间，如果做到了，他们就会得到超过 10 亿美元的奖金（你没看错，是 10 亿美元）。这些高管为了调整收入而不惜违反财务规定，并在渎职的路上越走越远。随着时间的推移，他们参与了更多的非法行为。更糟糕的是，当政府开始调查时，高管却在欲盖弥彰。政府调查给公司带来了巨额罚款，15 名高管遭到解雇，其中包括身在狱中的首席执行官。

斯温森是在与政府签署延期起诉协议（DPA）的情况下所聘请的。根据这一协议，因为起诉活动可能使得公司停业，从而导致大量员工（大部分是无辜的）失业，所以政府可以撤销起诉。该公司同意接受政府对契约、合同以及各项行为的实时监督，以指导其驶向正确的航道。也许最重要的是，要求公司制定崭新的伦理“基调”。作为实行伦理计划的一部分，斯温森在市政厅举办了数百次会议，并开设了一个内部博客，用于和员工交流彼此的想法。他还在问答论坛上创建了“问问约翰”的贴吧，员工可以直接向他提问，他回答。他还聘请了经验丰富的高级法务人员与管理团队沟通交流，出台道德培训计划，并提高管理团队的调查能力。

在基本业务方面，斯温森拜访了主要客户。他知道，公司要重组销售队伍，要将以往只重视交易的绩效管理体系改变为能够支持发展客户关系的绩效管理体系。此外，需要带给员工“单一、有凝聚力、符合道德标准的伦理文化”。CA 公司通过业务合并发展迅猛，和以前相比，员工对现在的 CA 公司更加认同。（请注意，在合并和并购的过程中，对“伦理文化”的忽视，会带来长期性的问题。应该把合并当成“婚姻”，只有价值观达成一致，才能取得成功。如果忽视或不重视双方的价值观，那么这场婚姻会十分痛苦。）

CA 公司的员工每年都会接受问卷调查。员工的士气和对管理的信任度正在逐步提高，所有人都表示他们理解 CA 公司的核心价值观和道德行为的重要性。在与学生的谈话结束时，斯温森说：“现在我们回到了正轨。员工因在 CA 公司工作而感到自豪。客户也希望和我们建立业务往来……重拾名声和信誉的过程艰难而漫长。我们不会也不能重蹈覆辙。”斯温森于 2009 年退休。一位新的首席执行官将在充满竞争的商业环境下，保持着斯温森所创建的伦理文化。

改变组织伦理的文化方式

希望我们已经表达清楚，在改变伦理文化的同时，要系统地关注所有文化体系，让它们全部支持同一种伦理文化——这是一项巨大的工程。很多公司在设计伦理制度时，都聘请了专业咨询师。这种做法也许无可挑剔，特别在公司内部缺乏相关专业知识的情况下。但为了避免出现治标不治本的现象，就需要对公司及其伦理文化进行深度剖析。很多咨询公司都提供设计伦理制度的服务。不幸的是，有些公司有时拿到的是现成的报告，报告中给出的建议适用于所有公司，这种做法被形容为“广撒网，再祈祷”，即“咨询公司向广大企业播撒出伦理建议，再祈祷能够产生一部分效果”。这种撒网与祈祷的模式很容易招来讥讽。因为它虽然提高了员工对伦理问题的意识，但同时会让员工发现，组织在伦理问题上所做的工作太少了。员工可能说：“我们已经参加了为期一天的伦理培训。现在，让我们还是按照以前不道德的方式处理工作。”

咨询公司需要为寻求建议的企业，设计一个符合该企业需求和文化的独特计划。当然，订制计划肯定比现成的模板要耗费更多资源。它要求深入地了解企业、企业领导者和企业运营情况，同时，必须对员工、经理和高管进行访问，以了解当前的情况。有了这些信息，咨询顾问才能提出满足企业独特需求的文化改变计划。

审视伦理文化

判定文化是否一致，是否支持伦理行为的唯一办法，是定期且综合地对所有正式或非正式的文化体系进行审视。假如判断结果是现有的文化不一致，无法支持伦理行为，那么接下来的目标是出台与文化相一致的伦理守则，并对整个组织中的文化进行改变。

任何改变组织伦理的尝试都可能需要系统的、长远的组织变革。此外，这种尝试是建立在一定假设基础之上的，即人类本质上是好的，并且有能力做出改变和发展。

文化体系视角

文化方式所依赖的观念是，任何一种改变或发展组织伦理的尝试都必须将整个文化体系都考虑进来。这种改变的目标必须以多重的、正式的和非正式的子系统为目标。这些子系统必须共同作用，一起传达一个清晰的信息，即在该组织中，什么是恰当的行为，什么是不恰当的行为。如果这些子系统互相冲突，就会形成混乱的信息，最终导致混乱的局面。因此，在发展和改变组织伦理的过程中，必须分析所有正式与非正式的子系统。

这种复杂的多体系的组织伦理的管理方式非常反对以某个单一的体系为目标的速成解决方法。一旦理解了伦理文化的复杂性，我们就会发现，仅仅通过设立道德准则或雇用咨询人员来做一小时的伦理培训就能解决组织伦理问题的想法是非常愚蠢的。伦理行为的管理必然是非常负责的，因为伦理行为受到多重体系的影响，每种体系自身又是很复杂的。因此，问题的复杂性必然会导致解决方法的复杂性。如果一种解决方法不够全面，就会丢失重要的信息，做出不完全的诊断，并且形成过于简单、过于短浅的解决方案。

如果组织因为受到外部压力而创造了一种新的道德准则，但是没有对奖励体系和决策过程等其他体系做出相应的改变，那么这个组织的道德准则就不可能起到积极的作用。如果非正式体系传递出管理部门是虚伪的信息，那么伦理准则除了徒有其表之外，起不到任何实际作用。空谈价值观也同样如此。例如，很多价值观中都提到了尊重多样性。但当员工环顾四周时，发现没有几个少数民族管理者，他们会怎么想？管理者要谨记，当把价值观写入使命宣言中，员工就会将其看成一种承诺，希望组织能够说到做到。如果企业在使命宣言、行为准则和培训项目中都声称要遵守“商业伦理”，员工就会希望组织从整体上进行跟进。一旦得不到贯彻落实，员工就会将其解读为虚伪。

➲ 长远视角

组织文化的形成需要几年的时间；要有效地改变组织文化所需的时间会更长，也许 6~15 年。要想有效地改变组织文化，就要对正式的和非正式的组织体系进行调整，而这种调整是需要时间的。要通过培训项目、庆典等组织活动以及奖励体系来强化新的准则和价值观。并不是所有的组织变革都需要这么长的时间，但是对组织文化的深度改变与控制确实是一项长期的计划。

➲ 关于人的假设

主流经济学是建立在“人类受到自我利益和机会主义的驱动，很可能逃避责任”这一假设基础之上的。从逻辑上来说，接受了这种假设就意味着只能从行为控制的角度尝试改变。

然而，我们认为人类本质上是好的，并且乐于接受成长与变化。大多数员工更愿意在一个公平的组织中工作。公平就意味着该组织支持符合伦理的行为，惩罚违背伦理的行为。在这样的环境下，大多数人会选择符合伦理的行为。违背伦理的个人不能简单地被看作“坏”人。他们可能受到了外在的压力，或者组织对某些行为的定义就是这样的。他们的行为应该受到惩罚，但是组织还应将这种行为当成一种需要检查组织自身及其文化环境的信号。组织可以通过文化体系改变对于恰当行为与不恰当行为的定义，减轻来自外界的强迫某人做出违背伦理的行为的压力。

诊断：伦理文化审计

正式的发展或改变组织伦理的尝试应该从诊断开始。要想对文化进行诊断，需要使用一些技巧，例如，审核决策内容、审查组织内部所传递的信息、与各个层级员工举行形式随意的面谈。另外，还需要对正式的组织体系，如奖励和晋升的结构和标准进行系统的分析。

本章的框架是如何对组织伦理文化进行审计。审计包括深入分析形成现有伦理文化的正式与非正式体系。首先，对于正式体系的分析有很多种方式，具体包括调查、采访、会议观察、培训计划与培训项目审查、浏览 Glassdoor.con 和类似网站上的评论、组织文件分析，以及查看一切可供分析的组织数据等。通过这些方式，可以判断组织的正式文化体系是如何促进或阻碍伦理行为的。表 5.1 列举了一些在调查或小组讨论时可供使用的问题。很多咨询组织如伦理研究中心也可以对调查组织提供帮助。网站 ethicalsysterms.org 亦提供相关信息。

对于非正式体系的审计同样重要。在一些没有正式行为规则和决策过程的小型组织中，非正式体系比正式体系更重要。可以通过对文化的分析找出组织中的英雄人物以及英雄事迹、组织所宣扬的英雄行为。这种文化分析可以通过各种形式的访谈、组织活动观察以及对英雄故事的分析来实现。表 5.2 列举了在非正式体系审计中可能使用的一些问题。表 5.1 和表 5.2 是为了说明一般伦理文化审计的方向。在面对具体的组织体系时，必然需要通过更加具体的问题来挖掘该体系所存在的独特问题与需求。固守某些方法，期望通过这些方法来预知相关维度的信息是注定要失败的。此外，多体系的组织文化意味着，要回答正式的和非正式的体系内部以及体系之间是否协调一致这一关键问题，必须进行体系内部与各体系之间的横向比较。

你可能已经发现，全面的伦理文化审计是极为复杂的过程，并不是一般管理者能够完成的。很多大型组织都会为此招聘具有专业人士，在公司内部进行这样的活动其实是传递了一个很强烈的信息，那就是该公司很重视伦理的作用（假设审计之后真正采取行动）。但是，有些组织并不具备这些专业人士，因此需要一定的帮助。在有些组织内，员工更愿意与他们信任的外部人士讨论伦理这个敏感话题。

本章所讨论的伦理问题能够帮助管理者对组织伦理的复杂性以及文化协调的重要性的理解。事实上，只要对表 5.1 和表 5.2 中的问题稍做修改，就能对你即将加入的组织的伦理进行评估。你可以向你的准雇主和同事提出相关的问题，看他们的回答是什么。如果他们乐于讨论这些问题，并且很轻易地就给出了答案，就意味着谈论伦理问题不会让该组织内的员工感觉不舒服。否则，大家就会用异样的眼光看你，对你来说这也不失为一个好消息。

表 5.1　正式的文化体系审计时用到的问题示例

1. 组织领导是否传达了清晰的伦理信息？伦理是不是其领导力的一部分？管理者是否被培训为遵守伦理的领导者？
2. 在选拔员工时，是否考虑了伦理因素？在培训新员工和现有员工时，是否会强调政治的重要性？
3. 是否存在正式的伦理行为准则或价值观？是否将其传达给了员工？覆盖范围有多广？是否有人使用？伦理行为准则是否在奖励和决策体系这样的非正式体系中得到了强化？
4. 绩效管理体系是否支持伦理行为？正直的人是否得到了晋升？达成目标的方法与结果是否同样重要？
5. 无论当事人级别如何，错误的行为是否都能得到公正、迅速的惩罚？
6. 组织内各个层级的员工都要对自身的行为负责吗？如果他们收到了他们认为错误的命令，他们会向权威提出质疑吗？如何提出？
7. 组织是否鼓励举报者？是否存在正式的、保密的举报渠道？
8. 在正式的决策过程中是否会考虑伦理因素？怎样考虑？是否只有财务问题是唯一要考虑的？
9. 是否对管理者和员工进行价值观培训？他们是否接受伦理决策的培训？
10. 伦理维度是不是政策制定会议以及新的风险投资报告的常规组成部分？组织高层是否成立了正式的委员会来专门处理伦理问题

表 5.2　非正式的文化体系审计时用到的问题示例

1. 找出组织的英雄人物。他们代表什么样的价值观？师傅给你的建议是什么？
2. 现有的非正式的社会化过程是什么样的？宣扬的是什么样的伦理/非伦理规范？对于组织内的不同群体，是否存在不同的社会化过程和规范？
3. 有什么重要的组织活动？它们是如何鼓励或阻碍伦理行为的？什么样的员工获得奖励？正直的员工，还是通过不道德手段获得成功的员工？
4. 组织中的英雄事迹和传说讲述的是坚决抵制一切压力坚守自己价值观的人，还是唯命是从的人？这些故事中的主人公最终是被解雇了，还是得到了晋升？
5. 是否存在可以接受的伦理方面的语言？组织是否鼓励员工在商业决策中使用这些语言

改变伦理文化的干预手段

一旦完成了审计，就应该与员工就审计结果进行讨论，让他们也加入改变和发展伦理文化的实践中。如图 5.1 所示，这个计划是在诊断以及文化的多体系结构下进行的。在正式或非正式的组织体系中，补充性的改变都是值得尝试的。

改变正式体系虽然很困难，但是比改变非正式体系更加直接。诊断中发现的问题和差距可以通过很多方式进行解决。例如，通过改变组织结构来鼓励员工对自己的行为负责，阻止无条件地接受权威命令的行为；让大家共同参与设计道德准则，然后进行传达和实施；

通过奖惩体系的设计来惩罚违背伦理的行为；绩效管理体系的设计不仅应该强调做“什么”，还应该强调“怎么”做；通过设置正式的、保密的沟通渠道，来鼓励举报行为；在培训计划中加入组织的价值观，培训项目应该使员工为以后在工作中可能面临的伦理困境做好充分准备；在选择和晋升决策中强调正直的重要性；通过在会议中投入更多的时间，在报告中留出更大的空间的办法，使伦理问题成为决策过程的重点。

改变非正式体系更加困难，尤其是那些一直导致组织产生违背伦理行为的体系。然而，要想实现整体的有效性，就必须实施这种改变。这种改变更强调“艺术性”，而非管理的科学性，即与“管理象征论”的观点一致。组织可以通过鼓励管理层和领导者制定新的组织活动、标志以及宣传英雄事迹来影响下属的行为。

组织需要通过“神话”等组织成立及重整旗鼓的故事，将组织行为引向预期的方向。例如，亚历山大·格雷厄姆·贝尔的那句“沃森先生，快来帮帮我”，树立了贝尔的服务理念，成为 AT&T 公司多年取得成功的重要因素。然而，需要经常评估这些传说是否适用于当前状况。同时，需要以组织现有需求和目标为基础，创造或发展新的内容。要谨慎地对组织“神话”进行改写，因为员工清楚组织中“真正发生了什么”。如果他们发现这些传说并不符合组织实际，就会产生抵触心理。“神话”对于组织的影响和价值来源于岁月的积淀。

改变伦理文化的效果评估

对改变伦理文化效果的评估，与组织对所有改变和发展的努力一样，应该对其结果进行评估。与诊断一样，结果评估也应该在多体系结构内进行；应该经常进行调查和访谈，以确定规范是否改变，并找出可能存在的潜在问题；应该对文件进行分析以确定对于伦理问题的观念是否保持一致。另外，也需要考虑诉讼案件数额、员工离职损失、不道德行为出现的次数等其他结果。然而，绝不能局限于数字。例如，拨打热线电话次数的增多，不仅意味着对于伦理问题的敏感度提升，而且可能是一个好的结果，而不是坏的结果。在文化建设中，评估这一环节最容易被忽视。大多数组织都不愿意做投资评估，因为他事实上很难计算这些努力的实际效果。

管理组织伦理时所需的伦理

改变组织伦理，会让我们陷入一个巨大的伦理困境：谁的价值观或道德标准占主导地位？我们认为，改变不是对员工的操纵或强制，而是出于对亟待改变的伦理问题的关注。因此，员工需要参与到问题诊断和制订计划的过程中。他们需要知道，到底发生了什么，并应该找出问题，为解决问题献策献计。

结论

本章的主要内容是在文化框架下如何考虑组织中的伦理和非伦理行为。个人的性格特征可能决定某人是采取符合伦理还是违背伦理的行为（见第 3 章），但是组织的文化环境会对大多数员工的行为产生巨大影响。要想改变或发展组织的伦理文化，必须考虑正式与非正式体系之间复杂的关系，因为这种关系会极大地影响员工的行为。快速的解决办法很可能不会成功。本章还举出了一种广泛的、多体系的发展和改变组织伦理的方式，以引导组织的诊断行为，如果有必要的话，去改变伦理文化。

大部分管理者自身不愿意进行广泛的改变文化的尝试，但是，本章会让管理者懂得组织伦理是一个复杂的文化现象。知道了文化的复杂性，管理者就可以去评估所在组织的伦理文化，就知道该向共同参与这种改变的咨询人员提出什么问题。个人也可以使用这些问题来评估自身所在的组织以及对于组织的适应程度。

问题讨论

参考你熟悉的一个组织并思考下列问题。如果你没有任何亲身经历，那么找一个正在从事管理工作的人，与其进行讨论。

1. 你所在的组织是否按照正式的、系统的方式来解决伦理问题？组织如何根据自身需求制定了伦理文化？
2. 尽你最大的努力，借助表 5.1 和表 5.2 对你所在的组织的正式和非正式的体系进行伦理审计。
3. 在伦理审计之后，找出需要关注的正式和非正式文化体系。文化不一致表现在什么地方？设计一种方案来解决这些弱点，协调正式和非正式体系，使之成为一种强势的伦理文化。
4. 假如你对某家公司感兴趣，打算对这家公司进行伦理文化审计，你会提出哪些文化审计问题？
5. 利用 Glassdoor.com，看看员工是如何评论你所感兴趣的公司的。你可以了解到该公司的伦理文化吗？如果有机会，你会向该公司提出哪些伦理文化问题？

案例：通用汽车公司的文化改变

通用汽车公司的文化能够引起热议，是有很多原因的。首先，该公司在金融危机期间申请了破产保护，并在 2009 年得到联邦政府的救助。从那之后，该公司更换了多个首席执行官，但因他们在位时间太短而未对企业文化做出改变。此外，通用汽车公司现任首席执行官玛丽·巴拉证实了公司正面临着严重的安全危机。这是由于价值2美元的点火装置出现故障，导致汽车在撞击过程中无法打开安全气囊引起的。在工程师发现其中的问题后，点火装置也未被替换，导致数以万计的消费者驾驶着含有安全隐患的汽车。公司是怎么做的呢？通用汽车公司的专家和委员会对这一问题进行了研究，但根据内部调查，公司没有采取任何行动。一位工程师证明，该公司决定做出不做任何改变的“商业决策”。这和我们第2章中谈到的斑马汽车的案例十分类似。这一问题至少导致了31起撞车致死案件。目前很多案件仍在调查当中。该公司因错误决策所付出的巨额赔款已超过10亿美元。

观察员认为通用汽车公司文化是罪魁祸首。人们用僵化、官僚、孤立无援、单调乏味甚至专横跋扈这样的字眼来形容该公司的文化。据说，员工向上级报喜不报忧，员工也不需要为任何决定负责，因为多数决定是由委员会单方面决定的。所谓的正式决策程序，就是在走过场。员工也不会因为恶劣的表现而被辞退。想要尝试改变该公司文化的首席执行官无一成功。员工只等着这些领导者辞职走人。而他们也确实是这么做的。

玛丽·巴拉希望，此次危机能够转化为改变公司文化的契机。她在接下来的5年内出任通用汽车公司的第五位首席执行官。员工也许认为，她会像前任希望对企业文化做出改变的首席执行官那样离去。但她还相当年轻（2016年52岁），如果她成功了，就有连任的希望。她也是第一位出任大型汽车制造商的首席执行官的女性。玛丽·巴拉从18岁起就在通用汽车公司学习汽车工程学（她的父亲也是为通用汽车公司奉献一生的员工）。有些人问道，企业文化是否已在她心中根深蒂固而无法改变。但事实上，她本人曾攻读了斯坦福大学的MBA学位，并在通用汽车公司多个岗位上任职。在她就任公司人力资源部门负责人期间，曾将长达10页的着装规范，变成简单的一个词——“穿戴得体”。当有人质疑这一规范说得不够清楚时，她又在全球范围内，针对通用汽车公司的管理层出台了新的培训项目。

那么，在召回危机发生后，巴拉又做了些什么？首先，她聘请了专门的公司对事件进行调查，并根据其报告，开除了公司的15名员工。其次，她还解雇了7名高管，这种做法与以往非常不同。她告诉管理者，她对下属的要求是直接、透明和坦率。她承诺会对所有人负责，但希望每个人都能对彼此负责，也能自我负责。在一次会议上，她对员工说：“我绝对不会将这次事件抛之脑后。我要将这个惨痛的教训永远记在心里。”一位管理者评论说，她在会议上所讲的话，与以往所有的首席执行官完全不同。她还说，公司一直以来都“过于美好”，在一些重要的问题上，需要不同的见解。最后，巴拉还提出了必须将客户放在第一位。一个重要的转变是，不同于以往内部评比的绩效评估体系（我今年的得分高了10个百分点），巴拉开始利用外部市场衡量标准来判断管理者是否成功。在新的企业文化中，如果汽车的市场效益不好，那么高的那10个百分点也没有任何作用。

巴拉所面对的挑战常常被拿来和当年埃伦·穆拉利改变福特公司文化的经历相比较。

在掌管波音公司多年后，埃伦·穆拉利接管了存在严重的文化和绩效问题的福特公司。但公众认为他对福特公司带来的文化变革是非常成功的。因此，没有什么不可能。问题是巴拉是否能够胜任，以及她将面临多么大的阻力。

讨论题

1. 找出并讨论通用汽车公司的伦理文化问题。读完案例后，你还有什么问题？
2. 你认为玛丽·巴拉是改变公司文化的合适人选吗？她的优点和缺点是什么？
3. 根据在本章所学的知识，评估这一案例中的文化改变。案例中所提到的文化改变，针对的是哪种文化体系？是否有遗漏了的文化体系？
4. 如果玛丽·巴拉想在通用汽车公司创造伦理文化，可以给她提出哪些建议？为取得变革的成功，有哪些事情是管理者理应做却还未做到的？

案例：德士古公司的文化改变

1999 年，德士古公司解决了一起指控该公司歧视非裔美国人的诉讼案件。该公司被判罚款 1.75 亿美元，这是迄今为止同类案件中罚款数额最高的案件。在相关录音带公布后，该公司的股票每股下跌了 3 美元。时任首席执行官彼得·比吉尔决定停止打官司并达成和解。少数族裔员工得到共计 1.4 亿美元的赔偿和欠薪。该公司还投入 3 500 万美元，用于成立一个独立的工作小组，以评估公司在未来五年内的多元化努力。

显然，德士古公司中确实存在问题，包括员工和管理者公然的带有种族主义色彩的语言和行为；少数族裔员工的薪酬较低（甚至低于某些工作的最低薪资）；被偷听到的白人经理的话语："我从来没想过能活到这一天，黑人妇女居然在公司的办公室里办公。"德士古公司的不幸却是少数族裔员工的万幸。一位德士古公司的官员对本案涉及的相关会议进行了录音。录音带记录了公司高管在会议中使用了带有种族歧视性质的词语，并讨论如何销毁污点文件的经过。录音带被送给《纽约时报》并随后公之于众。更糟糕的是，前高级金融分析师巴里·埃伦·罗伯茨撰写了一本书，书中详细记述了包括她自己在内的很多少数族裔员工所受到的侮辱。一次，一位白人官员甚至公开称罗伯茨为"带颜色的小女孩"。她还详细记录了公司如何忽视来自少数群体的申诉。

比吉尔对这个问题不同寻常的解决方法是，他决定对公司整体文化进行变革。从 1998 年到 1999 年年初，由于原油和天然气价格低迷，该公司陷入财务困境。该公司的营业额和收入急剧下降，员工人数从 27 000 名减少到 18 500 名。在这种情况下，如果换成另外一位首席执行官，就会把多元化问题搁置一边，而专注于利润。但是比吉尔利用这个机会"让我们成为一个更好的公司"。首先，作为领导者，他明确表示他不会容忍不尊重行为的发生，那些不接受文化改变的人将被解雇。他甚至走出公司，与城市联盟等组织交流，他说："真正的承诺不应该只是列出对多元化要求的清单。它必须融入公司的商业计划。它必须指导招聘、发展、促进和保留多元化员工队伍的战略。它必须冲破我们的行业界限——不仅限于我们的客户和供应商，而且包括我们工作和生活的社区。"比吉尔聘请非裔美国人出任公司全球业务发展总监、总法律顾问等关键职位，引领公司多元化的发展。这些人都表示，他们同意加入该公司是因为他们确信比吉尔是真正想努力变革文化的。该公司还建立了新的招聘系统，以增加每个职位上的少数族裔群体候选人。在人力资源委员会的成员中，应有妇女和少数族裔群体的存在。

在雇用少数群体方面富有成功经验的中介公司，也被邀请去帮助比吉尔进行文化变革。从长期来看，该公司还专门成立了奖学金和实习计划，以激励对公司重要领域进行研究的少数族裔群体。

接下来，比吉尔制定了具体的多元化目标和时间表，并将管理者的成功和奖金与这些举措的实施相挂钩。对于所有主管，他制订了 360 度反馈计划，其中包括对于多元化问题的评估准则。他还建立了正式的指导和领导力发展计划，以确保该公司做好少数族裔担任领导职位的准备。所有员工都必须参加多元化培训，这种培训已被纳入普通的管理培训当中。同时，公司还建立了多种申诉渠道，其中包括热线电话，避免争议的独立仲裁和调解程序，以及签有保密协议的外部监察员。最后，该公司制订了少数族裔员工和妇女的业务发展计划，以增加与其合作的少数团体批发商的数量。因解决诉讼而得以建立的独立工作小组，负责监督整个变革工作的进展。该工作小组经常与员工团体会面，并指导公司的变革进程。

德士古公司做得怎么样？企业多元化计划主管安吉拉·魏乐特说："你无法改变人们的思维，但可以改变人们的行为。"有证据表明，员工的行为确实发生了改变。新任法律顾问已很少收到针对歧视的诉讼。1999 年，共有 44%的新员工和 22%的升职者是少数族裔员工。1997 年和 1998 年，该公司与少数族裔妇女供应商的合作投入，高达 10 亿美元，超过了 1996 年所设立的目标。1999 年，德士古公司甚至申请列入 1999 年《财富》杂志对少数族裔待遇最佳的 50 大公司。虽然没有入选，但此次申请行动表明，公司管理者对文化变革的进展感到非常满意。华盛顿特区律师事务所的多元化专家威尔顿·莱瑟姆说："它绝对是解决该国面临的最大问题之一的典范。"监督工作组的报告被公布于德士古公司的官网上。在 2000 年 7 月发布的一份报告中，工作组肯定了德士古公司领导层的承诺。"通过领导层支持的价值观和持续努力的改善就业状况，公司向大家传递的信息是，它绝不会容忍工作中的歧视、骚扰或报复行为。平等、公正地对待员工，是一个具有高度竞争力的企业的核心使命。"报告还提到了监察员计划是员工提出申诉的首选方式，已经解决了很多可能引起严重结果的问题。

工作组在之后的报告中还提到了各种不同的结果。虽然妇女和少数族裔员工的总体比例略有增加，但这两类员工所占的新员工和晋升的比例有所下降，妇女和少数族裔员工在管理岗位中所占的比例也略有下降。尽管如此，这些团体的晋升比例高于整体平均水平，这也是该公司取得持续进步的标志。但报告还指出，有很多工作亟待完成，尤其在 2001 年被雪佛兰公司收购后。在公司官网上，雪佛兰公司称其重视多元化，并以“尊重员工和国际社会”的方式开展业务。该公司因平等地对待女性、同性恋者和跨性别者而获得奖项，并被《多元化/工程和信息技术》杂志评为 2008 年最佳多元化公司。

讨论题

1. 寻找德士古公司 20 世纪 90 年代中期存在的伦理文化问题。
2. 根据本章所学的知识，评估这一案例中的文化改变。案例中所提到的文化改变，针对的是哪种文化体系？是否遗漏了文化体系？它的文化是否一致？为了成功地完成变革，有哪些工作是管理层应该做但没做到的？
3. 这种文化变革需要多长时间？

案例：亟须改变的违背伦理的文化—— TAP 医药公司

1995 年，道格拉斯・度瑞德被任命为 TAP 医药公司的销售副总裁。TAP 公司比日本的武田化学工业以及元培实验室的创建早 25 年。那个时候，度瑞德才 20 岁，他的妻子是他的高中同学。他在默克公司工作了 20 年，最终晋升为高级区域主任。TAP 公司给了他每年增加 40%的收入的机会（除了合同中签订的 5 万美元的津贴），条件是要把 TAP 公司发展成溃疡及前列腺药物的领先供应商。他把握住了这次机会，接受了可能面临的挑战。

但是，他刚到 TAP 公司几个月就发现了一件很震惊的事情——TAP 公司的文化不同于他已经习惯了的默克文化。默克公司一直以来都以其组织伦理和社会责任感而著名，度瑞德在公司任职的 20 年间，也对此做出了很大的贡献。例如，在默克公司，每次市场运作之前都必须经过法律和监管团队的审查，如果有必要，一定会召回相关药物。但是，在 TAP 公司却完全不同。很快他就发现，这家公司的文化只重视数字。他上任的第一天就发现，TAP 公司内部没有配备任何法律顾问，法律顾问被看作“阻碍销售的人”。在一次会议上，度瑞德听到销售代表公开讨论，如何挪用新型前列腺癌药物鲁普润的管理费来贿赂泌尿科医生，以向医生推销 TAP 公司的药品。TAP 公司的销售代表给予这些医生的是打折的甚至免费的鲁普润样本，他们还鼓动医生将药品全价卖给医疗保险公司。他在无意中听到，甚至有医生吹嘘医疗保险公司都是用船购买鲁普润的。TAP 公司给国内每位泌尿科医生赠送了一台宽屏电视、一些办公用具以及一张高尔夫球票。这些销售代表并没有按照法律的规定对他们发放的免费样品负责。按规定，即使只是一片药物，所面临的罚款也可能高达 100 万美元。此外，TAP 公司还经常为医生举办晚会。

很快，度瑞德就无法忍受了，并且为与这样的公司为伍而心怀愧疚。最初，他试着去改变这种文化。毕竟，他是公司的副总裁。但是，他所做的一切努力都遭到了抵抗。有人告诉他，他不懂 TAP 公司的文化。当他谈到赢得医生的信任有多重要的时候，这些销售代表都表现出了不屑且不以为然的表情。然后，他试着去影响和改变这种“TAP 方式”。他以津贴的形式鼓励销售代表准确记载所发放的药物样品这个措施确实起到了效果。但是后来，高管终止了这项津贴的发放，销售代表自然也不会再记录样本情况。一段时间之后，他发现自己不再被邀请参加任何会议，他被孤立了。如果他在任职不到一年的时间内辞职，结果会怎样？他将拿不到津贴，并且他怀疑还会不会有其他公司再雇用他，甚至给家人带来影响。但是，他也很担心会成为公司的替罪羊。

在极其无助的情况下，他向默克公司的老朋友格莱纳·库鲁克斯——现任国际健康战略政策组织总裁——寻求帮助。度瑞德所说的让她感到很震惊。格莱纳鼓励度瑞德以书面文件的形式记录下他观察到的这些不正之风，并让他将这些情况告诉一位费城的律师伊丽莎白·安斯利。根据有关法律，安斯利建议度瑞德按照联邦举报程序检举 TAP 公司。准备好文件资料以后，度瑞德进行了举报，联邦调查员开始了这起案件的调查工作。1996 年，度瑞德离开了 TAP 公司，来到了阿斯特墨克公司。根据有关举报的规定，调查工作是在保密状态下进行的。TAP 公司和阿斯特墨克公司应该都不知道调查工作的展开。调查工作花费了几年的时间，为了出庭作证，度瑞德从新的工作单位申请了休假。最后，TAP 公司承认其曾密谋欺骗政府，并同意支付 8.75 亿美元的罚款。2001 年 10 月，依据规定，度瑞德拿到了相当于罚款的 14%的奖励，即 7 700 万美元（其中 2 800 万美元为税费）。他退休后回到了佛罗里达，回到了父母身边。但是，让他很不愉快的是，他还要作为证人出席对于六位 TAP 公司行政人员的审判。在这六个人中，有些人曾经是他的上级。

讨论题

1. 分析 TAP 公司的伦理文化是否协调一致？
2. 依据案例中的事实以及本章的内容，对道格拉斯·度瑞德曾经做出的改变文化的尝试进行评估。他试图改变的是什么体系？遗漏了哪些体系？为什么？
3. 他改变文化的尝试为什么失败了？要取得成功需要付出什么代价？

案例：“坏至骨髓”

2012 年，在进行了大量调查后，《财富》杂志刊登了一篇标题为“坏至骨髓”的爆炸性文章。该文章针对的是宾夕法尼亚州一家叫作辛迪斯的公司。辛迪思公司起源于瑞士，那里的外科医生发明了一种可以通过移植修复坏死骨头的产品。其中的一位医生找到了哈佛商学院毕业的汉斯贾格·维斯，也就是后来的辛迪思公司在美国的负责人，再后来的首席执行官。维斯因积极参与哈佛商学院的慈善活动而闻名，同时也因登山远足等其他业余爱好而出名。作为企业的领导者，他被形容为令人生畏、事必躬亲的管理者。从购买厕用的纸巾到公司食堂的盘子形状（方形），事无巨细，他都想亲自决定。该公司被评价为“管理严格——员工只需要按照指示做事的地方”。维斯还是一个无法容忍意见分歧的“800磅的大猩猩”。

20世纪90年代末，维斯对一家叫作Norian的新兴公司产生了兴趣。该公司发明了一种特殊的黏合剂，可用于填补骨头裂隙并可将自身转化为骨头。该产品成功地试用于胳膊及颅骨，得到了美国食品药品监督管理局的批准。辛迪思公司希望该产品能够用于椎体压缩性骨折（VCF）的治疗，因为患有该疾病的患者常常还伴有骨质疏松，但美国食品药品监督管理局禁止将该产品用于此项目。要想取得批准，就需要进行昂贵的临床试验以证明该产品的安全性和有效性。同时，美国食品药品监督管理局还规定在用途未经批准的情况下，禁止在市场上销售该产品，更别提向医生提供该产品了。

辛迪思公司做了一次市场调查后发现，该产品的市场潜力巨大——每年大概有 50 万个 VCF 的病例。一位监管部门的工作人员迈克尔·夏普在无意中听到了该公司要向医生推销这一产品，马上向辛迪思公司的高管发送了电子邮件，警告他们禁止该公司员工和医生提起有关Narion的事情。高管向其保证，此类事件不会发生，所以夏普以为问题就此解决了。2001年，加利福尼亚州的一位医生在对两名患者进行VCF手术时，使用了该产品。这两位患者都出现了严重的大出血，生命危在旦夕。夏普得知这一消息后，再次联系了公司的管理者以及北美分公司的负责人迈克尔·希金斯。迈克尔·希金斯也给销售人员写了一封电子邮件，强调销售未经批准的产品的危险性（销售用途未经美国食品药品监督管理局批准的药品和医疗设备）。事实上，希金斯自己就组织了一批由医生组成的重点团队参与该项目。管理层传达了不一致的信息，该项目仍在继续。希金斯的团队建议，在该产品用于人体之前，先在动物身上做实验。公司同意了这一提议，并承诺向其提供资金支持。但当得知做临床试验需要投入100万美元且耗时3年时间时，公司高层会议否决了做人体临床实验的提案。相反，该公司向美国食品药品监督管理局申请，批准其使用该产品修正现有的医疗设备。2001年年底，美国食品药品监督管理局批准了该申请，但规定不能将该产品掺杂在其他物质中，以及注射入脊椎（这正是该产品在VCF中的用法）。

与此同时，动物实验方面传来了不好的消息。研究发现，该产品在猪身上引起了严重的血液凝固问题，导致猪死亡。实验还发现，在试管中滴入该产品和血液的混合液之后，血液马上凝固了。公司的一位医疗顾问无意中发现，公司正将该产品送往一位医生处。这位医生正在研究如何将该产品掺入其他物质中，创造一种名为SRS-R的混合物质。他马上警告高管，这是极其危险的行为。没过多久，这位医疗顾问就被解雇了。公司中的其他员工都向老板提出了自己的担忧，但都被说服了。

对以上事实视而不见的高管，决定继续聘请一些医生进行并汇报其在 VCF 病例上的临床试验。医生尤其是整形外科医生将该产品用于未经批准的用途。一位年轻的商业学校毕业生，即该公司的产品经理，向医生教授如何在治疗 VCF 时将该产品和硫酸钡混合在一起（这是美国食品药品监督管理局所禁止的）。鉴于很多手术都进展顺利，美国食品药品监督管理局批准了混合物（现在的名字是 Norian XR），但继续警告不得将该产品用于 VCF 的治疗。

不到一个月，一位得克萨斯州的患者因血压突然降低，而丧命于手术台上。因为并未对尸体进行解剖，所以死因尚不明确，辛迪思公司并未按照美国食品药品监督管理局的要求出具死亡报告。另外，销售团队估计该产品会带来上百万美元的收益，缴税之后还有 50% 的盈余。该公司还资助了加利福尼亚州的一个医学研讨会，其中的医生常将 Norian XR 的混合物注射到尸体当中。但不久之后，一位加利福尼亚州的患者也因手术途中血压骤降而导致死亡。医生将死亡原因归咎于使用了 Norian XR。该医生的合伙人，曾成功地使用该产品不下 20~30 次，也经历了类似的事情，他的患者也因同样的原因身亡。那时，辛迪思公司才写信说“已经出现了死亡案例”，并承认该产品不应用于 VCF 的治疗，但并未对产品进行召回，该产品仍在销售中。

2004 年 5 月，辛迪思公司因希望销售未贴标的该产品而向美国食品药品监督管理局的调查员赠送小费。该调查员随即对其公司展开了调查，并发现该公司已经违法了美国食品药品监督管理局的规定。虽然耗时较长，但在 2009 年有四名高管被起诉。2010 年，辛迪思公司承认有罪，同意支付 2 300 万美元的罚款，并放弃使用该产品。四名高管分别被判处 4~9 个月的有期徒刑。此次判决与以往不同，震慑了整个医药行业。而政府所要传达的信息是，在这种违法销售未贴标商品的案件中，高管也可能锒铛入狱。因使用该产品而丧生的患者家属，仍然在上诉中。

2012 年，强生公司以 200 亿美元收购辛迪思公司。它将该产品出售给了附近一家小型生产商，售价为 2 200 万美元（比罚款数额少 100 万美元）。强生德普辛迪思子公司享有该产品的独家代理权。

讨论题

1. 你可以得到多少有关辛迪思公司文化的信息？从员工的行为上分析，你认为辛迪思公司的文化是怎样的？
2. 在伦理和社会责任上享有盛誉的强生公司接管了辛迪思公司。从伦理文化的角度来看，如果你想要将两家公司结合起来，尤其是想要对辛迪思公司的文化进行改变，你会有什么建议？
3. 你认为在这个案例中，给高管判刑是否合适？

第6章 伦理管理与法律监管

引言

在第 5 章中，我们把伦理作为一种组织文化进行了介绍。但是在回答一些问题的同时也引发了另外一些问题，例如，“在现实中，一个组织要想创造和传播一种伦理的组织文化，它需要做什么？”本章就来回答这些问题。我们将通过关注美国大型公司里的伦理道德和法律法规的方式来回答这些问题。这些方案是为了以多种途径去管理和传播道德规范而设计出来的。

无论你在组织中处于何种层级，你都会发现本章所介绍的内容对你来说非常有用。对于组织中的高管来说，它将就如何对公司进行伦理道德和法律规范管理给出建议；对于组织中的中低层管理者来说，它将帮助他们去了解自己企业所采取的道德管理方法，并与其他企业的做法相比较；如果你是一名学生，它将在你求职时帮助你思考什么样的工作才是适合自己的。

在准备本章内容的过程中，我们与无数来自各个行业的管理者进行了交流并搜集了现有的大量文献资料，这将带给你最新及最有效的资讯及方法，帮助你构建伦理文化。我们希望你能够思考，员工遍布全球的跨国企业在伦理道德和法律规范管理上所面临的挑战。我们发现，和我们交流的企业都正在尝试着各种各样的努力，但是它们的方法在某种程度上都会由于行业和组织文化的不同而不同。一些行业（如国防、医疗保健和化学工业）要比其他行业有着更严格的管制，所以在这些行业中，法律规范和规则的遵守是非常重要的。对于这些企业来说，伦理道德和法律规范管理与企业的名誉和品牌价值是紧密相连的。在这种情况下，诚信自然就成了企业行为的核心。

结构化的伦理管理

很多企业都在伦理道德和法律规范的工作上分配了大量的资源。同时，企业对正式的道德管理程序也给予了越来越多的关注，从局部意义上说，这源自媒体对美国商业丑闻的关注，以及管理层对美国量刑原则的认识（见本章附录）。另外，像大企业联合会这样的组织多年来都一直在召开商业伦理会议，并不停地在会议上呼吁企业建立正式的伦理管理系统。还有一些企业的领导者把伦理放到了非常重要的位置上。

然而，美国量刑原则对美国公司道德规范所带来的影响极其深远，难以超越。这一原则自 20 世纪 90 年代起初显成效。20 世纪 80 年代中期，刑法的主要着眼点在于个人被告者而非企业，对企业的罚款力度也较为适中。1984 年，国会成立了美国量刑委员会，以回应公众对于量刑中自由裁量权的批评，并认为对于“白领”和其他类型犯罪的量刑方面存在差异。1987 年，美国量刑委员会针对犯罪者实施了联邦量刑原则，结果导致对犯重罪的个人和组织罚款数额的不断增加。该原则限制了司法量刑的自由裁量权，几乎每个重罪犯都难逃被监禁的命运。

1991 年，美国量刑委员会颁布了针对组织犯罪的新联邦量刑原则。根据此原则，只要一名员工犯罪，组织就可以被定罪。新联邦量刑原则涵盖了欺诈、反垄断、担保、税务、贿赂、洗钱等方面的罪行，并规定了惩罚条例。“它要求触犯法律的组织，几乎毫无例外地赔偿并支付巨额罚金（没有减免税款）”，甚至呼吁实施“企业死刑”。联邦检察官在受理位于纽约州，法明代尔市的美国精密元件公司的案件时，曾使用了此项条款。该公司涉嫌将普通螺母和螺栓作为高标准航天原件销售给政府承包商。该公司最终宣告破产。另外，一向以“诚实守信”为准则的前安达信会计师事务所，曾黑账累累（如阳光公司破产案、美国废物管理公司案、安然公司案、环球电讯公司案、奎斯特通信公司案、世界通信公司案）并成为史上最大企业惩罚案。

新联邦量刑原则采取“奖惩并济”的方针管理企业犯罪。激励机制促使企业建立强大的内部管理系统监督违法行为。它为尽职调查及有效遵守法律提出七项要求（见表 6.1）。例如，该原则认为组织建立并维护企业的行为准则，缔造沟通、指导、汇报及问责机制。惩罚机制则用来严惩对内部法规缺乏监督和管理而被定罪的组织。管理者是否主动承认过失并协助调查机构展开调查，企业是否建立有效的管理机制以预防违法行为的产生，都将对罚款和量刑结果产生极大影响。1991 年的《联邦量刑指南》罗列了有效遵守法律的七个具体要求。

表 6.1　尽职调查及有效遵守法律的七项要求

1.	建立合理的预防犯罪行为标准。
2.	委任具体的高管负责监督组织内部的行为是否合乎标准。
3.	谨慎选择监督人员，以确保裁量权不会委托于涉嫌违法行为的个人。
4.	将行为标准及监督程序告知每位员工，尤其要在培训及员工手册中进行重点强调及说明。
5.	采取监督、审计等合理措施践行规章准则，并利用其他措施发现违法犯罪行为，并保证检举犯罪行为的员工免受报复。
6.	利用适当的惩罚机制，贯彻落实行为标准，包括酌情惩处对犯罪行为失察的个人。
7.	一旦发现违法犯罪行为，就积极采取相应措施，预防此类问题的再次产生

以上内容引自《联邦量刑指南》1991 版（登录 www.ussc.gov 获取更多信息）。

因此，对于同样的犯罪类型，惩罚的方式则多种多样。（有关惩罚的详细信息请参阅本章附录。）该指南同样建议，应对未设立有效法规机制的被告组织判予缓刑。缓刑的条件包括：要求组织公开（在法院的指导下自费进行）其犯罪事实并说明惩罚性质；定期向法院汇报其财务状况及经营成果；定期向法院提供非公开的账本和财务记录，并由法院指派的专家（费用由该组织支付）对组织员工进行审查；当业务状况和前景出现任何重大不利变化时，需及时告知法庭。

根据美国量刑委员会（www.ussc.gov）的报告，越来越多的企业在《联邦量刑指南》的指导方针下接受判决。随着《联邦量刑指南》影响力的稳步增加，得到了企业越来越多的关注。在 1996 年的 Caremark 决议中，根据《联邦量刑指南》，公司董事会作为公司管理体系的一部分受到传唤，并面临个人追责。1999 年，Hoffman-LaRoche 公司因涉嫌触犯反垄断法而被惩罚 5 亿美元，成为当时美国被惩罚款最多的案例。罗纳·普朗克则因主动检举这一罪行而获得赦免。2001 年，TAP 公司在《联邦量刑指南》的规定下，被判惩罚款共计 2.9 亿美元，罚款数额位居当时第三（见第 5 章关于 TAP 公司的案例分析）。近年来，罚款数额更飙升到了天文数字。AT&A 公司因非法向用户征收入网税而在 2011 年被判惩罚款 10 亿美元。2010 年，英特尔斥资 12.5 亿美元重新设计其芯片，以报复使用竞争对手芯片的计算机制造商。2009 年，辉瑞制药公司因非法销售止痛药而被罚款 2.3 亿美元，最后，大银行（美国银行、美国富国银行、摩根大通集团、花旗集团、Ally 银行）在 2012 年因违规取消客户抵押赎回权及错误地回应客户修改抵押贷款的要求而支付了 250 亿美元的罚款。罚款数额仍在不断攀升。2016 年 6 月，为从 2015 年曝光的汽车尾气丑闻中挽回声誉，大众集团支付了 153 亿美元的赔款。该公司在美国和其他国家仍面临多起诉讼，赔款总额无疑会越来越高。（请参阅第 10 章中的详细内容。）

2004 年，美国量刑委员会发布了《联邦量刑指南》的修订版，其中包括要求董事会监督企业是否遵守法规并执行伦理计划，高管保证法规的有效执行，企业的伦理官将具有足够的权力并可以直接向高管进行汇报。此外，组织还必须对员工进行培训并组织风险评估，以识别潜在的风险。另外，该修订版还提出，组织不能单纯地“按部就班”执行《联邦量刑指南》中的规定（不会举一反三），而要将伦理计划作为企业内部文化的一部分（见第 5 章关于伦理文化的内容）。联邦最高法院在 2005 年的美国对布克一案中决议，法官无须严格执行《联邦量刑指南》中的规定，该指南只作为参考，联邦检察官的任务是采取必要措施保证判决遵守该指南的主旨。因此，多数检察员认为《联邦量刑指南》还将适用于大多数案例。

近年来，《联邦量刑指南》不断发展，每年都会发布更为细化的版本。这是好事一桩。量刑委员会定期对其进行修订，并奖励认真遵守法规的企业。该指南也因此充满活力，而不是一成不变的空头文件。《联邦量刑指南》中的大多数规定已成为全美国企业伦理计划中不可分割的组成部分。当然，其中一部分企业努力在行为上合乎《联邦量刑指南》“字面”规定的要求，而其他企业则逐渐领会了该指南所表达的“精神”。本章中，我们将讨论这些企业所付出的努力。

让伦理全面而详尽

《联邦量刑指南》旨在鼓励组织机构制订企业伦理计划，以推动其商业运作中的诚信和道德行为。随着时间的推移，该指南日趋完善和成熟。富有责任感的组织已经尝试了很多方法，让伦理和价值观成为开展业务的核心准则。正如我们在第 5 章所提到的，企业通过调整组织中的多种因素，让道德和诚信等价值观成为组织文化的一部分。要想将企业价值融入组织文化中，离不开高层强有力的执行承诺。一旦管理层明确努力方向，就要将企业价值观和精神传达给每位员工，并制定合理的奖惩制度。

管理伦理：企业伦理办公室

在一些企业里，管理伦理的责任都被广泛地委托了下去。在这一过程中，他们发现，一个坚定的价值观陈述和浓厚的伦理文化能够把各方面的伦理管理努力紧密地结合在一起。但是，这种方法可能只对小公司比较有效。大多数大公司都发现伦理管理的第一步还是需要从有一间独立的办公室开始，因为这样才能够确保方案的所有部分都可以被很好地结合在一起，同时可以确保《联邦量刑指南》中的所有要求都能得到实现。

企业伦理办公室的概念可以追溯到 1985 年的通用动力公司，即后来的美国第二大防务承包商。美国海军部长在当时出于对一些由政府间接支付的费用的合理性的担心，指示通用动力公司要为它所有员工制定一套严格的道德行为规范，并对其严格实施，对违反者要加以制裁。后来，通用动力公司向一家位于华盛顿的非营利性咨询公司，即伦理资源中心寻求帮助来制定道德行为规范。在这个过程中，公司还成立了一个伦理办公室，并且雇用了一位伦理管理员。1986 年通用动力公司与国防行业的其他公司（见 www.dii.org）联合起来“接受并倡议符合伦理道德的商业行为”。这些公司之间分享最好的伦理实践，后来这些好的商业实践案例在很大程度上为美国量刑委员会规定的出炉奠定了基础。

当很多从事非国防行业的公司在 1991 年准备制定正式的道德方案时，美国联邦量刑原则就到了很大的推动作用。它建议大家设立一套道德规范准则，相互之间交流沟通，各自建立一套监督、汇报以及责任追究的制度。除此之外，它还要求各个组织都委派指定的人来监督守法情况，这个责任可以委派给一个高管，也可以委派给多个个体，如法律顾问、内部审计人员或人力资源管理专业人员，这种要求就导致了一个全新角色——企业伦理官的产生。

伦理官

直到 20 世纪 80 年代中期，"伦理官"一词才在美国企业出现。到了 90 年代，随着高水平伦理管理者的增加，他们还拥有了自己的专业组织，即伦理官协会。伦理官协会始建于 1991 年，当时有 40 多位伦理官齐集马萨诸塞州沃尔瑟姆市本特利学院的商业伦理中心，参与了组织的成立。一年后，伦理官协会正式成立并且于 1993 年召开第一次年会。截止到 2009 年，这个组织已经拥有 1 300 多名会员，《财富》杂志评选出的 100 强企业中超过半数以上的公司都加入其中。另外，还有一些非营利性组织、市政机构以及来自 30 多个国家的国际会员。2014 年，伦理官协会在华盛顿与伦理资源中心合并为世界上首屈一指的伦理组织，即伦理规范倡议组织（www.ethics.org），为组织提供有关企业伦理及行为规范方面的一站式服务。

随着企业对高质量、专业化伦理规范的需求不断增加，为企业提供信息资源并制订有效企业伦理计划的组织如雨后春笋般涌现出来。其中之一就是于 2002 年成立于明尼阿波利斯的非营利组织企业规范与伦理协会（www.corporatecompliance.org）。

有很多企业会直接指派企业的法律顾问为伦理官，也有很多企业会创设一个新的头衔，如副主席或伦理规范主任、伦理规范遵守主任，或者商业行为主任、内部审计主任、伦理规范协调员，或者直接就叫伦理官。在大多数企业，这些伦理官都被定位在企业高层，他们一般向高管、首席执行官、董事长、董事会审计员等汇报工作。企业希望他们能够提供指导及有效的策略，以确保企业的商业行为标准在企业内能够得到传播和支持。

局中人与局外人

伦理官可能是公司的内部人员，也可能是从外部引进的人员。我们曾与很多过去和现任的伦理官进行过谈话，他们中这两种类型的都有。有时，对于一个局外人来说，在道德和规范方面获得信誉是很困难的。但是，公司从外部引进的人员有个优点，就是能够用一种全新的眼光来评估当前形势，并且，如果公司需要变革的话，他们或许能更好地在变革过程中起引导作用。尽管如此，我们所采访的大多数伦理官还是相信，如果可以的话，一个受人尊敬和信赖的并且了解公司文化的局内人是最好的选择。1995 年的一份调查报告的结果就支持了局内人具有优先权的观点。82%的人对这个问题的回答是：在公司内部雇用他们的伦理官。最好的情况是，伦理官同时也是公司高层管理团队中的一员。但当企业面临伦理危机或相关问题时，组织也可能聘请企业外部人员接替伦理官的职位。

在一些企业中，伦理占有极为重要的地位。伦理官一职甚至是高管潜在培养对象的必经之路。例如，国防业务承包商洛克希德·马丁公司，已经将伦理官放在如此重要的地位之上——潜在培养对象就会了解到公司所面对的伦理问题。毫无疑问，这是跨国企业中训练管理者发现并妥善处理伦理问题的有效工具。

伦理官的背景

伦理官可以被称为“美国商业中最新的职业”，这些人的背景多种多样。如果选择内部人员的话，这个职业通常被派给某些职能机构（如公司秘书室、法律顾问办公室、审计办公室或人力资源办公室）的人员。根据 1995 年对伦理官的调查，具有法律背景的伦理官最为常见。在我们采访的人中，大多数情况也是如此。有趣的是，有些人却认为选择伦理官时不应该考虑律师，因为企业雇用律师是要他来保护企业的，所以当他面对那些怀疑企业行为的道德问题时便不能客观地处理。然而，我们所采访的伦理官都一致表示，对一个伦理官来说，最重要的就是要让员工因为他的公正、守信、可靠、谨慎而去尊重他。

伦理管理的基本结构

伦理办公室可以是集中的一个办公室，也可以是分散的几个办公室或某种组合形式。决定伦理办公室是集中的还是分散的可能取决于公司的整体结构。例如，公司其他职能部门都是高度分散的，就很难有一个集中的伦理办公室。另外，伦理办公室的结构设计还受到不同的业务部门有不同的伦理管理需求的影响。例如，公司某部门处理政府合同的事宜，其他部门都不做此项工作，这个部门可能就需要通过一种不同的方法强调对政府合同法规的遵守。所以，一个本地化的伦理办公室可能更好地满足不同行业、不同单位的需求。但是分散的伦理办公室很难被有效地管理起来，因为公司必须经常与每个办公室进行交流，以确保它们的行为与公司的核心价值观相一致，对核心价值观负责。

尽管不同单位的需求不同，但有一个集中的伦理办公室还是非常有帮助的，因为这个集中的伦理办公室可以协调伦理和法律规范，为其提供管理上的支持。大多数大公司，正如上文所提及的，都有一个伦理办公室总部，作为伦理规范活动交流的中心。

伦理官似乎都认为，不论公司其他部门的汇报流程如何，他们都应向首席执行官直接汇报工作。他们特别担心伦理的功能会“卡在”法律、人力资源管理，审计或财政这些可能有另一种心态的部门，这种情况在很多组织内部仍然存在。在这种情况下，伦理就会被当作审计部门或人力资源部门的工作，而不是企业文化的一部分。例如，曾有一段时间（至今仍存在于某些企业中），伦理官需要向法律顾问汇报工作（法务部门）。一份调查问卷显示，有88%的人认为这种设计并不合理。如果伦理办公室的领导者能直接向首席执行官报告，他就处在一个较好的位置“上传紧急信”（如果首席执行官本身存在伦理问题，那么就必须打通向董事会审计委员会汇报的通道）。

企业伦理委员会

在一些公司里，伦理管理由来自多个部门的高管组成的委员会负责。建立委员会的目的是为总裁和管理决策提供伦理监督和政策导向。另外，它也代表着公司对伦理重要性的肯定，说明公司高管对伦理问题确实极为关注。这些委员会一般每年至少召开几次会议，并承担各种职责，包括审视组织遇到的各种问题。此外，企业伦理委员会将审查企业对伦理意识的培训成果、监督企业是否开展遵纪守法的培训计划；评估调查结果并寻求指导；关注员工问卷调查结果；提醒组织注意需要特别关注或重视的新法律或法规。

伦理沟通

如果一家公司有一种坚定的、均衡的伦理文化，那么在它的基础伦理结构内部，良好的交流——向上、向下及双向沟通——是最重要的。公司必须正确地对当前的伦理交流和倡议做出评估。它必须以多种正式、非正式的方式来传递公司的价值观、准则和政策，以满足每个员工的需要。这些交流工作应当是协同的、清晰的、一致的和可信的。由于人们学习的途径不一致，因此这种传播交流也应当通过多种多样的媒介来实施。在通常情况下，那个给演讲撰稿者的老建议仍然很有用：“首先对你的演讲内容进行说明，然后开始你的演讲，最后总结你刚讲过的内容。”除拥有与管理层向下的沟通交流外，还要给员工提供与上级讨论伦理问题的机会。最后，还必须创建一种开放的沟通环境，让人们在这种环境中可以随心所欲地发问、讨论伦理。在接下来的内容中，我们将介绍一些公司交流的基础——伦理沟通的指导原则。

我们采访过的很多伦理官都对“伦理”这个词的消极性非常敏感。员工听到这个词也会有抵触情绪，他们会想：“为什么你要在这儿给我讲伦理呢？我本身挺好的。”肯特·德鲁斯科是通用动力公司的伦理官，他这样说：“‘伦理’这个词，令人不安，常暗示若某人在此方面存在着不足，所以我强烈要求不要用这个词或者在用的时候至少应该明确其含义。”在某些公司，员工对“伦理”这个词的消极反应可能比他公司更加严重，这取决于公司的文化。但是，要知道所有公司都已经成功地使用了“价值观”“商业行为”“商业活动”这样的术语。关键就是要了解你自己的公司，并且使用那些在公司的文化氛围内听起来真实可靠的术语。

基本的伦理沟通原则

综合使用正式的和非正式的沟通体系

当大多数人考虑公司的沟通体系时，他们会想到那些明显的途径，如公司报纸、网站和年度报告等。然而，就像文化一样，公司的沟通体系包含很多正式和非正式的体系。正式的沟通体系包括所有正式的书面文件和电子通信手段，如报纸、杂志、备忘录、政策指南、年度报告、网站和广告等。还有正式化的口头交流，如会议和演讲。但是，在公司沟通体系中最有力的却可能是非正式的沟通体系——小道消息。

小道消息，是一种在员工中源源不断地流传着的那些关于"实际情况是这样的"的信息流，存在于每家公司中，它包括新闻、谣言、印象和感觉。令人惊奇的是，有研究显示，通过小道消息传播的 70%~90%的信息都是正确的。在对各行各业的很多家公司的员工调查后发现，员工表示他们关于老板的大多数信息就是从这种小道消息获得的（但多数员工表示，他们更希望从老板那里获得）。既然大多数员工都热衷于此，我们就可以通过检测小道消息来了解公司的可信性，因为小道消息可以迅速、持续地提供信息，并且包含着公司内部的一些"独家新闻"。

把通过正式的沟通体系与非正式的沟通体系获得的信息加以比较，就是一种可以检测公司在各种问题（尤其是伦理问题）上可信度的方法。例如，设想一下贝格公司有一项禁止员工过度招待客户的政策。这项政策在手册中有详细说明，而且贝格公司总裁在对员工的讲话中也强调了这一点。现在再来设想一下公司市场部领导的情况，他经常设酒宴来款待公司的客户。盛情款待的花费都详细地写进了将由公司管理层审核的费用报表中，并且由公司的出纳和财务部的人员进行处理。另外，很多员工也被邀请一起去招待客户。非但如此，很多员工都曾见过市场部领导在豪华酒店招待客户的情况。先不论贝格公司正式的沟通体系对这项政策的声明如何强烈，非正式的沟通体系——小道消息——将会告诉大家事实的真相：贝格公司说一套做一套。公司明令禁止对客户进行奢侈的款待，然而却至少在纵容一位高管违反规定。这样下去的结果就是贝格公司的伦理文化会不一致，在相待客户这方面公司没有可信度。更糟糕的是，公司在其他伦理问题上的可信度也将受到质疑。

现在，试想另一种情况。立特公司对性骚扰有非常明确的书面政策，而且该公司高管一再声明对性骚扰零容忍。想象一位管理者帕特被指控性骚扰。公司立即针对指控进行调查，结果发现确有其事，随后帕特就被解雇了。这个事件的详细过程可能不会通过小道消息来传播，传播出去的只是故事的梗概。但在大多数情况下，即使故事的梗概也会传达出一种强烈的信息。如果小道消息与正式的沟通体系所宣称的相一致，员工很快就会明白公司在对待性骚扰问题上的做法，公司就会因为"名实相符"而增加可信度。

我们也不可以夸大非正式沟通体系的重要性。既然符合真相和诚实坦诚是一切伦理最关键的要求，那么如果一家公司说一套做一套——来自正式的沟通体系的信息和小道消息不一致，它就只有很低的信誉或者没有信誉，而且只有在重新获得信誉时，它才可以再去尝试进行正式的伦理沟通工作。你怎样才能对正式的和非正式的消息做出比较呢？询问员工。员工调查和团体访谈能够为我们提供用于比较的反馈信息。一种有效的判定标准是，让员工比较公司“说的”和“做的”是否一致。公司应该如何建立或重获信誉呢？设计出公司的一致性政策，并且努力去执行，这是公司在伦理问题上重获信誉的唯一途径。如果这些政策只是在部分员工中实行，或者对不同的员工存在多种不同的规则和处理方法，那么这家公司还是不能重新获得信誉。

受众分析

设计一个沟通程序要做的第一件事，就是分析你的受众需求。思考你的员工知道什么，还想知道什么，有哪些能力，期望和要求的行为是什么样的，什么时候应该提问，应该去哪里报告他们的担忧并寻求帮助。

当对典型的员工群体设伦理沟通程序时，公司需要考虑三种人（我们用军事术语形容这三种人，因为这样更形象、更易记）。

优秀标兵　第一组是“优秀标兵”——这些人明白、遵守公司的规则和政策，并且他们有良好的道德标准。他们有辨认对错所必需的判断力和经验，同时他们有良好的伦理基础可以做出正确的事情。应该注意，这些优秀标兵并不是指那些只知道遵守命令，而不管命令是对是错的士兵。他们知道人们心中的“优秀标兵”是什么样的，如果他们认为一个命令是不对的或不道德，他们就会对其提出质疑。

松动的大炮　第二组是“松动的大炮”——他们是这样一种人，他们可能有良好的伦理罗盘，但是他们不知道公司的政策，甚至对于商业中通用的道德标准都不是很熟悉。“松动的大炮”可能缺乏经验，他们可能是从另一个标准非常不同的不相关行业中转过来的，也可能从来没有读过公司的政策指南。不管什么原因，“松动的大炮”是善良的人，但是他们很天真。如果没有引导，伦理在他们眼里根本就不是一件值得考虑的事情。

手榴弹　第三组是“手榴弹”——他们既愚昧无知，也不和蔼可亲。这些人可能知道也可能不知道公司的规则，但他们不在乎。他们有自己的想法，并且缺乏对公司和领导的忠诚。我们叫他们“手榴弹”，是因为他们可能突然爆炸，彻底毁灭一家公司。

尽管这三组人的伦理沟通需求会略有重合，但是对于每个特定的群体来说，他们的需求重点是很清晰的。“优秀标兵”需要支持，是因为好人经常在为了“融入（群体）”而做出妥协时感到压力，所以需要人们的支持。他们需要明白他们的直觉是正确的，并且他们的行为不是一种例外，他们的行为与公司的要求一致。“松动的大炮”需要接受教育，他们需要知道和明白基本的伦理行为准则和公司的政策及标准。“手榴弹”需要清楚地明白道德方面的失误是不能被原谅的，他们需要看到公司会对良好的行为进行奖励，对道德错误进行快速、一致、坚决的处理。

在一个组织里，可能只有很少的几个“手榴弹”。但可以肯定的是，这类人在每个组织中都会存在，所以组织必须建立适应他们的沟通体系。“优秀标兵”可能占到员工总数的一大部分，但也可能不是大多数。由于只有很少员工从头到尾地读过公司的政策指南，所以他们中的大多数只是知道那些必须知道的公司政策。最安全的假设，就是把大多数员工都归类为“松动的大炮”。经过前文的梳理，我们已经知道，设计一个有效的伦理沟通方案所遇到的挑战也在于：它需要满足各种员工的需求。

对伦理受众的关注是基于这样一个假设，即大多数员工来公司时并不是原则性极强的人，也没有为在各种情况下都能正确决策做好准备。回想我们前几章曾经提到的，大多数员工极易受到他们自身外部的影响，所以公司必须提供指导。尽管在这个方面已经有了一些进展，但是完美的整体测试法还没有被研制出来。由于在美国用测谎仪来审查员工是非法的，因此大多数公司都转向通过纸笔测试来筛选员工。这种测试基本都为了预测员工是否具有偷窃公司东西的倾向，而有些测试则关注员工是否具有在工作中做出越轨行为的倾向。这种诚实性测试通过了美国心理协会和政府技术评估办公室的评估。这两个组织的报告普遍认为，诚实性测试的研究正在完善，而且有证据表明，这个测试对不忠诚行为预测的准确度在提高。尽管如此，很多问题还是仍然存在，公司还会继续拥有那些要在伦理问题上给予引导的不完美员工。

➲ 评估伦理沟通的现状

在设计一个伦理沟通方案之前要做一个评估，询问以下几个问题是非常有必要的。

哪种伦理困境是员工最可能面临的

除了那些员工普遍要面临的伦理困境，公司还要辨别出哪种困境对于它们这个特殊行业来说是独一无二的。例如，化工公司要特别注意环境和安全的问题。金融公司要极其关注财产受托人、公司的保密性以及利益纠纷问题。制造公司要关注工人安全、产品质量、产品责任和劳工关系的伦理问题。除了要确认自己行业的特殊问题，公司还要对组织范围内的各种工作进行检查，以发现伦理沟通方案必须解决的特殊困境。例如，同一企业的审计员和生产总监面临的伦理困境就大不相同。一旦确定了特殊的困境，公司就有可能研制出对公司员工很有用的程序—— 一种可以指导他们如何处理常见困境的程序。

员工不知道什么

公司是不是雇用了大量的来自其他行业、有着不同行为标准的“半路出家”的人？公司是不是定期招聘很多应届大学毕业生或商学院的毕业生？他们几乎没有商业道德标准的知识，更不用说特定的公司政策或行业标准了。伦理沟通程序需要以这些不同群体的特殊需要为目标。

公司现行的政策传达情况如何

公司的政策指南是像 40 磅重的大部头书籍一样，还是在网上能够被很容易地搜索到？

当公司管理者在政策方面有疑惑时，他会怎么做？查找公司政策指南，咨询人力资源管理部，询问其他同事，搜索网上资源，还是凭自己猜测？公司的政策是否在入职教育或培训课上讨论过？没有人会永远记住一本政策指南。因此，伦理沟通程序就需要对关键政策拍张"快照"，并思考如何将这些政策传达下去。组织也要清晰地传达如下信息：员工需要知道在何时提问，以及公司鼓励员工提出自己的疑问。通常情况下，公司管理者往往会告诉新员工如何在业绩方面取得成功，而不会告诉新员工，他们怎样做会失败，或者被解雇，或者发生更糟糕的事情。其实，至关重要的是，让新员工明白公司的标准是什么，公司期望从他们这里获得什么。

政策沟通需要使用通俗易懂的语言，而不是专业术语。很多公司的律师试图用法律术语解释公司的复杂政策，但是这对于那些非法律专业出身的员工（大多数员工）则毫无用处。应该尽量使用简单的语言向员工解释，"为什么"组织会有此项政策，并举例说明该政策的应用条件。

存在什么样的沟通渠道

员工如何从管理者那里接收信息？管理者又如何从员工那里获得信息？是让"走动式管理"蔚然成风，还是公司高管孤立在大多数员工之外？是否有能够提建议的渠道？员工的建议是否能够得到响应？在员工有问题、担心和疑问时，他们通常能自由地见到管理者吗？公司有申诉程序或举报程序吗？如果在管理者那里求助无果或管理者本身就是问题的一部分时，大多数员工知道到哪里去寻求帮助吗？他们能获得公司的人力资源管理部门、法律部门及审计专业人员的帮助吗？通过分析这些问题，可以让公司明白有效的沟通渠道在哪里，不在哪里，以及应该在何处建立一种新的渠道。

为正式的伦理沟通体系建立多样化的沟通渠道

公司的伦理信息可以而且应该以多样化的渠道进行交流。最明显的伦理沟通渠道包括使命宣言或价值观、行为准则、政策声明、举报不当行为的正式程序、与领导进行交流。除了这些，伦理信息还要通过各种正式的沟通渠道来加以强调，包括时事快报、杂志、年度报告和网站等。下面将介绍能够传递伦理信息的渠道。

网站

公司网站是一个重要的、可以让你从中获取公司及其价值观、政策方面信息的资源平台。很多公司对于是否要把伦理信息放在外部网站上犹豫不决。作为替代，他们选择用公司内部网来传达信息。但是，利益相关者，如投资者、潜在的员工、客户供应商倾向于通过公司网站来收集该公司的信息。所以，如果伦理信息对于这些人很重要的话，就应该在外部网站发布出来。一些公司将员工行为准则发布在网站上，一些公司将实践伦理信息及价值观的概况发布在网站上。一些组织的网站则包含与众多利益相关者（如员工、客户、供应商及有业务往来的社会团体）有关的伦理信息和组织宣言。

列举一个苹果公司网站的案例。当你将鼠标指针拉至苹果公司主页底端时，就可以找到“苹果公司价值观”的内容，包含环境责任、供应商责任、辅助功能、隐私、包容性和多样性等主题。每个主题都包含苹果公司在该领域所开展活动的报告、苹果公司首席执行官蒂姆·库克的宣言及公司在该领域所做努力的数据分析，并提供下载服务。例如，在供应商责任的主题下，你会发现苹果公司供应商需要遵守明确的行为准则，包括反对性骚扰和虐待、反对强制劳动和人口贩卖、反对雇用童工、反对歧视、保护勤工俭学员工等。登录苹果公司官网，可获取更多信息。

社交媒体

新技术为组织沟通伦理内容提供了新的方式，并提高了员工的参与度。但与其他任何事物一样，通过社交媒体进行伦理沟通是一把双刃剑。很多社交媒体的特性都可能对组织带来伤害，抑或让组织受益，这些特性包括全球化、即时传播性、匿名性及安全度低，每个人都会对组织伦理沟通战略产生积极或消极的影响。

一位企业伦理沟通员向我们描述了他为某家大型国家医疗保险公司设计和实施伦理沟通工作的经历。这家公司开通了员工博客，由企业沟通部门负责管理运营，管理层和员工可以在线讨论影响员工的问题（包括伦理问题）。起初公司领导对这种方式非常抗拒，沟通部门负责人游说了好几个月，这项计划才得以批准。最终，博客开通了。但没过几天，就有心怀不满的员工在博客上发表抨击公司的言论，这让管理层十分慌张。他们想就此终止这项计划，但沟通部门负责人仍劝说他们先等等看。几小时后，几名员工自发地回应了该员工的抨击言论，并转移了话题。在接下来的几周里，这种情况反复出现，管理层最终冷静了下来。在本书出版时，该博客已经开通了 6 年多。管理层认为，博客对公司伦理文化的构建产生了积极的作用，并帮助管理层与员工更好地交流疑难问题。另外，内部调查显示，员工将公司博客作为可靠的消息来源和行为指南。

另一个成功的案例来自百思买集团前任首席伦理官凯瑟琳·爱德蒙。她也因此获得由伦理与守法倡议会颁发的 Carol R. Marshall 奖——2013 年度企业伦理创新奖。爱德蒙现在就职于明尼阿波利斯的一家法律公司，但她最为人所知的是为百思买集团创造了革命性的企业伦理项目。在这一项目中，百思买集团使用了多种工具与 17 万名员工进行伦理方面的沟通，其中成效最显著的是爱德蒙开设的个人博客。她的博客在员工中很受欢迎，讨论的话题也非常广泛，从供应商合同到员工泄露新游戏发布日期的机要信息。每条博文都会描述一个伦理方面的案例，而且大多数是真实的案例。爱德蒙会对这些问题/案例发表自己的想法，并留下问题，让读者思考在类似情景下他们会如何回应。例如，2013 年 2 月的一条博文就为零售员工提供了一个有趣的案例。

这个案例的内容是，一名公司员工的配偶走进该公司所属的一家商店，态度非常恶劣，并声称他的夫人是本公司的员工，他理应受到特殊待遇。针对这一情景，爱德蒙抛出了几个问题，其中一个包括："不论是在百思买集团或是其他公司，员工是否应该受到与普通客户不同的特殊待遇？" 当然，只要干过零售工作的人，都经历过这种令人不快和恼怒的情况。爱德蒙不仅说出了每家公司都屡见不鲜的问题，还为员工打开了抒发自己想法的平台。评论如潮水般涌入网站，评论者都是每天要面对这种问题的员工。像这种能够让员工讨论有效解决伦理问题的方法并提出建议的公开平台，对公司百利而无一害，是强大的新型交流工具。

招聘手册

在招聘手册里可以包括公司的使命或价值观宣言、对公司伦理的讨论以及对在公司如何取得成功和失败的描述。在招聘手册中对伦理行为要做重点强调。很多公司在招聘手册中也为那些寻找工作的人提供了相应网站。

新人材料

新人材料包括：公司的使命和价值观宣言，对常见的伦理困境的描述以及对处理问题的建议，在面临伦理抉择时所需资源的介绍，如何提出或举报伦理问题的说明，等等。公司情况介绍应当特别注意，要在材料里传递出公司的价值观和期望。新员工非常渴望了解新公司，这种新人材料正好提供了这个机会，在这里可以告诉他们公司所坚持的理念，以及对员工行为的期望。我们听说某些公司在介绍公司伦理价值及行为准则时，是由法律顾问简单地将公司守则照本宣科地念给新员工，这是我们最不推荐的一种方式。

时事通信和杂志

时事通信和杂志可以是印刷品，也可以是电子版。内容包括：公司的使命宣言，公司英雄人物的传奇故事（那些诠释了公司价值观的员工），以及对伦理困境的细节描述（含有员工和管理者对他们如何处理伦理困境问题的评论）。一些公司通过这种渠道定期公布他们已经解决的违反伦理或法律的行为，以及他们是如何解决这些问题的。例如，通信部门会说，在过去的六个月中，公司已经解决了一定数量的报告，涉及网络色情、行贿受贿、差旅费虚报、对客户的欺诈行为、滥用监督权等。他们还要说明上述报告中的行为有多少要被警告，有多少要被惩罚。这样的沟通可以保持公司的伦理文化兴盛不衰，并且可以让员工知道公司在伦理方面是说话算数的。这种经常性的沟通还能为有特殊需求的群体量身定制。

伦理沟通的互动方法

伦理沟通还可以通过创新的方法进行。这种方法基于"迷你案例分析"。它让员工了解发生在组织内部的"真实的"伦理案例，从而让员工持续关注组织伦理问题。

20 世纪 90 年代，得克萨斯仪器公司就引进了相似的体系。在该体系中，公司鼓励员工提出问题。公司的内部沟通工具叫作“即时经验”，它允许员工快速、及时地提出问题，而无须经过一系列繁文缛节，同时它提供一些伦理问题的处理办法。这个办法是格伦·科尔曼想出来的，他是一名退休的空军直升机飞行员和航空工程师，当时在得克萨斯仪器公司伦理办公室任职。科尔曼承认，在越南有时候他和他的飞行员同事犯过致命的错误。但是，在返回时，他们可以自由地把这些事情记载到被其称为“即时经验”的体系中，这样就可以让他们的朋友不再犯此类错误，从而使得无数的生命获救。

在“要知道火炉是热的，但并不意味着每个人都要被烧伤”这个观念的指导下，科尔曼做出了分析，他认为对于那些公司中愿意与其他人分享伦理经验的人来说，伦理办公室可以是一个信息交流所。最后，公司通过电子邮件通信系统定期把这些“即时经验”发送给全体员工，并且在系统中保留了这些资料。员工可以在任何他们想看的时候再去登录系统找到相应的资料。

下面是得克萨斯仪器公司员工提出的一个匿名问题，该问题被公布在沟通体系上。

> 设想我在一家餐馆里无意间听到了后面人的对话，是两个得克萨斯仪器公司竞争对手正在讨论一些敏感的、竞争性的、可能对公司极有价值的信息。我该怎么做呢？继续听？捂住耳朵？告诉他们不要说了？对于我所听到的信息我该怎么处理呢？就当它从来没发生过？把它作为得克萨斯仪器公司的机密，散布它？
>
> 我并没有到处去寻找这些信息，而且我不能更换桌位远离这场对话。这看起来有点可笑，白白扔掉一个我已经获得的、可以利用有价值信息的机会，而且这个机会并不是用任何方式乞求来的。如何才是正确的行为呢？

下面是得克萨斯仪器公司伦理部门主任卡尔·斯库格劳德做出的回应：

> 在合适的地点合适的时间无意间听到竞争对手的对话没有什么不合法或不符合伦理规范的，他们必须承担自己不负责任地在公共场合谈论敏感话题所带来的责任。如果你已经听到了谈话内容，你最好尽力把它记录下来，然后报告给公司的法律部门，并且告知他们你是如何获得这些信息的。提出这个问题的公司员工的观点是正确的。假装你从来没有听到过这些信息是很荒谬的。在这种情况下，你可以与得克萨斯仪器公司共享这些信息。那个竞争对手必须为他的粗心而承担责任。我们的伦理原则不会排斥这些常识。

斯库格劳德随后的回应把这个问题又推进了一步。他通过询问员工问题来吸引对话。他询问公司员工，如果得克萨斯仪器公司的员工有意坐在他所认识的竞争对手旁边，在这种情况下是不是应该有不同的对策呢？很多员工做出了回应，95%以上的人认为有意偷听肯定是不道德的。下面是他们的一些回复：

我们不是从事间谍职业的，这是完全不道德的。
你问我这样的问题让我感到很失望。
间谍就是间谍。
我们的金科玉律怎么了？
奶奶告诉我如果有些事情会使你有负罪感，那就不要做。
如果我们的客户知道了这些，他们对我们的印象会很糟糕吗？
我为此感到羞愧。
这是十足的不道德行为。
我是否要为我是得克萨斯仪器公司的员工感到自豪呢？
让我们把诡计留给魔术师吧。
远离那些法律限制的事情，这样得克萨斯仪器公司的品格就永远不会被质疑。

斯库格劳德同意大多人的回复，并且对这些受访者给予了肯定，认为他们的道德指针都指向了正确的方向。这种“即时经验”体系使员工可以公开地分享他们与道德相关的疑问和经历，公司里的每个人都能在这种公开的交流中有所收获。假如没有这种体系，那个员工可能正在默默地与这个问题做着思想斗争，也可能在寻求几个同事或管理者的建议。但是在这种体系下，整个公司都能从个人的经历中学到东西。

除了每周的信息传递和互动交流，每周搜集的文章也被保留在“即时经验”体系中，这些以时间顺序和内容主题为索引的文章都被分类归档。一项对得克萨斯仪器公司员工的调查发现，30%~40%的人每周都会阅读这些文章，70%~80%的人至少每个月会看一次。公司鼓励监督员印刷这些文章，并把它们张贴到宣传栏里。

这个体系确实非常有效，因为它适合得克萨斯仪器公司的文化，并且是建立在良好的沟通原则之上的。首先，电子通信是从事高科技行业的得克萨斯仪器公司文化的重要组成部分。所以，基于电子邮件的伦理讨论形式是这种文化的自然延伸。其次，用电子邮件的形式来对伦理进行讨论是比较合理的，因为它可以让员工在思考后再进行互动交流。伦理问题大多需要进行反省，甚至有时还需要去档案室查询行为规范。“即时经验”体系允许员工对伦理问题做出深刻的思考，然后再与其他人进行讨论。最后，研究表明，当用电子手段进行交流时，人们更加放松。因此，他们更希望用电子手段来讨论敏感的伦理问题，而不是大家面对面地在紧张的气氛中去讨论伦理问题。

公司使命或价值观宣言

近年来，很多公司都制定了自己的公司使命和价值观宣言。使命宣言、价值观宣言等都是对“我们如何开展业务”的简洁描述，它是指导一个组织如何经营业务的原则和价值观。使命宣言是对组织存在理由的简短描述——“我们是做什么的”。价值观宣言是进一步向世界介绍组织的过程——“我们是怎样做的”，即公司行为的基本准则。它是公司的“十戒”。如果要让它有效，就应该简短易记，并且用清晰的语言表达出来，使每个人都能明白它的含义。公司的员工一定要参与制定宣言，这是非常必要的，因为一个使命宣言必须准确地反映公司文化。由外人所编写的公司使命宣言听起来会不真实。由公司真实的价值观和历史发展而来的使命宣言就是公司文化的中流砥柱。百世公司在其网站（www.pepsico.com）上公布了它的使命宣言和价值观宣言。

指导原则

为了达到既定目标，实现公司愿景，践行诚实、公平、正直的公司价值观，我们在此承诺，将在全球业务中遵循以下六条指导原则。我们将努力做到：

关爱客户、消费者以及我们赖以生存的世界

百事公司以强烈的市场竞争为动力，但是竞争的目的是为百事公司及与其相关的个人和团体带来双赢。百事公司的成功取决于对客户、消费者及社区的深入了解。

只出售我们引以为傲的产品

百事公司产品标准的关键一条是，我们的产品能够得到员工毫无保留的喜爱及消费。这一原则贯穿于从原材料购买到产品消费的所有业务环节。

表达意见真实坦率

我们在表达意见时力求全面，而不是局限于以实现某一目标为目的。在做到清晰、诚实、准确的同时，我们还确保我们的意见为人所理解。

多元文化、兼收并蓄是成功的前提

百事公司的工作环境适合各具特点、思维方式各异的员工。这样做有利于企业创新，培养发现新市场机遇的能力，有助于开发新产品，提高通过人尽其才实现增长目标的能力。

兼顾近期与远期目标

我们的决策着眼于近期和远期风险及利益。如果两者无法兼顾，可持续发展的目标是不可能实现的。

尊重他人、共同成功

我们的成功来源于彼此间的尊重。共同成功完全取决于对本行业的人以诚相待，不论对方是否属于百事公司。我们需要与他人共同协作的人才。虽然，我们的公司得益于优秀个人的努力，但更需要团队协作，实现最终目标。

显而易见，如果网站上和宣传栏内公布的宣言不是组织文化的一部分，它们就是一堆毫无意义的废话。为了使其富有意义，必须经常去引导公司及个人做出正确的决策。例如，从 20 世纪 40 年代倡导机会平等开始，多元文化就是百事公司固守的价值观之一。该公司遵循多元文化价值观的实例，就是赞助一年一度的世界同性恋领导者峰会。另外，当美国强生公司在泰诺危机中决策时，“客户至上”的价值观起到了重要作用，这可能是公司价值观被正确运用的最著名的一个案例。

如果一家公司认识不到拥有使命宣言、愿景或价值观的重要性，那会发生什么呢？那就会像阿德菲亚公司——2002 年破产的一家通信电缆公司一样。建立和经营这家公司的里格斯家族，就像经营一家街头夫妻店一样来管理它，甚至在通过一系列收购，公司员工增长到 15 000 人后，还仍旧采取这样的经营方式。2002 年，公司创始人兼首席执行官约翰·格里斯和他的儿子们被指控侵占了公司数亿美元的资金，并且对投资者隐瞒公司真实的债务情况。当新的管理团队接管公司时，他们惊奇地发现阿德菲亚公司竟然没有相关的指导原则，没有公司使命，没有目标，没有道德准则，没有行为规范——什么都没有！很快，雷·德里夫斯基就被聘到阿德菲亚公司负责公司的沟通工作，他的第一个项目就是要通过帮助公司高层创立新的公司使命、愿景和行为规范，来使公司尽快地回归正途。公司已经申请破产，伦理计划根本就没有多少资金支持，但是在几周之内，公司还是迅速设立了新的愿景和行为规范，并且开设了一条员工伦理咨询热线。员工对这个项目的满意分数表明，在“伦理真空”状态里生活多年之后，他们非常乐意接受这种来自公司高层的指导。尽管公司不久后就被收购了，但曾在此工作过的员工仍因这些正式的使命宣言所带来的新方向而感到欣慰。

组织政策

政策——“组织规则”——对公司来说至关重要。多数组织会通过制作政策手册或网站等手段，将所有相关规则公布出来。一般来说，政策手册不只是描述与公司及其行业有关的法律和规定，还包括所有的公司政策，如人力资源政策。要求公司制定一个政策，并使公司员工都能知晓这个政策（这是《联邦量刑指南》中的一条规定）虽然非常关键，但大多数员工都不会逐页地去阅读这个手册。即使可以在网上阅读手册，他们也不会逐一浏览。员工通常把公司的政策手册看作参考指南，只有在需要的时候才会去查阅一下。政策手册，就像字典，很多管理者是从来不去阅读政策手册的，因为询问他人比查阅大量资料中的一条规定容易得多。但是由于他们所询问的人不同，他们可能得到正确的答案，也可能得到错误的答案。

政策手册通常很厚，而且用法律术语写成，使其不能很好地传达那些重要的规定。而且，由于所有政策都被细化了，因此员工会认为所有政策都同等重要。很明显，某些政策要比其他政策更重要，并且应当被特别强调。

当设计政策手册时，要分析受众。哪些人需要知道全部政策？是不是有些政策只适用于一部分员工？员工真正想了解的是什么？哪些是对他们有益的？下面是一些应该遵循的指导方针。

把相关信息传达给那些真正需要它们的人

尽管肯定会有适合每个人的政策，但肯定也会有一些政策只适用于特定的群体。例如，针对公司会计师的特殊政策，可以在相应的标题下单列出来，或者做成分册，只发给会计师。如果某些政策适用于全体员工，就可以把它写入公司的行为准则里。

重要的政策要特别列示

描述机密的信息比介绍如何在生病的时候写一张时间安排表更重要。政策应该以这种方式展现给员工，即要让他们一眼就看出哪些规定是最重要的。

使其简单易懂

只有律师才会喜欢这些术语，其他大部分人都喜欢简明的表达。首先，去除那些法律术语。其次，告诉员工这些政策的含义。大部分政策手册都会禁止利益上的冲突，但是几乎没有员工明确知道冲突指的是什么。给出一个冲突的案例，然后告诉员工冲突看起来是什么样的。如果他们不能说出冲突的含义，就很难避免冲突的发生。如果能给出具体的伦理问题产生的案例，那么当问题真发生时，他们就能够知道该如何解决了。

使政策活跃起来

有效沟通不是在你发出信息的时候，而是在人们接收、理解它的时候。重要的政策需要以特别的方式传达给员工，并重点强调关键的地方。传达方式有面对面交流、员工会议、新人培训、培训课程（只要有机会）。

废除员工觉得“愚蠢”的规定

对大多数组织来说，政策是日积月累、逐年增加的。这就导致不需要或不合适的条款长期存在。对这些条款的效果缺乏评估，也没有人将其废除。定期询问你的员工，有哪些条款是不合适的。在听取他们想法的同时，至少可以提醒你这项政策存在的意义。不过，如果员工认为这项政策不合理，他们很有可能打破规定或另辟蹊径。因此，政策需要活跃起来，以适应不断变化的环境需求。“愚蠢”的规定需要被淘汰，对“愚蠢”的规定提出质疑的员工值得被肯定。

行为准则

行为准则不是伦理方案的代替品，准则只是伦理建设的开始。行为准则的出现，是因为伦理项目都必须包含行为准则这一项。各公司行为准则在长度、内容和可读性方面不尽相同，但它的主要作用是企业内部的行为指南以及伦理问题的指导方针。

行为准则越长，喜欢看的人就越少，这样说也许是合理的。但是从另一方面来讲，行为准则越短，就会越宽泛、越抽象。简单地减少页数只能表明公司的行为准则不足以应对员工每天所面临的所有问题。正确的做法是将精力放在对价值观的解读上，这些以价值观为中心的行为准则可以在多种情境下，帮助员工做出最优选择。

很多公司都把很长的行为准则分成多个部分。第一部分阐明指导原则，在其后有更详细的部分，包括详细的案例应用、常见问题解答以及详细的政策手册介绍。有些公司为特殊部门，如采购部和人力资源管理部设计了单行本，以此作为补充，使其成为更实用的行为准则。这些单行本针对某些在特殊工作中很容易出现的问题提供详细说明和解决方案。

行为准则的内容因行业和公司进入全球市场的程度不同而有所变化。所处行业不同，公司需要解决的问题也不同。从事国防工业的企业要小心翼翼地去强调那些在参与特殊政府项目时应注意的指导纲领。如果这家公司是全球化的公司，那么其行为标准一定要有对诸如行贿问题的处理。我们将在第 7 章对此进行讨论。

如果公司想要严格地去执行行为准则，它就应当定期对其进行更新，并重新发布给全体员工。很多公司每一两年会进行这样的工作。另外，很多公司会要求员工签署一份声明，说明他们已经阅读了公司的行为准则，并且承诺在接下来的时间里会遵守。真正的考验则在于行为准则是否经常得到使用。例如，在公司决议会上，如果管理者能够经常强调行为准则的内容，员工就会意识到在问题决策过程中行为准则的重要性。

伦理和供应链

越来越多的公司注意到，供应商的伦理项目会对自身业务产生深远的影响。如果重要供应商犯了伦理性错误，公司的产品制作及销售环节就会受到伤害。因此，很多公司也都十分关注供应商的伦理项目。某些行业团体，如国防工业企业伦理和行为促进会（DII），正在制定针对承包商的一系列行为准则，以保证伦理项目的贯彻执行。事实上，在与政府签订的合同中，明确对供应商的伦理要求已经成为一项法律。例如，美国《联邦采购条例》第 53.203-13 条规定：与政府签订超过 500 万美元，且时间在 120 天以上合同的企业，必须有根深蒂固的企业伦理项目，以“提升组织文化，鼓励伦理行为，承诺知法守法”。另外，二级承包商也必须贯彻执行《联邦采购条例》，并遵守合同中的相关规定。

洛克希德・马丁公司已经发展出一套更为直接、有针对性的伦理指导项目。这套项目旨在帮助建立和发展二级承包商的企业伦理。洛克希德・马丁公司将经验丰富的伦理官指派给重要的供应商，协助其开展伦理项目。在这种条件下，公司和供应商双方都得到了学习，而供应商内部的相关部门也会努力贯彻企业伦理的基本要求。你可以在洛克希德・马丁公司的网站（www.lockheedmartin.com/us/suppliers/ethics）上了解相关信息。其中包括为供应商提供的行为准则、自我测评调查、有关优秀伦理项目所应具备要素的短片，从 2016 年秋天开始，还开设了在线研讨会，讨论企业伦理项目的要素和优秀实践案例。

公开高管对伦理的承诺

在《企业文化与绩效》这本书中，科特和赫斯科特指出一个能使未来向着错误方向发展的公司情况好转的因素是，一个强势的能传播企业文化的领导者。他们解释了大公司高管是如何领导公司的。

> 用语言来传达公司的目标和策略——简单地表达，直接且频繁，也可以用行为来进行沟通……他们鼓励员工与他们对话，不允许交流只向某个方向发展。在所有情况下，公司领导者都是其所倡导的文化的鲜活体现。如果领导者想为公司注入某种价值观和行为规范，他们就会在日常生活的行为上、在开会时他们所问的问题上、在他们的时间安排上，以及在他们所做的决策中，去展示这种价值观和规范。这些行动能使人们相信他们所说的话，同时可以使其他人明白他们的讲话是很严肃认真的。

如果没有高管的积极支持，所有的道德理念都注定有一个悲惨的命运。但是高管在传达公司愿景、传播伦理或其他东西时并没有详细记录。2008—2009 年金融危机后的一项调查显示，员工对高管的信任度一落千丈，只有十分之一的美国人相信领导者是遵守伦理规范并诚实正直的。调查还显示，九成美国人都认为自己的领导无法在前景未知的情况下做出正确决定。然而，对更为年轻员工（18~24 岁）的调查显示，他们对于高管的信任度上升了 16%。这些员工都是在经济危机之后进入公司的，并未经历公司在经济危机中的丑闻。尽管如此，金融危机之后几年，人们对公司的信任度还是直线上升。到 2016 年，美国和加拿大 64%的员工都表示信任自己的公司。对公司信任度最低的是日本，最高的为墨西哥，分别为 40%和 89%。同样的信任度问卷调查在全球的商业、政府、媒体、非政府组织中得到了开展。总而言之，信息公开化的程度与信任度成正比。得到信息最少的人，对组织的信任度越低。

高管应该如何做与员工良好地沟通并且获得他们更多的信任？他们怎样才能建立一个具有伦理价值观的公司？可以参考经典著作《追求卓越》中所提供的建议，即“一个高效率的领导能够掌握两个要点：最抽象的思想和最细节的行动。正在塑造公司价值观的领导，一方面，要考虑能够让人产生兴奋和具有激情的长远高尚的愿景；另一方面，要知道唯一能够调动积极性的做法就是通过他们自己日常的行为表现”。公司高管应该谨记这样的建议，下面是其可以采纳的一些具体方法。

- 设立较高的行为标准，并在公共场合和私下里都能够清楚地、重复地传达给员工。
- 保持标准的一贯性，永远不要让你的标准成为一个谜。
- 当有人违反标准时采取快速而坚决的措施。注意保持一致性——不要因人而异。
- 对给你的直接报告保持完全的公平、公正。告诉员工，你并不想逃避坏消息。
- 永远不要迁怒于那些给你带来“坏消息”的人，否则他将是最后一个向你报告的人。

- 与不同级别不同部门的员工保持广泛的交流。要走出去，去发现事实的真相，不要满足于别人的解释。
- 在出现危机时，要负起责任，要平易近人，还要有诚信。如果你这样做了，公司就可能以最小的损失渡过难关。这就是强生公司在处理泰诺危机时普遍得到好评，而埃克森美孚石油公司在处理瓦尔迪兹原油泄漏事件中却得到低分的原因（劳伦斯·罗尔斯总裁在事故发生三周后才去阿拉斯加视察）。
- 最后，拿出你的实际行动——支持公司的伦理倡议。没有支持体系，很多公司的价值观声明只会是一个空泛的陈词滥调，只能增加公司的犬儒主义。为了发展伦理倡议，就要从你的沟通体系和专业人士那里获得帮助，不要把你的伦理策略问题只是留给律师。

在洛克希德·马丁公司，董事长于 2003 年设立了一个“道德模范新人奖”。这一奖项，作为该公司最受瞩目的系列奖项之一，在道德领域起了某种模范作用，对工作超过自己职责要求的个人或团队给予奖励。该奖项在公司颁奖盛典上颁发。候选人由部门经理提名，他们每个人都被鼓励在自己的部门提名合适的人选。2002 年，第一个获得此奖的人是罗恩·科维斯，他是公司业务拓展部副经理。在面对一个与外国客户合作的新机会时，在非常关键的投标阶段，他的行为体现了商业行为中诚实和道德的最高标准。科维斯实践了我们公司的价值观，并且通过主动放弃重要的合同，为国际客户和美国政府树立了榜样。科维斯曾经接到过一名外国官员不正当的“支付要求”。洛克希德·马丁公司期望其员工都应该拒绝这样的贿赂，而科维斯确实也是这样做的。就这件事来说，大多数人认为这是应该的，不值得受此奖励。但是科维斯停止了投标程序（拿重要的合同冒险），将此事上报给了高管，并且与美国政府官员和国外政府一起努力将那名外国官员在决策程序中开除。客户随后同意重新进行一次投标，并在程序中加上一个伦理条款。科维斯的行动和奖励被公布在了公司报纸《今日洛克希德·马丁》上，这份报纸被发放到公司的每个员工手里，上面有科维斯的彩色照片和事迹。另外，其他被提名者，每个业务领域及公司总部机构都有一位，也被刊登在报纸上。公司的每位高管都见证了董事长颁发此奖项的过程。从那时起，这个奖项就被坚持了下来。

想一想这样的事件对伦理文化的冲突。每个高管每年都必须花费精力去找这样的伦理模范。这个颁奖仪式能够帮助人们创造一种伦理文化，这个事迹后来变成了组织文化传统的一部分。伴随着这样的事迹不断增多，其影响也随之加大。这种影响对于像洛克希德·马丁公司这样以前有过丑闻的企业来说尤其重要。洛克希德·马丁公司自前任领导者的不当行为也促成了《海外反腐败法》的通过（见第 11 章）。对公司高管来说，清除公司伦理方面的负面消息是一项重要工作。

伦理培训方案

仅仅有价值观声明、政策手册及行为准则是不够的。那些严格对待伦理问题的公司不仅会大范围地分发这些材料，还会提供培训，以促进员工的理解能力和应用能力。有效的培训方案是一个持续努力的过程，它要对公司从新员工到高管的每个人都进行培训。我们曾经在第 1 章讨论过伦理是否可以被教授的问题。现在，我们希望你已经确信伦理是可以被教授的。组织伦理学所涉及的是关于认识伦理问题以及了解适当行为的知识，这些都必须教给各个层级员工

培训的内容都要经过专门设计，以适应接受培训的群体。新员工与在公司待了 10 年的管理者所需要的培训是不同的。生产线上的工人可能仅仅需要 1 小时的培训，而一位管理者可能需要好几天的培训，这些培训涉及如何成为伦理领导者等多种多样的问题。此外，培训还必须以方案目标为基础。这个培训是不是为了加强对伦理问题的认识，传达法律和政策知识，改变不正确的态度或行为？最后，伦理培训方案并不是必需的，也不应该只由伦理办公室里来推行，它应该被并入公司领导人才培养或其他方案中，从而使其更全面地融入公司文化中。

培训新员工

很多公司都会以新人情况介绍的方式为他们提供伦理培训。例如，洛克希德·马丁公司的每位新员工在接受 1~2 天的新员工培训之后，都会对伦理和法律问题有简要的了解。这项培训每年都会进行，公司在新员工入职第一天，就向他们有意识地灌输伦理知识。

培训现有员工

公司也给现有员工提供多样化的培训。一些公司给全体员工提供一套基本的伦理培训教程。另一些公司则为员工提供每年一度的伦理培训——邀请男女演员分别扮演员工、经理和客户，模拟现实中可能出现的问题，并制作成短片在线播放，在培训结束时进行小测验。一些组织还会在培训后追踪员工对伦理的执行情况。还有一些组织将伦理培训贯穿于多种培训中，包括领导力发展、高管培训、员工引导、赔偿和沟通培训等。

高管参与的培训

当第一次进行伦理培训时，很多公司都是从高管开始的。人们常用“瀑布式”描述这样伦理培训：从组织最高层开始，在其之下一级一级地展开。对领导层的伦理培训可以增加培训的可信度，所以组织经常使用这种方式。然后，由每位领导来培训他的下级，亲自向员工示范培训后应有的行为，以及对诚信的承诺。

地方管理部门参与的培训

很多公司都推荐地方管理部门也进行伦理培训，讨论每天最常见的伦理困境。如果能帮助员工解决在工作中每天都遇到的问题，培训课程就会更加有用和有效。每天打进伦理

办公室的电话可以作为培训素材。几乎任何人都会做出关于伦理的选择：报告他的上班时间，决定在不同政府合同中如何分配时间，决定他们是否从事某种可能与自身工作相冲突的外部商业活动，决定对于延迟订货该如何给客户做出解释，等等。在培训中引入日常生活中的问题可以给员工一种轻松的感觉，即他们所面临的问题对于别人来说也是问题，他们并不是那种大惊小怪的另类的怪人。

一种培训方式：伦理游戏

伦理游戏是一种在公司内交流伦理信息的强有力的方式。本书的合著者凯瑟琳·尼尔森在 20 世纪 80 年代担任花旗集团人力资源交流部门负责人时，发明了第一个企业伦理游戏——职业伦理：诚信的练习。

这个游戏是这样的：一群员工被分为好几组；然后一名协助者陈述下面的开场白。

> 我们正在玩一个伦理游戏，我们想确信这引起了你的注意。我们想确定你明白诚信对企业的重要性。
>
> 你有机会在无风险的环境中来练习怎样做出伦理决策。
>
> 我们做这些的目的，是给你一个有关公司政策及行为规则的概述。如果你认为在面临伦理困境的时候需要一些帮助或建议，我们也可以简要介绍所有对你有用的资源。

这名协助者为各组提供一系列与某些主题有关的伦理困境，如性骚扰、上报伦理问题、客户职责、保密需要和利益冲突等。这些伦理困境没有清晰正确的答案。

对每个问题，小组都要先用几分钟来讨论他们认为的合适行为。然后，组员统一意见，从四种可能采取的行为中选择一种。一旦小组选定了（某种行为），协助员就提出反对意见，并且询问整个小组为什么同意选择这种行为。由于参与者和各小组都在为自己的观点大声辩护，讨论会很热烈。协助员随后会对每种行为亮分（每种行为的分数早已被组织管理者定好）。如果参与者对分数不满意，他们可以上诉到高级管理部门的申诉委员会。这又使讨论变得极其热烈和充满生气，使人们对最高分数的争夺始终保持高度的兴趣。

高级管理部门的申诉委员会在游戏中起了一个非常重要的作用。在大约 90 分钟的出场中，高管向人们传送了这样一种信息，即诚信和伦理在公司中是非常重要的，否则所有高管不会花费那么长的时间与员工进行讨论。当接到一个申诉时，申诉委员会就会对公司标准和期望进行交流。同时，员工可以通过伦理困境看到高管是如何工作的，以及哪些是影响其做出决定的重要因素。

小组可以对分数表示不满，存有异议并上诉。如果小组的理由让他们信服，他们有权力更改分数。这在一定程度上表明了参加的高管是平易近人的。加入申诉委员会的高管经常表示，员工向他们寻求建议的情况大幅增加。一位高管描述了自己经常在大厅、休息室、自助餐厅甚至大街上被员工拦住征求意见，员工通常认为其在伦理游戏的申诉委员会中发挥着裁判员的作用。

高管也可以从游戏中学到很多。它给员工提供了一个直接向管理者提意见的机会。在一次会议上，好几位男性管理者明白了年轻女性员工多么讨厌对性别的定性。这些年轻女性一定要让管理者知道对此问题她们有多么强烈的感觉，所以这些女性在游戏结束后的招待会上继续与管理者进行面对面的讨论。

由于在游戏中提出的问题比解决的问题多，所以在游戏的最后，协助员给出如何解决伦理困境的建议，并且概括介绍所有可用的资源。

伦理游戏不仅能达到沟通和培训的双重目标，最为重要的是，能够提高员工的伦理意识，创造沟通交流的机会。另外，它描述了可能出现的伦理困境，模拟了员工可能做出的选择。不过，要想保证伦理项目长期有效，就必须不断开展培训和沟通活动。伦理游戏是良好的开端，并且可以重复用于各种伦理困境中。但伦理游戏不能孤立存在，它并非适合所有人。因此，必须结合其他媒体工具和补充信息，融入伦理计划之中。

尽管很多人对伦理游戏嗤之以鼻，但只要看到其产生的效果，就会马上深深折服。一些公司开发出了一套适合本公司的游戏并成功地运用于实践中。例如多年前，洛克希德・马丁公司曾在花旗集团伦理游戏的基础上进行修改，创造了属于本公司的伦理游戏。同时，该公司获得《呆伯特》的作者史考特・亚当斯的同意，在游戏中使用呆伯特（非常受员工欢迎）这一卡通形象。接着，公司董事会主席诺曼・奥古斯丁与呆伯特出现在介绍短片中，游戏中包括用“道格伯特的回答”幽默地回应每个伦理问题。花旗集团以虚拟不同场景并获得优秀回答为特色的花旗集团模式，以及多年前开发的线上伦理培训项目，受到了广大公司的追捧和喜爱。

解决问题和上报伦理问题的正式及非正式体系

拥有表里如一伦理文化的企业是这样一种企业：员工可以随意地公开谈论伦理问题，询问权威人物以及上报伦理问题，同时管理者平易近人，能够听取员工的意见。这可能是一家想开放沟通渠道、建立公正环境的公司要做的最重要的事情。要确保员工感觉他们可以公开地讨论其观点、想法和意见。最重要的是建立这样一种环境：能够使员工感觉其可以正直行事并且在解决问题时不会遇到尴尬或害怕遭到报复。当第一次迁怒于给你带来坏消息的人时，你已经在公司中迈出了压制伦理的第一步。“死亡信差”的消息就像风一样会在公司内不胫而走。

尽管大多数公司要求员工将其所关注的事情首先上报给其直接上级，但有时候员工想用匿名的方式来举报，或者他们担忧的正是直接上级的行为。《联邦量刑指南》也要求组织“采取合理措施，通过指导、审计和其他方法，包括能够保证员工自由地检举不良行径的上报渠道以此监控违法犯罪行为”。很多公司据此建立了正式的上报问题的体系。通常采取这样一种形式：你可以拨通公司的电话接线员，要求其帮助你解决伦理难题，或者上报自己在公司观察到的伦理问题或行为。这种方式有很多名字，如沟通热线、开放热线、求助热线、热线、伦理行为热线等。如果确有其事的话，这些电话通常会转到公司的伦理办公室：

我们相信，如果可能的话，对于伦理办公室的员工来说，最好的方法是能和上报者直接谈话。作为伦理办公室的员工，他们需要接触事实真相。如果他们把这个工作委托给别人，他们就失去了了解上报者言论和观点的机会。例如，通过电话传达的线索很容易在书面报告中丢失。处理方式之一是，伦理办公室的员工可在上班时接听来电。而将接听下班时间段的来电业务，外包给其他公司。确保在 24 小时都可以接听电话对跨国公司来说是十分必要的。伦理办公室可以向员工解释公司为什么要雇用外部承包商，因为他们要处理来自全世界的电话。

有电话上报热线的公司会发现，大多数电话所反映的都是要求公司解释、说明的一些问题。有人说："我想做这样一件事情，这样做可以吗？是否符合公司的程序？"很多公司的大多数电话反映了与人力资源相关的问题。例如，对公平性的关注。另外一些相对来说是比较常见的，但是偶尔也有严重违反公司行为准则甚至法律规范的电话。处理这些电话不是一件容易的事情，公司的热线每年接到上千个电话一点也不稀奇。据一位伦理办公室的员工透露，90%的热线电话是咨询人力资源相关问题的，"但是我们对另外 10%所反映的问题非常感兴趣，有关人力资源的问题也是值得我们关注的"。这向我们证明了伦理部门与人力资源部门保持良好关系的重要性。如果员工信任本公司的人力资源部门，伦理办公室所传递的信息就能够帮助他们打消员工的疑虑，并将其反映的问题直接传达给人力资源部门。当然，这基于员工对人力资源部门充满信任的情况下。

有关举报系统的一个常见问题是有人空穴来风——说他们不喜欢的人的"闲话"。但是我们采访的伦理办公室没有相似情况，大多数人上报的是确实存在的问题。尽管他们的动机可能不总是那么高尚，但内容通常是正确的。大多数用沟通热线的人之所以选择这种方式，是因为他们确实对此问题存有疑问，或者表现出他们对自己认为错误的某件事或某个问题的关注。这就是保密在整个上报和调查体系中那么重要的原因。必须确保上报者和涉嫌违规者在整个过程中都得以保护。要保护涉嫌违规者，是因为指控可能是由简单的误会引起的，同时必须保护上报者，使其免于被指控者的报复。

另一个相关问题是，如何解释这些众多的电话和信件反映的问题。很明显，如果公司设立并完善一种简单的方式，用以回答问题、表达关注以及上报违规行为，那么电话的数量就会显著增多。这是否意味着其实存在更多的伦理问题呢？可能不是。负责这些项目的人员通常把这种情况解释为他们的工作正在起效。从另一方面来说，一部安静的电话也可能预示着其他一些积极或消极的情况：

- 缺乏对伦理问题的关注和认识（消极）；

- 有使人们害怕受到报复的恐吓性的环境（消极）；
- 问题已经在地方一级得到圆满的解决（积极）；
- 没有人知道伦理办公室的存在（消极）。

但最终需要伦理官结合多种因素，判断本公司到底属于哪种情况。

多数伦理官希望热线中关于投诉问题的数量保持在少量、稳定的状态，同时希望咨询类的电话有所增加。问题是员工是否能够意识到并利用这些有利资源。

有些人认为，伦理办公室应该置身于商业环境之外。也就是说，伦理办公室应该是一个机构性组织，没有必要接听反映问题的电话。员工应该和上级一起解决问题。就像美泰克的那则老广告——他们公司的修理工将会无所事事，伦理办公室的工作也应该是清闲的。但是，商业环境瞬息万变，从而导致新问题层出不穷，这一事实必须得到重视。新员工和新上任的领导者都需要指导。所以伦理办公室的工作永远不会清闲！

保密和对上报者的保护仍然是一个重要问题。一些公司雇用公司外的监察专员，他们可以接听上报电话，提供信息，调查指控，选择纠纷解决方式，同时在对上报者保密的情况下把问题报告给公司的伦理或审计委员会。

对于特定的公司文化来说，不论是电话热线、监督专员还是别的其他正式的程序，最重要的是，要让员工有提出问题的途径而不用担心遭到报复。如果没有合适的途径让员工没有后顾之忧地提出问题，管理者第一次听到的问题可能就来自地方检察官、监督机构或新闻报道。

最后，我们所讨论的每家公司都设立了对检举问题的调查体系。根据指控的严重程度，调查的处理步骤可以变得非常复杂。很明显，必须收集事实来决定指控能否被证实。在这些调查中，必须做好保密工作，然后根据指控的问题，它们也要跟公司的其他部门相互协调，如法律、审计、安全和人力资源管理等部门。最后，根据对调查结果的全面分析，对接受惩罚的员工给出建议，采取适当的行动或者纠正公司里存在的体系问题。

运用奖励机制来强化伦理信息

回顾一下第 5 章的内容，奖励机制是保持公司伦理文化一致性的关键。在一些组织内部，占考核奖励一半比重的是员工“如何取得成绩”。考核“如何”取得成绩，而不是仅仅关注“结果”（成就），这能够激发员工内心的驱动力，阻止不当行为的产生，是证明自身价值的出色方法。将伦理引入奖励机制当中，能够促进组织内部伦理行为的产生，而忽视伦理可能带来的相反效果。错误的行为，也就是“结果至上”的心理，也可能被奖励。明智的管理者会向员工说明企业价值观。他们会花费大量的精力解释在该组织中，哪些是“正确”的行为，并根据需要将这些标准编纂成企业行为准则，用实际行动坚决履行准则中的要求（见第 7 章和第 8 章中关于合理使用行为准则的内容）。现在很多企业已经废除了绩效管理体系，督促伦理行为的重担将更多地落在经常与员工接触的经理和主管肩上，他们需要向员工强调企业伦理的重要性。这些管理者需要参加相关培训，帮助他们了解自身所承担的重大责任，掌握如何将伦理规范落在实处。

评估伦理制度

很多组织都在伦理方面投入了大量的资源——雇用高管，制定公司价值观声明和行为规范，设计和实施培训方案，以及更多的一些事情。但是，很少有组织系统地评估它们的这些努力，因为这样做会给它们制造很多挑战。例如，像先前所提到的，针对更多人打进热线电话这件事，我们可以用多种方式来解释它。询问那些在伦理培训计划中的员工，问他们是否“喜欢”这个培训计划，但这也并不能让你获取更多关于伦理方案质量的信息。很多员工会做出肯定的回答，仅仅因为他们“喜欢”离开办公室几小时或一整天，他们是否“喜欢”伦理方案应该排在第二位。最重要的问题应该是，该方案是否实现了工作目标。

国防工业企业伦理和行为促进会与其成员组织在评估方面总是走在世界前端。它每年都会要求成员组织进行一次评估，以审视是否遵守该促进会的六项原则。这项自我测评系统适用于各个成员组织，测评结果将会送交美国国会。

调查

调查可能是评估中最常用的一种方法。很多组织都已经开始对员工态度进行经常性的调查；其中，还有一些组织把伦理问题也加进了调查问卷。调查可以以知识、态度、技能和行为为目标。例如，一项伦理培训计划要求每个员工都要参加，那么这项调查就可以被用来评估员工对公司期望和公司行为标准的理解程度。基础数据可以在伦理培训之前搜集到，然后在培训完成的几个月后再搜集一次，通过两次搜集到的数据就可以分析出这次培训是否让员工产生了积极的变化。这些调查能够帮助公司评估员工识别和处理伦理问题的技能，测评员工发现组织内不符合伦理行为的能力。最终，对伦理管理方案和过程的态度就能被评估出来。经常进行评估是很重要的，因为这样就可以把发生的变化以及变化的过程都评估出来。另外，在评估时你还要注意一个非常重要的方面，就是假如你对搜集到的答案不满意，那也不要再问对方问题。员工都会期望公司做出基于调查结果的行动。如果你要求他们花费时间完成一项调查，那么你应当告诉他们结果，并且制订出行动方案。

最著名的伦理调查就是强生公司的信条调查。当时的总裁詹姆斯·伯克曾经在 20 世纪 80 年代出任过 IBM 董事会成员，他对 IBM 的员工调查方案留有极深刻的印象。他坚决认为，要保证强生公司信条的活力，就要对员工进行调查，去询问他们在与信条相关的事情上是怎么做的。很多不同地方的员工都进行了一些测试，最终的调查问卷也终于经过反复的修改出炉了。第一次调查是在 1986—1987 年的美国进行的。第一份国际调查也在一年后随之出炉。调查问卷的第一部分包括 118 个题目，需要 25 分钟来完成。它要求员工用五分制为公司“客户至上”等信条的实践程度打分。第二部分是开放式问题，要求员工写一些书面评论。调查发现，高层领导和企业文化都会对调查结果产生影响。例如，前任总裁詹姆斯·伯克曾经强调客户至上。现任总裁大卫·克莱尔强调安全第一。在对调查结果分析时发现，对这两项的评分都是最高的。在大多数情况下，调查都被视作保持公司信条活力的一种方式，“良好行为的循环就是信条”。

价值观及合法性

企业的官方伦理倡议可以分为强调价值观和强调行为合法性两种方式。强调价值观更为积极、理性。它强调企业将秉承法律精神，努力达到行为的最高标准并申明组织价值观。它需要领导者利用沟通技巧、以身作则地实践组织价值观及目标，让员工明白这不是空话。让伦理成为组织引以为傲的事情：“我们十分优秀，无须弄虚作假！”员工对价值观的反响总体良好，直到违规行为的产生。当有违规行为产生时，员工希望组织能够履行承诺，惩处违规者。

强调行为合法性则更注重员工的行为——遵守法律条例而不是崇高的道德规范。对违规者的惩罚程序也十分关键。很多组织受《联邦量刑指南》和《萨班斯法案》启发，强制员工必须遵守法律法规。组织会告知员工，遵纪守法是最基本的要求，违反者会受到惩罚。但仅仅关注员工行为是否合法的缺点在于，员工会认为只要没有违反任何规定的事物就是合理的，存在即合理；或者让员工误以为公司只希望保护公司的利益，而不是保护员工的利益。

合理有效的伦理计划应该包含价值观和合法性行为准则两方面。简要抽象的价值观陈述会让员工觉得冠冕堂皇（“管理层制定了这些价值观，却不告诉我们应该怎么做”）。价值观必须落实为行为准则；而要想行为准则真正发挥效力，就要对违规者严惩不贷。员工希望清晰地知道哪些事情他们能做，哪些不能做。只有将规定在组织内部一以贯之，员工才会相信伦理制度是公平、公正的。

另外，员工对于公司制定的严苛的行为规范通常抱有讥讽的态度。如果没有强大的价值观基础，行为规范看起来就像要抓住员工的失误不放，而不是激励他们朝正确的方向发展。员工将其解读为不信任和公司的“自我保护”政策。无论是“组织不信任其员工”，还是“组织只是为了保护自己”，最佳的伦理方案都应首先致力于设立一系列价值观，并通过公正的执法行为规则来实现。

全球化的伦理规范制度

一部分人认为伦理项目是无法实现全球化的——不同的国家有不同的伦理价值观，要填补这些差异会面临很多困难。然而，很多组织已经寻找到了适合所有员工——无论他们身在何方工作——的核心原则。例如，不同的国家对利益冲突的构成有着不同的见解，但几乎全世界的人都会赞同，作为员工，当涉及自身职业发展及个人生活时，都需要保持客观的态度。

诸如豪士科——总部位于威斯康星州，并在世界各地设有分公司的卡车及重型设备制造商——这样的组织，已经发展出一套适应该公司全球化发展的核心价值观。它包括诚实、正直、责任心、尊重和公民权。在公司网站上，豪士科专门开设了“豪士科解决法”专栏，其中登载了该公司适应全球化发展的价值观以及诸多出色的案例和资源，以帮助身处世界各地的员工在面对伦理问题时做出正确决策。

这也许是将伦理项目全球化的最好方法：建立全球化标准，让所有员工知晓公司秉承的理念，在员工遇到问题的时候，能够快速地得到指导。豪士科也在“豪士科解决法”中表明了该公司的意志：“全球化意味着我们必须适应各种各样的法律法规和文化方式。在这种复杂、模糊的环境下，必须保持清晰性和一致性。虽然没有能够帮助我们处理所有问题的解决方案，但当我们身处困境、不知如何抉择时，‘豪士科解决法’向我们指明了解决问题的思路，是值得信赖的问题解决工具。”

在第 11 章中，我们将详细讲解有关伦理全球化的问题。

结论

这一章介绍了一些关于如何在大型商业组织中去管理伦理的细节。那些以伦理为己任的大公司几乎都有正式的伦理管理系统，如伦理行为规范办公室、伦理行为规范官、伦理培训、电话咨询/检举热线，以及对不良行为的调查和跟踪系统。这些伦理管理系统的具体内容会因公司所处的不同文化情境而不同。一些处在高度管制行业的公司会更遵纪守法。其他那些长期处在价值导向文化中的公司，会希望伦理管理系统的设计一定要强调价值观和组织愿景。研究发现，这些正式的伦理管理方案中较好的，都具有一个兼容并包的价值导向方法，它能够很好地把遵纪守法包含到广义的公司价值观中。虽然一些小公司也具有很强的伦理观，但是它们不大可能拥有单独正式的伦理管理系统与结构。不论伦理管理系统是大是小，有效伦理管理的关键是，要对组织每一层级中领导和员工的伦理培训承担起义务，并且认识到伦理管理是一个持续努力的过程，需要不间断地把它强化和整合到企业文化中。

问题讨论

1. 请思考《联邦量刑指南》所带来的影响。如果脱离政府监管，企业是否会将伦理行为付诸实践？
2. 在知晓各种各样的企业伦理方案后，你觉得哪个企业的方案最为出色？哪个方案别具一格？哪个方案最为有效？如果你是员工，你会对哪个方案印象最为深刻？

3. 设想一下，由你来负责为你的组织挑选一个伦理规范员工。你会去找有什么素质、背景和经历的人呢？你是否曾经也对这样一个职位感兴趣呢？为什么或为什么不？
4. 拥有一个伦理规范办公室与向公司首席执行官以及法律部、人力资源部、审计部的官员报告相比具有什么好处？
5. 回忆你曾经工作过的组织，它所拥有的独特的伦理困境是什么？这个行业独特的伦理困境是什么？让你的员工做好处理这些困境的准备的最好方式是什么？
6. 请思考社交媒体所提供的交流机会。组织如何利用 Facebook、Twitter 等社交媒体，促进企业伦理行为并传达企业价值观？利用社交媒体的优点和缺点各是什么？回想一下百思买公司的伦理博客。你会浏览伦理博客吗？如果遇到有趣的案例，你会参与评论吗？为什么或为什么不？
7. 你所在的组织中具有下面哪一样东西：组织宗旨或价值观宣言、政策手册、行为规范、伦理培训（谁来做）和热线？它们之间是否能保持一致？是否可信？
8. 高管的伦理立场是否坚定？你如何知道的？他们还能有不同的做法或更好的做法吗？
9. 是否所有级别的领导都对他们的伦理行为负责？如果是，如何负责？如果不是，又是为什么？你有什么建议？
10. 在处理电话热线中不严肃的电话时你会给出什么样的劝告？
11. 你的组织是否会评价它的伦理倡议？如果不是，为什么不评价？
12. 你会把你的组织在伦理方面的努力归到哪一类，坚持某个价值观、遵纪守法，还是兼而有之？它是有效的方法吗？你有什么改进建议？
13. 你如何在一个组织中提出你的伦理担忧？列出你所能用到的所有资源。你最可能用哪个？为什么或者为什么不？
14. 设想一下，你是一个小型制造公司首席执行官。一名员工把有毒废弃物倒进了附近的河流中。你会给你办公室的谁打电话？你想知道什么？如果你想制订一个短期或长期的行动计划来处理这个危机，你会跟谁沟通？为什么？
15. 以“适应”的视角来评估你所在组织的伦理方案。这个伦理方案是被设计用来“适应”组织的整体文化吗？如果是，那么怎么设计？如果不是，那么做些什么可以让这个方案更适合一些？
16. 请回忆一下你所经历的最为积极并值得怀念的伦理“顶级体验”。请准备好和同学们分享、讨论你的经历，并思考要将这种伦理体验融入日常工作中，需要哪些条件。如果你没有相关经历，请用这些问题询问曾有这种体验的人，将对他们的采访结果汇总成一篇报告。

小案例

作为一名管理顾问，你被格林公司邀请去设计一个由全体员工参与的伦理交流和培训方案。你已经与人力资源部经理约见过一次，并且与他签订了合同。合同一经签订你就开始进行研究，但是你很快就遇到了格林公司法律顾问的阻挠。他说不准许你询问员工在格林公司所遇到的伦理困境。他还要求你只能通过其他渠道获取你想要的信息，如在反映行业问题的报纸报道中，或者你以前工作过的一些组织里。此外，人力资源部经理曾经告诉过你，你将无法见到公司的三位高级行政人员，因为他们正在忙着协商一个大的收购项目。但是，你有机会见到其他高管，他们会告诉你这些高级行政人员想要什么。你正被指示为这家公司起草行为规范和公司宗旨，以及准备好下个月由高管给员工做的一个关于组织期望和价值观的报告。

讨论题

1. 依据你所知道的关于发展伦理文化和制订伦理方案的知识，指出案例中涉及的难题。
2. 你认为公司法律顾问为什么会这样做？你对他的做法会有什么反应？
3. 作为一名管理顾问，你的伦理义务是什么？
4. 你会怎么继续下去？

附录：根据《联邦量刑指南》如何判定罚款数额

更多信息请参阅 www.ussc.gov。

《联邦量刑指南》的第 8C1.1 部分声明：“如果综合考虑犯罪性质和客观条件及组织历史、特征后，法院判定该组织以犯罪为目的或利用犯罪手段达成目标的，则应将罚款数额（受法定最高限额限制）设置为足以剥夺该组织所有净资产的标准。”

如果不符合上述描述，罚款则以基础罚金和法院认定的“犯罪点数”相结合来定夺。基础罚金数额最大的是以下几种：通过犯罪手段所获取的税前收益，对受害者所造成的损失，基于量刑委员会出具的犯罪严重等级而产生的相应罚款（5 000~7 250 万美元）。确定基础罚金之后，再乘以“犯罪点数”对应的被乘数。犯罪点数从 0 分到 10 分不等，相应的被乘数则为 0.05~4。

每项罪名的犯罪点数都从 5 分开始，分数将随着是否存在加重或减轻罪名的因素而升高或降低（见表 6.2）。举证加重罪名的因素，将导致犯罪点数的增加。这些因素包括：（1）组织规模，同时结合公司高管或公司权威对犯罪行为的参与度、容忍度和无视程度；（2）过往历史；（3）妨碍和干涉调查。

另外，举证减轻罪名的因素，可以降低犯罪点数。要想降低犯罪点数，组织必须设立“有效防止并规避违法行为的项目”。如果法庭认为组织已有这样的项目，将从犯罪点数的 5 分上直接减去 3 分。另外，如果有效的监管项目早已在企业中落位，并且在政府介入调查之前发现犯罪行为并及时举报，犯罪点数可以继续减少。根据《联邦量刑指南》，组织主动汇报失职行为，协助配合当局调查，并且承担责任的，可最多减除 5 分。

表 6.2　裁定罚款最大和最小数额的方法

犯罪点数	最小乘数	最大乘数
10 或更多	2	4
9	1.8	3.6
8	1.6	3.2
7	1.4	2.8
6	1.2	2.4
5	1	2
4	0.8	1.6
3	0.6	1.2
2	0.4	0.8
1	0.2	0.4
0 或更少	0.05	0.2

可增加或减少犯罪点数的因素

加重情况：从基准点数 5 分开始增加分数

- 组织规模，同时结合公司高管或公司权威对犯罪行为的参与度、容忍度和无视程度。员工规模超过 5 000 人的公司，可增加 5 分。
- 过往历史：在过去五年内，企业若触犯了民法或刑法的类似相关法规，则最多可增加 2 分。
- 妨碍和干预（或试图妨碍和干预）调查、诉讼等行为，可增加 3 分。

减轻情况：从基准点数 5 分开始减少分数

- 设立有效防止并规避违法行为的项目，将减少 3 分。
- 对犯罪事实自发举报、协助调查并承担责任的，将减少 5 分

犯罪点数酌减制度对于企业的理论管理有着深远的影响。例如，很多人认为，“有效”阻止并规避违法行为的项目，需要专人负责。因此，该项目有可能继续发展，从而在企业中制定行为准则，开展培训项目，审查绩效管理体系，开发员工对话体系、内部审查体系等。本章已经介绍了以上很多要素。

第 7 章 伦理行为的管理

引言

我们已经讨论了员工如何审视外部（领导者和他人）的行为指导。我们还讨论了伦理文化，以及组织，尤其是大型组织如何进行伦理管理并遵守法律法规。在这种庞大的组织规模下，管理者需要每天对员工的行为进行监管，同时，他们自身的行为也会对员工产生巨大影响。因此，管理者需要简单而实用的工具，以便其在庞大的组织文化规模中传递伦理管理信息——在该组织层级中，成为伦理领导者。本章将介绍一些基本的管理概念，为理解如何在组织中进行伦理行为的管理、促进员工伦理行为的产生提供基础。根据本书的重点，每一部分都总结了对管理者的实际影响。我们对于管理者的建议是基于以下关键假设的。

- 管理者想要自身行为符合伦理；
- 管理者希望下属的行为也符合伦理；
- 基于他们的经验，管理者对工作独特的伦理要求要有所理解。

商界伦理与行为密切相关

在商业中，当人们谈论道德伦理时，他们就是在谈论行为。在这种情境下，道德伦理不是神秘的或非凡的，也不依赖于个体的固有品质、宗教信仰或哲学理解（或许缺乏）。人们每天都会发现他们处于伦理困境的环境中——是与非的抉择，价值观的冲突。我应该雇用、解雇、提升或降职某人吗？我在这种情况下应该提供或接受一份礼物吗？当我的上级让我做的事情违背信仰时，我该如何回应？

商业伦理行为研究涉及理解人们在这些情境中影响行动的因素。虽然我们看到的内部因素，如个人的道德发展水平很重要，但是我们知道对于大多数人来说，伦理行为很大程度上依赖于外部因素，如工作环境、奖励体系、同事所做的事情、权威人物的预期、人们被要求扮演的角色以及第 5 章所讨论过的多重伦理文化。在本章中，我们将关注这些外部因素，因为它们是管理者能够发挥最大影响的因素。一旦管理者理解了管理原则是如何运用到伦理行为中的，他们就能够更有效地管理伦理行为。另外，如果管理者欺骗他们自己说伦理行为是被一些神秘的特质所决定的话，他们就会撒手不管，或者他们觉得只要摆脱"害群之马"，不道德行为就不会产。然而，不道德行为的产生不是一个简单的问题。一定是工作环境中出现了某些问题，从而放任了不道德行为的产生。另外，创建良好的工作环境是管理者的责任，高层管理者有责任构建一种良好的组织文化。在绝大多数情况下，底层管理者在自己的部门中对下属有很大的影响力——各部门中的伦理领导力就是本章的重点。

➲ 给管理者的实用建议：伦理行为

给管理者的实用建议是什么？首先，思考用具体的行为来表达伦理。具体而言，你希望你的下属有什么样的行为？你如何创造一个环境来支持这种行为？将伦理行为具体化意味着不仅要用抽象的表述，如"正直在这里很重要"，还要将其变成更具体的表述，例如，"我希望销售代表向客户介绍我们的产品特性，承诺我们在某个期限前送达，并且要绝对诚实。"说明这些期望的理由也是很重要的。"我们要和我们的客户建立长期关系，我们希望他们将我们视为他们最值得信赖的供应商。"其次，管理者有责任创建一个支持道德行为、反对不道德行为的环境，这和管理者对生产效率或质量的责任一样重要。切忌仅仅设定伦理行为目标。要密切跟踪以确保它们是可以实现，并正在实现的。你自己也要成为伦理行为模范，你的员工会更多地关注你所做的事情而不是你所说的话。利用机会去展示你所期望看到的伦理行为。

多重道德标准的自我

为了理解工作中的伦理，我们必须理解，不同的情境决定着人们是否能够接受不同的行为。文化人类学家早就了解，我们有多重的自我，并且会在不同情境下做出不同行为。孩子们很早就被教导，在操场上大声说话和顽皮没问题，但是在教堂、寺庙等要保持安静。当去别人家时餐桌礼仪很重要，但是在自己家吸手指头也许就能被接受。作为成年人，我们会扮演很多不同的角色，并且在每个社会情境中都有不同的行为预期。足球运动员要故意阻拦对方，而且在足球场上要很有攻击性，但是同样的行为在大街就不被允许。商业人士对他们的竞争对手要有侵略性，但是对于他们的伴侣和孩子要温柔。生意场上常常使用游戏术语，如“竞技场”，这让商业行为更像游戏而缺乏道德上的约束。商业活动中的谎报及隐瞒信息像极了扑克游戏中的虚张声势。“虚张声势”比撒谎听起来要好听一些。用游戏做比喻可以帮助我们在各种情境下更好地区分商业行为和伦理。尽管有些人认为，我们无论身处何种情境，都遵守着单一的道德标准，但现实情况表明，绝大多数人在不同情境中的表现都不尽相同。这意味着我们可以而且确实有多重道德标准的自我。

肯内斯·雷的案例

肯内斯·雷是安然公司的前任总裁（直到他于 2002 年被公司的债权人赶下台），在他身上体现了多重道德标准的自我这个概念。《每周新闻》的一篇文章在安然公司破产之后描述了肯内斯·雷的矛盾。首先，我们看到了一个受到安然公司员工爱戴和崇拜的和蔼可亲的领导人，即使沃特金斯——安然的告发者，告诉雷关于会计问题的担心并且遭到回绝，也将雷描述成一个正直的人。他是一个贫穷传教士的儿子，靠着自己白手起家，最后获得了 Horatio Alger（一个旨在鼓励创业精神和表彰通过努力工作实现美国式成功梦想的人）奖。在密苏里大学，他是兄弟互助会主席，而且在这里获得了经济学博士学位。他创建了安然公司，截至 2002 年，从收益来看，该公司是美国第七大公司。

尽管很富有，但他从来不炫耀自己的财富。他开着一辆很老的凯迪拉克，出差的时候租车而不是用豪华轿车，他在休斯敦是一位出色的慈善家，他的公司也是如此。他说过要将休斯敦变成世界级的城市，并且努力实现这个梦，将他的慷慨传播到芭蕾交响乐、博物馆、美国慈善组织联盟以及美国全国有色人种促进会。他甚至一度被评论可作为市长候选人。

但是雷也有另一面。他被描述成一个傲慢的赌徒，喜欢冒险，将提升公司股价作为一切的标准。他从 20 世纪 80 年代开始，将从两个老式输油公司合并而来的安然公司，改革成一个大型的能源交易商。安然公司“变成了一个巨型的赌博场”。有趣的是，合并的事由迈克尔·米尔肯进行财务管理，他是 20 世纪 80 年代垃圾债券交易商，是雷的一大英雄（尽管迈克尔·米尔肯曾经因为财务诈骗入过狱）。雷解雇了安然公司保守的会计公司德勤，因为它不像他所希望的那样“有创造力和想象力”。然后他将会计公司换成了安达信。他创建了一种被内部人称为“残酷的”公司文化，而且雇用了常青藤盟校毕业的“热爱冒险者”杰夫·斯基林（CEO）和安德鲁·法斯托（CFO）来管理公司。没有完成既定目标的人迅速被解雇，大批的内部保安把员工吓到了。

雷还是一个政治家。他对政治候选人很慷慨，而且得到了优惠的回报，包括免除一系列地方和州法规的管束。雷还将触角伸进了白宫。作为乔治·布什竞选最大的贡献者，当副总统理查德·切尼统领国家能源发展政策团队并且制定布什政府的能源政策时，雷及其他安然公司高层和副总统及他的助手团至少碰过六次面。

在首席执行官杰夫·斯基林 2001 年 8 月辞职后，雷告诉员工，公司未来的财务看起来很好，而且鼓励他们“说股票的好话，和你的家人和朋友讲安然公司正面的信息”。在一次在线讨论中，他告诉员工自己一直在买股票。他确实购买了价值 400 万美元的股票，但是他没有提到的是，在前几个月里，自己已经卖掉了价值 2 400 万美元的股票。那些听从他的建议购买或者持有股票的人眼睁睁地看着自己的养老计划泡汤，在得知雷多年前早已抛售股票时，更怒不可遏。《每周新闻》报道，虽然他声称被不道德的下属欺骗了，但是雷确实了解安然公司“有具体的计划来隐瞒损失和债务”——这一点无论是安然公司的合作伙伴还是股票分析师都无从得知。

> “lie”和“lay”的区别已是老生常谈了。[①]
>
> 但今天我们从安然公司的丑闻中明白
>
> 原来雷“Lay”就是谎言“lie”的代名词。

肯内斯・雷是道德的还是不道德的？如果他尚在人世（2006 年，在法院判决之前，雷因心脏病突发去世，时年 64 岁），也许会写一本自传帮助我们理解他的行为和动机。但是现在我们无从得知。我们可以猜测，也许与很多人一样，他有多重的自我，在一些领域，他做了好的事情，包括他在慈善上的努力。但是慈善并不等同于日常商业活动中的伦理行为。事实上，如果他觉得要对发生的事负责，他难道不应该拿出净值 2 000 万美元的部分来帮助那些损失了很多的人吗？

安然公司倒闭最显著的受害者是克里夫・巴克斯特，安然公司 43 岁的前任副董事长，他在安然公司崩溃后自杀了。自杀的原因我们只能凭借猜测，但是他多重道德标准的自我的冲突也许发挥了作用。熟悉巴克斯特的人，都认为他是一位能很好地平衡家庭和工作的顾家男人。他在创造 20 世纪 90 年代巨大的安然公司财富中发挥了很大的作用。但是一段时间之后他和安德鲁・法斯托产生了冲突，并且公开批评了他认为值得质疑和不恰当的公司财务业务。因意识到无法改变现状，他于 2001 年 5 月离开了公司（他的理由是想花更多的时间和家人在一起）。我们也许永远无从得知巴克斯特自杀的原因。朋友都说他“被公司的崩溃摧毁了”。他也许觉得自己要对那些在公司倒闭中失去了毕生积蓄的很多员工负责，而这些本来是可以避免的。很可能，那个在乎员工的有道德的自我无法再和造成员工痛苦的自我相融一体了。

丹尼斯・利文内的案例

再举另外一个案例。丹尼斯・利文内是一位企业并购、收购专家，在 20 世纪 80 年代供职于一家享誉世界的投资银行。但他的个人内幕交易行为，给他带来了牢狱之灾。在他

① lay 为 lie（谎言）的过去时，与雷（Lay）同音。——译者注

身上也体现了多重道德标准的自我。他将自己描述成一个好儿子、好丈夫、好父亲，而且是被他的父母鼓励“正直生活”的人。“我来自一个要强的传统的家庭……（我的父亲）教导我要努力工作，要相信自己，坚持……作为孩子，我一直很努力。”利文内的妻子劳瑞对他多年来秘密非法从事股票交易毫不知情。事实上，尽管利文内有极为丰厚的交易利润，但是在他们的儿子出生三年后他们全家还是挤在一个一居室的公寓里。“来自好的家庭”或“一个好的居家男人或女人”并不是职场伦理行为的保证。在办公室里，管理者面对的是“办公室的自己”，这可能和“家庭中的自己”或“信仰中的自己”很不一样。

利文内是一个好儿子、好丈夫和好父亲，但是他将家庭中的自己和内幕交易的自己分割开了。为什么他的内幕交易的自己能够生存？我们只能猜测职场的自己适合这样的环境，在这里同事们即便跨越道德边界也没有被逮捕。最重要的是，巨大的利润让他的不道德行为持续上升，尽管他意识到这是违法的，但也很难收手了。

对管理者的实用建议：多重道德标准的自我

那么，管理者应该做些什么呢？首先，你应该明白，在不同的环境背景下，不同的人会有不同的道德标准，他们的行为也会有所变化。你也并不例外。所以，第一，从分析你自己开始。你职场中的自我和个人伦理的自我一致吗？如果不一致，怎样才能把两者结合起来？第二，你是下属的重要榜样。如果你的确是一个“完全”正直的人，那么他们更可能受到启发成为“完全正直的”人。

其次，想想你的直接下属。不要以个人的背景、宗教信仰、家庭生活或者为社区做的好事为基础来对工作中的伦理做出假设。相反，要寻找他们工作中的自我是受什么因素支配的，他们有着怎样的期待，并确保这些因素是能够促进伦理行为产生的。你可以通过“眼观四路，耳听八方”了解到很多。当然，要想知道你的员工是怎么思考的最好方法是去问他们，可以通过当面询问或者以调查表的形式进行。他们的回答也许会让你大吃一惊。但通过询问，你也向下属传递了你所关心的问题。员工是否认为，他们需要在伦理方面做出妥协才能在组织中拔得头筹？如果情况如此，他们认为应当对此如何改进？

再次，分析在伦理困境下有哪些因素会对员工的行为和思想产生影响，有哪些因素制约着员工做出正确的选择。你的问题可以基于真实事件或假设情境。很多主管领导从不会询问下属这样的问题。这难道不会让下属认为，他们的领导压根儿就不是真的关心伦理问题吗？一旦展开了以上类似的讨论，接下来就要对此进行跟进。跟进的方式多种多样。

最后，广泛地评估组织环境，并保证它对伦理行为产生促进作用是很重要的。作为一个低层或中层管理者，你能够影响环境的事情很少。而且，如果高管创造的是残酷的达尔文式的文化，也就是说，只看重最后的结果，那么可能是时候到别处寻找一份工作了。因为在这种文化环境的影响下，你无法保护自己，也无法保护他人。第 5 章为如何执行一种能够帮助你处理难题的“伦理文化审计”提供了信息。如果获得上级主管的同意，你就可以着手创造一个支持员工伦理行为和正直感的工作环境，并最终对组织文化做出贡献。正直被定义为具有“完全的、完整的、专一的”品质。高度正直的人无论在任何背景下，都会秉承唯一的道德标准，最终目的是帮助下属达到在家和在职场的道德标准相统一的目标。

奖惩体系

人们做能得到奖励的事情，回避受到惩罚的事情

在第 5 章及对伦理文化的讨论中，我们说明了绩效管理体系及其传达出的组织所重视的信息的重要性（绩效管理体系明确了组织的考核、奖励及规定）。管理者每天根据这些体系对员工进行奖励或惩罚。奖励体系可能是人们工作行为最重要的正式影响力。询问任何管理者关于奖励体系的情况，他都可能举出一些从学校心理学或管理课上学来的基本技能。举个案例，我们绝大多数人都知道如何强化理论——更可能做出受到奖励的行为，更不可能做出受到惩罚的行为。组织中的人会持续寻找奖励和惩罚的信息，特别是当这些信息不公开的时候。事实上，情况越模糊，就有越多的人去寻找线索。他们知道要在工作中取得成功，就要确定并去做受到奖励的事情。记住这句简单的谚语：有回报才有动力。金融从业者经办高风险抵押贷款或抵押贷款证券业务会获得丰厚的回报，所以他们并不在意这些业务对客户或金融系统带来的风险。

人们会乐意多做一些事情来达到管理者设定的目标

将目标和奖励相结合，就会激发无穷的动力，这就是管理者喜欢设定目标的原因。他们常常将奖励和明确的目标联系在一起（如果珊迪在特定的时间内完成特定的销售目标，她就可以被奖励一次去加勒比海的旅游）。目标集中在想要的结果上（销售目标和假期），而且它们引导人们如何去实现目标。因此，这样做的结果通常是积极的。达到目标让珊迪感觉良好（提供了心理上的满足），而且它带来了重要的、有价值的奖励。

研究者现在更多地想要了解人们是如何看待目标的，他们将做些什么来达到目标，以及当他们缺乏目标达到的成就感时会发生什么。

举个案例，有意地关注任务目标的达到会分散人们对其他目标的注意力，如伦理目标。想想李·艾柯卡为福特汽车斑马车型所设立的关于设计和制造的目标——我们曾在第 2 章中讨论过这个案例，该车型需要在花费不超过 2 000 美元的前提下，达到低于 2 000 磅自重的目标。整个组织为了努力达到这一目标，不得不削减预算，忽视所带来的安全隐患。显然，艾柯卡在设立这一项富有挑战性的目标时，并未明确规定对于产品安全方面的要求。因此，员工并未对安全性给予足够重视。研究者发现，如果员工的注意力都在达到任务目标上，就不大可能将问题报告给管理层。此外，试图达到任务目标可能增加风险性行为。

而缺乏目标则可能导致对绩效撒谎概率的增加。

假设一个保险公司的索赔处理人要在一定时间内完成有限数量的赔偿任务的目标，而且这样做有财务奖励，他就有可能寻找特定的达到目标的方法，即使这意味着要拒绝一些合法的索赔要求，而且他更不太可能去报告关于合法索赔要求被拒的事情。而另外，如果为伦理表现设定目标，则会带来不同的结果。某项研究发现，当让参与者修改老板给他们的评语，并规定他们必须保证评语的真实性和准确性时，他们会更倾向于更正评语当中的错误信息。

激励和目标在管理者中很流行，因为它们对激励行为真的有效。管理者常常会忽略，如果对激励和目标使用不当，可能导致不道德行为的产生。接下来，让我们看看几个具体的案例。

奖励体系也会刺激不道德行为

电子设备销售案例

假设一个电子设备商店的员工拿最低基本工资加提成。换句话说，销售人员是按照他们卖出去的东西的比例来拿薪水的。公司通常会在当地的报纸上刊登特价电视机的广告，人们就会到店里来询问那些电视机。但是因为这些销售项目的利润低，所以公司也会降低销售人员在这些电视机上的提成。那些较高奖励（较高提成）的销售机型不在优惠项目内。公司想要销售高价格的电视机却做低价格的电视机广告吸引人们到店里来。公司给每个销售人员都设定了销售目标，越高价格的电视机，销售目标越高。公司基本不提供销售培训。店铺经理会带领新入职销售人员工作一天，接下来，销售人员就开始独立完成工作。经理并不关心销售是怎么完成的，他只在乎销售任务是否完成了。经理自己的任务是建立在整个店铺销售的业绩基础上的。

如果销售人员看重钱（和他们的工作），而且假设他们是这么做的，他们就会去销售高价格的电视机。他们可以通过很多方式达到这个目标。例如，他们可能指出这些电视机有而促销电视机没有的特点。一些客户可能听了他们的建议，然后买了高价格的电视机。当客户听取了他们的意见并且采取购买行动时，销售高价格的电视机和积极结果（从经理那里得到的佣金和夸奖）之间的联系就变得更强了，而且想要售卖更多这种电视机的动力就更增长了。

但是，还可能有很多人坚持要买促销的电视机。为了销售更多的高价格电视机，销售人员可能试图强调高价格电视机的更多优点，不管客户是否需要。销售人员可能发现很多人都会为这种销售策略买账。于是，销售人员会有更多的奖励——更高的佣金，更多来自经理的夸奖，而没有明显的消极结果。这种行为可以被证明是正当的，或者至少是合理的。这些客户得到了他们在别处得不到的特点，对吧？而且销售人员对于他们的财务或者私人生活又了解不多，所以可能没办法了解（如果不问的话）多花钱是否会对客户产生消极影响。

销售人员现在想要做得更多，也许他们会努力让低价格电视机的画面看起来比高价格电视机的画面看起来要模糊，这样会更容易多销售一些高价格的电视机。

现在，目标、奖励以及不道德行为之间的联系看起来更清楚了。虽然没有人明确让销售人员去做不道德行为，但是激励因素在于：管理层为高价格的电视机设定了高销售目标，并对这些电视机给予了更高的佣金。店铺经理似乎不在乎销售是如何达到的，也没有反对销售人员玩弄小花招欺骗客户。

管理层想要销售高价格的电视机，并且为那些电视机设定了高销售目标。但是执念于销售目标会模糊了对达成目标方式的关注。如果管理者在乎道德行为，那么他们至少应多关注一下目标是怎么达成的。他们必须让他们的员工知道，他们对道德方式和结果同样很在乎，而且他们打算评估这两者。如果个体因为不管用什么方法达到了目标而受到了奖励，他们就有可能尝试跨越道德的灰色边界。

很多人告诉我们，他们的经理总是这样说：“我不管你是怎么做到的，你只要放手去做就行。”“我不想知道你是怎么达到目标的，只要达到目标就行。”这些话等同于认可用各种方式（无论道德与否）达到目标的行为。说出这些话的经理对于导致不道德行为通常不应该感到惊讶。目标设定和激励一起创造了对管理者来说最为有效的推动方法。设置有挑战性和可达到的目标，奖励达到它们的人，人们就会为达到设定的目标而非常努力。这就是为什么负责的管理者对于只能使用道德方式达到他们为员工设定的目标的重要性。“我不管你是怎么做到的，你只要放手去做就行”是需要引起注意的危险信号。管理者不应该讲出这样的话，如果员工听到了这样的话，就要谨防以防陷入伦理雷区。

对管理者的实用建议：目标、奖励和惩罚

首先，记住人们总是做受到奖励的事情，而且这些奖励不需要明说。前面案例中的电子设备商店可能没有想奖励不道德的销售人员。事实上，他们不会这样公开去做。但是，如果激励计划的设计者仔细考虑过计划的潜在影响（这也是他们的责任），他们就能够识别出其致命的缺陷——只关注结果，让销售人员自己去想办法（为达到目标）。如果管理者将自己放在员工的位置上，他们就更有可能提前发现这些缺陷。仔细考虑奖励体系，就能想到一般员工会怎么做。什么类型的态度和行为会受到公开的或私下的奖励？你是如何发现的？如果存在公开的沟通方式，就直接问你的员工，他们会告诉你。

其次，仔细想清楚你为员工设定的目标。将具体的、有挑战性的而可达到的目标和达到目标的奖励结合起来是有力的激励工具。人们关注那些目标并且为之努力。想清楚可能的行为结果和潜在的影响是管理者的责任。再次说明，将你自己放在员工的位置上，问问你自己那些影响可能是什么，也问问你自己在设定最低绩效目标（如电视机的销售数量）时，是否为道德行为（如诚实对待客户）设定了目标，是否为结果和方法（如何达到目标）设定了目标。两者是否平衡？我们相信一种伦理的“皮格马利翁效应”。在一般的皮格马

利翁效应测试中，研究者发现，学校和职场上的人基本上都能够达到为他们设定的目标，不管是高还是低。学生和员工在对老师或监督者的高预期中都会表现得很好，而如果对他们的预期失败，他们就会真的失败了。用伦理的皮格马利翁效应，对伦理行为（和绩效）的预期设得很高，就会让人们去做正确的事情。这样也会让人们在关注目标是否达成的同时，注意达成目标所使用的方式。

认识到间接奖励和惩罚的力量

需要注意的是，能够对员工产生影响的不一定是对其个人的奖励（或惩罚）。强化理论的有力延伸是社会学习理论。根据社会学习理论，人们从观察别人的受奖励和受惩罚中学习到很多东西。请想一想，我们是不是必须用手碰过火炉之后才会知道这么做会被烫伤？所幸的是，我们可以通过观察他人的行为知道生活或职场里，有哪些行为是必要的，有哪些是不必要的。所以，即便员工本身没有受到奖励或惩罚，但奖励或惩罚的结果也会对员工产生巨大影响。如果他们看到说谎欺骗、偷窃甚至做出更糟糕的行为的人，居然升职或得到一大笔奖金，他们就有可能自己去尝试这些行为。而如果员工看到向客户撒谎的人被迅速开除，他们就会明白这种行为是不被接受的。

尾钩案例

1991 年的尾钩丑闻，就是一个人们如何通过观察别人了解奖励和惩罚的案例。尾钩协会是一个关于海军飞行员的非营利性组织，这个组织和美国海军有密切的联系。根据很多局内人的说法，1991 年发生在拉斯维加斯希尔顿酒店的年度尾钩协会大会上的性骚扰（涉及 90 名妇女）行为，其实之前在海军中一直被暗暗鼓励（或者至少不被惩罚）。这一大会上的性骚扰是男性取乐的常事。众所周知，海军的高级军官对这种报告睁一只眼闭一只眼，称这是“男孩子的游戏”。调查很缓慢而且没有什么结果，也没有什么惩罚，所以男人们继续参与这些不被惩罚的“奖励性”活动。

很多人（特别是女性）将海军的尾钩丑闻看成一次改变向所有人传递信息的机会——关于这种行为的接受性或不可接受性。一些早期的进展令人鼓舞，但是长期的结果让很多女性很失望。海军部长在丑闻爆发后引咎辞职，1991 年下半年美国海军也退出了尾钩协会。秘密调查随之展开。但是，接受调查的 1 500 名男性海军中只有 2 名犯罪嫌疑人。当五角大楼接手的时候，有 140 名飞行员被指控有不体面的暴露、侵犯或撒谎行为。但其中只有 80 人被处以罚金或者受到很轻微的训诫。在这个涉及 90 名妇女被侵犯的事件中没有一个人被军事法庭起诉或者受到严重的训诫。1994 年早些时候，第一个举报的年轻女人科格林中尉说，“在尾钩协会大会上所受到的侵犯以及接下来的一系列事情让我无法继续服役”，在“海军军官的谣言”和“一系列仇视邮件”中离开了海军。然而，在 1994 年，联邦陪审团奖励了科格林中尉 170 万美元的补偿金，处罚希尔顿酒店 500 万美元的惩罚金。尾钩协会的年会每年照常举行并认真遵守法规。对尾钩协会的调查结束后，在 1999 年的里诺年会上，美国海军恢复了它和这个组织的关系。海军部长理查德·丹齐克说："1991 年可耻的尾钩协会年会事件让我们解除了和这个组织的关系。但是，在过去的八年里，协会采取了很多建设性的措施，有理由让我们对其现状重新进行审视……（而且）我们的结论是，是时候恢复我们和它的关系了。"协会承诺会预防出现 1991 年的不当行为（更多信息见协会网站 www.tailhook.org）。

给男性和女性海军的信息显然是混乱的。是的，这个事件引发了很多争议，足够告诫男性海军骚扰他们的女同事不再像以前一样受到"奖励"。事实上，事件之后尾钩协会的成员数量，尤其是年轻成员的数量急剧下降。而且在事件后，一些海军上将因为不当性行为被解雇。海军现在也要求进行性骚扰敏感度培训，另外，成立了海军性骚扰预防及应对项目以处理发现的问题。但 1996 年的《新闻周刊》报道，尾钩事件四年之后，海军接到了超过 1 000 例性骚扰投诉，以及超过 3 500 例性侵犯指控。女性们不断控诉着因举报而受到的报复。总而言之，组织在处理性骚扰投诉问题时的决定，都会向每个人传递强有力的信息。每个人都在关注着施罪者和受害者的结局，并从中学习。

性骚扰和性侵犯问题不仅存在于海军系统当中。美国国防部在 2012 年的调查显示，军队中仍存在着严重的性骚扰和性侵犯问题，并且问题数量在不断攀升。在 2012 年的一项匿名问卷调查中，有超过 26 000 份被评估为性骚扰。2013 年春天，美国国防部部长称军队中的性骚扰为"必须铲除的祸根"并"严重亵渎了神圣的誓言，辜负了信任"。显然，在军队里建立这种行为不能被接受的文化还需要很多工作。

管理者要记住，通过奖励和惩罚（或者没有惩罚）的内容，你就已经悄悄地将信息传达给了所有员工。员工在不断地收集这些线索。他们想要知道在工作环境中，哪些行为是被允许的，哪些行为是被禁止的。如果他们观察到一些人晋升是靠拜高踩低、向客户说谎，以及篡改报告而获取的，他们就更倾向于自己也这么做。如果他们看到性骚扰没有受到训诫，他们就会觉得自己也可以这么做。如果他们看见那些报告不当行为的人遭到报复，他们就不会冒险去举报有问题的行为。所以，如果你意识到了你团队的不道德行为，问题可能就在于你的奖励方式。问向你自己，奖励体系是如何有意或无意地奖励了不道德行为，负起责任来改变它。另外，如果不道德的个人被开除，正直的人被晋升，遵守伦理就会蔚然成风：正直值得被嘉奖，不道德行为不会被接受。

管理者能够真正奖励伦理行为吗

多年以来，管理学家都鼓吹，管理者应该尽可能地使用奖励，惩罚本质上是不好的管理方法。这个说法，听起来很好，但是在鼓励伦理行为、抑制非伦理行为上很不实用。依赖奖励意味着要奖励伦理行为。所以，让我们想想一个管理者可能如何奖励伦理行为。也许他会给那些诚实和清楚说明花费的人，或者不骚扰秘书的经理奖励或奖金。荒谬吗？当然。员工不要指望会因对每个人来说都应做到的事情而受到奖励——那只是做正确的事情。所以简言之，奖励伦理行为是很困难的事情。但是，正如我们在第 6 章中所提到的，一些组织会对杰出的行为进行奖励。这么做其实是在向员工传递，组织中看重这种卓越的行为。

我们要将眼光放得长远，应该对做正确事情的行为有所奖励。例如，绝大多数员工都清楚在组织中怎样做才能获得晋升。就像我们在伦理文化中所讨论的，大型组织都设立了绩效管理系统，会定期对员工的绩效表现作反馈。这些信息对是否能够加薪或获得晋升起到了关键的作用？绩效体系中是否包含了有关正直的信息？在晋升时，正直和绩效是否至少同样重要？或者，是否有人即便道德水平低下，也同样获得了晋升和补偿？如果这样的人也获得了晋升，那么传递出的信息就很清楚了。即想要获得晋升，就要不择手段。处于领导地位的人可能是一意孤行的或踩着别人上位的。另外，最高层领导者的正直感是否有目共睹？如果答案是肯定的，那么组织就成功地传达了正直感的重要性。从短期来看，奖励也许是影响某种特定伦理行为的有限手段，但从长远来看，它可以奠定组织所期望和嘉奖的行为标准。

惩罚的作用

我们都知道管理者有时候需要训诫他们的下属，就像负责任的家长要训导他们的孩子一样。当一个员工朝着错误的方向前行时，管理者有责任进行干预。事实上，指导员工朝着正确的方向前进，并给他们机会改正错误，避免消极结果的产生，确实会对员工大有裨益。我们也知道训导是有作用的。如果人们预期他们的错误行为会被察觉并且受到惩罚，他们就不太可能去做。所以，如果它有效，为什么不用呢？不过，管理者被告知应该避免对员工实施惩罚措施，而应多使用奖励，因为员工对于惩罚的反应常常很消极。他们会对管理者怀恨在心或以消极怠工进行报复。当然，当惩罚以一定形式开展，即员工认为这是公平的时候，它的效果最好。

如果我们审视主张抛弃惩罚措施的理论，就会发现它是建立在过时的心理研究基础之上的。这一研究是以老鼠和幼儿为观察对象，但对工作后的成年人并不适用。他们能够清晰地分辨出惩罚是公平（正义得到伸张，惩罚了应该被惩罚的人）还是不公平的。你是否听到有人这么说过："我就知道有这么一天，这是我应得的。"丹尼斯·利文内因内幕交易被捕入狱时说："我尊重司法制度的公正性……当我犯法时，就会受到惩罚。司法系统发挥了它的作用。"他还说："我以为被抓到的概率几乎是千分之一，因为有这种想法，我的生活也因此而被摧毁。"如果他想想自己可能被逮捕并被判刑，也许就不会进行内幕交易了。当最终被逮捕时，他才明白法律是公平的。

惩罚应该被公平执行。研究证据表明，如果接受者认为这是公平的，惩罚会带来更多的积极效果（例如，行为得到改善，员工变成更好的公民）。这些积极的效果从根本上来说与适度的惩罚和员工投入息息相关。惩罚应该“和犯罪程度匹配”，而且应该和其他人犯类似错误时接受的惩罚保持一致。你给员工解释的机会也很重要。同样，如果你用一种建设性的方式而且仔细解释惩罚的理由，受到训导的员工就更可能对惩罚做出积极的回应。最后，如果你进行惩罚，就应该私下里进行。惩罚可能是一种羞辱的经历，公开惩罚则加重了被审判的羞辱感。

要认识到惩罚的间接作用。受到惩罚的员工不应该是管理者唯一考虑的因素。社会学习理论认为，其他员工也会受到很大影响。记住，我们从观察他人的奖励和惩罚中学到了很多东西。但是，如果惩罚是私下里发生的，其他人怎么知道呢？任何一个在真正的组织中工作的人都知道“秘密情报”，沟通网络会将组织的消息迅速在部门或公司中传播开来。好的管理者意识到了秘密情报的力量，并且依赖它传播重要的信息。研究发现，当人们意识到不道德行为发生时，他们希望违反者受到惩罚。

人们想要相信工作场所是公正的——好人得到奖赏，坏人得到惩罚。他们也不希望自己是倒霉鬼，别人破坏规矩得到晋升，自己遵守规矩却受到惩罚。这就是管理者必须在不道德行为发生时训导他们的重要原因。必须没有例外。高层破坏规矩者也要接受同样的惩罚。通过清楚地训导所有破坏规矩的人，管理者不仅向违反者和所有的观察者传达了明确的信息：这种行为是不被容忍的，而且他们还支持了这样的观念：这里是公正的工作地点，所有的规矩都公平且一致地得到推行。

想象一下安然公司诚实的员工会怎么想——在 2001 年公司丑闻暴露之前——当安然公司的纽约能源交易商伯吉特和麦欧尼进行了很多欺诈性的能源交易，并且在 80 年代中期将公司的钱装到自己腰包里时。简而言之，交易商执行了两套标准，并且销毁了记录，抹去了所有书面证据。当安然公司董事会听说这些诡计之后，首席执行官肯内斯·雷在董事会上公开说，这两个交易商“帮我们赚了很多钱，放过他们吧”。所以，交易骗子得以继续留下，直到内部调查员发现欺诈的程度太大，公司不得不用 8 500 万美元的税后收入来填补损失。雷向全体员工大会抱怨说他从来不知道这些活动。后来，一位介入公司诉讼的律师说：“任何诚实的、有能力的管理层，面对伯吉特和麦欧尼的行为都应毫不迟疑地将他们开除。”这让我们想到，只要高管团队定期训导公司的员工，安然公司后来的困难本来应该是可以避免的。

在《小沃森自传》（1990）一书中，IBM 创始人的儿子小托马斯·沃森，在 IBM 主导计算机产业的时候领导公司将近 20 年的时间。在他的书中，他讨论了对违背正直的行为进行迅速而严厉的惩罚的重要性以及惩罚或不惩罚的间接影响。沃森说：“如果一个管理者做了不道德的事情，他就应该和公司员工一样被解雇。这是老板权力的完整性。”但是，就像他在下面的摘录中所说的，他的管理者并不总是遵循他的建议。

> 有一次，我们子公司的一些管理者开始了涉及美国储蓄债券的连锁信游戏。这个游戏是，一个管理者给另外五个管理者写信，然后那五个管理者中的每个人再给另外五个人写信，然后这些人中的每个人都给第一个人一些债券，再给更多的五个人写信……不久他们开始跳出管理层，蔓延到员工中。最后，员工觉得加入这个连锁信游戏并且付给管理者钱很有压力。我收到投诉后让部门负责人注意这件事。我希望他说，至少是，“我们将解雇一些人，我会处理好的”。相反，他只是说“这是一个误会”。我不能强行命令他解雇任何人。现在，你可能钦佩他，觉得他是在捍卫整个团队的利益，但是我觉得有时候正义感应该比团队忠诚更为重要。同样，我没有再追究这件事，但是我的行为最后导致了我的失败。
>
> 一些年后在同样的部门，一个管理者解雇了一个低层级的员工，因为他偷了公司的工程图纸卖给竞争对手。开除他是对的，但是管理者处理的方式非常残酷。这个问题员工有一件引以为傲的事情，就是他曾经在美国军队预备役里服过役，并且官至少校。管理者没有到这个员工家里告诉他“你偷走了图纸，我们要开除你”，而是选择了这个家伙在军队受训的那一周以降低事情的影响程度。不知怎么回事，军方也知道了这件事情，剥夺了这个人在军队的佣金。羞辱让他变得异常愤怒，在接下来的几年中，他把小汤姆·沃森的照片发给美国立法会员和国会议员以及每个最高法院的法官。而且，他一直提那件连锁信的事，因为他知道我们容忍了那些需要为此负责任的人。最后他慢慢消停了，但是这件事真的给我上了一课。从那以后，我会直接开除那些触犯正直原则的管理者，谁也不能例外，包括高管。我每次都驳回了很多人的请求，尽管他们会说，我们应该只是将他们降职，将他们调离，没了他们业务会下滑，但是公司会因为这样的决定而越来越好。

有些时候员工会因为试图做正确的事情而受到惩罚。举个案例，欧文·西文思是蒙特利尔银行的资深研究员，他写了一篇诚实的报道，表达他对收音机产业的思考。银行的投资银行家让他把报告写得更积极一点，但他拒绝了，于是他被解雇了。显然，这样的惩罚向所有其他注意到这件事情的员工传达了这样的信息——要么配合，要么走人。

➲ 对管理者的实用建议：惩罚

小托马斯·沃森通过艰难的一课学习了当背叛正直时没有被迅速而严厉地训诫的后果。员工很长时间都会记得这件连锁信事件以及管理层是如何处理的。他们记住那样的信息是为了以后所用。当偷图纸的员工被以被羞辱的方式解雇时，他暴怒了。当对比其他人受到的待遇时，他的严重而公开的惩罚看起来很不公平。所以他回应的方式，也是管理者可以预计到的。他对施罚者和组织很生气。

关于惩罚很重要的一点就是，成年人能够分辨公平的和不公平的惩罚。如果你使用的是一致的惩罚来强化规则，那么当他们破坏规则时，他们能够预计到会受到惩罚。不过，他们希望惩罚是适度的，并且和其他人相同。在绝大多数案例中，如果你公平地运用惩罚，错误行为会得到改正，而且下属会成为高效的组织成员。

记住，你应该考虑到那些花很多精力关注如何处置违反者的观察者（而不是违反规则的人）。当连锁信违反者没有得到严厉惩罚时，一个隐藏的信息就传递给了所有关注这件事情的人，而且大家会预期管理层会对将来不正直的人做出什么回应。公正的组织会公平而一致地惩罚违法规则的人，不会惩罚试图做正确事情的人。员工期望管理者公平地训诫，所以当管理者没有做好这项工作时他们会很愤怒。

人们遵守群体规范

“每个人都这么做”

“每个人都这么做”如此频繁地被用于辩解不道德行为。我们都听说过，从兄弟会的成员告诉同伴考试的内容，到足球运动员拿赞助黑钱，从服务生不会将他所有的小费计入税款，到审计员未再三确认就在财务声明上签字，再到内部交易者告诉别人即将进行的财务交易的秘密，如果个体相信别人也在做同样的事情，那么他们更可能去做不道德的事情。一项研究发现，当把汽车尾气检测员调动到伦理规范性较低的工作场所时，他们更可能将不符合检验标准的汽车放行。工作规范为行为准则提供了强有力的支持，每个人都想融入自己所在的工作环境中。同样，不道德的工作行为规范为不道德行为提供了可接受的措辞和合理化的理由。回想一下我们在第 3 章学习的关于伦理意识的知识。如果在伦理上达成社会共识，人们才有可能将这些事件视为“伦理问题”。但是，如果“每个人都这么做”，社会共识就会很低（每个人都会认为这些行为不是问题），甚至根本就没有往伦理方面想。

将不道德行为合理化

对一些行为而言，“每个人都这么做”主要用于行为合理化。虚报报销项目的员工认为这是正当的，因为其他人也都这么做（而且逃脱了惩罚）。举个案例，虚报开支也许在群体中会被解释为补偿离家的额外时间，支付酒吧的消费或者购买的电影票，以及其他在组织正式的差旅费补偿政策中无法报销的费用。这些合理化的理由会得到老板明确或隐讳的支持，他自己也建议这么做或这么做了。不管是哪种方式，管理者都有力地传递了这样的信息：违背规则是可以的。而这种信息也可以推而广之到组织的其他规则上。

好的管理方法是清楚地说明规则并且强化它们。换句话说，如果看起来用差旅费补贴酒吧的消费、购买的电影票或家里的电话费是合理的，那么就改变规则，让这些花费在组织正式的差旅费政策制度中得到合法的补偿。这样，滥用体系的人就会得到训诫。

从众的压力

对其他行为而言，“每个人都这么做”代表的不是一种合理化，而是一种和群体配合的压力。这样会被用于鼓励那些不情愿的人。“别这样，每个人都这么做的!”不配合让这个个体成为不舒服的焦点，虽然道德高尚，但并不讨人喜欢，当然也不会赢得群体的信任。结果可能就是被群体排斥，我们绝大多数人宁愿从众，也不愿被群体排斥。很多人之所以愿意配合不道德行为，是因为他们需要被接受。如果让他们自己选择，他们也许非常愿意遵守规则。但是，在群体的环境中，他们觉得自己没有选择，只能遵从，或者至少在别人这么做的时候保持沉默。

对管理者的实用建议：群体规范

那么，这对管理者意味着什么？最重要的是，你必须敏锐地觉察到群体规范（非正式的行为标准）的力量，因为群体规范在通常情况下，和正式的、书面的规定并不一致。

群体规范代表在群体中真正发生的事情。优秀领导者必须接受这个现实。任何新员工都会很快地学到“在这个群体中做事的方式”而且被期望会配合。“对群体忠诚”可能是最有力的规范，个人很难去反抗。如果群体规范支持伦理行为，你就可以高枕无忧了，但是如果不支持，你所面临的局面就相当棘手。如果群体强大而且有凝聚力，那么你可以参考的一种方法是，找到群体的非正式带头人，试着去影响他，让他再去影响其他人。奖励体系也是很重要的。规范通常会暗地里支持受到奖励的行为，如果人们做一件事情，通常是因为他们发现这是有奖励的，而且奖励机制在一定程度上鼓励这种行为。奖励机制的改变可以带来群体规范的改变。

群体规范的错误案例

接下来的一个经典的组织行为案例，向我们介绍了一个高效且强有力的，拥有一位非正式领导的团队是如何集体在考勤上作弊的。领班一离开，只留下一个人，其他所有成员都回家。留下的这个人替其他所有人打卡。结果就是团队成员得到了比他们实际应拿到手的更多的薪水。当某个成员早上迟到时，别人就会帮他打卡。这种行为在有规则地进行而并未被滥用，现已发展为团队的群体行为规范。

虽然这样的打卡方式看起来是错的，但是管理层承认，虽然薪水很低，但是这个团队的生产效率还是很高的。而且，这个团队很团结，当要完成很急的订单或者解决不寻常的生产问题时，还是很愿意协作的。员工也很珍惜在工作日能有一定自我时间的机会。最终，管理层知道了这件事，但并未放在心上。

这个案例的解决方法还不清楚。该案例的作者认为，管理层什么都不做也许会更好。“如果没坏，就不要去动它。”尽管如此，我们认为，如果从伦理维度去关注这个案例的话，一切就不一样了。“让它去”这种方法意味着默认接受以及对违反规矩的支持，不仅向这个团队，而且向其他所有人传递了这个信息。其他团队可能由于一些原因，无法管理得和这个团队一样好（也许是因为凝聚力低或者因为他们的监督者待到更晚），无疑会痛恨这种不公正。管理层必须为长时间默认支持这种行为负责。

记住，人们做受到奖励的事情。我们相信，规范最可能通过奖励机制的调整而改变。举个案例，五天工作日工资制而不是小时工资制会让人们更快地在工作日完成工作，而不是磨蹭时间，增加小时数。可能的话，团队成员还能够得到周末加班的补助。如果迟到的规范没有被滥用，就可以制度化。如果一个人肯定要迟到，新的规则也可以指出，他必须提前一定时间通知团队的其他成员。关于出勤，一段时间能够允许一定数量的迟到。非正式群体领导应该加入设计解决方案中，让他来考虑对组织中其他成员的公平性。

人们会努力完成所赋予的角色

角色是指导行为强有力的力量，而且员工被赋予了在道德困境中有力影响他们行为的角色。通过关注角色和随之而来的预期，角色能够减少一个人的个性特点。谁来完成这个角色实际上并不重要，重要的是对角色的要求。对角色的关注减少了人们对于自己作为独立个体的意识，应该对结果负责。这个心理学过程被称为去个体化。

所以，个体“在角色中”行动，并且做被预期的事情。当“在角色中”行动意味着做正确的事情时，当然没有问题。但是当“角色”行为涉及非法或不道德行为时，会发生什么？举个案例，进攻是警察角色的部分内容，但是有些时候，如果他们过于具有侵犯性，没有理由地袭击嫌疑人，他们就超过了道德与法律的边界。近些年来，很多这样的事件被旁观者记录了下来。警察角色的另一个重要部分是对其他警察的忠诚以及对同僚的保护。警察常常结对巡逻，在面对威胁生命的困境下，必须依赖彼此。所以，忠诚、保护和系统内的信任是有重要而积极的意义的。但是，忠诚也可能被用于支持不道德行为。例如，一个警察过当进攻，看到这个行为的同事可能隐瞒不报。

从一个老电视系列片的角度来考虑这个案例。两个女警探在监视中发现她们的一个同事在偷海洛因。而当他告诉她们，他偷海洛因是为了在剧痛中濒死的母亲时，她们意识到她们面临一个很复杂的道德困境。他显然违反了法律，而且显然她们要逮捕他。但是忠诚和保护在她们的警察角色中也具有重要的意义。她们的同事的意图是好的——帮助他垂死的母亲。讨论了很久并且经历了个人良心的斗争后，她们决定保护她们的同事，对这件事保持沉默。虽然我们可能在她们是否做了正确的决定上意见不同，但这里的要点是，同事之间的保护和警察角色的忠诚在那个决定中发挥了很重要的作用。

津巴多监狱实验

一个有力并且得到广泛引用的社会心理学研究阐释了影响行为的角色力量。研究者在斯坦福大学心理学大楼的地下室里建了一个监狱实验室。24 位心理健康的人（像我们一样的人）被招募来，然后随机分配他们担任囚犯或狱警的角色，告诉他们完成角色的大体规则，在当地警察的配合下，警察真的出动去逮捕了囚犯，关押他们，并且将他们送到模拟的牢房中。囚犯拿到了制服，并且被分到了一个编号，狱警则得到了舒服的住处和娱乐的地方。狱警穿着制服，戴着太阳镜，执行标准的 8 小时工作轮岗制，对囚犯有很大的控制权（但不允许体罚）。几乎没有例外，狱警都很享受这种社会权力和狱警角色的地位。一些狱警因为这个经历而感到欢欣鼓舞，强化了他们角色中的进攻、威胁和侮辱性。囚犯在情绪上迅速显示出了极大变化，如极度焦虑、绝望和卑躬屈膝，还有一些变得极度抑郁并且生病了。

虽然实验最初计划要持续两周，但是六天之后因为考虑到囚犯的情绪就停止了。“在六天时间结束时……大部分人真的有了囚犯或狱警的感觉，不再能够清晰地辨别角色扮演和真实自我之间的差别。在他们的行为、思维和感情的各个方面都基本上发生了极大的变化。”

在实验结束之后，狱警表现出了兴奋和对他们自己出现的黑暗面的沮丧。模拟的情境很快变得真实，而且两者（囚犯或狱警）都进入了他们被预期的群体成员的角色。尽管这些个体几天前还在他们正常的生活中扮演着其他角色，但当人们试图偏离角色行为时，这种偏离很快就被其他团队成员的从众压力压制下去了。实验的结果被用于支持监狱行为的“情境化”。换句话说，当一个完全正常的人被放置到一个期待或允许残忍和侵略行为的角色位置时，他就会变成那样的一个人。

津巴多监狱实验能够帮助我们更好地解读伊拉克阿布格莱布监狱丑闻事件。从 2003 年开始，训练无方的美国宪兵和民兵在阿布格莱布监狱中残忍地虐待伊拉克战俘。讽刺的是，这是萨达姆·侯赛因时期最为声名狼藉的监狱。美军对战俘进行言语、心理和性虐待。多亏了一位年轻的士兵乔瑟芬·达比，他将对战俘施虐时的照片公布在网上后，激起了美国民众的公愤。该事件中最为著名的一张照片是伊拉克战俘被勒令裸体进行人体堆叠，组成金字塔形状，一旁的督查竖起了大拇指。另一张照片则是一位女宪兵林迪·英格兰用拴狗的绳子牵着一名裸体的伊拉克战俘。据红十字会反映，这些战俘大部分是无辜平民。他们只是在错误的时间，出现在了错误的地点。

是什么原因，让这些美国人，无论男女，做出这样丧尽天良的行为，尽情地羞辱其他人呢？在阿布格莱布监狱发生的事件极为复杂，是由多重因素造成的。但其中一些行为与津巴多监狱实验类似。阿布格莱布监狱守卫快速进入了狱警的角色，他们享受这一角色赋予他们控制囚犯的权力。当上级鼓励监狱守卫用更为侵略性的方法在审讯时让囚犯驯服，或者在用这些方法取得“成效”而受到表扬时，“在角色中”的行为就会变本加厉。

工作中的角色

监狱不是你平常的工作环境。上述的实验结果如何运用于工作组织呢？人们以一种

“角色预备”的状态加入工作组织。在这种状态下，他们可能按照组织预设的角色行事，即使那些行为违背他们坚持的其他价值观（多重道德自我的另一个案例）。公司内的专业人才如律师、医师和会计就提供了一个特别有趣的案例。专业人才应该更贴近他们的专业角色。事实上，这是他们被认为专业的一部分因素。

但很多证据显示，相较于专业角色，很多公司的医师、律师和会计都更认可他们的组织角色。举个案例，佳斯迈威公司的医疗人员都要遵守公司政策并且对石棉爆炸保持沉默，尽管这是众所周知的医疗危险。在他们作为医师和组织成员的双重角色中，后者占据了首位。同样，审计人员应该遵守美国注册会计师协会（AICPA）的道德指南。他们应该保护公众的利益，并且报告他们发现的财务违法事件。但是，正如我们知道的，在一些审计丑闻中，公司组织角色看起来是最重要的。

角色冲突会导致不道德行为

在工作中，人们有时会扮演不同的角色，这将带来内部的冲突和压力，而这种冲突和压力会通过不道德行为，如撒谎得到解决。例如，病人教育和病人看护是专业护士最为重要的职业素养。但护士专业角色的实现会和医生的指令发生冲突，或者迫于时间压力及写报告等其他事宜，导致护士很难完成自己的专业角色。在一项调查实验中，护士被要求处理各种各样的情境，其中包括产生角色冲突的情况。面对角色冲突情境的护士表示，她们更容易在病历表上对自己的行为做虚假报告。

管理者必须意识到，冲突性的角色要求会给员工压力，使他们不诚实。避免这种类型的不诚实的最好方法就是将冲突性角色要求最小化。让你的员工分析他们的工作，并且找出可能导致他们向你或其他人撒谎才能顺利完成工作的冲突来源。然后，看看能不能重新设计工作流程，将这些冲突最小化。

角色能够支持有道德行为

角色能够支持有道德行为。举个案例，当告发他人（报告其他人的不当行为）成为一些人的工作时，就会让一个困难的行动更容易实施。一项对内部审计人员的调查发现，当审计人员将报告看成一种既定的工作要求时，他们就更愿意检举揭发。所以，管理者应该考虑组织角色在多大程度上鼓励了道德或不道德行为。显然，那些支持和鼓励不道德行为的角色应该改变，那些鼓励道德行为的角色（如检举揭发）应该加强。举个案例，研究发现，虽然报告同僚的不当行为是一件痛苦而且困难的事，但如果这样做是他们角色明确的要求，他们就更可能这么做。总之，如果要求员工扮演的角色在发现问题时马上汇报，他们就更可能这么做。很多学院和大学有信誉守则，要求学生发现舞弊时检举揭发。这个要求让举报者感到更容易去做，因为这个行为是一种义务、一种角色责任而不是一种自愿的道德行为。

对管理者的实用建议：角色扮演

管理者要了解的关键在于角色影响行为。考虑一下你的员工在部门或组织内扮演的角色。他们的角色预期给道德和不道德行为的暗示是什么？一些个人经历和他们的角色冲突吗？举例来说，专业人员在他们的组织和职业角色之间感到痛苦吗？员工在角色中，是否经历过冲突？例如护士，在病人的诉求和医生的命令之间会感到角色的冲突吗？需要再次说明的是，负责某项工作的个体，是有关角色预期和潜在冲突的最好的信息来源。一旦你分析了角色和角色冲突，就确定了工作是否需要调整来减少冲突。如果改变是不可能的，至少你要预见在这些工作中可能出现的问题。

人们做让他们做的事情

在一个 60 分钟的短片中，在美国为日本公司工作的美国人说，他们的监督者让他们解开在日本制造和运送来的机器设备，撕掉“日本制造”的商标，稍加改变，贴上“美国制造”的商标，然后将机器设备运走。于是这些产品就像真的在美国生产的一样发往各地，包括美国海军（他们要求机器由美国制造）。公司的美国会计师最后揭发了这个事情。但是当拆包和打包的员工被问到为什么要这么做时，他们回答说，这是因为他们的上级让他们这么做。其中一个员工曾试图抗议，但是他被告知如果不愿意可以另谋高就。所以，他只能继续这么做。

这只是很多案例中的一个。1972 年著名的水门事件参与者提到，直到参议院调查委员会介入调查之前，他们曾不假思索地服从上级的指令，纳粹党卫军官员和伊朗门反政府事件中的参与者也是如此。组织（公司、政党或军队）是权威结构，它的成员接受这样的观点： 作为一个好的成员，他们必须放弃一定程度的独立性和自主性，他们期待管理者告诉他们做些什么，那是管理者的角色。他们也认为应该一切行动听指挥，这是下属的角色。这些假设和预期让组织避免了混乱并按照有秩序的方式运转。同样，个体经常感觉到他们需要对组织和他们的管理者尽忠，这进一步强化了遵从的压力。

米尔格拉姆实验

在社会心理学研究中，最为人熟知的就是 20 世纪 60 年代末斯坦利·米尔格拉姆所主导的米尔格拉姆实验（电影《实验者》就是根据这一实验而改编的）。该实验为正常的成年人如何在权威环境中行动提供了令人不安的见解。绝大多数成年人会执行权威人物的命令，即使这些命令和他们个人的是非观和信仰是矛盾的，甚至是会对其他人产生伤害的。

在大量的实验室试验中，米尔格拉姆花钱招募了来自康涅狄格州纽黑文的人来参加一小时的研究，观察惩罚在学习中的作用。这些实验对象被要求在一个学习实验中扮演教师和学员。学员被固定在一个椅子上，他的手腕上系着电线。教师坐在一个发电机旁边，向学员提问。每当学员回答错误，教师都被告知要对其加以电击——虽然事实上没有真正给予电击。当"电击"加强时，这个学员表达了他的不适，最后尖叫直到保持沉默。在这个实验中，（实验对象）都会质疑实验主持者而且表达了停止的要求。身着白色实验室服的实验主持者只是做出如下程式化的回答："虽然电击可能很痛，但不会有永久的组织性损伤，请继续。"如果教师继续抵抗，实验主持者就会用三句连续的话刺激他："这个实验要求你继续。""你继续是绝对必要的。""你没有选择，必须继续。"如果教师继续抵抗，这个实验就会停止。

让米尔格拉姆和其他观察者惊讶的是，在这个实验中大概 60%的教师（实验对象）接受了这些权威人物的指令坚持到了最后，尽管他们感到这样做不对，并表达了自己内心的矛盾。他们并不觉得自己所做的是正确的事情。事实上，他们的情绪已经表明了他们很想停止，但是他们绝大多数人没有停。他们觉得拒绝继续下去会挑战主持者的权威、实验的合法性，而且可能使自己陷于尴尬的境地。他们的行为仿佛受到了约束，要做这些权威人物要求做的事情，而不像独立的成年人一样，在任意时间结束这个实验。我们也应该注意到，具有道德认知的教师（见第 3 章）更可能去挑战实验者的权威，更可能停止电击。虽然其中有一部分人停止了电击，但绝大多数人依然继续着实验。

你是否认为人们与过去有所不同了——我们并没有那么容易地受外界影响了？圣塔克拉拉大学心理学专家杰瑞·博格，复制了部分米尔格拉姆实验的条件，开展了一项新实验，并在 2009 年公布了实验结果。与原实验相仿，他从社区招募了一些志愿者。在招募过程中，他们筛选掉了知道米尔格拉姆实验或对参与实验积极性不高的人。此次的实验设计与初始实验基本相同。主要区别在于，为了不违背现代伦理规定，在实验中保护参与者，当教师/实验主体同意将电压加大至 150 伏特时（而不是初始实验中所规定的 450 伏特），实验即可停止。在米尔格拉姆实验中，150 伏特是一个分水岭。绝大多数实验主体在超过这个临界点后，会持续加压，直到电击上限。在复制实验中，参与者也被告知他们可以随时停止，并依然可以得到 50 美元的报酬。实验一结束，学员会马上进入房间告诉教师/实验主体他们毫发未损。其中一位训练有素的临床心理学家马上叫停了实验。但整体的实验结果依然和 40 年前的结果类似。大约有三分之二的教师/实验主体，将电压持续加至 150 伏特。

无论结果如何，这终究只是发生在行为研究实验室里的实验。实验结果是否适用于现实世界？答案显然是肯定的。几年前，ABC 电视台就为我们上演了"现实版"米尔格拉姆实验。2004 年，一名男子冒充警察给麦当劳的副经理（她叫唐娜·桑默斯）打了一个电话，电话中男子谎称麦当劳的一名年轻女员工偷了他的钱包，需要被带入办公室。他还声称自己已经给桑默斯的老板打了电话。当副经理将女员工带入办公室后，这名男子又指使副经理没收女员工的电话和车钥匙。这一切结束后，该男子说副经理应该回去工作，让她叫自己已近中年的未婚夫沃特·尼克斯来看管这名女员工。尼克斯随后按照这名假冒警察从电话中所给的指示，对这名女员工实施性虐待。这整个过程都被餐厅的监控摄像机拍摄了下来。ABC 电视台针对这一事件做了特别报道。尼克斯因为性侵被判七年监禁。电话中的男子使用的是在沃尔玛购买的电话卡。警察以此为线索，从沃尔玛的监控录像上锁定了他（他曾是一名狱警，并有五个孩子），并将其逮捕——但是出人意料的是，他并未被定罪。桑默斯被解雇并被判予缓刑。同时，受害女员工对麦当劳提起民事诉讼，并在 2008 年赢得了这场官司。我们分享这个故事，是因为它从两个层面上提供了服从权威的真实（有人会说离奇）案例。首先，年轻女员工服从了领导的指示，将她的钥匙、手机上交，并脱下自己的衣服。她并未抵抗这些逾矩要求的原因是，这是权威性的人物，领导对她的要求。更骇人听闻的是，桑默斯和尼克斯伤害他人仅仅是因为一个伪装成警察的人要求他们这么做。在接受电视采访时，桑默斯声称她相信打电话的人真的是警察，自己只是按照警察的要求做了正确的事情而已。

对工作中权威的遵从

米尔格拉姆实验中顺从的行为和在工作组织中一次又一次观察到的行为类似。合法权威的指令是组织生活中被接受的宗旨。1968 年，美国军人在越南美莱村屠杀了几百名无辜的平民，军人没有任何质疑。他们只是做别人让他们做的事情，而忽视了军队训练他们的意义。那就是，要让他们在面对不公平的强权时奋起反抗。

林迪·英格兰，那位因在阿布莱比监狱中虐待伊拉克战俘而获罪的美国士兵声称，她和其他士兵一样，都是在服从上级的指令。另外，这些行为在我们认为权威的组织，如军队中并未得到禁止。当向美国国会证明电力工业价格垄断的个人，被质疑为何没有向上级机构汇报这种垄断行为时，他们回答说，自己只向规定的上级汇报。当罗杰·博伊斯乔发现 O 型圈的安全问题时，曾试图劝说管理者取消发射“挑战者”号，但最终也没能违抗命令。所以，我们建议在现在或将来，当组织中的领导者让你去做一些伤害他人或看起来不正确的事情时，一定要停下来想一想，是否应该遵从他们的命令。也许困难重重，但要勇于对他们说“不”。

对管理者的实用建议：服从权威

管理者必须意识到他们在组织中作为合法权威人物所具有的权力。旧的观念很顽固，甚至在今天以团队为导向的组织里，绝大多数人还是做着别人让他们做的事情。所以，权威人物的行为必须有道德，而且他们必须传递这样的信号：每个人都应该有高道德标准。如果员工发现上级的命令是错的，就应该提出质疑。这个信息应该从组织高层开始，向下传达到每个层级。而且，当发现不道德行为时，调查必须考虑权威人物传递的明确的或者隐晦的信息。不要认为个体是单独行动不受影响的。我们是想努力将问题隔离，找出“肇事者”（坏苹果），但肇事者可能受到了上级明确的或隐晦的鼓励，这个可能性是要考虑的。

责任在组织里是分散的

为了建立人们认为正确的事情和他们实际做的事情之间的关系，人们必须对他们行为负责。所以，个人的责任感是道德行为的前提。如果你认为自己所做的出售某种产品的决定会伤害到儿童或环境，你就更可能认真地考虑决定的道德性。但是在组织中，个体通常会和他的行动的影响脱节，而且不觉得个人应该负有责任。责任被分散了。没有人觉得有必要负责，所以最后，没有人负责任，不道德行为就更有可能发生。

个体不觉得对他们的组织行为负有责任的原因至少有四个：责任被分散了；这是和决策团队中的其他人一起做出的；在组织层级中道德变得模糊；由于与潜在受害者的心理距离而淡化了。

“别担心，我们考虑了每件事情”

在工作中，个体通常被鼓励将责任转移给更高层级的人。这和我们之前讨论的服从权威相关。但是在这种情况下，个体只是被告诉说不要担心——问题或决定是其他人的责任。举例来说，一个表达了对安全或环境问题担心的个体可能被告知：“我们很欣赏你的考虑，但是你没有必要担心这个。我们考虑了每件事情。” 这种回答免除了下属对组织行为的后果负责的想法。总有人，尤其是处在更高层级的人会负起责任。

尽管如此，即使领导者高度负责、道德高尚，免除下属责任的行为也可能对他们今后的行为产生重要的暗示。绝大多数人觉得他们没有选择，只能去执行上级的指示。在这种情况下，个体认为自己没有选择权，只能放弃，责任就落在了决策者身上。如果总是得到这种回应，个体就会认为监督伦理行为不是他们的责任，就会停止将潜在的问题报告给上级。

团队中的责任分散

重要的组织决策通常在团队中做出。所以，决策的责任在所有成员中分散开来，没有任何人觉得应该负有责任。团队中责任的分散可以用来解释一个经典研究的结果，即旁观者会帮助一个突然痉挛的病人的可能性。这个研究显示，当有其他人也在场时，责任被分散给所有的旁观者，个人提供帮助的可能性就变小。

责任的分散也通过一个被称为“团队思维”的过程在群体决策中进行。团队思维被用来解释很多历史性的群体决策灾难，如美国前任肯尼迪执政期间发生的“猪湾事件”。团队思维更有可能发生在有凝聚力的团队中，团队成员对团队是忠诚的，而且有很强的保持成员身份的欲望。团队思维的一个主要特点就是单个的团队成员会遵从大部分团体成员偏好的决策。单个团队成员觉得很难表达不同意见，而且即使他们和团队决策持有不同意见，他们也会选择同意。

团队思维的一个重要症状就团队的“道德幻觉”——觉得团队是不会做任何不好的事情的。在一个经典的影片中，一群管理者做出要上市一种新药品的决定，虽然有一些反对的证据表明它可能有引起危险的副作用。一个团队成员表达了“道德幻觉”，他说公司有很好的名声，不会做任何伤害客户的事情。

显然，在团队环境中做出的涉及道德的决定需要特别注意。管理者必须确保，道德内涵已经得到理解和分析。团队领导应该注意，不要先说出自己的偏好，因为团队成员会藏起他们自己的意见而同意领导的观点。有一些方法可以用来确保存在不同的观点。举个案例，团队成员可以对决定匿名提出批评。基于计算机的群体决策支持系统通常提供这样的功能。团队某名或多名成员可以被指定扮演批评者的色，从多个角度提出问题。当这成为他们的角色时，对于个体来说，提出更多的意见就变得更加容易。另一个方法就是，敞开大门，面向利益相关者，让他们参与进来表达他们的意见和观点。

➲ 划分责任带来的责任分散

组织中的责任通常进行了划分，所以个体通常将他们自己视为一个大型机器上的一个小螺丝。或者，他们只是认为自己没有什么重要的信息去做出一个好的决策。责任的划分对于现代工作要求的专业化是必要的，但是这意味着组织成员通常是戴着眼罩工作的，他们只能看见在他们前面的东西，没有人能看见整个画面（或者为其负责）。

斯科特·派克是一个精神病专家，也是畅销书《少有人走的路》的作者。他是被派去研究 1968 年越南南部美莱村大屠杀的团队一员。在美莱村，美国军队屠杀了一个村庄里没有任何武器的妇女、儿童和老人。屠杀持续了一个早晨，只有一个人，一位直升机飞行员试图阻止。派克和部队人员的访谈显示，官僚化的组织结构让个体只能看到问题很狭小的部分，这让他们没有负责任的感觉。当派克在五角大楼的大厅里徘徊，询问那些监督汽油弹的生产和运送炸弹到越南的人时，得到的回答都类似于这样：“我们看到你说的问题，也感谢你的考虑，但是我们不是负责的部门。我们生产军火，我们提供武器，但是我们不决定它们怎么用。”大厅那头，另一个团队说这个问题也不在他们的负责范围内。“我们只是决定仗怎么打，而不是要不要打。”派克将这个过程定义为“良知的破碎”。“任何团队都毫不例外地没有道德心，直到每个人都必须为整个团队行为——因为他是组织的一部分——直接负责。我们还没有达到那个程度。”

研究记录了责任分散的过程。在前面讨论的米尔格拉姆的服从权威实验中，责任在两个人中分担——传达者（实验者）和实行者（教师）。传达者告诉实行者什么时候执行电击以及用哪种强度。实验发现，传达者显然比实行者更可能服从命令。人们能够想象出对于传达者来说，将他的行为合理化更为容易。“我没有造成实际的伤害，这是其他人造成的。”个体决策者和实际结果的距离越远，这种合理化就会变得越简单。

责任分散也会在更为广泛的层级系统中产生。想想 2001 年的“9・11”事件，人们在讨论政府是否能够“将种种迹象联系起来”，而且应该预料到这次袭击事件。不同政府机构中不同的人有很多相关信息（关于具体的袭击者，以及他们在美国的活动，如飞行训练，或者轰炸其他著名建筑，如埃菲尔铁塔的计划）。但是这些机构都没有定期彼此交流这些信息。事实上，它们中的一些（美国中情局和联邦调查局）机构还保持着独立运作。所以，一个组织的设计（谁和谁沟通的决定）会影响到个体在组织中接受的信息的性质以及他们是否负有责任。

同样，很多金融行业组织中的个人行为导致了一次金融危机。房地产经纪人将房屋卖给了无力承担房款的个人，而抵押贷款机构为这些买家创造了高风险贷款。投资银行家则将这些贷款证券化。评级机构则更多地根据过去的表现对有价证券进行评估。没有人回过头来认真思考，房地产价格持续上涨的体系是不可持续的。他们认为如果地产不崩盘的话，最终会自我纠正，所以责任被广泛分散。个人的行为并没有造成危机，但很多人的联合行动确实导致了金融危机的产生。因此，关键是如何让个人在与他人的行为相结合时，更长远地考虑他们个人行为所带来的潜在后果。

创造心理距离带来的责任分散

责任可能因为决策者和潜在受害者之间的心理距离而分散。当潜在受害者在心理上很遥远或不在视线范围内时，人们就很难觉得自己应该对任何消极的结果负责。这在米尔格拉姆的服从权威实验的进一步研究中有所展示——改变学员和教师之间的距离。举例来说，当学员和教师在一个房间时，服从率水平下跌了 20%（由 60%下跌至近 40%）。当教师被要求强迫学员的手放到电击的碟子上时，服从水平又下跌了 10%。在这些情境中，当心理距离越短时，教师能够感到越强的个体责任，越不太可能去服从权威人物的要求而伤害学员。

在另一个服从实验中，米尔格拉姆穿着一个“普通人”的服装，而不是穿着白大褂的科学家。当穿成普通人的米尔格拉姆进行实验时，实验对象的服从水平从 60%下跌到 20%。制服（如实验室服装）对服从的影响令人吃惊。

这个研究表明，个人对组织决策后果的责任感在潜在危害的空间距离较远，，或者遵从权威人物的指令时会不那么清晰。举个案例，当工厂不在我们的社区，而在墨西哥或亚洲某地时，潜在的消极影响会较远，我们也许感觉责任较小，更会做出可能伤害人的决定。同样，当将决策视为其他人的责任时（不关我的事），我们就更可能同意伤害其他人的决策。

对管理者的实用建议：个人责任

如果人们认为自己应该对他们的决策和行动负责，他们就更可能有道德地行动，那意味着他们需要相关的信息。作为管理者，你必须让员工为突出问题负责。你应该讲清楚与具体职位相关的责任，并且让每名员工的行为达到预期。同样，当员工提出伦理方面的顾虑时，不要武断地驳回他的意见，更不要说这是别人的责任。如果有必要，要确保让这名有顾虑的员工了解这个过程和决策的结果。

当涉及团队时，讲清楚每个团队成员都要为团队决策的后果负起个人的责任。让团队成员汇报少数派的观点，在团队中建立倾听反对者意见的沟通机制。指派反对者或站在不同立场上的成员，针对团队决策提出问题。

不要忘了组织的设计构架。工作是怎么划分的？这种划分是否导致了员工之间的联系不强而造成了责任分散？组织结构让人们觉得自己只是一个大转轮中的螺丝吗？鼓励组织部门之间的信息和责任共享。

目前，组织结构层级的扁平化会产生一种积极的副作用。人们发现，他们要在整个组织中更多地交流。而且，更少的层级会让组织成员很难将自己的责任推给上层。最后，访问地理上较远的工作场地、和客户广泛接触会缩短心理距离，同时增加管理者对自己的决定或行动的责任感。

有压力的员工更容易产生不道德行为

在本章讨论的很多案例中的当事人都是充满压力的。米尔格拉姆顺从实验中的“教师”在面对眼前的环境时感受到了压力。阿布格莱布监狱的守卫军及津巴多监狱实验中的主体也面临相同的情况。毫无疑问，现代工作环境压力丛生。我们长时间地工作，承受着巨大压力以实现盈利，并追逐看起来遥不可及的目标。残酷的管理者也会咄咄逼人，不断给员工施加压力。员工不能得到应有的休息。从之前对于道德推脱的讨论中，我们知道人类具有自我调节功能，每个人心中都有一个标准，它会修正我们的行为。但是新的研究发现，自我调节功能就像乏力的肌肉，如果过度使用就会消耗殆尽。当自我调节功能失效后，我们就无法控制自己的行为，更容易变得不道德。例如，睡眠不足就可能增加诸如偷窃等不道德行为发生的概率。

对管理者的实用建议：压力

当然，管理者不能够也不应该减少工作中的所有压力。适度的压力是动力的来源。但如果管理者发现，员工的自我调节功能已经濒临极限，并有可能对同事或组织做出不道德行为时，就应该考虑工作中的压力是否超负荷，员工是否需要休息。

结论

你已经掌握了一些重要的管理学概念，能够将其用于伦理行为。剩下的挑战就是用这些观点来分析你自己。你是不是一名能够创造良好的工作环境，并让在这种环境下的员工做出正确的选择，打击不道德行为并能以身作则的领导者？

我是否以身作则了

今天的管理者常用的一个短语是"以身作则"。如果你想成为一个有道德的管理者，可以问问你自己是否在道德上以身作则了。问题如下：

1. 我会和下属以及我有兴趣雇用的求职者讨论决策的道德意义吗？和我的同僚呢？和我的领导呢？
2. 我有没有向我的员工说清楚我不拒绝坏消息？他们是否明白，自己可以不用害怕任何报复地告诉我任何事情？他们呈递给我的报告存在伦理方面的顾虑吗？
3. 我提供伦理决策的指导吗？我会参与我的员工的伦理培训吗？
4. 当评估员工绩效时，我会将伦理放在和绩效及质量目标同等重要的位置上吗？我会和关注决策和绩效评估的结果一样关注达到目标的手段吗？
5. 我会奖励有道德行为、训诫不道德行为吗？
6. 我要求我的员工对他们的决定负责吗？
7. 我会支持挑战权威的员工吗？
8. 我所在的部门的非正式规范是什么？如果员工被要求列出为我工作的"规矩"，他们可能说什么？如果以伦理道德为标准进行衡量，这些规矩存在什么问题吗？
9. 向我直接报告的员工是否清楚，无论什么时候，我都十分关心并支持他们？
10. 如果我明天就死了，我的员工会说我是个正直的人吗？我的同僚会怎么描述我？我的上级会怎么评价我？

这些问题的答案应该形成你理解和管理你的工作团队，以及更广泛的伦理文化下伦理行为的基础。

问题讨论

问问你自己下面这些问题。如果你没有工作经历，就问问那些有工作经历的人。

1. 你是否有过这样的经历，尤其是在工作情境中，工作规范支持某种有道德或不道德行为？你感觉到从众压力了吗？请解释。
2. 你经历过这样的场景吗——奖励明确或隐晦地支持不道德行为？请解释。

3. 你能想起不道德行为得到了恰当的（公正的惩罚）或不恰当的处理的情形吗？组织中其他人的反应是什么？
4. 你认为在尾钩事件中做出袭击或不雅暴露的人应该受到怎样恰当的惩罚？为什么？
5. 你曾经觉得有压力去做一件你觉得是错误的事情，只是因为处在权威位置的人要求你这么做吗？
6. 你会如何设计工作让员工对他们行为的结果的责任感最大化？
7. 运用上面“以身作则”的这些问题，评估你自己或你所了解的管理者。

案例：西尔斯·罗伯克公司——汽车维修中心丑闻

西尔斯·罗伯克公司以邮购公司起家，从 19 世纪后期开始出售农场用品和其他消费品。它的第一家零售店在 20 世纪 20 年代中期开业。为了适应美国社会的变化，例如，人们的工作场所从农场转移到工厂，以及汽车普及化，多年来该公司已有数百家零售店开业。该公司迅速扩张，最终实现了业务多元化发展，包括保险（美国好事达保险公司）、房地产（科威国际不动产）、证券（迪安·维特·雷诺兹公司）和信用卡业务（Discover 公司）。每项业务都发展出了自己的分支机构，还开展了零售店、家用电器和汽车服务中心等衍生品销售业务。20 世纪 90 年代初，该公司收入达到了数十亿美元。

尽管收益丰厚，历史悠久，西尔斯·罗伯克公司零售业务在 20 世纪 80 年代开始出现严重的财务困难。因为像沃尔玛这样的折扣零售商正在抢占市场份额，西尔斯·罗伯克公司无法赶超。西尔斯·罗伯克公司通过引进非本公司生产的品牌和“每日低价”政策，以应对现有的市场环境。尽管做了这些努力，但在 1990 年，西尔斯·罗伯克公司报表中显示，公司的总收入下降了 40%，而其销售团队的业绩下降了 60%！公司开始采取削减成本的措施，包括取消工作岗位，关注各部门利润。

为了提高全国汽车中心的利润，西尔斯·罗伯克公司在 1991 年颁布了一项生产激励计划。以往汽车机械工业的从业者，是按小时支付工资的，以期达到生产配额。而 1991 年，公司将其改为佣金制。也就是说，机械工的工资是由基本工资，加上达到一定的生产配额后所得的固定美元收益组成的。而汽车服务中心顾问（负责处理订单、与机械工沟通，并给客户建议的柜台员工）传统是有正常薪资的。但是，为了提高销售量，也为他们引入了佣金制及用于特定产品的销售配额。例如，每名顾问在当值期间，就要向客户销售一定数额的前轮校正或刹车检修服务。

1992 年 6 月，加利福尼亚州消费者事务部控告西尔斯·罗伯克公司违反该州汽车修理法案，并试图撤销该州所有西尔斯汽车中心的许可证。这一指控是由于消费者事务部收到越来越多的消费者投诉，并对刹车修理进行秘密调查之后提起的。其他州也纷纷提起上诉。

这些指控基本上都是控诉西尔斯汽车中心误导消费者并向他们收取不必要的维修费用。该州的调查将这些问题归咎于西尔斯汽车中心的制度变更。

针对这些指控，西尔斯·罗伯克公司首席执行官兼董事长爱德华·布伦南召开新闻发布会，否认该公司存在欺骗消费者的行为，并且辩解这是由于该公司关注老旧汽车的维护。他承认公司存在一些个别的错误，因其创造了“错误”发生的环境，所以将承担个人责任。爱德华·布伦南还宣布了公司计划采取的解决问题的行动。包括以下几点：

- 取消针对服务顾问的激励计划；
- 以客户满意度代替佣金制度；
- 取消特定零件和维修的销售配额；
- 取消销售量配额。

布伦南说：“我们必须采取一些衡量业绩的方法。”因此，西尔斯·罗伯克公司还为汽车中心引入了让员工扮演消费者“购物审计”制度。布伦南还为消费者写了一份公开信解释相关情况，并刊登在 1992 年 6 月 25 日的《华尔街日报》和《今日美国》上。

需要注意的是，机械工的工资制度并未发生改变，他们还是要完成一定数量的任务配额及零件更换而获得工资。1992 年夏天，来自加利福尼亚的西尔斯·罗伯克公司机械师查克·法布里给美国参议员理查德·布莱恩发送了一封关于该公司机械工资政策的信。法布里说：

我明白西尔斯·罗伯克公司曾向委员会承诺，所有该集团旗下的汽车中心的汽车检查工作都是由按小时支付工资的员工执行的，佣金制已不复存在。但事实情况并非如此。真实情况是，对大多数实际操作检查工作的员工，依然是以佣金制给付工资……

虽然服务顾问……推荐客户购买维修服务……但需要维修与否不仅取决于服务顾问的检查，更取决于机械工是否推荐维修，而机械工是以佣金制获得报酬的……

1991 年 1 月 1 日，机械工、安装工和换胎工的小时工资被削减为固定的美元金额，或者说是美国食品药品监督管理局规定的每种行业的标准工资。美国食品药品监督管理局所规定的机械师标准工资数额为 3.25 美元。根据公司目前的最低生产配额计算，3.25 美元占我的收入的 17%。也就是说，如果我完成了公司所分配的每小时的任务配额，那么我将得到 3.25 美元及基本工资。如果我一小时内完成了两小时的份额，多么公司将支付我另外的 3.25 美元。这样我的收入才能增加。

公司把这种补偿制度美其名曰为激励工资制或计件工资制。但这换汤不换药。这种工资制度再简单不过了。我干得越快挣得越多，而公司所获的利润就越高。显然，如果机械师想增加收入，他可能偷工减料或减少维修所需的程序。另外，由于机械师会检查或诊断汽车所出现的问题，因此他们很可能推荐不必要的修理项目。如果本周或这一天的工作进度很慢，推荐更多修理项目的可能性就越高。部分人的贪婪可能导致这种不道德行为的出现，但公司高管施加给员工完成生产配额的压力，也助长了不道德行为的气焰。如果我达不到公司所规定的最低生产配额，将面临被辞退的威胁。在这项新的工资政策出台之前，管理层对我的工作成绩都赞赏有加，我的工作记录可以证明……

我认为，在工资政策更改之前，西尔斯汽车中心的员工都十分重视客户对自己的信任。但现在大相径庭。解决这种状况，不仅要改变西尔斯·罗伯克公司，而且要整个行业的改变。

西尔斯·罗伯克公司同意与加利福尼亚州及其他提出类似诉讼的 41 个州进行数百万美元的和解。该公司被判三年缓刑。一些消费者的集体诉讼案件也因此得到解决。1992 年 7 月，美国国会召开了针对汽车修理行业欺诈行为的听证会。

这一丑闻造成的长期影响无法估算。西尔斯·罗伯克公司现在卖掉了它的证券公司、信用卡集团和大部分房地产及抵押贷款业务，以及美国好事达保险公司 20%的股权。1992 年年底，公司汽车中心的销售量大幅下落，已不能和往日相提并论。与此同时，1992 年，《商业周刊》报道说，西尔斯·罗伯克公司其他业务领域的员工，如保险和家电销售行业，也从销售配额中感受到了同样的压力。

讨论题

1. 请从结果主义和道义主义的角度分析案件中涉及的道德问题（见第 2 章）。
2. 请分析该案例涉及的管理问题。例如，从多重道德标准的自我、规范、奖励制度、责任分散、服从权威的角度思考该案例。有哪些因素最为有效地导致了服务顾问和机械师的不道德行为？
3. 如何评价西尔斯公司对这些指控的回应以及公司所做的改变？西尔斯公司是否解决了它的问题？为什么或者为什么不？
4. 你认为丑闻对西尔斯公司服务质量和服务声誉的影响如何？
5. 针对布伦南的那句“我们必须采取一些衡量业绩的方法”，管理层可以做什么来防止员工过度销售？请草拟一份管理计划（包括补偿制度），协助管理层衡量绩效并鼓励汽车中心员工遵守道德规范。请尽量具体、详细。
6. 有人应该受到纪律处分吗？如果答案是肯定的，那么谁在什么时候应该受到处分？应该受到怎样的处分？
7. 请开拓思维，思考西尔斯公司管理层对公司财务问题所采取的措施。如果不鼓励员工销售特定产品，他们还能通过哪些措施增加汽车中心的销售额？

小案例

你最近刚升任为公司通信部门的营销经理。你的新工作是管理一支员工队伍并为三个区域的保险销售专业人员制作出版物和营销材料。

你之前已会见了三个区域销售负责人，现在你想会见每个人以深入讨论你的团队怎样才能最好地满足他们的需求。其中的两个销售负责人非常热情，而且都解释了他们区域的技术需要，以及你所在部门怎样才能最好地满足他们的需要。

但是，在你和比尔——第三个区域的销售负责人，也是你公司最能挣钱的人——的会面中，他触碰了法律。他说他的区域是三个区域中最大的一个，而且为公司创造的收入要明显超过其他两个区域的总和。他对你说："你和你的人需要知道当我说'跳起来'的时候，你们应该问，'多高？'"

他还说，在公司评比奖项的时候，他可以推荐你和你的员工作为候选人。另外，根据你们团队的表现，他个人还会为你们准备一笔奖金。你从来没有听说过一个经理从他自己的腰包里掏钱给某人发奖，你怀疑你的公司会对这种事情不满。

讨论题

1. 这个案例中的伦理问题是什么？
2. 这个案例中的决策者可能配合或不配合的理由是什么？
3. 如果你是决策者，你要怎样解决这个问题？
4. 你会将这段对话报告给你的上级吗？为什么会或者为什么不会？

第 8 章 管理者的伦理问题

引言

彼得·德鲁克（被誉为现代管理学之父）曾说，优秀管理者会做好五件事——确立目标；高效组织力；激发动力，善于沟通；绩效评定；培养和发展人才，这对于知识型员工持续增长的企业尤为重要。我们在本章将关注管理者的“基本功”。管理者对整个人力资源活动——雇用、解雇、培训和评估绩效工作负责的同时，还要向员工说明道德准则并解决员工所面临的伦理困境。首先，管理者和员工的伦理责任是不同的，对于某些问题，管理者需要深思熟虑并充分准备。其次，由于管理者要对员工进行监督和负责，因此他们也就要对负责向他们报告的人的活动和行为负责。最后，因为管理者是其部门员工的榜样，所以管理者能够对决策过程中的伦理暗示进行讨论，并且为处于伦理困境中的员工提供建议就变得十分关键。组织生活中的这些方面让很多管理者感到困惑：“我怎么才能管理我的员工的伦理或者道德？管理伦理可能吗？作为一个管理者，有哪些特别的陷阱？”在本章中，我们将阐述管理者所负的责任，以及作为一个管理者，你如何鼓励你的员工参与，并且影响他们做出伦理决策。同时，我们会探寻组织文化对管理者的决策产生的影响，以及管理者如何在组织中构建伦理文化。

管理者与员工参与

在任何公司活动——伦理项目、生产率改进、员工参与等中，极其重要的一个要素是公司管理者的素质。对员工来说，管理者就代表公司，如果管理者不能有效地管理，就很难激发人们达到公司的目标或遵循公司的价值观。

随着越来越多的公司研究人们是如何工作的，以及哪些因素能使员工效率更高，一幅更为清晰地展现什么要素既激励员工又鼓励员工的道德行为的画卷就出现了。我们认为那些看起来没有联系的伦理行为——鼓励员工参与和伦理行为实际上是相互交织的活动。研究表明，也许鼓励伦理行为最好的方法就是创造一种组织文化，以增强员工的参与度，而管理者的素质就是关键所在。

我们说"员工参与"是什么意思？简言之，积极参与的员工，将从认知、身体及情感上，全身心地投入工作。他们愿意提供优秀的客户服务吗？如果为了赶在截止时间前完成工作，他们愿意加班吗？他们愿意尽心尽力提供解决方案吗？我们可以按照参与度将员工分成三个群体，将他们称为积极参与的、不参与的、积极脱离的。以下是我们对每个群体特征的描述：

积极参与的员工 ←	不参与的员工 ←	积极脱离的员工
• 有激情和热情	• 梦游似的	• "这不是我的工作"
• 觉得和公司有默契	• 工作中没有激情或精力	• 对公司文化持消极态度
• 积极创新	• 可能不追求卓越	• 对公司只有一点点忠诚或没有忠诚
• 推动公司向前		• 暗中破坏同事完成的工作
• 渴望卓越		• 可能曲解公司初衷和员工的善意

提高组织员工参与度非常重要。盖洛普是第一家将员工参与度调查提上议程的公司之一。盖洛普公司估计积极脱离的员工每年耗损全世界经济在数十亿美元。另外，积极参与的员工则通过提高绩效、低流动率和缺勤率、更高的客户忠诚度、高利润率及低事故率为组织每年创造数十亿美元的收益。

尽管员工参与度和生产率之间的联系很容易看到，但是员工参与度和伦理行为之间的联系却不那么明显。想想在参与轴上的每个群体的特征。你觉得哪个群体最有可能发生不道德行为？哪个群体更有可能滥用公司资源？哪个群体更有可能成为道德行为的榜样？哪个群体更可能坚持己见，倾向团队（而不是公司）的行事标准？哪个群体更有可能对错误行为提出质疑？哪个群体可能在意识到错误行为后向立法者、媒体或其他外部资源揭发举报？

我们认为，显然提高员工参与度可以改进一个组织的伦理文化（见第 5 章）。但是组织应该如何着手呢？首先，它需要关注参与的四个驱动因素，其次，它需要寻找和培养卓越的管理者。沟通和员工参与专家詹姆斯·谢弗说，参与的四个驱动因素如下：

（1）**目光长远**。员工理解公司的战略方向，理解公司如何赚钱，理解他们的个人努力如何在企业效益中发挥作用。注意：企业目标和伦理价值观是企业战略方向的重要组成要素。

（2）**包容。**员工是企业的一部分，他们积极参与企业决策并献策献计。注意：这种包容性鼓励双向沟通，这对识别和解决伦理问题是很关键的。

（3）**信息共享。**人们能够得到他们所需的有效信息。当他们需要的时候他们就能得到，而且信息朝着所有的方向流动——向上、向下，只要需要就能在组织内流动。注意：信息共享的文化更有可能在开放的组织中形成，在这里伦理问题能够得到发现和解决，不会被刻意抹杀。

（4）**奖励和认可。**企业目标和价值观清楚地表述出来，而且员工知道他们需要做什么以及他们需要怎么行动才能获得奖励。注意：企业密切关注目标和价值观，为道德行为提供激励是很关键的。

虽然员工参与的形式层出不穷，但我们认为，以上四个驱动因素最为合理，是构建伦理文化的基石。

除了关注参与的四个驱动因素，组织还需要认识到管理者在提高参与度和构建伦理文化中的关键角色这一基本要素。按照国际人力资源咨询公司韬睿惠悦的说法，如下的管理者行为对员工参与有很大影响（这些行为由管理者带头执行或批准，并推行到底层的管理岗位，对员工行为也会产生极大的影响）：

- 管理者发自肺腑地关心员工身心健康；
- 管理者能够坦诚、诚实地与员工沟通；
- 管理者是随时待命且平易近人的；
- 对于关键的商业决策，管理者会与有效沟通并说明理由；
- 管理者的行为和企业价值观保持一致。

思考这些管理者行为。你觉得哪些对于构建伦理文化有直接或间接的作用？哪些可能建构了参与行为却没有影响伦理文化？哪些两者都影响？你是否遇到过符合以上所有行为的上级？如果有，他让你对你的工作和组织产生了怎样的想法？如果没有，他会向你传达怎样的信息？如果你是管理者，或准备成为管理者，你将采取怎样的方法让员工全身心地参与到工作中——不论从认知上、身体上还是心理上？

管理的基本功

管理者最重要的责任是将优秀的人带到组织中，并且通过一定的管理方式让那些优秀的人留下来。新员工成为永久员工、兼职员工、临时员工或顾问。高效管理者需要精通如何雇用最优秀的人才、评估他们的绩效、认可和表扬杰出者，并且训导甚至解雇绩效差的人。

雇用和工作委派

> 你正在计划雇用一个新的销售经理，他是一个最有前途的候选人，但他的长相真的不好看。你不知道你的客户和他的同事会怎么对他。他所申请的具体工作需要与客户密切接触，而他的长相，坦率地说，令人不安。可是他的资历真的很优秀，他完全胜任这份工作。

联邦法律禁止种族、宗教、性别、肤色、民族和年龄歧视，保护孕妇和残疾人。

在这个涉及长相难看的候选人的案例中，解决方案模棱两可。他肯定是适合这份工作的，因为不好看的长相并不包含在反歧视法中。但是更大的问题在于，哪些特质决定了是否雇用一个人？在雇用员工时考虑长相的这一行为是否符合伦理？

所有的保护性法律都给出了答案，正如公平的概念一样，雇用、晋升和解雇都应该基于能力和工作期限。但是，因为你自己的偏见忽略某人是一回事，犹豫要不要将某人置于一个可能遭到歧视的环境中又是另一回事，例如你的客户，他们不是你所能控制的。很难说你是在帮他，还是将他置于不受欢迎的环境中。

偏见很难被克服，正如我们在前几章所提到的，每个人都有偏见。一些人不喜欢高个子，或者矮个子，或者胖子，或者瘦子，或者年轻人。一些人对棕色眼睛或蓝色眼睛，大鼻子或鹰钩鼻，秃头或头发过长的人有偏见。一些人喜欢来自特定学校或来自某个国家某些特殊地方的人。如果一个人去面试，就像这个案例中一样，他可能长得很普通，或者他听不见，或者他在三年前得过癌症，或者他说英语有口音，怎么办？这些特质和个人工作能力是否有关？道德黄金律会做出怎样的回应？康德的绝对道德观念又会对此有何回应？罗尔斯的无知之幕理论呢？

一些雇主在雇用员工，特别是当他们招聘需要“广泛的公开接触”的职位时，他们在头脑中都有一个“公司形象”考虑。一些大型《财富》100 强公司在他们雇用特定类型的员工的偏好上众所周知。他们寻找健康的年轻人，如长相正常，身材中等，体型中等，不带特殊口音等。这不会让员工认为或在潜意识里认为“公司形象”就代表了大众或他们客户的形象吗？如果将“公司形象”作为一个标尺，那么亚伯拉罕·林肯、本杰明·富克林、马里安·安德森、阿尔伯特·爱因斯坦、小萨米·戴维斯和富兰克林·罗斯福都可能被划入“不公开接触”的职位里。才能和能力有各种各样的形式。当管理者利用除这两个因素外的任何标准来评估雇用、升迁或工作委派的资格时，他们不仅欺骗了个人，而且欺骗了他们的雇主和他们的客户（这些人也是形形色色的）。他们同样使得老套的模式永存，而不是在努力建立一支反映现实世界的劳动力。招聘的一种办法是熟知组织文化后，选择更“适合”现有组织文化的员工。如果各方面都适合，员工和组织本身就会获得满足感。例如，重视家庭组织文化的星巴克，这种企业关心自己的员工。如果该企业聘用了急功近利、不在乎情感关系的员工，会怎样？这种类型的员工要如何适应“温暖而有爱”的企业环境？管理者需要以慧眼挑选出与企业价值观相符合的员工，因为这种类型的员工才有可能在公司文化环境中取得成功。另外，如果公司教条地选择与“公司形象”相符合的员工，就会被指为有歧视倾向（例如，Abercrombie & Fitch 公司在聘用员工时，为达到某些“外形”条件，而将某些合格人选排除在某些特定团体之外）。这也可能导致员工过于同化而不愿意改变。所以，管理者在选人时需要把握好分寸。他们既要挑选一些符合现有公司文化的人选，也要选择那些符合公司文化但又有所不同的人。组织需要培养求同存异、兼容并济的强大组织文化，以鼓励创新、维持组织内部平衡，抵制“标签化”的选人机制。

绩效评估

你刚升任为拥有五个专业人员和两个文书的部门经理。其中，专业人员乔是一个很好的人，但是他比不上部门的其他人。当他告诉你，他正在应征你公司其他部门的工作时，你找出他的人事资料，看到你的前任经理给乔的评语是“优异”。你显然不能认同。乔让你给他写推荐信，从他的资料来看，你应该给他一个好评的推荐，但是你个人的观察和评定与资料并不相同。乔将来的经理——另一个部门的同僚询问你的意见。你应该怎么说？

当讨论绩效评估时，我们实际上在讨论两件事情。首先，关于员工绩效有一个书面评估。绝大多数公司有正式的绩效管理体系，有标准化的表格，而且通常每年每个员工都要完成一个书面评估。这些书面评估通常对薪金的调整有一定的影响，而且它们通常会成为员工永久人事资料的一部分。其次，就是非正式的绩效评估程序，而且理想上这是一整年都会持续进行的程序。当一个经理给予持续的反馈时，也就是确定目标，并根据目标建立绩效评估标准时，员工一般也不会对经理给自己的年度评语感到吃惊。

为什么持续的绩效评估如此重要？首先，奖励和认可是员工参与的四个驱动因素之一。卓越管理者识别并且奖励卓越的表现，同时管理和改进那些处在绩效阶梯下端的员工的绩效表现。纽约市的一个培训经理讲了一个关于准确且持续地评估绩效重要性的故事。“假设你正在投球，”他说，“一块床板挡在了你的路上，你看不见你正在做的事情。如果你的经理是唯一能够告诉你现在怎么做的人，如果你的经理仅仅偶尔或一年才告诉你一次你应该怎么做手头的事情，你该怎么办？如果他只有当你的球掉进沟里时才告诉你该怎么做，你的绩效会受到怎样的影响？如果他只有在你做得好的时候才发表评论，那又会如何？”只有你的经理给予持续的反馈意见——全方位反映你的行为——才能改进你的绩效。

正如我们在第 5 章曾提到的，绩效管理体系最重要的作用是传递公司最关心的是什么（包括是否真的看重伦理行为）并培养符合组织文化的行为习惯。如果管理者不能出色地指导员工并影响他们的绩效，那么绩效管理体系的作用就无法得到最大化的发挥。同样，如果管理者不能清晰地表达公司十分重视伦理行为，那么员工会好奇公司到底重视什么。

绩效评估的问题在于，绝大多数管理者讨厌做这件事情，他们尤其不喜欢给下属负面的反馈。评价一个员工的成就肯定要比评价他的缺点要容易得多，但是很多管理者非常忙以至于忘记了要做这两项评估。指出员工不良的绩效对绝大多数管理者来说尤其困难。在对《财富》500 强企业的 4 000 名管理者的调查中，人们一致认为这是一个非常棘手的问题，以至于七人中就有五人说，与其让他们直面绩效问题，不如让他们撒谎。我们甚至知道有一些管理者，通过电子邮件进行绩效评估以避免尴尬。但绩效评估是管理者要进行的一项很重要的工作之一，而且必须由他们定期亲自执行。如果反馈是以一种清晰、诚实且敏锐的方式进行的，而且从一开始就有清楚预期的话，绝大多数员工可以而且愿意接受诚实的反馈意见。特别重要的是，要给员工提供所有问题行为的具体细节，以及改进的清晰目标（包括时间）并随时跟进。

即便对临时员工，定期评估也非常重要。某位大学学生在一家著名企业进行暑期实习。在她工作的两个多月时间里没有收到任何反馈，直到最后一天，她的经理叫住她说："你以后不要在这里上班了，我们无法接受你的工作方式。"这位学生听了之后备受打击。但这是她的错吗？我们认为不是。绝大多数学生不会奇迹般地知道如何在公司中工作，或者公司对他们的行为有着怎样的期待。指导新员工尤其是实习生的工作行为规范，是管理者的责任。如果管理者在实习生上班的第一天就开始指导他，那么结果肯定大有不同。这给我们的教训是：不要认为没有反馈就万事大吉。如果你没有从管理者那里得到任何反馈，请自己想想："我做得如何？我应该做出什么改变吗？我该如何提高？"

在上述案例中，作为经理的你认为乔在过去得到了不准确（而且可能不诚实）的评估。既然绝大多数雇主在一个员工转岗前都要求一个"好的"或"满意的"评估，你就很可能对为乔的转岗提供一份推荐感到有压力。这是一个普遍问题，很多组织都有乔这样的员工，他们不是优秀的绩效表现者，但是他们又从来没有直面过自己差的绩效，而且没有得到过绩效改进的建议。在乔的公司，之前没有任何一个经理勇敢地指出乔的绩效需要改进。将乔留给其他人显然更为简单——乔就是一个乒乓球，从一个部门弹到另一个部门，从来没有真正改进过他的绩效，因为没有人告诉他真相。（在一些公司内部，将绩效差的人像"踢皮球"一样踢来踢去，即安排那些无工作能力、又不能开除的人不断地在部门之间轮岗。）

而且因为他的书面评价没有反映实际情况，将来的部门经理可能误以为乔的绩效是令人满意的。这是一个恶性循环，对于员工、他的同事以及整个组织来说都是不利的。如果做得很好的同事认为像乔这样的人工作很差却能得到和他们一样的评价，他们就会泄气。因为这种问题受害的其实是公司。乔的经理只需要传递"不是很好"或"还凑合"这样的信息就可以了。而不诚实的信息将会把组织在质量、正直和伦理上的努力付之一炬。

一种确保持续绩效评估的好方法就是和你的直接下属一起建立一个正式系统，不管你的公司是否有要求，而且每年都要和每个员工至少会面一次，共同认清工作目标，并测评每个目标的成功标准。确保你的部门目标和组织目标直接相关，而且下属的个人目标和你的部门目标直接相关。另外，伦理道德的要求也要包含在目标和评估系统中。例如，员工之间的互动性、与客户的信任关系、对待下属是否平等公正、商业交易活动中是否诚实正直。也许绩效管理体系会发生巨大的改变，但帮助员工明确目标并指导他们达到目标的过程是非常重要的。某些公司的绩效改革则将延续多年的所有年度评估及书面评语都取消了。如果你的公司也取消了年度正式绩效表现测评系统，那么管理者一定要记得对员工进行持续的工作表现反馈，这是至关重要的。老实地说，持续反馈是高效的部门及组织不可或缺的要素之一。

记住驱动员工参与的重要性：在个人目标和组织目标之间，以及在组织结果和个人结果之间建立一个清晰的联系。然后，每个星期或每个月和每个员工会面，讨论他们如何达到他们的目标。当目标和测量标准提前建立起来，而且工作有序进行时，员工的工作就会变得更容易。他们知道了目标是什么，该如何实现，自己是否达到目标。他们会理解和内化目标对于创造价值的意义。一个持续的程序能够极大地减少误解、憎恨和歧视或者偏见的控诉。

解决乔这个问题的最好方法就是诚实地对待他。“出于以下原因，我无法给你写出你要的这种信（把绩效问题写出来），但我可以等到你的绩效达到要求，或者我现在可以写一封反映我对你工作的诚实的评价信。你决定吧。”这显然比你如实地写下你对乔工作表现的评语要容易得多。

训导

> 你是一家办公用品公司的地区销售总监，史蒂夫是一名销售人员，是你的下属。他有很好的销售记录，而且一直都能超额完成销售目标，但他有一个很糟的缺点：他对任何事情都不能准时。他和你会面迟到，和客户吃饭迟到，他的汇报材料也总是迟迟才交。作为他的经理，你已经向他建议过改正他迟到的毛病，他也有所改进，现在开会他不再迟到 15 分钟，只迟到 5 分钟。他的迟到相比他的成绩来说很微小，但是这让你和他的同事很抓狂。

绝大多数管理者将训导员工视为能拖就拖的事情。很多人总是忽略员工的缺点，因为他们希望情况会有所好转。但是，训导是很重要的，因为它不仅对于确保员工生产率，而且对于设定什么样的行为标准都很重要。另外，训导在响应《联邦量刑指南》的要求。如第 6 章所说，《联邦量刑指南》要求，对于类似的行为，员工所受到的处理不应有所区别。

例如，在员工盗窃案中，秘书和副总裁的处置应该是相同的。如果不能一视同仁——对一个人的处置是在他手腕上打一巴掌，而对另一个人的处置是停职或解雇，那么就违反了《联邦量刑指南》的规定。

再来看另外一个案例。

> 你是一名咨询师，受邀和一位大企业的首席执行官会面。其间，该首席执行官向你咨询是否能在公司为女员工开设一系列性骚扰培训讲座。这听起来是个不错的咨询课题。于是你详细地询问他为什么想这么做。他解释说，公司里的财务骨干乔·多伊，性骚扰过每一个在他手下的女员工。"这些女孩都离开了公司，但她们真的不必这么做。我们可以将她们调到另外的岗位上。"他说。这显然是大家都熟视无睹却又避而不谈的敏感问题。于是你又问："那家伙怎么处理？"这位首席执行官笑着回答说："我们没法处置他，他是我们公司最能干的。但是实际情况我们其实都明白，所以那些女孩也不用离开公司。"

在史蒂夫—— 一个经常迟到的销售人员的案例中，作为经理的你可能将训导他的迟到视为吹毛求疵。他毕竟是一个销售明星，对吧？但是，如果从其他员工而不是从史蒂夫的角度来要求，那就是不公平的。在乔·多伊的案例中，这位首席执行官是一叶障目。他想通过邀请咨询师让女员工知道，他心里明白自己的明星员工是个禽兽，但正是这个禽兽为自己的公司带来了巨大的财富。这种态度就像一剂毒药，毁了他想要管理的一切，包括信任、道德、忠诚、公平和尊重等。

在第 7 章我们曾提到过，研究结果所建议的训导员工最有效的方法。第一，训导必须以建设性而且专业的方式进行。举个案例，尽管你也许想要对史蒂夫大吼，叫他"混蛋"，但是这并不会改变他的行为。更有效的方法是和他会面，向他说明迟到的影响，然后集中讨论他的行为，而不是他这个人。对乔·多伊的处置需要清晰明确。他要不然就停止他的行为，要不然就卷铺盖走人。

第二，训导应该私下里完成。永远不要在其他员工面前训导一个员工，这就像在公众场合被父母或配偶批评一样令人尴尬。讨论应该关起门来进行。

第三，应该鼓励员工说明他们的理由。"团队"管理的整个概念是围绕着个体应该被鼓励分享他们的观点而进行的。真正的问题也许不在于你要训导的某个员工。举例来说，史蒂夫汇报材料迟交也许是因为下属给他递交数据晚了。最简单的解决问题的方法，就是让员工自己解释。

第四，训导应该适当严厉而且应该和其他员工接受类似事件的训导程度保持一致。从确保将来的良好绩效来看，训导的这个方面可能是最重要的。

举个案例，一个受人尊敬的财务专家（我们称她为贝丝）因为向高管提供了不准确的估算而被一家大型金融服务公司免职了。事情的经过是这样的：人力资源总监给了贝丝几乎不可能完成的任务，让她利用新的公式计算公司所有员工的养老金。这个任务在星期二的下午 6 点给出，需要在第二天早上 9 点将报告写好、打印好，并且发给高管。贝丝和她的助手在办公室里干了一整晚，计算、写报告，最后在第二天早上开会前准备好了。当高管在复杂的计算中发现一个小错误后，贝丝就被人力资源总监解雇了。这种处置不仅向贝丝，也向整个人力资源部门传递了重大信息。对于其他错误——即便人力资源总监犯下的错误，即便有惩罚，最多也是得到严厉的训诫，而不至于被开除。虽然那个不可能的时间期限在每个人看来都过于苛刻了，除了总监。

不合理训导的影响是深远的，这就是训导需要适当而且要一视同仁的原因。在那个拖拉的销售人员史蒂夫的案例中，除非你愿意对其他员工一视同仁并接受其他人的迟到，否则他的行为就必须得到惩罚，只要不和那个人力资源总监一样。在这之前，人力资源总监被视为公司中最有潜力晋升到高管的人选，如果她干得好，事业之路将会越走越宽。然而，高管团队认为她对待贝丝和其他人的行为很奇怪而且有些恶意，几年后她离开了人力资源部，在一个子公司一直做高级营销工作。

企业如何管理“明星”员工是其道德文化中最具有说服力的特征之一。如果一个组织以符合其组织价值的方式对待这些员工，组织的文化就会得到加强。另外，如果一个组织在其价值观声明中陈述了一套，但允许明星员工偏离组织价值观，整个文化就会受到损害。例如，在一个以人性管理和尊重为核心价值观的企业中，明星员工被允许辱骂同事——像乔·多伊那样，这些价值观就会受到怀疑。员工会转而关注明星员工的行为，并认为他的品质是组织真正看重的品质（无论其价值声明是什么）。也许最大的文化问题是哪种员工应该被视为明星员工。量化绩效是否是唯一标准？基于道德价值的绩效是否也要作为参考（就像我们所建议的）？在表里如一伦理文化下，明星员工不仅会出色地完成工作任务，而且是在尊重他人并诚实守信的前提下完成的。而一个拥有表里如一伦理文化的公司，也绝不会容忍乔·多伊那样的人存在。

停职

你是一家大型商业银行的经理。你发现你手下的贷款负责人帕特里夏在一份客户贷款上伪造了同意的签名，而这份贷款需要两个贷款负责人的签名。当你质问她伪造的事情时，她立马道歉并且说她的丈夫病得很严重，她伪造签名的那天，他正要动手术，她只是没有时间找到另一个贷款负责人来签贷款授权协议。帕特里夏为这家银行工作了 15 年，从没有污点记录。

停职有很多种形式，没有一种是令人开心的。停职是有原因的，这意味着个体承认犯了会导致立即解雇的错误。“原因”在不同的公司有不同的表现，但是基本上，偷窃、攻击、报销作假、伪造、欺诈和粗鲁的不服从（包括对商业问题说谎）在绝大多数公司都被视为“原因”。很多公司都在他们的员工手册中定义了“原因”。

在上面的案例中，帕特里夏极有可能被开除。在银行业，没什么比签名更神圣，而且作为有着 15 年从业经验的专业人士，她肯定知道这个行为的严重性。任何形式的伪造在金融业都不能被容忍。虽然很多管理者都很同情帕特里夏，但一些行为在金融业是不能被原谅的，而这也许就是其中的一种。

还有一些停职是因为绩效差。这种类型的停职基于书面材料，如绩效评估和出勤记录。很多雇主有正式的警告系统，某人真的因为绩效差被解雇前会有警告。口头警告通常是这个程序的第一步，之后会有书面警告，然后才是停职。对这个程序各个公司有所不同。

还有就是缩减规模或裁员。裁员可能出于多种形式的公司重组，如兼并、收购和换地方，或者出于经济的原因、商业战略的调整，等等。裁员可能在一个部门内，也可能在整个公司内。不管原因是什么，裁员都是痛苦的，不仅是对于丧失工作的人，对于那些留下的同事也是痛苦的。员工会表现出不同的反应：士气低；效率差；不信任管理层；小心谨慎。

此外，裁员的幸存者一般会很在意裁员的公平性，管理者要让他们感觉到缩减规模是出于合法的商业理由；裁员的方式要与公司价值观相吻合；应该向被裁员者发送书面通知；他们理应受到尊重。如果管理层提供“清楚而且充分的理由”，幸存者才会感到裁员的公平性。在此再次重申一次，如果在公司价值观或领导者的讲话中提到了对员工的关心和尊重，但以残忍的方式进行裁员，就会让幸存者感到心灰意冷。企业进行裁员和停职的方式，就是对企业文化的体现。睿智的企业在裁员时会十分注意是否与企业价值观相一致。这就是裁员需要小心进行的一些原因。

不管停职的原因到底是什么，你作为管理者应该采取一些特定的做法让停职的员工和你自己都觉得好过一些。再重申一次，主要目标是尽量公平；用与企业价值观相一致的方式处理问题；让员工保持自己的尊严。

（1）在你和员工会面之前做好功课。准备好简洁的解释向他说明为什么这次停职是必需的，而且准备好向员工提供的离职金，并向其解释给出这个数额的原因。查一下日历，并且向公司公共关系部门咨询，确定你没有在他的生日或者在他刚刚得到某个行业组织或专业协会认证的日子里解雇他，这也会很有帮助。

（2）如果有可能，在你和他会面之后，应该同一个外部顾问或人力资源专家一起和这个员工会面。绝大多数外部顾问都建议管理者，如果可以的话，尽量在当天或本周尽快告诉员工停职的坏消息。这样一来，如果有必要的话，给了员工去见顾问的时间。（显然，这个建议不适用于因为某些“原因”而被开除的员工）。

（3）一般来说，在中立的场所对某人宣布停职是个好主意，如在会议室，而不是在你的办公室。这样的话，如果起冲突，你可以离开。如果可能的话，试着估计一下员工的反应会是什么样子。如果你是因为某些“原因”（如攻击同事）而解雇一个有暴力倾向的人，那么当你告诉他这个决定时，你也许应该在附近安排保安。

（4）谈话时要注意态度，并且要当面告诉员工这个消息，而不是通过电子邮件或电话，或者开会时或在其他公众场合。当你传达这个消息时，要客观，不要以任何辱骂的方式，要有同情心，但要快速解决（如果可能的话）。而且，永远不要情绪化。这是一项商业性决定，应该以专业化的方式解决。

（5）最后，让所有关于停职的消息私下里进行。不要跟其他没有必要知道的人谈论解雇的理由。只有当大规模的裁员发生时才可以例外，向幸存者——留下的同事——解释裁员的必要性。在这种情况下，你可以讲讲商业上的原因，永远不要解释为什么某些人要被裁掉而其他人不需要（更为详细的裁员内容，请参见第 10 章）。

有原因的停职会公开，而且消息会不胫而走，在整个组织中传播开。这是一件好事，因为对于员工来说，理解不好的行为要受到惩罚是很重要的。尽管如此，一般来说，公开解释一个员工为什么受到惩罚是不合适的，主要目的在于保护受到惩罚的员工的尊严和隐私。

为什么会有这些道德伦理问题

雇用、绩效评估、训导和停职会成为伦理问题，是因为它们涉及诚实、公平和个人的尊严。赖斯和德雷林格说，对正义的渴望是一种“基本的人性特征。人们想要相信世界是按照公平原则运行的，当信仰受到侵犯的时候他们的反应会十分强烈”。事实上，大多数伦理热线电话（见第 6 章）反映的都是此类的人力资源问题。

成本

很多联邦法律的存在是为了在涉及雇用、绩效评估、训导和停职情形时保护个体的权利。对于那些感到自己受到歧视的员工来说，有很多法律补救措施（见第 4 章）。为了应对诉讼的增加，雇用责任保险在公司中成为热门产品。这些保险涵盖员工可能提起诉讼的性骚扰、歧视及非法解雇等案件。那些 15 年前基本没有听说过的保险现在已经被很多《财富》500 强企业购买了，这肯定是诉讼量剧增的结果。公平雇用机会委员会在 2015 年接到了 9 万起工作歧视的投诉，受理的赔偿金额高达 3.65 亿美元。

除了付出法律成本和罚金，被起诉歧视的组织在员工士气和组织声誉方面也要付出代价。研究证据显示，那些认为自己受到不公正待遇的员工满意度很低，不太可能付出更大的努力，甚至可能从公司内偷东西。

精明的组织更着眼于对管理层的管理“基本功”——雇佣关系的培训，而不仅仅在意经济效益。远见卓识的组织也清楚，管理好这些基本技能也许是对组织文化最好的实践。这些日常的管理活动，如雇用、解雇、训导、奖励和褒奖等，对员工来说是组织如何重视员工的具体标志。如果一个组织对于这些基本技能不够重视，而且不能让管理者掌握，那么它在激励员工做出卓越贡献上就需要付出很大的努力，员工也无法信服组织重视员工的价值观。

管理多元化的劳动力

专家预测，劳动力正在变得越来越多元化，而且管理者的成功关键在于他们如何劝说多元化的团队和谐地在一起工作。强调需要多元化队伍的公司可能比那些忽视这个新趋势的公司更容易成功。结果是：管理者需要有能力和不同性别、年龄、种族、宗教以及民族的个体共处。不仅管理者自己需要这种能力，而且需要鼓励团队成员拥有这种能力。管理者必须成为团队表现的"指挥者"——经常和员工交流，指导、培训他们，做出好的决策。

管理者要求的第二项技能是积极地影响团队其他成员之间的关系，创造一个增进个体生产率的有道德的工作环境。与我们一起共事的每个人都有各自的问题。许多员工要照顾孩子、父母或其他亲属。还有的员工患有慢性病，或是在服用药物，或是有过敏反应。而那些有幸未罹患慢性病的员工当中，也可能有人突然生病或受伤。还有些人有化学品依赖症，如对药物或酒精上瘾。管理者需要有能力完成部门或团队的任务或使命。

既然不可能存在无偏见的人，管理者就应该帮助团队成员处理他们和其他人的关系。因为每个团队都会包括各种各样的人，一个管理者通常应该是一个裁判：仲裁和解决争端，将任务分配给能够最好地完成它们的人，而且确保团队成员工作关系的公平性。

下面的案例和第 4 章的案例类似，但是，这次是从管理者而不是从员工的角度来分析的。而且，正如我们在本章早些时候所说的，管理者负有不同程度的责任。

多元化

你最好的客户是一个非常保守的公司——一个真正的"白领"公司。你的下属是大卫，一个很有才华的美国黑人，客户从大卫的专业才能和创造力中受益很多。问题在于大卫穿翠绿色的衣服，戴"Kufi"的无边便帽。你公司的员工很早就习惯了大卫大胆的着装习惯，他的装扮在公司内部已不是一件新鲜事儿了。可是你知道你的客户可能对大卫奇怪的装束不理解。

多元化的劳动力包括不同的性别、种族、民族、宗教和性取向的个体。管理者的角色在于创造一个能让每个个体的贡献最大化的环境。因为美国人口非常多元化，所以向这些人提供的产品和服务也由多元化的劳动力来开发、生产和销售再合适不过了。

而忽视多元化会出现问题。在对一家化学公司的采访中，就可见一斑。这家化学公司的一种产品是墙纸。即使这种墙纸的质量很好而且价格也很有竞争力，但销售额还是很低。尤其是在房屋装修和追求 DIY 装饰的户主数量非常可观的情况下，这一问题就更突出了。

被这个问题所困扰的几个高级营销经理进行了客户调查，发现公司墙纸的样式有问题。客户认为它的样式和风格过时而且老套。随后，他们又对本公司的产品样式和风格的决策过程进行了调查。在决定下一季新品样式之前，市场调查结果到底告诉了他们什么呢？

管理者发现，做出购买墙纸的决策有 90%以上是女性客户，但是这家化学公司选择生产样式的员工里却没有女性，所有的样式决策都是由男性员工做出的。营销经理和其他主管坚持认为，女性和其他多元化的声音应该包括在决策委员会里。收效立竿见影，当新风格的墙纸出现在商店时，销售额有了显著的增长。

在本节开始的那个案例中，一些管理者可能介意大卫的奇异装束。在这个案例和其他类似的案例中，诚实是最好的方法。你可以诚实坦率地告诉大卫你希望他负责这个客户，因为他的能力能够让客户受益。你可以说客户比较保守，他的装束可能让客户分散对他能力的注意，让大卫自己决定他和客户见面时应该穿什么。

你也可以坦率地告诉你的客户，大卫非常有才华，是为他创造价值的最好人选。为了减少最初会面的惊讶，提前告诉对方大卫经常穿民族服装。以上方法会让大卫知道客户可能怎么理解他所穿的服装，但是这并没有强迫他非得遵守一些狭隘的公司守则。这同时也让客户准备好面对多元化。关键在于你要平衡你对客户如何欣赏大卫的个性和多元化的理解。

穿衣守则让一些人觉得很烦。大部分穿衣守则不是要限制个性，而是要确保工作场合的专业形象。民族服装其实不应该是个问题，只要它不太招摇。大部分穿衣守则的目的在于要排除那些看起来太招摇或对于客户来说太随便的服装。穿衣风格也是对企业文化的体现，因此，给员工的穿衣建议需要与企业文化保持一致。例如，企业如果崇尚轻松、平等的企业文化，那么休闲装扮就是企业文化的一部分。在某些特定的场合下（和较为保守客户的会面），管理者可以要求员工穿正装出席，但需要向员工解释原因。这是关乎言行一致的问题。

骚扰

你的职业传统上一直是男性主导，而马西娅是你所在部门唯一的女性。每当高级工程师山姆主持员工大会，他和部门其他男性都会充满感情地称赞马西娅，他们会这样说："我们很难不把注意力集中在房间里像你这样魅力无穷的女人身上。""你得停止在我们面前眨动你的睫毛，否则这个房间的温度会迫使我们不得不开空调。"他们赞美她的衣服、她的腿、她说话的方式。尽管是恭维，他们的言论还是让她觉得不舒服。她在很多场合向你提到了她的不适，你也已经告诉山姆和其他人不要再这么做。但他们只是笑笑，然后告诉你马西娅太敏感了。你认为，虽然马西娅可能太敏感了，但是她确实因为同事的言论而感到非常沮丧（对性骚扰行为的法律定义见第 4 章）。

赞美也构成骚扰吗？当它们让某人尴尬时，这些赞美就是骚扰。如果马西娅因为同事的言论而受到干扰，你作为她的经理就有责任有所行动。像这种情况，有时扭转局面是有帮助的。想象你所在部门主要是女性，而女人们不断地跟这里唯一的男性说："你是一个大块头。""当你朝我们眨睫毛时，我们都觉得兴奋。""你穿了一件很棒的西服，那条裤子真的展现了你很棒的大腿。"那些善意的逗弄是不是听起来很荒谬？

在这个案例中，马西娅的不舒服就是问题所在，而且这跟你或者其他人是否认为她"敏感"无关。她已经采取了适当的措施，先是告诉同事不要再这样。当他们没有任何改变的时候，她又向你求助。你应该以单独谈话或整个团队开会的形式迅速会见你的部门成员。你可以扭转前面段落中出现的形势，告诉他们如果女员工用同样的语言评论他们的话，这些言论听起来会有多么荒谬。向他们解释不适当的赞美是不能被接受的，而且如果以后再出现这么不恰当的言行，当事人将受到惩罚。让每个人都清楚，团队的每个成员都有权利在团队中舒服地开展工作并得到尊重。如果你不迅速而且坚定地做出反应，对类似的冒犯做出惩罚，你可能就会面临被起诉的危险。

下面是另一种形式的骚扰。

你的直接下属罗伯特是一个信奉正统派基督教的人。尽管你对任何宗教信仰都没有意见，但罗伯特总是很大声地宣讲他的宗教，以至于这已经影响到了你所在部门的其他员工。他不仅向他的同事布道，也会批评某些女同事的穿着，在员工大会上还不断地引用宗教典籍中的语句。你已经从一些员工那里收到了对他行为的抱怨。几个星期之前，你向罗伯特建议说他的传道应低调一些，而他的反应仿佛你就是一个异教徒在因为他的信仰而迫害他。之后他的行为更加升级了。

管理者的工作就是在个体权利和团体权利之间保持一种平衡。在这个案例中，就是一个个体企图将他的观点或行为强加给其他团队成员。你的目标在于对每个成员公平和尊重。

在罗伯特的案例中，他的行为已经从表达多元化的观点升级到了骚扰。尽管认同多元化背景的价值很重要，但是拥有一个每个个体都不会向其他团队成员强加他的信仰的环境同样很重要。罗伯特无视你和其他同事的请求，继续他的布道，毫无疑问这种行为已经干扰了团队的绩效和团队成员的关系。在这种情况下，当你口头警告过他之后，你开始记录下罗伯特的行为就应该是合理的。他的敌意和他拒绝尊重他的同事和经理的意见可以被视是一种“不服从”。在一个拥有训导程序的组织中，下一步可能就是对他进行书面警告以限制他试图影响其他同事的宗教信仰的行为，或者采取停职的方式。然后，如果罗伯特对于同事的骚扰还不停止，他就会被解雇。

家庭和个人问题

你的一个直接下属埃伦，刚休完产假回来。她现在有两个孩子，一个 4 个月，另一个 3 岁。埃伦不仅是一个有才华的员工，而且是个很优秀的人。在生第二个孩子之前，她在准时完成工作任务和要求上没有任何问题：她有一个保姆和她住在一起，不管她在不在家，孩子都可以得到很好的照顾。可是，最近这个保姆走了，埃伦把她的孩子送到了一个日托机构，该机构有严格的开关门时间。尽管埃伦在办公室非常有效率，但是她的日程安排再也没有那么灵活了——她必须在下午 5 点离开办公室。这让其他同事觉得很为难，因为不管她在不在他们都必须完成团队的任务。尽管你不想给她找麻烦，但是这种情况对于其他同事来说是不公平的。

家庭和个人问题虽然和工作没有直接关系，但是能影响一个人的表现。他可能无法把他的个人和家庭问题留在家里。在这种情况下，最困难的是，如何在保护员工个人权利的同时不损害同事的利益，如何达到二者之间的平衡。针对这一问题的权衡标准是，如果员工表现不错，且出勤率无可厚非，那么在员工需要帮助时，管理者除了提供必要帮助，也许不需要采取任何行动。

在埃伦的案例中，她只是暂时无法配合她同事的时间表。每个员工迟早都要面对在工作时间内只能投入有限精力的情形，相似的情形可能来自其他各种各样的原因，包括生病、家庭责任、修盖房子和通勤时间。这里的问题在于出勤的公平性，而不是绩效或生产率。由于很多人都有孩子，出于责任，他们不得不在一定的时间回家或留在家里照顾生病的孩子。因此“随时待命”的重担就落在了单身、没有孩子的员工身上。我们都想通融一下员工，但作为管理者，必须确保我们不是通过消耗没有孩子的员工的方式，来实现对其他人的帮助。

理想的解决办法可能是制定更为灵活的工作时间，不仅是为了埃伦，也是为了整个团队。你要直面这个问题，寻求部门其他人的协同帮助，找到一种解决方法。举个案例，你可以在一天中每个人都能参加的时候召开一次团体会议。而个人活动可以被移到下午，这样埃伦或其他人就没有必要为了参加团队活动待到很晚了。如果你的公司有灵活的工作时间，你可以与上级讨论灵活工作时间的可能性，人们可以在灵活的时间段上班或下班，但是办公室和部门内会保证有人值班。目的就在于让员工的生活容易一些，而对于整个团队又很公平，最终能够增加整个团队的生产率。

员工个人的疾病和化学品依赖症有各种不同的表现，这些情形不仅影响到工作时间安排，而且影响到个人表现的能力。绝大多数公司对于员工疾病的管理有明确的政策。大体上，员工都有一定数量的病假，而且可以参加一些疾病的治疗项目。如果一个员工没有正式诊断书就请病假，表现得很奇怪，或者他的表现与以往不一样，你就要怀疑他是不是在身体或精神上有疾病。你要鼓励这个员工去看病，去向公司的医疗部门咨询（如果你们公司有的话）。记住，有些疾病如抑郁症、癌症、艾滋病是很隐私的，应该保密。这些疾病并不会给同事带来危害，可以对患有此类疾病员工的工作时间做适当调整。管理者需要保护他们的隐私，并公正且有同情心地帮助他们。

毒品或酒精上瘾就不同了。绝大多数公司明文规定，禁止以任何形式在公司使用毒品或酒精，而且很多公司对于在毒品或酒精影响下工作有严厉的惩罚措施。毒品或酒精对上瘾者的健康危害极大，它们在工作场合会引发极大的危害。吸食海洛因的公司债券交易员会给他自己、雇主以及客户带来危害。喝醉的飞行员显然会给飞机和乘客带来危险。你愿意和一个抽了好几包烟的铁路工程师同行吗？你愿意让一个酩酊大醉的房产经纪人销售你的房子吗？你愿意让一个服用兴奋剂的医生医治你孩子摔断的腿吗？

如果你怀疑员工在工作时或工作之外服用毒品，那么就留心他的行为和表现上的变化，并写下来（即使一个员工在公司之外服用毒品或酗酒，这些东西也会影响到工作绩效。另外，毒品会给你的组织带来危险）。这是很重要的一步，因为一些药物在气味上很像酒精，所以确保你处理的是酒精而不是药物。一旦你确认你处理的是这种上瘾的情况，请马上和人力资源部门联系。对这些物品上瘾被认为一种疾病（因此而解雇员工并不算侵权——至少在很多大公司如此），而且对这些物品上瘾的员工通常能够得到人力资源部门的咨询意见。如果发现员工上瘾，绝大多数大公司会为员工提供治疗项目，并且会让员工参加这些项目。在绝大多数大公司里，员工有两到三次机会戒掉毒瘾或酒瘾，如果毒瘾或酒瘾复发，员工就会被停职。例如，一家资金管理公司的员工，被发现经常吸食可卡因，并在某些交易场所会变得异常兴奋，公司为其提供了治疗项目并支付了治疗费用。经过 90 天的治疗，他戒掉了毒瘾，重新回到了工作岗位，工作效率也极大地提高了。尽管他需要定期接受公司的毒品测试，以确保他的毒瘾没有复发，但他的事业并未因此而葬送。在另一个药物滥用的案例中，一家金融公司的一位曾为公司投资数千万美元的高管是个不折不扣的酒鬼。公司送他去参加了为期三个月的戒酒项目，并支付了在此期间他的一切开支。但他回来不到几个星期，又开始酗酒。不幸的是，高压力行业的从业者很容易对酒精或毒品上瘾，而且很难戒除。重要的是，要尽快为员工提供帮助——为了员工，为了公司，也为了客户。但是，如果在为员工提供帮助后，他的毒瘾或酒瘾再次复发，公司就要采取某些行动，直到解雇他为止。例如，上述金融公司高管，在接受两次治疗项目后酗酒情况依然没有改善，最终公司只能解雇他。

为什么会有这些伦理问题

这些都是伦理问题，因为它们涉及公平和对个体的尊重。大部分商业中出现的伦理问题都和人力资源相关，而且它们通常能被那些反应迅速、公正而且有同情心的管理者发现。

成本

在第 4 章中，我们已经讨论过歧视和性骚扰对个人、行业和公司所带来的代价。错误地处理多元化问题所引发的代价无法估算，因为它们通常难以量化。想要了解此种案例相关的公关成本到底有多大，只需看看本书第 5 章章末，对德高集团案例的详细介绍。在对德高集团高层的一段录音中，高管抱怨光明节和宽扎节影响了圣诞节的庆祝活动，随后又提到破坏一项未判决的歧视案件资料的经过。在公众意识大觉醒时，德高集团被迫为解决问题付出了 17.6 亿美元。显然，德高集团付出的代价——金钱上和名誉上的损失是很严重的，但是那些成本只是冰山一角。

如果将所有涉及公平的案例集合在一起——如绩效评估系统、性骚扰、有意或无意的歧视，以及管理者对员工家庭、疾病的处理方式——当员工在这些问题上遭遇不公平对待时，将会造成多大的代价。其结果可能是无法估算的。而且损失并不仅仅是经济和名誉上的。有多少人因为同事未解决的问题而丢掉工作？有多少人因为觉得组织没有公平对待每个员工而决定放弃额外的努力？有多少优秀员工选择那些给予他们灵活时间照顾孩子或年迈父母的公司？有多少人因为要补上酒精上瘾的同事落下的工作而感到绝望和沮丧？人们的痛苦、士气、忠诚、生产率和丢掉的机会成本是难以估算的。

管理者就是一个透视镜

管理者在组织中扮演着一个关键角色，因为他们解释公司的政策，执行公司的方针，在他们的责任范围内满足人们的需求，将公司高层的信息顺着命令链下传，以及通过链条给予员工反馈。更重要的是，他们将组织文化传递给每个员工。他们可能是组织成功最重要的要素，而他们绝大多数时候都被忽略了。但可以肯定的是，管理者是透视镜，通过他们，员工可以看到整个公司，而高管则通过他们看到员工。就像我们在本章前面提到的，管理者是发展员工忠诚度的关键因素：对很多员工来说，管理者就代表公司。管理者可以是一个人留在公司的动力，也可以是一个人离开公司的缘由。所以，没有哪个员工团体像管理者这样需要来自高层更多的注意，需要获得更多培训并学习更多的沟通技能。

对管理者的深入思考

管理者最深入的思考可能包含这些：“我希望我们做好工作并且因此得到认可。但最重要的是，我希望没有什么事情是我不了解却会影响工作的。”

作为一名管理者，你要意识到你的员工不仅能够给你带来荣誉，也能够给你带来麻烦，但好消息是，通过长时间的投入，你能够保证没什么会影响到业绩，或者就算出现麻烦，你也能够在它无法控制之前发现它。作为一名管理者，你可以设计自己的保险策略，以保护你和你的公司远离可能带来问题的员工。

当你理解并且内化这样一个事实——你的直接下属在寻求你的指导和支持时，你就开始保护你自己了。那意味着你需要主动管理伦理问题，因为员工想知道你的规矩是什么，所以你要仔细想想你的标准，并且下意识地去努力传达和推行它们。最重要的是，你需要理解，你是一个榜样，员工在追随你这个榜样（更多内容请参阅第 5 章）。

哥伦比亚大学商学院前任院长、某些大公司董事会成员鲍里斯·雅维茨对管理者有睿智的建议。首先，在公开场合和私下里都要沟通你的预期和标准。员工更希望你直接问他们“我们这么做正确吗”，而不是期望从你这里听到关于政策手册的说教。其次，管理者需要“身体力行”，树立榜样，否则没有人会认真对待他们的预期。最后，因为员工会自然地报喜不报忧，所以管理者要明确地告诉员工“告诉我每件事情”。最好的策略就是公开和明确地告诉他们，你想听到坏消息。当然，那也意味着你不能责怪那些给你带来坏消息的人，否则这将是你最后一次听到坏消息。

从明确的标准开始

所有组织都有标准，而且很多组织都有成文的标准。成文的标准，通常是以使命或指导方针的形式出现是，但这是一把双刃剑。如果组织拥有真正能够指导其业务的成文标准，那这是很棒的。如果那些成文的标准仅仅是摆设，而且真正的标准和那些成文标准没有什么联系，那这是个大问题。成文标准和现实情况的脱钩（见第 5 章）摧毁了公司的信誉，而如果公司长时间没有信誉，就会很低效。

对管理者来说同样如此。任何一名员工都可以告诉你，成为一名管理者工作的规矩是什么。“在这里你必须说实话，否则你就会被解雇”可能是规矩，“不要惹是生非”“少说多做”也可能是工作的规矩。管理者在员工中获得信誉和尊重最好的方法就是设立明确的标准，有意识地和他们沟通，并且坚持每个人都要遵守那些标准。不要惧怕设立道德标准，要表达你的员工应该“怎样做”来达到你的心里预期。记住，道德标准可以平衡一味追求财务目标的渴望。它能够转移员工的关注点，达到在追求利润目标的同时，注意目标达成的方式。

事实是员工总是试图弄明白管理者说话的真正意图。思考这个案例：一个食品加工厂的经理总是不断地强调质量的重要性。“客户应该总是第一位的。”他说。然后有一天，一船的食品被运送过来加工，工厂设备已经准备好，工人也已经在等待这单大生意。但食品要坏了。“这还好，”经理说，“加工过程会杀死所有细菌，客户永远不会知道其中的差别，因为加工之后就会马上冷冻。如果现在不加工，我们就会损失很多钱。”他刚刚向员工传达了什么样的信息？假设一个月之后，一名员工发现一些腐烂的东西掉入了食品加工器中，停止机器清洗会损失很多钱，而且已经在漏斗里的食物也会被毁掉。你觉得员工会怎么做？他会认为客户是第一位的吗？这名员工决定睁一只眼闭一只眼，以节省成本？

作为一名管理者，你要认识到你时刻都在设定标准这一点是很重要的。事实上，无法有意识地设定道德标准本身就是一种标准了，因为员工会理解成你是没有标准的。在这个强调团队精神和赋予员工权利的时代，管理者要刻意去说出他们的立场以及“事情应该如何完成”。那些道德标准需要由管理者来强调和推进，否则人们就不会相信它们。这是“身体力行”真正的意义所在。另外，员工会观察管理者的行为，来确定组织真正重视的是什么。这就是文化植入组织的方式（一旦这种观念植入员工的思想，今后就很难发生改变）。

设计一个可以持续沟通的标准的计划

好的沟通技能是有效伦理管理的核心。没有这些技能，基本上不太可能促进道德行为的产生。不管你在管理阶层的什么位置，如果没有对最重要的问题做有效沟通，就可能出现意想不到的事情。这是一个很重要的事实：如果你不和你的员工进行沟通，他们也就不会和你沟通。你不会知道发生了什么；你被隔离在圈外；你被无视；你放任了不道德行为的产生。而且在商界，被无视就会招致厄运。

和一名团队员工的沟通是远远不够的，因为你仅仅知道本团队成员发生了什么。你只能从这个团队的视角，看待其他团队发生的事情。只有定期和不同阶层的员工交流，倾听他们的心声，管理者才能掌握所有信息。这就是“身体力行的管理”通常会得到管理专家高度评价的原因（你可能觉得这很简单，但是想想有多少高管在和向他们报告的人沟通之后就觉得自己在沟通了）。想想这个案例。一个年轻的新来的首席执行官决定，将高层管理者集中在一层楼，以改进这个团队的沟通状况，让一起工作变得简单。世界上无时无刻不在发生着这种事情。这是一个好主意吗？也许不是，因为他不仅有效地隔离了他自己，还有效地隔离了管理团队。他还在组织内创建了一种精英主义的氛围。

你可以通过定期召开员工大会来改善你所在部门的沟通状况。在会上，你可以讨论公司使命、业务绩效，以及你所期望的处理问题的方式。你可以谈论你的立场，以及你所在部门的立场。你可以使用道德化的语言，例如，当员工设计一个新项目或新产品时，在员工大会上询问他们是否考虑到了每个受到他们计划影响的人，询问他们是否在做正确的事情。在道德前提下构建商业决策是一件任重而道远的事情。它需要增强道德意识，传达你的标准并分析道德行为的重要性。这也可以在企业中促进伦理文化的形成。

一旦你有意识地在私下里和公开场合清楚表达你的标准，你就要想一想你怎么才能达到它。你需要用心思考很长时间。当人们发现问题或者表达批评时，你应该如何做出反应。如果你扼杀了提供信息的人，或者在别人提出质疑时表现出了敌意，或者你太忙而没有清楚地表达自己的观点，你就麻烦了。员工可能认为你不好接近，你以后开展工作会举步维艰。他们的消息来源可能不是员工，而是律师或报纸，或者某个立法者。所以，如果你是一名管理者，就要努力让自己平易近人。顺路拜访一下在你管辖范围内的员工，闲聊几句。问问他们在工作和休闲时都做些什么。了解彼此，试着信任对方，这种关系在问题暴露的时候是无价的。

➲ 管理者是榜样

职业篮球运动员查尔斯·巴克利因为宣称“我不是拿钱去成为一个榜样的”而成为体育新闻头条。赛场的同伴卡尔·马龙在一期《体育画报》中做出回应：“查尔斯，你可以按你所想拒绝做一个榜样，但是我觉得这不是你所能决定的。我们无法选择成为榜样，我们是被选择的。我们唯一能决定的，就是成为一个好的榜样还是一个坏的榜样。”与巴克利一样，一些管理者也许并不想成为榜样。但是巴克利和管理者确实是榜样，不是因为他们想要成为榜样，而是因为他们所处的位置。作为一名管理者和一个好的榜样意味着不仅要做正确的事，还要帮助员工做正确的事。一名好的管理者会激励员工，并尊重他们的想法。

管理者可以为遇到道德困境的员工提供指导，鼓励他们收集所有的信息，用在第 2 章具体提到的一些建议来评估形势。除此之外，你要做的还有很多。如果一个员工向你报告一个问题，而你不知道问题出在哪里，怎么办？当你说没什么问题时，她觉得挺满意，转身就走了。但是很快她又回来了，因为她觉得不对劲。你现在应该做些什么？可能这个时候你所能做的最负责任的事情就是和她一起检查问题，以确保没什么事。这就向这个员工和她的同事传递了一个很重要的信息。第一，你这么做就等于告诉她你很高兴她能够发现问题。第二，即使你和她的意见不同，你还是很认真地对待了她提出的问题。第三，你相信她的直觉并且认为她应该这么做。第四，你宣告了伦理对你来讲很重要，以至于即使你不觉得有什么问题，还是要让她觉得舒服一些。这些都是向员工传达的关键信息。（你也许会发现她的怀疑是对的。）

管理者作为榜样要记住的一件最重要的事情是，他们所做的要比他们所说的重要得多。他们可以鼓吹任何他们想要的道德，但是除非他们也遵守这些道德，否则员工是不会遵守的。作为管理者，你和你所做的事情都在被无数双眼睛看着。你的行动远远胜于你的言论，而且如果这两者脱节，你就没有任何信誉可言。

横向管理和纵向管理

个人在组织中仅仅按照上级指示工作的日子已经一去不复返了。新的团队结构要求员工友善地对待每个人。一种新型的评估方式越来越受到组织和公司的青睐，它叫 360 度全方面反馈。这意味着当评估一个员工的绩效时，管理者要询问该员工的同事和下属的意见。

相对于只听取上级反馈的老方法，这种全方位的反馈可能是一种更有效的绩效评估方法。当然，这意味着员工需要自己注意彼此的工作关系：向上、向下、横向。这也是机敏的员工通常很明白的一点：既然你永远不知道你可能最终向谁报告，或者说谁将在未来对你的事业起关键作用，有效地管理所有工作关系就十分关键。

在团队里，管理者还会对你的未来产生直接影响。他们反对或支持你的绩效评估，决定是否给你涨薪资，对你的职业变动也会产生重要影响。如果你和管理者的关系很差，你就会很难生存，除非你和管理者的同级或者更高级别的管理者有牢固的人际关系。这就是获得管理者的尊重很重要的原因。

虽然看起来同事不像管理者那样对你的事业产生直接影响，但是他们可以对你将来的成功产生深远影响。因为你基本上“付出多少得到多少”，如果你不和同事合作，他们就可能拒绝和你合作，甚至在背后搞破坏。此外，同事可能晋升到管理层的位置上，如果你和他们没有发展好关系，这对你来讲就真的很不幸了。

诚实是第一要务

迈克尔是一个向鲍拉——一家化学制品公司的顾问——汇报的律师。在一段非常忙的时间里，鲍拉让迈克尔为公司高层准备一份所有未决案件以及其他法律活动的总结。因为迈克尔有很多出庭的案件都堆在一起，所以他将这个活交给了他的一个助手，这个助手在几天内就完成了这个报告。因为迈克尔太忙，所以他没有检查就直接把报告交给了鲍拉。当鲍拉问他对报告的意见时，他告诉她没问题。第二天，鲍拉叫迈克尔到她办公室，告诉他，她发现了报告中的一个大失误。迈克尔没办法，只好承认他没有时间审校它。

可能没有任何东西比撒谎或者歪曲事实更容易让人失败，也没有任何东西比撒谎或者刻意夸大更快毁掉你的事业。在商业中，你的名誉就是一切，而撒谎或者刻意夸大会迅速削弱它。

迈克尔对他的管理者说了谎。即使他说他没有时间完整地浏览报告，他还是给鲍拉留下了不能抹去的坏印象。鲍拉不仅会质疑他以后的报告，还会质疑他的行为。迈克尔本来可以告诉鲍拉他没有时间准备报告，建议让他的一个助手去完成它。他本来可以要求更多一点时间，这样他就能仔细地审阅一遍。也许鲍拉不能改变他目前的状况，但是她可以理解并且帮助他找到其他解决方法。现在，他暗示自己已经完成并且检查过报告，而事实上他连看都没有看，迈克尔严重破坏了自己在上级面前的信誉。员工的责任包括认定问题并且提出相应解决方案。当提出一个解决方案时，你就有机会将你的想法付诸实践。如果只是汇报一个没有解决方案的问题，你就要被迫去解决它。

管理者和员工依赖于从向他们汇报工作的人那里得到的信息。显然，那些信息必须是可信的和准确的，否则其他人的工作就会受到扭曲。一旦有人质疑你所汇报内容的真实性，想辩解就不太可能了。就像一名管理者所说的，“说谎将毁掉我和另一个人的关系，就这样”。 这个案例所传达的信息是，对你工作的方方面面保持完全诚实，包括你的能力、你提供的信息，以及你是否能够按时完成，并兑现你的承诺。

标准有两种

当布鲁斯让安迪向他妻子谎称他在哪里时，一切就开始了。“如果马西娅打电话来，你就告诉她我在菲尼克斯出差。”他这样告诉安迪。当然，他也告诉安迪，如果办公室有急事，可以到当地一家高尔夫球联赛或者附近的一家旅馆找他，他和另一个女人在一起。因为布鲁斯是安迪的上级，所以安迪答应了他的要求。当马西娅打进电话的时候，安迪撒谎说布鲁斯在菲尼克斯。布鲁斯让安迪帮了很多次“忙”，安迪都照办了。然后布鲁斯让他帮一个更大的“忙”：他指示安迪向高管虚报月度销售数据。当安迪拒绝时，布鲁斯说：“别这样，安迪，我们都知道你的道德标准不高。”

就像管理者在部门中设定标准很重要一样，员工、管理者和他们的同事设定道德标准也很重要。不对自己的价值观妥协的最好方法，就是清楚地表达人们能够从你这里得到什么。

在安迪的案例中，他的第一个错误就在于答应布鲁斯向他妻子撒谎。尽管你是在帮助一个同事，尤其是比你有权的人，但是当撒谎时，你就堕落了。而且，如果布鲁斯事先知道他无法操控安迪，那就不会提出让安迪在月度销售数据上造假的要求。如果安迪一开始就拒绝为布鲁斯说谎，布鲁斯就会对他有完全不同的预期。当布鲁斯让安迪向他妻子撒谎时，安迪可以这样回答：“布鲁斯，别把我拖到这种事情中去！我可以告诉她你不在办公室，但是我不会跟她说谎。”安迪原本可以以一种平等的方式去表达，布鲁斯也可能理解，甚至可能感到尴尬。但是一旦安迪卷入布鲁斯的私事中，布鲁斯就会感觉他可能愿意接受其他的撒谎。这个案例所传达的信息是，有礼貌地，但是要坚定而清楚地表达出自己的想法。如果同事或上级让你背叛自己的标准，哪怕是微不足道的小事，也要拒绝，否则你最终将面对越来越棘手的困境。

结论

员工会受到管理者行为的极大影响，管理者的一言一行都是在建立并促进企业文化。这就是管理者需要了解他在员工眼中的形象是怎样的原因。管理者理解这一点是很重要的：如果他们设定了高标准，进行了良好的沟通，并且像一个榜样那样行动，那么他们将有力地创建一个鼓励员工道德行为的环境。优秀管理者也理解他们在培养员工忠诚度和激励他们工作等方面的关键作用。让员工认识到与管理者以及同事搞好关系，了解如何以最安全的方式对公司高管的错误提出警示也同样重要。

问题讨论

1. 为什么员工参与很重要？它和伦理的关系是怎样的？
2. 员工参与和组织文化有什么关系？管理者如何促进伦理文化的构建？
3. 除了甄选和培养优秀管理者，组织还能通过什么方法提高员工参与度？
4. 管理者可以采取什么具体行动来提高员工的参与度，如从不参与到积极参与？
5. 为什么绩效需要持续地考核，而不是每年一次？
6. 可以对高绩效者睁一只眼闭一只眼吗？为什么可以或者为什么不可以？
7. 想象你是一名将要裁员 200 人的公司经理。请为裁员设计一个行动计划。你怎么处理那些被裁掉的人和留下来的人？
8. 有什么方法能避免员工骚扰事件吗？你会怎么做？
9. 假设你的一个直接下属正处在药物治疗中，他的气味闻起来像喝了酒。你怎么处理这种情况？
10. 假设一个员工向你抱怨一个同事骚扰她。再假设你怀疑这个向你抱怨的人的动机。你怎么处理这种情况？有什么方法让你看清他的动机？这重要吗？你什么时候让公司的人力资源部介入？如果被指控的人是公司的明星员工，结果会有什么不同吗？有什么方法可以让两个员工都继续留在公司并保持高效吗？
11. 作为一名管理者，当一个员工的绩效下滑，而你怀疑问题出在他的家里时，你要怎么处理？如果是酒精或毒品上瘾所致，你该如何处理？你将如何和这个员工提起这个问题？你将使用怎样的语言？你还想和其他人讨论一下这个问题吗？
12. 列举你与员工和同僚沟通道德标准的方式。作为员工，你将如何对管理者表明自己的道德标准？

小案例

管理技能

你最近晋升到监管职位，负责协调另外四个员工的工作。其中的两个员工大你不止 20 岁，也都比你在这家公司待的时间长。虽然你努力支持他们并且表扬他们的工作，但是每当意见不合，他们总是直接找你的上级。你已经反复告诉过他们，不管有什么事情都来找你，他们仍然无视你，并且向其他员工抱怨要向一个你这样年纪的人报告。请设计一个处理与这些员工和你的上级的关系策略。

管理一支多元化的员工队伍

在两年的销售攻坚战后，一家大型跨国石油公司——必戈石油公司决定和你的雇主——安全银行签约。因为必戈石油公司的总部在沙特阿拉伯，而且和它的大部分会面在中东，所以安全银行负责石油和石油产品公司的高管朱莉没有参加，虽然和这家公司会面的安全银行员工已经告诉了必戈石油公司的高管——负责该项目的是一位女性。但也许是因为语言障碍，该消息可能被忽略了。今天，必戈石油公司的代表来到芝加哥准备签署输油管的协议，并且会见安全银行的高管，当然，他们已经见过朱莉了。你的销售团队的一个成员告诉你，必戈石油公司的一个高管团队成员告诉过他，不希望朱莉负责他们的业务。因为文化问题，必戈石油公司首席执行官不愿意和任何国家的女性一起工作。作为朱莉的上级，你要怎么做？

向上和横向的管理

作为一家公司的专业人员，你需要有效地和很多内部客户（从公司的经理到一线代表）打交道。你的一个同事叫杰西卡，她是一个很有才华的专业人员，但是对她的内部客户总是很粗鲁。她的态度很差，以至于公司的人都直接和你而不是和她讨论。你听过很多对她的抱怨。除了不得已的交流，她不愿意与别人沟通任何事情。你想过和布鲁斯（你们两个人的上级）谈谈，但是你和其他人都知道他们在约会。同时，你的工作任务因为杰西卡的名声而日渐受到影响。你要怎么处理杰西卡和布鲁斯的事情？

第 4 部分
组织伦理和社会责任

第9章 企业的社会责任

引言

到目前为止，我们都在强调组织内部的伦理行为。我们已经讨论了伦理行为在工作中的重要性，以及以伦理为目标的个人如何做出良好的伦理决策。我们还讨论了伦理决策的心理，包括为什么拥有宏图大志的人会发现自己很难做正确的事情。我们总结了从组织层面可以做什么，如何创建支持员工伦理的企业文化，以及管理者在这些文化中能够并且应该做的事情，以身作则地推动伦理行为的产生。

在本章关于企业社会责任的讨论中，我们更加明确地关注组织与外部利益相关者之间的关系。在当今联系日益紧密、全球化趋势不断发展、边界化程度迅速减弱的世界中，企业会发现社会责任对基本业务战略起到了至关重要的作用。他们还发现，组织很难将内部的伦理与外部的社会责任区分开来。虽然大多数大公司都有独立的人员和部门来处理内部伦理和外部社会责任问题，但因为两者都依赖一套坚实的伦理价值观和支持伦理行为的组织文化，所以这些努力本质上是相同的。例如，为环境的可持续发展做投资的商业决策，既与尊重社区和自然环境的组织价值观相一致，也向员工表明，组织关心人类发展、社区环境及子孙后代的未来。随着全球化的发展，很多企业的社会责任涉及全球范围，因此，在本章中我们将放眼全球，关注全球性的企业社会责任问题。

为什么企业要担负社会责任

大量的企业社会活动证明，企业承担社会责任的理由有三个：实际需要、道德需要和战略需要。这三个理由是相互联系的。

实际需要指的是企业必须在社会活动中负责地使用自己的权力，否则就有可能失去它。因为社会允许，企业作为法律实体拥有某些优势（如有限责任），但如果企业不承担社会责任，这些权利和优势也有可能被剥夺。这正是“五大”审计公司安达信公司的下场。在经历安然公司丑闻之后，该公司失去了营业资格。

企业是否扮演了负责任的社会角色，主要取决于利益相关者对它的看法。回想一下，我们在第 1 章中将利益相关者定义为“受其业务及其行为影响的任何一方（如客户、员工、供应商、政府、股东、社区）”。在第 2 章中我们稍微转化了一下利益相关者的概念，将它定义为受特定伦理决策影响的人或团体。我们知道，一个良好的伦理决策会考虑对多个利益相关者的危害和利益，而将社会利益最大化是最好的伦理决策。

从企业层面来讲，利益相关者的看法就像为企业戴上了广角镜，看问题的范围超出了所有课程所学（如市场以客户为中心，财务以股东为中心，管理以员工为中心等）。利益相关者认为，负责的管理者在决策时会将多方利益相关者的需求考虑在内，并且寻找到平衡且满足其需求、消除其顾虑的解决方式。某些企业在维护利益相关者方面做得非常出色，至少重要员工和供应商等利益相关者和股东享受的权益相当，如美国的全食、星巴克、开市客等公司。

利益相关者的定义将企业置于一个三方成员网络（或利益相关者网络，见图 9.1）的中心，这些成员受到企业行为的影响，但也能通过干预企业的管理，影响企业的收益及剥夺企业的经营许可。遭受虐待的员工可以罢工，不满意的客户可以抵制该企业生产的产品，利益集团可以制造负面的宣传，企业所有者可以提出股东决议，政府可以出台限制企业活动的法律法规，甚至可以让企业停业。因此，企业承担社会责任的实际需要指的是企业必须预先考虑利益相关者的担忧并采取防御行动来保护自己的声誉和经营。

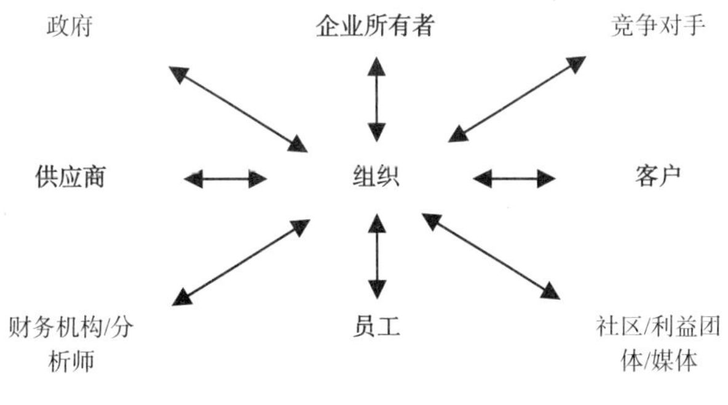

图 9.1　企业的利益相关者

显然，不考虑利益相关者所付出的代价是高昂的。即时电子通信、社交网络、手机、Twitter、Instagram 和 YouTube 的强大功能，让我们了解到即使相关性相对较小的利益相关者对大型企业也能带来巨大的、负面的影响。例如，善待动物组织公布了一段来自西弗吉尼亚州鸡屠宰场的隐藏摄像机所录制的视频。视频中显示，工人们将鸡踩死或将其摔到墙上（及其他残忍行为）。该组织迅速采取行动，派出调查员，并警告屠宰场的承包商迅速解决问题，不然就解除合同。承包商解雇了 11 名员工，并让其余 25 名员工承诺人道地对待动物。

尽管很多企业常常会否认或抵制指控，但肯德基及其母公司百胜餐饮集团迅速回应来自重要利益相关集团的挑战。Taco Bell 是一家销售墨西哥食品的快餐店，隶属于百胜餐饮集团。在墨西哥番茄采摘者发动罢工、绝食等抗议活动后，该企业同意以每磅涨价一美分的价格购买佛罗里达州番茄。通过此举，该企业可以对供应商进行管控，并设立行为准则，允许该企业放弃滥用农场工人的供应商。

另一个相关案例是环境组织“雨林行动联盟”，给花旗集团、家得宝、洛威、史泰博、欧迪办公和雪佛龙等知名企业所带来的影响。在短期内，商业计划很难实现雨林行动联盟所倡导的“绿色”标准。但是，当企业认为优秀企业公民的名声受到威胁时，情况会大有不同。一旦他们认真考虑了雨林行动联盟所担心的环境问题，管理者通常就会将雨林行动联盟视为组织整体的一部分。例如，多年前，雨林行动联盟指出家得宝集团的木材来源于濒危森林。事实上，那时候该集团才发现，自己并不知道所采购的木材来自哪里。现在，该集团对木材来源了如指掌。在其网站（www.corporatehomedepot.com）上，家得宝集团声称将把环保计划纳入其业务范畴，包括可持续林业发展实践和循环利用。明智的首席执行官已经从改革团队的合理沟通中受益。他们效仿雨林行动联盟为家得宝集团开发的环保木材供应计划，以及星巴克与环保国际组织向保护森林的农民购买咖啡的合作计划。

因此，根据企业承担社会责任的实际要求，企业管理者需要审视周围环境，时刻保持警惕，采取合理方式避免经济损失，维护经营合法性和保证良好口碑，确保业务经营顺利展开。但是，如果企业是在利益相关者发声之后被动地承担责任，就会带来一定风险。例如，某些利益相关者的诉求是在负面宣传已经严重损害到企业声誉之后，才得到重视的。此后，该企业必须及时挽回损失。苹果公司确实有一套对供应商的行为要求，并每年公布关于供应商是否遵守行为准则的评估报告。根据规定，如果有违反者，苹果公司将解除与它的合同。但从苹果公司的教训中我们可以得知，要想避免负面的公众影响，仅仅设定行为准则和审计制度是远远不够的。

包括与企业评论家在内的利益相关者进行建设性的接触，是一种新颖且日益流行的方法。高管知道，“请相信我们”的请求在一个经常出现企业丑闻的社会难以实现。相反，更好的方法是积极分析利益相关者的情况，并与愿意参与建设性对话的特定利益相关者进行合作。高盛集团曾将雨林行动联盟带入该集团，以协助起草集团环境保护计划；戴尔公司曾将环保人士列入专项负责小组，帮助公司制定回收策略。

以上的行为与更主动的、更具伦理性的观点相一致。该观点认为，企业作为社会的一部分，有责任遵守伦理规范。根据这一观点，负责任的管理者有责任关心多个利益相关者，只是因为这就是正确的做法。社会责任与经济表现一样，也是企业不可分割的一部分。从这个角度出发，决定企业应该优先考虑哪些问题和哪些利益相关者。这是一个持续的行政化的伦理决策过程。与我们之前关于如何做出伦理决策的讨论一致，高管会对多个利益相关者（包括股东）所造成的危害和利益进行权衡，他们的目标是，使决策最大化大众的利益。他们优先考虑组织的伦理价值观并运用道德准则。他们审视自己的目的，思考社会对企业的行为会如何反应，“善良的企业”会怎样做。

这种伦理观点更有可能促进企业制定超出当前法律或监管要求之外的积极的政策和实践。例如，开发造福社会的优质产品（无论这些产品是否有利可图），人力资源部门公平对待所有员工并尊重所有人权，无论政府规定如何，都自觉地在商业实践中保护环境，积极进行慈善捐款，服务社区。它还促进与利益相关者的建设性接触。正如我们稍后讨论的那样，这些积极的政策和做法，从长期来看会得到“回报”。例如，善待员工的企业可能吸引到最优秀的人才。另外，以价值观为基础的组织往往会避免罚款和其他负面的财政损失。但主张以义务为基础的观点认为，无论是否能够产生经济回报，积极的道德观念都会存在。

在 2009 年的一次采访中，BB&T（美国一家多银行控股公司）的董事长约翰·阿利森谈到价值观是怎样对自己的业务产生影响的。与其他公司一样，BB&T 的价值观包括诚实、正直和正义。阿利森说该公司曾经拒绝开展负摊销抵押贷款业务。这种形式的抵押贷款业务（还款额可少于利息，但抵押金额实际不断增加）曾风靡一时，银行收益很高。但 BB&T 放弃了这项业务，因为他们认为这对客户来说并不合适。据阿利森说，“那时我们在市场上受到了打击，甚至失去了一些抵押贷款商，他们为 Countrywide 提供贷款，收益率会更高……我们相信，尽我们所能帮助客户做出正确的财务决策对 BB&T 是有利的。虽然坚持自己的价值观短期内会有所损失，但从长远来看，这永远不会白费”。因为坚持企业的价值观，该公司不仅保护了客户，也避免了金融危机带来的伤害。

本田公司也是拥有强大伦理价值观的企业，它也为我们提供了一个优秀的范例。该公司以其创始人的梦想原则，即“梦想的力量”为指导。发布在企业网站（http://corporate.honda.com）上的“本田理念”是这样描述的：“我们从全球视角看待事情，始终致力于以合理的价格创造和生产最高质量的产品，以满足全球客户的需求……我们认为我们有责任通过对全球承诺来帮助人类，为保护环境贡献力量，为提高安全性能努力前进……每一次前行、每一次奋进都是在努力成为得到全世界青睐的企业。”在 2005 年的一次采访中，本田公司的总工程师说道：“本田公司的每位员工都被梦想宣言中关于创造出最具燃油效率的优质产品的目标所深深激励着。”所以，即使在 SUV 销售旺盛时期，该公司也致力于节油工艺，这意味着本田公司很晚才进入卡车市场。当他们最终进入这个市场时，他们的特色是更出色的节油性。当然，公司损失了很多潜在的利润。但是，据总工程师说，“问题不在于客户需要它（节油性）或不需要它，这绝对不是本田公司所倡导的观念。如果你的公司以价值观为导向，你就不会询问客户是否同意你的理论……［在本田公司］如果你证明不了你的产品节油性最强，你就永远不会得到董事会的肯定。就是这样”。在本田公司，保护自然环境是指导业务决策的核心原则，虽然在短期内可能付出一些代价，但从长期来看是能够得到回报的。

企业社会责任的第三个原因是战略需要。迈克尔·波特是一位世界知名的商业战略学者、作家和商业顾问。很多观察家都惊讶地发现，2006 年，他在《哈佛商业评论》上发表了一篇关于企业社会责任的文章。与共同作者马克·克莱默一起，在概述企业社会责任的战略方法时，首先强调了商业和社会的相互依赖关系。作者认为，开展商业活动首先需要一个健康的社会环境，因为只有健康的社会才能带来高效生产力，并创造让商业交易得以进行的行为准则。而一个健康的社会也需要企业开展创新活动、创造就业机会、制造产品和提供服务，并支付支持社会活动的各项税收。因此，良好的企业社会责任将同时为企业和社会双方带来好处。

企业社会责任的战略方法为管理者提供了一个更强大的基础，以便在现有的众多选择下，决定哪些利益相关者和社会责任问题应该引起他们的关注，值得他们投入资源。波特和克莱默认为，每家企业都应该仔细分析自己的业务，以确认两件事情：发现业务中对社会不利的内容，寻找那些能够为商业和社会创造共同价值的机会。他们建议企业应该先从仔细研究企业价值链所造成的社会影响开始分析，以减少不利活动。价值链是波特早些时候提出的战略管理概念，它描述了产品或服务经转不同工作步骤所带来的价值增加现象。这是每家企业都有的正常业务活动。

例如，在制造业务中，价值链指的是内部物流（如原材料采购和运输）、制造工序、出站物流、市场营销、销售活动及售后支持环节。人力资源等企业职能部门也是价值链的一部分。参与企业日常运营的管理者应仔细查看价值链所涉及的每个环节，考虑企业在哪些环节中会对社会产生不利影响，并尽力减少此类不良环节。因此，一家自然资源企业将更多地关注环境问题，而一家销售玩具的企业需要更多关注儿童安全问题或海外分公司的员工情况。

提倡企业社会责任的公司应该注重价值链上的商业活动，因为它不仅可以通过减少不良影响（或加强有益环节）而造福社会，也可以通过节约开销或树立口碑而使企业受益。根据波特和克莱默的建议，企业应该重视价值链的相关问题，设定清晰的目标和评估准则，并投入实践。两位作者称之为“反应性社会责任”。

当代企业在反思价值链上存在哪些不良环节时，需要对供应链予以极大的关注，需要问自己很多问题（这些原材料和零部件都来自哪里）。汽车企业从高田公司安全气囊事故中得到了惨痛的教训。这些汽车企业一直以来购买并安装在汽车上的高田牌安全气囊存在爆炸、致伤或致死驾驶者及乘客的潜在危险（见第 10 章）。Chipotle 快餐店在 2005 年也领教了类似的教训。美国多地至少 500 人因食用该快餐店中含有细菌的食物而致病。该快餐店树立的社会使命是提供健康的快餐，“用心做食物”。但该快餐店也许忽视了，它的食材来自 100 多个不同的供应商。该快餐店直面困难、解决问题。虽然问题得到了修正，业绩却受到了严重打击。这一事件造成的不良影响需要时间来修复。所以，当该快餐店思考产品可能带来的危害时，应该先审视一下供应商。他们要扪心自问，这些供应商是否值得信赖，是否向自己一样秉承“绝不损害大众”的信念。如果不是，快餐店应该马上另寻新的供应商。

波特和克莱默对战略性企业社会责任的分析不仅是从认清潜在危险的角度来说明的，它还试图让企业根据自身独特的知识和专业经验，发现自己能为社会做贡献的一面。例如，可以说联邦快递是要求可靠性的快递企业。无论天气如何、无论有何突发事件，包裹都需要到达目的地。因此，联邦快递需要做好应对这些突发事件的准备。在卡特里娜飓风之后，联邦快递的准备工作所发挥的作用弥足珍贵。联邦快递会通过在关键地点定位冰、水、发电机和设备修理包来做准备。该公司备有 60 吨的红十字会物资，这是为应对灾害提前所做的工作。同时，它还修复了新奥尔良的联邦快递收音机天线，从而为救援人员提供几天以来一直缺乏的无线电通信。

为了进一步说明战略性方法可以为社会创造益处，波特和克莱默认为企业应该考虑在肩负社会责任的同时，如何在充满竞争的商业环境中取得成功。这些企业在为社会做贡献的同时，加强了自身竞争力。波特和克莱默主张将社会维度纳入企业的竞争策略中。例如，丰田公司就是一个很好的案例。该公司在开发普锐斯混合动力汽车时，投入了大量资源。针对社会对高效、碳排放量少的汽车的需求，丰田公司集中资源用以开发环保汽车，为汽车设计提供了创新性的理念，同时在客户心目中树立了良好口碑。丰田公司在混合动力汽车开发方面不仅拥有专业化的经验，而且是第一家以高性价比为特色出售同类汽车的公司。这让丰田公司在盈利的同时，在激烈的市场竞争中站稳了脚跟。消费者也对该品牌的风格理念十分青睐。

丰田公司生产的越野车曾由于安全问题受到政府、媒体和消费者等多方利益者的关注（见第 10 章），因此它所面临的社会责任问题十分复杂。但丰田公司似乎已经修正了自己的问题，普锐斯汽车就是一个很好的范例。而全食超市是另一个好的范例。这家以“目的为导向”的连锁超市，经营理念是为员工、消费者及社区提供天然、有机食物，因为这样的食物对人体更加健康。全食超市做了很多努力，以减少价值链中的伤害。但是，它从未放弃过为社会做“贡献”，这种经营策略也为全食超市增加了市场竞争力。我们在这里只举一个案例。2012 年，全食超市决定在底特律开一家分店，这个决定令不少经济观察家震惊了。底特律因缺乏向当地居民供应健康食物的渠道而被称为“食品沙漠”。很多人预言，全食超市会失败，但是事实超出了所有人的预期。从那之后，全食超市将继续在需要健康食物的内陆城市开设连锁店，并为当地居民提供一定的就业机会。

战略方法比实用方法更具积极性和肯定性，因为它要求企业寻找和承认企业可能造成损害的活动（这可能特别有用），并鼓励企业通过关注价值链，了解管理实践中的问题并清除潜在的危害。通过这种方式，企业就不需要等待利益相关者提出问题后再做反应，而是积极主动地在问题出现之前就解决它们。这种方法还为企业在如何配置重点资源方面提供了指导，那就是针对社会责任问题，企业可以并应该根据自己的专业知识做出判断，而不是随波逐流。因为专注价值链就是要求企业寻找对社会不利的方面，所以遵循这种战略方法的企业，不会将他们的企业社会责任工作限制在可以提高收益的活动方面。这种方法还会促使企业创新，让他们思考如何发挥企业独特能力的同时，使企业和社会双方都能受益，并鼓励企业衡量其努力所带来的社会影响。

但是我们想敲一次警钟：这种方法会给人一种错觉，即承担社会责任的同时，企业始终能够实现盈利。在这样一本伦理管理的书中，我们必须让大家明白，有时企业承担社会责任所付出的商业代价是很昂贵的；但出于伦理原因，企业无论如何都必须这样做。学生常常惊讶地发现很多企业知道，他们所做的决定至少会在短期内让公司财务收入减少，但他们还是维持了自己的决定，只是因为这种决定符合企业的价值观，并且是正确的事情。BB＆T 决定放弃负摊销抵押贷款业务就是一个这样的案例。在海外的商业环境下，这种案例并不鲜见。例如，一家公司放弃进入一个潜力无限、有利可图的海外市场（如俄罗斯或尼日利亚）的原因，是它不想参与腐败，而参与腐败这种行为违背了其诚实、公开的企业价值观。因此我们认为，除了评估企业的价值链和竞争环境，企业还需要确定其核心价值观，这将帮助企业确定有哪些事情能做或不能做、解决企业社会责任集中在哪里等问题，以顺利做出艰难的伦理抉择。

我们还有最后一个忠告。如果公众认为企业只有在能够获利的情况下才会承担社会责任，那么企业的努力将适得其反。我们发现，如果学生认为企业是唯利是图的，那么就会对它们的努力冷嘲热讽。请问自己（并在课堂上讨论）这样一个有趣的问题：你怎样看待企业为了获利才承担社会责任的行为，是什么影响了你和你的同学对企业的看法？你对 Ben & Jerry’s 和巴塔哥尼亚公司将社会责任及可持续发展观念融入企业 DNA 并以此为卖点，如何看法？你觉得以上企业的做法和那些将企业社会责任看作“不错的事情”并因此获得良好声誉的企业有何不同？了解你和他人的想法可以为你提供重要的视角，并将在你今后做此类管理决策时起到极大帮助。

企业社会责任的类型

企业社会责任有多种类型，目前已经被划分为金字塔结构的经济、法律、伦理和慈善四大类型，必须同时兼顾（见图 9.2）。

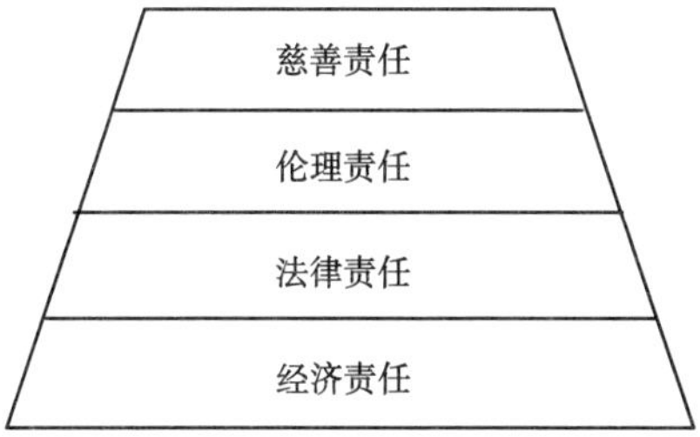

图 9.2　企业社会责任金字塔

经济责任

企业的经济责任指的是在创造利润的同时，提供满足消费者需求和愿望的产品和服务的主要功能。经济责任是首要的，也是企业社会责任的基石。这是因为，如果没有财务可行性，其他责任就成了没有实际意义的问题。有效履行这一责任是企业重要的伦理目标，因为它提供了良好的工作机会、重要的产品和服务，并为带动经济活力做出了贡献。

业界对于管理层的唯一责任是不是为股东获得最大利润这一观点的争论持续了 40 年之久。已故经济学家米尔顿·弗里德曼是对这一观点著名的支持者。然而，人们经常忘记弗里德曼实际上所说的话——管理层应该“在争取利润最大化的同时遵守社会的基本规则，无论是法律规定还是伦理常识”。所以，即便对于弗里德曼这样坚定的自由市场经济学家来说，利润最大化也并不是企业的唯一责任。有趣的是，上述声明包含了企业社会责任金字塔中的其他两个方面：法律责任和伦理责任。这种说法也意味着一些公认的对社会有害的企业根本就不应该存在，不管他们有多大创造利润的潜力。例如儿童色情产业，这在美国和其他很多国家都是非法的。我们大多数人都同意，无论这一产业能够缓解多大就业危机、蕴含多少潜在利润，儿童色情都不是一项对社会负责的活动，应严禁从事这项产业的组织存在。

法律责任

除了经济责任，企业社会责任金字塔还表明企业将按照现行法律和政府法规开展工作。指导商业实践的法律可视为自由企业制度的基本规则，并与经济责任并存。正如我们在第 1 章中所说的，法律也是社会中对商业行为指导的最低规范和标准。但法律并不能包含社会对企业的所有期望，美国各州之间的法律不尽相同，甚至各个地区之间的法律也存在差异。

伦理责任

伦理责任凌驾于法律责任之上，它包括避免造成伤害、选择正确的道路等更为普遍的责任，并依靠伦理决策做出最终的抉择。在美国，向未成年人销售香烟是违法行为。但在没有这种法律限制的国家，企业依然可以从事这项活动。事实上，很多烟草公司确实在向亚洲很多国家的未成年人销售香烟。尽管如此，严格履行伦理责任的烟草公司，也应该考虑到烟瘾对健康造成的长期危害，从而停止向未成年人销售烟草的行为。

很多企业甚至超越法律的要求，以坚持自己的伦理责任理念，这为我们提供了很好的案例。特殊建筑产品制造商佳斯迈威公司，在对产品安全性方面的伦理责任就超出了法律的要求。也许并不令人惊讶，该公司曾在过去出现过问题（该公司曾接到因石棉暴露而导致健康问题的超过 15 万起诉讼）。应美国法律要求，该公司在所有玻璃纤维产品上都贴上了警告标签。该公司还在运往日本的玻璃纤维产品上贴上了标签。但日本法律并没有对此做出任何要求。日本政府甚至对此提出了抗议，因为这种警告有可能造成民众的癌症恐慌。该公司前任董事长、总裁兼首席执行官汤姆·史蒂芬斯说："美国人和日本人没有什么区别。我们告诉日本政府，我们有这样的政策，所以我们必须贴上警告标签。"尽管该公司一年内在日本丢失了 40%的销售额，但不久之后就重振了日本市场。伦理责任与法律责任常常相互重合，扩充了法律责任的外延并激发了商业人士超越法律层面的优秀表现。

李维斯在其网站（www.levistrauss.com）上说道："价值观是我们成功的基础。它不仅奠定了公司的基石，定义了我们是谁，而且让我们远离竞争。它描绘了我们对未来的愿景，阐释了我们的商业战略、决策和行动。价值观是我们的依靠。"它的四个核心价值观是同理心、创造力、正直和勇气。为遵守同理心和正直的价值观，李维斯是"首个制定全方位行为准则的跨国公司"，以确保公司员工"在世界各地都是安全的，并且能够得到应有的尊严和尊重"。此外，公司对多元化的承诺始于 20 世纪 40 年代，远远早于 1964 年的《美国民权法案》。另一个是关于勇气（公司价值观中很少出现的元素）的案例。1992 年，该公司是《财富》500 强企业中首个为员工伴侣提供医疗津贴的企业。当时对这种福利充满了争议，但该公司认为这就是正确的做法。

慈善责任

慈善责任是指企业通过参与活动、捐赠金钱或产品和服务等方式，以增进人类福祉或提升企业信誉。很多人认为慈善事业是自发自愿的，可以由企业自主决定，因此，疏于慈善事业通常不会被认为是不道德的。有些人可能质疑这是不是公司的"责任"。但是，至少在美国，富人（包括富有的企业）会分享他们的财富，并因此在税收上得到优惠。19 世纪的钢铁大亨安德鲁·卡内基，曾为慈善事业捐款数百万美元（今天将超过 70 亿美元），他曾说："死时富有，死也蒙羞。"他认为富人活在世上，从道义上讲应该将他们的财富捐献给社会。

持有同样观点的比尔·盖茨（微软的联合创始人）和他的妻子梅林达，创建了世界上最大（数十亿美元）的捐赠基金。盖茨于 2008 年卸任了在微软的日常管理角色，专注于慈善事业。盖茨决定捐献出自己 95%的财富。他们对人类健康（艾滋病、疟疾、结核病）、农业发展和教育特别感兴趣。疟疾是世界上危害最大的疾病之一。该基金会在疟疾研究方面取得了诸多进展。当沃伦·巴菲特得知盖茨将专注于自己的基金会（见 www.gatesfoundation.org）事业时，他决定加快自己的慈善事业进程并向该基金会捐赠了数十亿美元的捐款。这些现代慈善家积极参与应对全球大型疾病，他们要求问责制和结果。

以上案例都是商业人士个人的慈善活动。很多公司经常通过创建的基金会参与慈善事业。因为不需要公开，所以很难知道公司实际的贡献有多少。现在很多公司自愿将这些信息披露在其企业社会责任报告中。《商业周刊》和《财富》会对年度企业捐赠清单进行公布。一些公司，例如塔吉特百货和全食超市等会将一定比例的利润捐赠给慈善机构。全食超市在其使命宣言中表示，它会将其净利润的 5%捐赠给慈善事业，这是自 1985 年起所维持下来的传统。塔吉特百货自 1962 年以来，也一直在参与慈善事业，但有趣的是，该公司会对消费者进行问卷调查，以找出需要进行捐赠的方面。另一些公司则会捐赠一定数额的销售额（不是利润）。例如，巴塔哥尼亚公司和上千家公司会将销售额的 1%捐赠给环保事业。很多公司还会根据员工要求，给予员工参与社区慈善活动的休息时间。有些公司甚至开辟了参与慈善事业的新方式。例如，总部设在洛杉矶的 Tom's 公司开辟了一对一的慈善销售模式，现在被各个企业争相模仿。“出售一双鞋，捐赠一双鞋”——该公司每售出一双鞋，就会向发展中国家有需要的人捐赠一双鞋。该公司这一举措取得了巨大成功，并将捐赠范围拓展至其他产品，如钱包和双肩包。重要的是，企业从中明白了捐赠的影响，而不是追求正面的新闻舆论报道。例如，向儿童捐赠鞋可以预防疾病，如钩虫病的产生。但这么做可能让被捐赠人产生依赖性，因此，该公司现在正在试验用捐赠的鞋作为激励因子，鼓励母亲带领自己的孩子去诊所接种疫苗。该公司还在当地建立工厂，提供就业机会。作为学习型组织，Tom's 公司承诺在今后不断改进一对一的慈善模式。

这些企业也许是从利益相关者的角度看待慈善问题的。通过一定由头的慈善活动，他们能够加强与员工、社区居民、消费者或其他利益相关者之间的联系。然而，也可以将慈善活动和企业的专长和业务联系起来。例如，波士顿的贝恩公司所开展的慈善就与自己的业务息息相关。该公司创建非营利组织向慈善机构提供了大量打折的管理咨询服务，这正是贝恩公司所擅长的。同样，一些医药公司会向无力支付的患者赠送药品，或者通过打折来减轻患者的财务负担。

当 2004 年的海啸席卷东南亚时，联邦快递公司迅速响应，为灾区提供帮助。该公司立即制订了救灾计划，包括由公司出资为灾区儿童捐赠 344 000 磅的 Pedialyte 补剂。超过 100 家公司（大多数是美国公司），向灾区捐赠了 1 780 亿美元的现金和药品。各个公司都竭尽所能，为灾区提供帮助。例如，可口可乐公司提供了灌装设备，并向泰国捐赠了 50 万瓶饮用水。

企业对 2005 年的卡特里娜飓风灾害的反应基本与之相似。飓风对路易斯安那州、密西西比州和亚拉巴马州等地造成了影响。实际上，沃尔玛对飓风灾害做出了快速、高效和慷慨的回应，以至于很多评论家认为沃尔玛应凭借其专业的物流知识，在美国联邦应急管理响应中担任官方角色。沃尔玛向卡特里娜飓风救济会捐赠了 2 000 多万美元的现金，以及 1 500 辆卡车的免费商品、10 万份食物，并承诺为所有流离失所的人员提供就业机会。该公司的救援规模空前，以至于一位观察人士表示："沃尔玛提高了美国国内公司捐赠的水平。这将改变公司捐赠的现有局面。"

以上关于慈善的努力让我们看到了积极的方面。然而，如果企业对于慈善活动的意图和动机出于自私，那么观察人士会对这种行为冷嘲热讽。例如，批评家会对某些制药厂的行为提出质疑。美国的某些制药厂帮助穷人利用患者援助项目支付医药费，而这种援助项目是由制药厂资助的慈善性分摊医疗费项目所管理的（赠予可减免课税）。最近，各大媒体头条争相报道制药厂越来越多的开支并不是用于研发新药品。医药公司也许认为，将投资放在慈善事业和患者援助项目上可以树立更好的企业形象。但批评家认为，这些所谓的患者援助项目只是为了转移公众对于高昂的医药开支的注意。所以，如果医药公司在乎声誉，就必须仔细思考一下自己的初衷，正视愤怒的公众对本公司慈善活动的看法。

一个有趣的问题是，参与慈善事业的公司是否应该对他们所做的慈善事业进行宣传。例如，勃肯公司多年以来一直默默地对艾滋病儿童基金会进行捐助。而伯克利商学院的学生建议勃肯公司不要这么做，而要赞助能够宣传并提升鞋业公司形象的项目。但当时的首席执行官拒绝了这一建议，他认为如果企业担负社会责任只是为了赚钱，就丧失了"责任"一词的意义。同样，亮视点公司的首席执行官曾谈及，该公司努力回收客户旧眼镜，并经过再加工，捐赠给美国及世界各地有需要的人。他向我们展示了一段关于这项工作以及这项工作对员工、公司和被捐助者（很多人第一次能够清晰地看到世界）意义的视频。当被问及公司是否愿意分享这段视频，以用于商业伦理课时，他显然不太情愿。他说他不愿意这样做，因为公司并不是为了宣传才从事这项活动的。另外，慈善事业是组织文化的重要组成部分，在他看来，通过慈善活动公司建立了重要的团结意识和员工忠诚度。

在我们的教学中，我们经常遇到对企业慈善事业的努力不屑一顾的学生。特别是当学生认为企业从事慈善事业的目的，是为了补救企业的不良影响时，他们不屑一顾的情绪会更为明显。例如，众所周知，安然公司在休斯敦社区的慈善活动风生水起。菲利普·莫里斯在吹嘘其慈善活动的同时，却对其产品——卷烟所引起的肺癌造成数百万人丧生的事实避而不谈。如果观察人士认为一家公司只是试图改善其形象，就会招致对公司的负面评论。因此，公司应该将是否参与慈善活动的决定，与是否公开及如何宣传慈善活动的决定独立开来。你的看法如何？公司应该对外公开公益慈善事业吗？还是应该把慈善事业作为公司内部的活动，不对外宣传？

如果我们认为慈善事业是公司的责任，那么还有很多问题亟待解决。例如，哪些活动更有意义（它们应该如何与公司业务紧密相连）、投入多少资金、怎样监控和评估、是否通过公司的运营预算或基金来支付慈善活动的费用。遗憾的是，能够帮助我们解答这些问题的研究凤毛麟角。《财富》杂志报道了公司捐赠所占收入的百分比。其他人则认为，计算捐赠占税前或税后收入或净收入百分比的方法更为合理。哪种评估方法更好？很显然，大多数美国公司都认真对待其社会责任，并通过慈善事业回馈社区。

三重底线和环境可持续发展

目前，思考企业社会责任更为流行的方式是三重底线，即企业的经济底线、社会底线和环境底线。我们已经讨论了经济底线，它是指企业的经济影响。社会底线是指企业对多个利益相关者（如员工、客户、供应商和更广泛的社区）的影响。三重底线的第三个维度是环境底线。它是指企业对自然环境的影响。可持续性有时被用来表示这三个维度之间的协调状态。在其他时候，可持续性指的是对环境影响——“可长期增长、不会消耗自然资源并减少温室气体的排放量”。可持续发展的定义是既满足当代人的需求，又不损害后代人满足需求能力的发展。

一些企业将能够使企业得到长期、持续性发展的社会责任，包括对保护环境所做的努力，统称为可持续性。其他企业则将企业社会责任作为总括性术语（与我们一样），并用可持续性来表示在保护自然环境方面所做的努力。无论使用什么术语，显然企业这种类型的努力获得了越来越多的关注。2008 年，《快公司》杂志公布了企业保护环境的 50 种方式，从福特公司申请将三层涂料一次性涂完，到租车（Rent-A-Car）公司提高车队每加仑所行驶的英里数，再到史泰博集团为更加环保而修正成千上万种自有品牌产品。

2015 年，《福布斯》评出了世界“最具可持续性”的 50 大公司排行榜。美国生物技术企业 Biogen 一举夺魁。我们还注意到，英特尔公司在经济低迷时期，依然为环保而加倍努力，这是令人瞩目的成就。另外，英特尔公司将员工奖金和公司可持续表现挂钩。正如我们在第 5 章中所说的，这是一种让员工关注特定的伦理相关目标的最好方法。全食超市、星巴克、思科系统、科尔士百货并列排名第十，所有企业都表示，他们都想为“驱动美国绿色经济”做出一份贡献。

2012 年，《新闻周刊》联合《每日野兽》及两家研究机构，公布了名为“全球环保之最”的企业排名，该排名涉及全球 500 家大型贸易企业，主要根据其环保贡献、管理及透明度进行评分。排名领先的企业囊括了各种行业，包括信息技术、消费品、零售、金融服务和制药等。一些鼎鼎有名的企业，如 IBM、微软、埃森哲、东芝、史泰博和诺华等都跻身前 50 名。

虽然沃尔玛在很多社会责任方面（如员工关系、海外贿赂）受到批评，但该公司在 2009 年宣布，将创建一个“可持续性指数”，以帮助其客户评估产品的可持续性，这对其供应商的可持续性意识起到了极大的影响。2011 年，作为先行项目，该公司对六种不同种类的商品设计了指数评分标准及评分卡。沃尔玛的消费者根据评分卡上的标准对产品进行评估，并帮助供应商提高评分较低的方面。沃尔玛表示，它的目标是在 2012 年年底设计出涵盖 100 多种品类商品的评分表。早期的环保工作始于 20 世纪 60 年代对空气和水污染的关注，接着是 20 世纪 70 年代对氯氟碳化合物的担忧。这些化学物质被释放后，会破坏地球的臭氧层。尽管目前还存在这方面的问题，但对污染的治理已经取得了一定成效，特别是在西方国家。最近的关注焦点则集中在全球气候变化上。世界上最受尊敬的大气专家（包括本书第一作者所在的机构——宾夕法尼亚州立大学）的看法越来越一致，那就是全球气候变化是真实存在的，而且是由人为排放的温室气体所造成的。包括全球最具权威的大气专家在内的联合国政府间气候变化专门委员会，在 2007 年年初发布了一份报告。报告指出，全球气候正在发生变化，人类活动是关键的驱动因素。全球气候变化可能对人类造成很多威胁，包括缺水、作物产量下降、海平面上升及极端风暴天气。报告综合了数百项预言性科学研究的结果。保险公司对此十分关注，尤其是在风暴天气不断增加、造成的危害不断扩大的情况下。德国的慕尼黑再保险公司发布的一项报告指出，北美极端天气灾害不断增加，并从 1980 年到 2011 年造成了 100 万兆美元的经济损失。尽管大气专家认为，气候变化并不会引起风暴天气，但当 2012 年飓风桑迪席卷美国东北部后，明尼苏达大学环境研究所负责人乔纳森·福利在 Twitter 中这样写道："如果没有气候变化，是否还会出现这样的风暴？会的……风暴越来越严重是不是因为气候变化导致的？是的。"

很多美国企业，包括通用电气、沃尔玛和杜邦化学，都将可持续发展作为其商业战略的重要组成部分。这主要是由于这些企业的高管对气候变化达成了共识。但这也是为了达到利益相关者的期望，即企业将负责任地使用资源，尽可能回收和再利用，消除有害毒素，减少温室气体排放。此外，高管的担心不无道理，能源成本可能持续增加。此外，很多企业在多个市场中开展经营，其中很多市场（如欧盟）的政府正在加大对碳排放的监管力度。因此，跨国企业有必要按照最严格的要求开展经营活动。精明的企业高管将为气候变化问题提供解决方案的变革活动，视作企业创新和创造未来业务和就业大好机会。遵循波特和克莱默的建议，一些企业将环境可持续性作为商业战略的基石，并视其为获得竞争优势的筹码。

与早期通用电气公司将有毒化学品倒入纽约哈得孙河并努力清理它相比，这种对自然环境的关注，代表了一种变化。杜邦曾被视作对美国造成污染最严重的企业，而沃尔玛因其覆盖率而闻名于全国各地。2007 年，《财富》杂志公布了在环境的可持续性方面而做出突出努力的企业。名单上有一个让人意想不到的企业，那就是杜邦，它从污染企业蜕变为可持续发展领军企业。杜邦从使用氯氟碳化合物的经验中得到了很多教训。最初，它拒绝减少使用氯氟碳化合物，结果使企业形象遭受了不小的打击。当被迫禁止使用氯氟碳化合物后，该公司开发出了一种可获得高利润并环保的替代品。20 世纪 90 年代初，新任首席执行官将注意力集中在这些问题上后，公司不断加大对环保的努力。从那时起，杜邦大幅减少了温室气体、致癌物和各种危险废物的排放。它试图通过从根本上改变（而不是调整）工作流程来做到这一点。现在，当管理者评价新产品时，他们需要将产品对环境影响作为业务评估的一部分。同时，该公司鼓励员工开发能够解决全球问题又符合三重底线的新产品。《财富》杂志评选出的另一家环保领先公司是惠普，它在全球公民报告中详细说明了其在可持续发展方面的努力。虽然高科技公司往往对这些问题特别敏感，但惠普却让人无可挑剔。例如，惠普的机器现在完全可以回收利用，并且该公司致力于减轻“电子废弃物”的有害影响。

另一种方式是企业通过它们的建筑物实现“走向绿色”的目标。2006 年，美国绿色建筑委员会在加利福尼亚州圣何塞的总部设立了绿色建筑委员会铂金奖。软件制造商 Adobe 成为第一家获得该奖项的公司。这一成就令人印象尤为深刻，因为该公司并非通过创造新结构，而是通过修整现有结构实现的。该公司每年对环保事业投资超过 100 万美元，其中包括对减少电力和天然气使用量的投资，每年节约近 100 万美元的能源损耗。

威廉·麦克多诺和迈克尔·布朗嘉特所著的《从摇篮到摇篮：循环经济设计之探索》（2002）促使很多组织采取全新的思维方式以使它们的业务更具可持续性。作者号召用智能设计和“垃圾等于食物”的概念来改造行业，即在这一过程中，没有任何材料被实际浪费掉，它们或者被另一个有机体使用，或者通过生物降解重返土地当中。整个过程是紧随自然生态系统形成的。可以在作者的网站（www.mcdonough.com）上了解更多信息。

行业可持续发展的一个特别案例来自 Interface 地毯公司。这是由雷·安德森在 1973 年创建的一家地毯公司。虽然你可能没有听说过这家公司，但你也许已经走过了它所出品的无处不在的地毯。该公司是一家价值数十亿美元的全球性公司，销售网络遍布全球 100 多个国家。在阅读完保罗·霍肯《商业生态学》（1994 年）后，安德森深受启发。他为公司开辟了一条新道路，立志成为坚持可持续发展观的公司，公司的目标是向他人证明公司可以做到“坚决不采用无法迅速自然再生的资源，坚决不对生物区域造成伤害”。该目标载入了公司的使命宣言及该公司名为“Mount Sustainability”的项目中。Interface 公司不仅通过自己的努力实现了可持续发展，还致力于帮助其他公司实现这一目标。该公司网站（www.interfaceglobal.com）列出了 Mount Sustainability 所涉及七个方面：减少废弃物、避免有害气体排放、利用可再生能源、循环利用、实现资源节约型运输、感知利益相关者（包括供应商和投资者）的需求、重新设计业务。网站列出了里程碑性质的标志和最为重要的成就。以下是其中的一些案例。公司目前送往垃圾处理场的废物减少了 77%。公司现在使用的原材料中，超过四分之一是生物性或可循环利用材料。自 1996 年以来，制造业的取水量下降了 75%，能源强度下降了 45%。公司九分之八的设施全部采用可再生能源发电。公司将其环保努力作为一项长期目标，不断发展。我们建议大家访问该公司网站，以了解更多令人钦佩的成就。

稍后我们会再讨论企业高管对政府监管所产生的反应。有趣的是，尽管如此，很多高管实际上支持政府在环境领域增加监管，以此来减少对未来的不确定性并保证平等的竞争环境。例如，来自美国汽车及公用事业的一位颇具影响的高管公开表示，需要国家立法减少温室气体排放，应对气候变化威胁。2009 年 1 月，来自十多家公司（包括通用电气、施乐、康菲石油、卡特彼勒和杜克能源）的高管联合起来，鼓励美国国会通过气候立法并提出自己的政策建议。另一个令人震惊的标志性事件是，很多公司（包括苹果电脑和太平洋瓦斯电力、爱克斯龙和 PNM 资源）因抗议美国商会抵制对气候变化立法，于 2009 年从美国商会请辞。

和其他社会责任方面的努力一样，企业对于环保的举措往往引来嘲讽。像“漂绿”这样的词，是用来形容并非真心为了减少污染，而是为了修复公共关系而在环保方面做努力的企业。绿色和平组织创建了网站（stopgreenwash.org）帮助公众区别伪环保的企业。所以，企业需要再次认真思考如何公开表达自己的努力。对此感兴趣的利益相关者，可以迅速识别出哪些企业只是在利用公众对环保的关注，来实现自己的商业目标的。

更为乐观的是，我们发现，我们的很多学生也对可持续发展有着浓厚兴趣。事实上，很多人开始将可持续发展视为一种符合自身价值的就业机会。有这种兴趣的学生正在寻找开展可持续发展培训项目的高校。其中包括 MBA 项目，它为学生创建可持续发展的企业做准备，或帮助传统企业变得更加环保。在波士顿大学卡罗尔管理学院，学生小组正在竞相为企业提供创意，创造独特的商业机会。2009 年大赛的获奖者创建了名为“Green with Envy”的项目。该项目旨在提供绿色产品，如可回收电话和环保服务，参与该项目的客户可以减少碳足迹①并留意环境问题。我们期望未来几年可以涌现出更多的诸如此类的项目。

承担社会责任的企业就是优秀企业吗

这是一个老生常谈的问题，尽管我们比以前更了解它，但我们对它没有完美的答案。身边的案例比比皆是。我们可以说出，至少在短期内，以不负责任的方式而“领先”的很多企业。首先映入脑海的就是导致 2008 年金融危机的金融企业。我们可以找到那些为不负责任的行为付出惨痛代价的企业，还可以找到很多勇于承担社会责任并取得成功的企业。让我们看看还有哪些案例，并了解一下研究结果。

➲ 树立良好口碑的益处

一种说法认为，社会责任的重点在于公司在主要利益相关者（如客户、商业伙伴、员工等）中的口碑。国防最大的承包商之一洛克希德·马丁公司的退休主席诺曼·奥古斯丁，

① 碳足迹：是指企业机构、活动、产品或个人通过交通运输、食品生产和消费以及各类生产过程等引起的温室气体排放的集合。——译者注

讲述了公司遵守伦理并承担社会责任的故事。在竞标政府合同项目时，公司收到了一个装有竞争对手投标的牛皮纸袋。他们立即将其交给美国政府，并通知了竞争对手。最后，洛克希德公司竞标失败，这导致员工失去了一定的工作，股东遭遇了短期的巨额亏损。但奥古斯丁深信，损失只是暂时的。“我们树立了良好的口碑，从长远来看，这将为我们带来业务……总有一天会有回报。”

可是，口碑真的很重要吗？根据《商业周刊》的报道，“社会对于企业道德标准的看法，是企业最大的赌注”。从消极方面来讲，丑闻将给企业蒙上“黑眼圈”，并为其带来巨大的经济损失。例如，在“埃克森・瓦尔迪兹”号油轮漏油事件后，埃克森美孚美国公司面临多年的负面媒体调查。从积极方面来讲，良好的企业声誉“可能使企业抬高产品价格，吸引优质的消费者，提高他们进入资本市场的机会，并吸引投资者”。总体来说，研究证明拥有良好声誉的企业能以低成本、高销量、高价格，取得比口碑差的企业更好的收益。一项斯坦福大学对 800 名来自 11 所欧洲和北美顶尖商学院的毕业生调查显示，94%的学生表示他们将放弃经济利益，为一家在伦理和企业社会责任方面拥有更好口碑的组织工作。一旦被雇用，人们更忠心于具有“仁爱氛围”的组织——专注于员工和社区的福利，而不是宣扬“自我主义”的组织（重视自身利益或小团体主义的组织）。最后，我们还发现，良好的口碑会为企业带来客户的满意、信任和忠诚。

社会责任投资者的回报

思考这个问题的另一种方法是把股东作为一个特别重要的利益相关群体，并询问股东社会责任投资者是否应该得到回报。我们将重点放在特定的一群股东身上，他们是富有社会责任的投资者。重要的是，要注意股东不是一个统一的团体。对社会负责的投资者是那些明确关心企业财务和社会底线的股东。对社会负责的投资者坚持认为他们的投资既符合道德标准也符合财务标准，他们“将钱放在了良知之上”。尽管社会标准各不相同，但其中很多投资者避开了某些类型的行业，如核能、武器和烟草，同时支持巧妙利用能源、保护环境、遵守政府政策、提供安全产品和服务的企业。他们会关注企业的人力资源工作，如女性和少数民族晋升、日托服务、利润分成及高管工资政策。目前已经出现了几种社会责任股指（如 KLD、富时社会责任指数、道琼斯可持续发展集团指数、多米尼社会指数 400），以上股票都在企业声誉方面具有价值。美国和国际社会对社会责任投资在不断增长，很多经纪商、理财规划师和共同基金也响应投资者的需求。一个非营利性贸易协会社会投资论坛（www.socialinvest.org）报道说，社会责任投资从 1984 年的 400 亿美元增长到 2012 年的近 4 万亿美元。该协会提供了一份由 173 种不同社会责任共同基金组成的清单，并且这些基金的收益比其他基金更好。对社会责任投资的增长源于机构和个人投资者对这类产品的需求，以及对自然环境等因素的日益关注。机构投资者对社会责任的关注也在增长。例如，CalPERS（美国加利福尼亚州公共员工养老基金）迫使其投资的公司，进行良好的公司管理，并在人权和环保等方面承担社会责任（参阅 www.calpers.ca.gov）。这对伦理和社会责任意味着什么？至少对于这类投资者而言，股东的利益与员工、客户和社区的利益并无区别，它们都是相互关联的。

违法行为的代价

我们之前讨论过，履行法律责任是企业社会责任的一种类型。未能履行这些责任会导致犯罪行为，并对被定罪的个人和公司带来巨大的经济损失。自《萨班斯法案》通过以来，已有数百起公司诈骗案件受到审判。很多高管被判处长期监禁，如本尼·艾博斯因篡改 MCI 公司账本被判处 25 年徒刑，沃尔特·福布斯于 2007 年因圣达特集团做假账而被判处 12 年零 7 个月监禁，处以 32.55 亿美元罚款。尽管有传言说，白领犯罪分子进监狱是进入了类似“联邦俱乐部”的夏令营，但情况并非如此。金融犯罪分子会与强奸犯、土著人及毒贩一起监禁在戒备森严的监狱中。

例如，泰科公司前任首席执行官丹尼斯·科劳斯和前任首席财务官马克·施瓦茨于 2005 年 9 月在纽约州法院（不是联邦法院）被判处 8~25 年徒刑，并且必须在像阿提卡监狱这样的安全性最高的国家监狱（而不是“联邦俱乐部”）服刑。即使安全级别最低的监狱，也不会令人感到愉悦。即便没有铁丝网，囚犯也会失去隐私、会被要求脱光衣服进行侵入式检查①，并接受监狱餐饮。请问问花旗集团的前能源衍生品交易员查尔斯·吉尔吧。他曾获得范德比尔特和沃顿商学院学位、沙漠风暴奖章获得者，家住康涅狄格海岸，还有美丽的妻子和三个孩子。这样一个人，却成了佐治亚州杰瑟普监狱的第 59449-054 号囚徒。他因夸大能源衍生品的价值来获得更高奖金而受到指控，他说：“联邦俱乐部简直偏离现实……那个地方根本不存在。没有美味的食物，除非你认为几星期前我们的博洛尼亚汤可以称得上美味。我住在一个露天煤渣砌成的建筑物里，睡在一张三层床铺上。我们一共 75 人，共用 6 个厕所和 7 个浴室。”他只能保留两件物品——眼镜和他的结婚戒指。大多数囚犯说，比监狱更糟的是，刑事调查和定罪给家人带来的耻辱。犯罪分子通常会妻离子散。最后，很多高管即使没有被定罪，也可能因其他诉讼而失去个人财富。正如一位前首席执行官犯人所说的那样，“你所熟悉的生活就这样走到了尽头”。

从企业的角度来看，如果企业受到犯罪指控和惩罚措施，股价也会在短期内随之下跌。在定罪后的五年中，财务业绩也会显著下降。企业常常会与检察官达成和解，以避免漫长的诉讼。例如，2002 年年末，美国十大券商公司同意支付 14.4 亿美元的罚款，将其股票研究与其投资银行业务完全分开，并支付独立的股票研究费用。在此之前，美林证券已经同意在 2002 年早些时候支付 1 亿美元的罚款。传统观点认为，企业不会因违法行为而受到损害。但是一项对近 20 年来 600 家企业财务虚报所带来的惩罚研究表示，除了平均受

① 侵入性检查：是指检查时仪器的一部分（探头、导丝等）进入人体的体腔（肛门、食道、尿道、血管等）内的检查方法。——译者注

到 2 350 万美元的罚款，对企业声誉所带来的影响是巨大的，而且只有在惩罚被披露后才会显现出来。由于对其不当行为的报道，企业损失了 41%的市场价值，其中大部分原因是口碑不好。

有趣的是，商业伙伴也会对企业不正当行为进行惩罚。当通过媒体披露非法或不道德行为时，企业会失去与商业合作伙伴的合法性。因此，非法行为被披露后，企业高管更有可能在声誉较差和盈利较低的企业董事会中任职，董事会成员也更可能来自声誉较差和盈利较低的企业。更为严重的非法或不道德行为会带来更为严重的影响。因此，从事非法或不道德行为的企业会发现，连接利润丰厚和信誉良好的企业的高端资源网络也同时被切断。

政府监管成本

不负责任的商业行为的另一个巨大代价是增加了政府监管成本。政府负责规避社会系统中的严重风险（如调控金融服务和电力等行业）以及控制企业对其创造的“外部效益”负责。外部效益是社会成本，如环境伤害等，是由公司产生的，但并未体现在公司的成本结构中。作为消费者，我们依靠政府对公司进行管制，让其对其行为负责。我们希望确保空气、食物和水是安全的；航空公司不会吝惜维护费用、关注安全措施或重视飞行员训练；医生将病人的安危放在经济利润之前；大型金融机构不冒可能拖垮整个社会经济的危险。

出现这么多商业丑闻之后，企业经历了一轮监管反弹。大家可能已经注意到，疏于管制的企业（如能源、电信和金融服务），一直爆出丑闻。抵押贷款及证券业务因缺乏监管，促成了金融危机，因此政府出台了新的监管措施。在之前的丑闻中，安然公司明显利用了政府对能源交易业务缺乏监管的空子，来影响政府官员并大玩数字游戏。世通公司利用了撤销电信行业监管的政策。由于这些丑闻，人们失去了对商业的信任，因此需要更多的监管。

20 世纪 90 年代的财务报告丑闻引起了纽约证券交易所对于改革的呼吁。这些改革法案于 2002 年 8 月得到通过，强制性规定公司将执行董事会和审计部门分开，并要求成员制定行为准则。美国国会于 2002 年 7 月通过了《萨班斯法案》，其中规定了公司治理和会计改革条例。除此之外，法案为会计行业设立了一个新的监督委员会，要求公司每五年更换其首席审计员或协调合作伙伴，限制审计师的服务范围，并禁止高管在特定时期内出售股票。此外，从 2002 年 8 月起，上市公司的首席执行官和首席财务官须证明其财务报表的准确性。虚假证明会面临 500 万美元的罚款，并判处 20 年以上有期徒刑的行政惩罚。证券欺诈最高可判处 25 年监禁，对于在联邦调查中粉碎或销毁文件的行为，依法可判处长达 20 年监禁。

《萨班斯法案》第 404 条被认为企业最为沉重的负担。它要求企业能够证明其内部财务控制体系的健全性，并可防止欺诈行为的产生。根据《华尔街日报》报道，实现这一要求异常困难，这使审计行业赚得盆满钵满，然而企业的注意力却从创新和日常业务中转移了。因此，虽然一些高管认为法律改进了其内部控制系统（如通用电气、联合技术等），其他企业管理者则抱怨说，遵守法规过于昂贵，特别是对于小型企业而言，这让企业无力参与证券交易。但是《商业周刊》报道，改革取得了成功，因为它提高了市场的可信度，并且在很多问题变得更加严重之前就找出了问题所在。此外，因企业精简流程并提高效率，企业成本大幅减少，其他国家（如法国、日本、加拿大）也采用了类似法规。最后，根据《商业周刊》所说的，非美国企业正源源不断地涌向美国证券交易所。一些分析师认为，更严格的监管环境，会增加股东对财务报告的信心，从而实际上帮助了企业。

美国证券交易委员会一直致力于补充和落实《多德-弗兰克华尔街改革和消费者保护法》。国会在 2008 年金融危机发生后通过了该法案。该法案的首要目的是增加市场透明度，尤其是以安全为基础的外汇基金和对冲基金的市场透明度。此外，投资者在管理者补贴金方面有更多的发言权。美国证券交易委员会还出台了新的内部举报计划，该计划激励个人对违法行为进行举报（登录 www.sec.gov 网站，可获取更多信息）。

上市公司董事会也因为新规而更加重视他们的监督责任，这主要是出于对他们个人责任的担忧。因此，董事会已经解雇了一些首席执行官（波音公司的哈里・斯通西弗、美国国际集团的汉克・格林伯格等）。在 MCI（原臭名昭著的世通公司）中，董事会针对其职责广泛采取了利益相关者观点。其管理准则规定，董事会应通过“关注其他利益相关者（包括员工、客户、供应商、政府和监管官员、社区）的担忧”以“将企业对其股东所带来的长期价值最大化”。公开发布的这些指导方针起到了作用。MCI 董事会拒绝了 2005 年 Qwest 公司较高价格的邀约收购，而选择了 Verizon 公司——这让公司损失了应得而未得的 10 亿美元资金，从而激怒了短期投资者。董事会高瞻远瞩，并得出结论认为，从长远来看，选择 Verizon 公司是明智之举。正如这个案例所指出的，那些认为上市公司首先要对股东负责的人，必须回答一个非常重要的问题：需要对哪些股东负责？与那些计划长期持有股票的人相比，日常交易者的兴趣点是完全不同的。

在某些情况下，也许是为了阻止进一步的政府监管，特定行业中的企业会联合起来进行自我监管。2002 年 7 月，美国药物研究与制造商协会采纳了自愿性指导方针。该指导方针规定了药品销售代表应如何向医师推销药品。几十年来，药品销售领域一直油水丰厚，该指导方针是杜绝这一现象的开始。此方针于 2009 年开始生效，其更新版本在该组织的网站上进行了发布，它明确禁止药品销售代表为医生买单并提供福利。这些福利包括提供晚餐、滑雪度假、体育赛事的门票、乘坐游轮，甚至为医生在加油站补车，这些都是为了接近医生，从而获得医生的肯定，购买该公司的药品。尽管没有强制执行，但很多制药公司都应该认真对待新的指导方针。默克、葛兰素史克、惠氏艾尔斯特等一大批公司已经公开表示会遵守该指导方针。

但政府不愿意让这些公司在此类问题上实行自我监管。2002 年 9 月，美国卫生与公众服务部发布了类似的指导方针，禁止制药公司提供奖励金或任何其他“实际利益”来奖励药物的处方或购买。根据联邦欺诈和回扣条例，藐视新标准的公司可能遭受调查并面临起诉。2005 年，美国药物研究与制造商协会还发布了处方药的纸版及电视广告的自愿行为准则。这些行为准则规定，公司需要承诺在做广告之前，需要先告知医生该药品的功效（请参阅 www.phrma.org）。

1988 年，美国化学工业发起了一项责任关怀自愿性倡议，用以应对重大事故。例如，1984 年在印度博帕尔的联合碳化物工厂发生的灾难。该倡议的目的是通过展示负责任的企业形象，确保公众对化工行业的信任。会员需遵守由国际化学品制造商协会监督和执行的自愿行为准则。该准则包含以下方面：社区意识和应急响应、污染预防、安全运输、员工健康和安全、生产和处理过程中的安全操作。该准则所规范的范围超出了法律所规范的范畴，注重持续改进，积极与外部利益相关者沟通，并根据要求对供应商进行培训。

对社会责任和公司绩效关系的研究结果

学术界对企业社会责任是否与公司绩效相关的问题进行了研究。有些人认为，通过让众多重要的利益相关者更积极地支持公司，企业社会责任是为盈利做出正面贡献的。其他人则认为，社会责任会从利润中夺取资源。虽然困难重重，但对这个问题的研究多年来变得更加多样化，而且这些研究正在告诉我们答案。

为了简要证明良好的道德规范与公司业绩之间的正相关性，强生公司前任首席执行官詹姆斯·伯克早先列出了一长串以伦理和社会责任闻名的大公司名单，如强生、可口可乐、Gerber、IBM、Deere、3M、施乐、杰西潘尼和必能宝等。这些品牌在 1950 年到 1990 年期间，每年绩效增长率为 11.3%，而同一时期的道琼斯工业平均指数的增长率仅为 6.2%。

在一项类似的研究中，研究人员比较了 2001 年“最佳公民企业 100 强”——这是综合了 Kinder、Lydenberg、Domini（KLD 指数）所得出的排名，该指数主要根据企业对主要利益相关者的回应，对标准普尔 500 所涵盖企业的社会绩效表现进行的评估——以及《商业周刊》的企业财务排名。这 100 家最佳公民企业的平均财务业绩比其他企业的平均财务业绩要好得多（超过 10 个百分点）。不仅如此，这些企业在 2001 年《财富》杂志的声誉调查中，排名也较为靠前。企业公民的衡量标准是对企业为七个不同的利益相关群体的服务质量进行评估，包括股东、社区、少数民族和妇女、员工、环境、美国之外的利益相关者及消费者。

近 30 年来，越来越多的学术研究试图更加严格地记录社会责任与财务绩效之间的关系。对 52 项此类研究进行的统计分析（元分析）后发现，企业社会责任和财务绩效，尤其是以企业口碑为基础的企业社会绩效和以会计数据为基础的财务绩效，是正相关的。此外，研究人员发现，口碑较好、社会绩效较高的企业，出现财务风险的机会越低。最后，研究表明，拥有良好的企业管理结构和政策（如健全的股东权利条款）的企业，相比其他企业，具有较高的盈利能力，同时，销售额、市场价值及股价也更高。Governance Metrics International公司（一家评估公司治理实践的公司）的加文·安德森表示，在投资之前，谨慎的投资者应该先查询该公司是否面临过起诉或出现过监管问题（可通过美国证券交易委员会和其他公共数据源进行查询）。如果有过类似事件，就表明该公司有容忍不道德和非法行为的文化，应该避免此类投资。

研究还找到了一种互惠关系，它是指社会责任会提高财务绩效，而财务绩效的提高为企业提供了更多的闲暇资源，并让企业投入未来的社会责任工作中。该研究利用了由八个企业社会责任属性组成的指数—— KLD 指数。财务状况强劲的公司在企业社会绩效方面的评级更高，这表明那些财务状况良好的公司也将更多资源分配给社会——他们“业绩良好使得企业有能力行善”。那些财务状况不佳的公司可能缺乏资金参与慈善事业或其他社会绩效活动。该研究还发现，财务绩效取决于良好的社会绩效，这表明企业将“行善得福”。作者将这称为“优秀管理理论”，即认为良好的社会绩效与其他优秀的管理实践息息相关。

这也许就是作者所谓的“良性循环”。在这个良性循环中，良好的企业社会绩效能够提高财务绩效，从而能够继续保持良好的企业社会绩效。很明显，像过去一些经济学家所提出的，承担社会责任并不损害企业的利润。事实上，该研究结果表明，一家企业与主要利益相关者（如员工、社区、自然环境）的关系对其财务业绩非常重要。

理解企业社会责任和财务绩效之间关系的一个难点在于，大多数研究将所有类型的社会责任归为同一类。但不同类型的举措可能产生不同的影响。例如，在《职业母亲》杂志上公布“对家庭最友好的公司”排名后，这些公司首次出现了异常重大、积极的股票市场回报。

此外，很多企业高管认为，慈善事业有助于盈利，并能够吸引和留住最优秀员工，同时能够创建一个让消费者感到关怀和慷慨的品牌。但之前的研究发现了多种结果。一项研究认为，多种结果产生的原因，是社会绩效与财务绩效并不是简单的线性关系。有趣的是，研究发现企业慈善事业和财务绩效之间存在倒U形关系。作者发现，企业可以从慈善事业中受益，很可能是因为主要利益相关者会按照理论所建议的那样积极支持企业。如果超过了最佳点，就会造成慈善事业成本升高，谨慎的利益相关者有可能担心耗费过多资源，这就是作者所说的“过度慈善”。该研究还发现，在更具活力的商业环境中，企业声誉和形象更为重要，那么企业就会从慈善事业中获益更多。因此，尽管慈善事业可能是有益的，但研究表明，高管必须努力寻找慈善活动的最佳点，如果慈善活动过度，就会适得其反。

还有另一个研究具体活动与财务绩效关系的案例。2008年的一项研究调查了“环保”倡议（特别是减少排放和污染的战略投资）与财务绩效之间的关系。以前的研究普遍发现环境绩效与财务绩效之间呈正相关，并认为这得益于对资源的更有效利用。在对267家企业进行研究后，作者认为，这种投资降低了诉讼风险，使企业能够更具战略性地部署资源，并最终改善投资者对企业风险状况的看法。因此，作者认为，企业的债务成本和权益资本应当减少了，他们找到了对这些关系的保障。因此，除了提高内部效率，外部利益相关者也通过降低企业的资金成本来积极响应环保举措。更近的一项研究还发现，新闻媒体所报道的积极响应环保号召的企业，股价也不断增长；而与之相反的企业，股价则不断下跌。

研究还发现，不承担社会责任所付出的代价是昂贵的。一项对涵盖了 2 000 多起不负社会责任或非法事件的 27 项研究结果的分析发现，股票价格因不承担社会责任或非法行为而显著下降，导致股东财富的流失。这些结果表明，不承担社会责任的代价的确昂贵。

但重要的是要记住，出色的社会责任实践并不能弥补糟糕的商业战略。如前所述，李维斯一直以其价值观和企业社会责任而闻名（www.levistrauss.com）。该公司以对多元化、慈善事业的承诺以及早期为海外制造商制定的道德准则而感到自豪。但在 20 世纪 90 年代后期，该公司收入一度下滑，很长时间后才扭亏为盈。1999 年，该公司聘请了一位新任首席执行官。他发起了关于产品创新、风格和规模体系以及信息技术的转型战略。显而易见，从长远来看，公司必须同时拥有出色的商业策略和对社会负责的商业实践，才能最终取得成功。

➲ 承担社会责任是正确的选择

最后，我们认为商人实践“良好道德”并承担社会责任还有另外一个理由（除了盈利）——因为他们是以人为本的人，他们重视自己良好的声誉，注重朋友的意见，他们关爱家庭和社区。他们以道德为指针，在兼顾财务成本和效益的同时，做出道德决策。

请想一想 Malden Mills，一家马萨诸塞州的摇粒绒和抓绒面料生产商。1995 年 12 月 11 日，在公司首席执行官庆祝 70 岁生日时，公司发生了一场灾难性的工业火灾，这场火灾烧毁了公司位于马萨诸塞州劳伦斯市的四家工厂中的三家。27 名工会工作人员整夜奋战，经过他们的奋力扑救，第四家工厂得以幸存。此次火灾没有造成人员伤亡，这主要得益于出勤检查员的努力，组织大家手挽手逃离火灾现场。火灾发生后，首席执行官埃伦·福尔斯坦肩负着员工、客户和劳伦斯社区的福祉。“我不能把 3 000 名工人扔到街上——让他们承担马萨诸塞州劳伦斯市的经济损失所带来的不良后果。”他很快宣布，在重建工厂的同时，为 3 000 名失业工人支付一个月的工资，起初延长到两个月，之后又延长到三个月。这次火灾后，福尔斯坦向失业工人支付了超过 1 500 万美元的工资和福利。工人迎接了这次挑战。就在火灾发生后几周内，由于工人的创造力和“每天工作 25 小时”的工作意愿，该公司的生产力比火灾前更高。到了夏天，几乎所有工人都回到了工作岗位，而 400 名失业人员也获得了更多的健康福利。公司帮助这些失业人员找到工作，并且承诺在新工厂开业时重新接纳他们。福尔斯坦赢得了工人和媒体的称赞，并于 1996 年受到时任总统比尔·克林顿的邀请，参加国情咨文发布会。

很多商界人士认为福尔斯坦应该使用保险基金，并将公司搬到海外劳工成本较低的地方。但《财富》杂志后来称赞福尔斯坦在处理这场灾难时，是一位精明的商人。他将自己的工人视为一项资产而不是开支，培养了他们的忠诚度，并以此为公司的未来下赌注。重建工厂的决定也是合理的，因为只有在重建工厂时，保险基金才能支付工厂的重置成本。如果他不重建工厂，那么福尔斯坦不得不将被烧毁的建筑物及其设备做折旧处理。而将工厂移到海外会冒牺牲质量的风险。最后，福尔斯坦利引来了《人物》《大观》等纸媒，以及《日界线》电视新闻杂志等大量媒体的关注。

据《财富》杂志报道，“任何白痴都能够通过削减成本和蒙蔽客户、员工或消费公司声誉来赚钱，有时甚至赚大钱，只要你的胃口足够大。但显然，从长远来看，这不是赚大钱的好办法。想长期屹立不倒，只有不断创造企业价值，让客户做梦都不会去找其他供应商。这就是要建立一个集优质产品、服务、团队、生产力与买方为一体的价值创造体系”。这一观点与福尔斯坦的理念息息相关。在 1997 年年度管理学院会议上，管理专家福尔斯坦表示他的经营目标是要创造出性能更高、质量更好的产品，以战胜竞争对手。要做到这一点，你必须部署好人员，得到大家的信任和理解。你必须用你对员工的真诚换取他们对你同样对等的忠诚度。显然，福尔斯坦是一位成功的商人。但他也具备深深的道德信仰。在和商业人士的谈话中，他引用了《圣经》中对富人责任的描述，即不要因为自己的财富赞美自己，要为社区贡献自己的善良、公正和慈善。鉴于他的道德信仰，他相信他别无选择，只能重建工厂。

不幸的是，Malden Mills 由于重建耗尽成本后，不得不在 2001 年年底申请破产。然而，福尔斯坦仍持乐观态度，因为主要客户（里昂比恩、巴塔哥尼亚、北面、美军）仍然不离不弃、工会工人自愿做出重大让步、公众（包括当地镇上的民众）向公司发送鼓励信件甚至支票！《60 分钟》节目在 2002 年 3 月 24 日播报了对福尔斯坦和该公司的报道，该公司努力为包括美国军方在内的不断增长的市场开发新的特色产品。

该公司自 2003 年起脱离破产保护。2004 年 8 月，公司任命汤米・希尔费格公司的高管迈克尔・斯皮兰为首席执行官。与此同时，该公司宣布，美国国会批准了 2 100 万美元，用以购买抓绒制军事服装，并作为对可远程监视作战士兵生理情况的电子纺织品的研发经费。但 2007 年，该公司再次申请破产。被收购后，公司改名为 Polartec LL，隶属于 Versa Capital Management 公司。新公司向军方及众多知名公司，如巴塔哥尼亚、北面、Lands End、里昂比恩等销售多种抓绒制品。

福尔斯坦于 2004 年 6 月失去了对公司的控制权。但他曾表示，对于 1995 年他的慷慨行为，从来没有期望过回报。他这样做是因为这是正确的决定，并不是因为会带来财务收入。“在商界中，有些时候你不会考虑到财务后果，仅仅会想到对人员的影响。”因此，对于福尔斯坦而言，“对社会负责就是优秀的企业吗？”这个问题本身就是错误的。生意好不仅指的是收益高。优秀企业是生产符合客户需求的产品、承担对员工及更广泛的社区责任的同时，获得良好收益的企业。

一项令人振奋的发展表明，近几年，很多企业家和高管层都在实践“行善得福”的业务方式。2016 年年中，美国 31 个州通过了允许企业成立“公益企业”的法案。“公益企业”意为企业的收益将用来造福公众，并每年对企业收入进行正式、严格的报告。新企业及希望改变企业性质的企业都可以进行申请。福利企业为企业提供了一个合法的组织结构，以正式声明社会使命是实现企业目标的不可或缺的一部分，即便在 IPO 市场中，企业也会完成其社会使命。多年来，很多企业上市后没有履行当初对社会使命的诺言，这让企业家十分沮丧。通过成立公益企业，社会使命被植入企业的法律结构中。美国已成立超过 1200 家福利企业，其他国家也对此产生了浓厚的兴趣（参阅 benefitcorp.net）。2015 年，《财富》杂志建议，即便企业没有通过正式手续成立福利企业的打算，也应该仿效福利企业的做法，因为员工希望为那些不仅关注利益的企业工作。

结论

本章主要介绍企业社会责任的概念。希望我们能让你相信，承担社会责任对业务有利，值得你驻足思考。下一章将提供企业承担和忽视社会责任的典型案例。最后一章将提供全球商业环境下出现的案例。

问题讨论

1. 企业社会责任是否重要？为什么？
2. 请选择一家企业，对其社会责任进行分析。请思考它承担社会责任的原因。是实际需要、道德需要，还是战略需要？你能找出其中的利益相关者吗？
3. 以你选择的企业为例，分析其四种社会责任。你对该企业的表现评价如何？
4. 回想一下社会责任金字塔。如果企业社会责任止步于其中的某一阶段，会产生怎样的结果？例如，企业承担的社会责任仅仅是实现对利益相关者的财务责任，这样做正确吗？如果只是实现财务责任和法律责任呢？金字塔式是表现社会责任最好的方式吗？为什么？你可以想到其他图表表示企业的社会责任吗？
5. 回想一下最近电视节目或电影中表现（或缺乏）企业社会责任的片段。企业或商人是如何表现的？企业应该怎样提升其媒体形象？有些企业试图躲避镁光灯。可能是出于什么原因？你怎样评价这样的策略？
6. 员工是否更容易被勇于承担社会责任的企业所吸引，并对这样的企业尽职尽责？为什么？你会这么做吗？为什么？
7. 如果你开始创业，你会如何与员工及内部利益相关者沟通你的企业社会责任战略？为什么？

8. 请思考一些中间商，如优步（出租车行业中间商）和爱彼迎（酒店行业中间商）。如果你对这些公司不太了解，就请先查找一些相关资料。它们面临着怎样的法律和伦理问题？它们在哪些方面承担了社会责任，以及哪些方面没有？你怎样评价这些企业的社会责任？

案例

默克公司和河盲症

默克公司是世界上最大的药品公司之一。它的总部位于美国新泽西州。1978 年，默克公司即将失去其销量最好的两种处方药的专利保护。在该公司年度 20 亿美元的销售额中，这两种药品占了一大部分份额。面对即将迎来的损失，默克公司决定投资开发新药品。在仅仅三年时间内，默克公司为研究投资了数百万美元，并开发出了四种强效药品。然而，利润并不是该公司的唯一目标。1950 年，公司董事长，即创始人的儿子乔治·默克说："我们不会忘记，药品是为了人类，而不是利润而存在的。利润是其次的。如果我们能对此铭记于心，就不会失败。如果我们做得更好，我们的公司就会更加强大。"这句话曾是默克公司价值观系统的核心思想。

河盲症

盘尾丝虫病，又称河盲症，是由一种寄生在黑色飞蝇身上的寄生虫引起的。这种寄生虫主要出现在中东、非洲及拉丁美洲等发展中国家，它们在这些国家水流湍急的河中或河边繁殖。当人被飞蝇叮咬后（有些人一天会被咬上千次），寄生虫的幼体就会进入人体内。这些寄生虫在感染者体内可长至两英尺长。然而，真正的问题是，当寄生虫开始繁殖时，会在人体内繁殖成千上万个微小的幼虫。这会使患者瘙痒难耐，最终自杀。长时间后，感染者会出现多种病症，包括河盲症。

1978 年，据世界卫生组织估计，有 30 万人因河盲症致盲，1 800 万人则感染了河盲症。1978 年，针对河盲症，还没有安全的疗法。只有两种药品能够杀死寄生虫，但都有严重的甚至致命的副作用。唯一对抗河盲症的方法，就是往河流中喷洒杀虫剂，以期杀死飞蝇。但成效并不显著，因为飞蝇产生了抗药性。

默克公司的道德困境

由于经过 12 年时间，并耗资 2 亿美元才能将新药品投入市场，因此做出为研究药品投资的决策是一个复杂的过程。资源是有限的，所以必须将金钱和时间投入在最能带来经济效益的项目上，以维持公司经营，同时也要减轻患者的痛苦。对于罕见疾病来说，这个问题尤其微妙。由于患上这种疾病的人极为少数，因此药品购买者也很少，所以研发公司肯定会入不敷出。开发能够对抗河盲症的药品就陷入了这样"孤立无援"的窘境。虽然患有河盲症的人很多，但患者大多数来自世界上最贫穷的国家，他们无力支付药费。

1978 年，默克公司用双氢除虫菌素，一种用于动物的药品做测试，看看它是否能够有效杀死寄生虫。在此次实验中，默克公司发现，该药品能够杀死马体内的寄生虫，而这种寄生虫和导致河盲症的寄生虫极为相似。默克公司的困境出现了：公司科学家劝说公司对进一步研究进行投资，以证明该药品是否能够安全地用于人体治疗。但默克公司知道，这不是一个能够盈利的产品。

讨论题

1. 想想利益相关者的定义——与组织行为和绩效相关的所有团体。这个案例中的利益相关者都有哪些？你可以列举出多少个？你会怎样为它们的重要性排序？
2. 这种投资潜在的代价和好处是什么？
3. 如果研究出安全、有效的药品，默克公司将得不到任何利润。默克公司可以向股东和财务组织说明相关情况吗？他们做出决策是受哪些标准影响？
4. 如果默克公司决定不投资进一步的研究，那应该怎样向本公司科学家解释？是否开发新药品的决策，会对员工忠诚度产生怎样的影响？
5. 媒体将如何看待公司开发新药品的决策？如果公司决定不开发新药品呢？这两种决策将分别对公司声誉造成怎样的影响？
6. 请从企业社会责任金字塔的角度思考此次决策。进一步研发药品是否为默克公司的道德责任？药品治愈河盲症的概率大小是否重要？这取决于公司治愈疾病的成功率，还是取决于公司对治愈疾病的信心，或是说这次决策只是一个慈善问题？
7. 默克公司应怎样抉择，才能符合其价值观体系？
8. 如果你是默克公司的高管，你会怎么做？

资料来源：D.Bollier，*Merck & Company*（Stanford,CA:The Business Enterprise Trust,1991）。

小案例

你为一家消费产品公司做咨询服务，并且和其保持着长期稳定的关系。可以说，这家公司为你的收入贡献了 50%的份额，无疑是你最重要的客户。该公司首席执行官打电话给你，邀请你在接下来的几个月内参与该公司的一项并购项目。该公司将被合并到一家大集团，这家集团的首要业务是销售并配给烟草产品。该首席执行官希望依靠你的力量，实现两家公司的顺利对接。你曾发誓不为烟草公司提供服务，因为你的父亲死于肺癌。你是否可以在不违背自己誓言的情况下，接受此次咨询工作？你将如何处理这种两难的困境？

第10章 组织的伦理问题

引言

2009 年 8 月，国际货币基金组织估计 2008—2009 年的金融危机，给全球造成了 11.9 万亿美元的损失，这相当于可以给地球上每个人赠送一个价值 2 880 美元的礼物。最近的一项数据显示更为惊人。2013 年，据美国政府问责局估算，金融危机的损失高达 22 万亿美元——几乎是先前估算的两倍。这项估算中并未包含失业人员的后续安置费用及全球性的经济衰退。这两大问题在经济危机发生后的 20 年里依然存在。这实在令人难以置信。

在金融危机以及安然公司垮台之前的 2001 年，很多商业伦理家和商业专家就已经越来越顾虑公司的财务表现与公司股价的关系，就像华尔街的分析家一样。同时，领导这些公司的高管的报酬（包括股票）不可避免地和他们公司的股价相关。1973 年，首席执行官平均薪资是一般员工的 27 倍。到 2014 年，其薪资已经是一般员工的 373 倍。在 2007—2009 年经济危机发生之前，专家就已经发出了警告——美国联邦储备局主席艾伦·格林斯潘也警告要小心市场的“非理性繁荣”，但是没有人能预料到事情到底有多糟糕。

在 2002 年 6 月美国公共电视台（PBS）的《前沿》访谈中，美国证券交易委员会前任主席阿瑟·莱维特解释了股价是如何影响高管和他们的道德决策的（或者缺乏）：“短期收入和短期收效存在困扰，而我们的股票市场反映了那种困扰。季度收益比预期下跌一两个点就会导致股票价格在一夜之间下滑 30%。美国商业培养的是一种短期文化，高管会为了他们股票的价格而感到困扰不安。他们通过所有可能的方式去驱动收益增长，以满足分析家的预期，而不是呈现实际的局面。”

在 21 世纪的头十年，对于安然公司的无耻贪婪和错误举动的新闻报道，以及其他诸如大众、通用、高田和英国石油等公司所发生的丑闻，让人们很容易想清楚这些组织是否在做正确的事情。正如我们在其他章中所说的，每天都有成千上万的组织在支持着道德标准，并且培训员工理解这些标准的意义。如果你试着想象每天发生的成千上万的交易，然后想你听到了多少非法的或不道德行为——即使在 21 世纪初发生了很多坏消息，违法行为的比例仍然是少数。新闻媒体 24 小时的追踪报道，以及作为投资者的民众对企业的关注，给不良行为造成了巨大压力。然而，虽然不道德行为微乎其微，但依然能给经济带来巨大创伤，就像经济危机那样。只要存在这样的危机，对伦理行为和良好管理的长期需求就一天不会减少。

在这一章中，我们要在利益相关者的框架内——与组织的作为和绩效相关的个人或群体利益——来思考一系列商业伦理案例。你在这里读到的很多案例都是众所周知的大型商业灾难。你可能想，为什么我们要关注灾难，而不是公司内典型的伦理问题？原因就是，如果仔细阅读这些案例，你就会发现，它们中的很多刚开始都是小问题，直到错误的管理、拒绝或者其他更为恶意的动机导致这些小问题迅速演变成法律、道德和公众关系的巨大梦魇。我们希望你们能够汲取前车之鉴。

我们在本章观察的一些问题和我们在第 4 章和第 8 章探讨的问题类似。但是现在我们是从组织层面来看的，在这里事件会更快地升级为一场灾难。除了商业伦理梦魇，我们也要看一些公司推行的积极项目，以及一些假设的案例。我们希望它们能够促使你思考。

管理利益相关者

商业并不总是像今天这样复杂。19 世纪末，很多大公司都是私有的，所以它们的所有者都没什么支持者需要回应。一个世纪前，大富豪用铁腕政策管理他们的公司。那时没有工会或法律来保护工人，而那个世纪的媒体焦点让绝大部分公众都意识不到来自公司的压榨。同样，大多数中产阶级的普通人也不会投资股票和债券。那时候的投资是属于富人的游戏。当然，现在所有这些都发生了改变。

正如我们在前面（尤其是第 9 章）解释的那样，现代企业有很多利益相关者，而且利益和期望的冲突经常发生。今天几乎没有什么公司是完全由一个人经营的，就像 100 年前那样。即使在一些创始人或所有者异常辉煌，如微软的比尔·盖茨、苹果的史蒂文·乔布斯、Facebook 的马克·扎克伯格的公司内，也存在董事会、调解机构和消费者团体。它们对组织的管理有着显著影响。公司也通常要交易各种不同的股票，并面对数量庞大的监管者——各种监管机构和个人。此外，由于个人在基金市场和股票市场中进行投资的数量在十年前是难以想象的，因此对公司错误行径或者其他可能影响公司收入的因素的了解，也会对公司的收入带来压力。

到底什么是利益相关者？一旦找到了利益相关者，我们怎样界定组织对这些利益相关者的责任？一旦发生了冲突，组织应该如何化解？这些问题没有简单的答案，但高管有责任去掌握并解决它们。思考一下在第 2 章所学过的决策结构图。做出决策需要深思熟虑，思考怎样平衡或权衡利益相关者的利益。

也许最简单的方法就是将利益相关者划分为主要的和次要的群体。主要的利益相关者是那些和组织有正式的契约关系的群体或个体。在绝大多数情况下，这是指客户、员工、股东或者所有者、供应商，也许还有政府。次要的利益相关者是指组织对其具有义务的其他个体或群体，但他们是非正式或非契约关系的合作者。显然，组织应该努力满足他们对主要利益相关者的义务，同时还应该让他们的次要利益相关者满意。这是一个很难平衡的问题。如果企业能够公平地对待受他们影响的任何群体，就会很好。

下面这个方法很实用。伦敦达信公司的管理顾问大卫・亚伯拉罕设计了一个类似利益相关者的模型来帮助他的公司客户识别和量化它们品牌的风险。作为世界最大的保险公司之一，达信公司对于开发帮助公司减轻名誉和其他类型风险的工具有极大兴趣。亚伯拉罕的模型识别了三类主要利益相关者——商业伙伴、消费者和员工，以及三类次要利益相关者——舆论导向方、社区和官方。他认为，针对这六个群体分析一家公司及其业务，就可以评估出不同的灾难是如何影响公司的名誉和品牌价值的，以及那些代价可能是多少。

以下案例涉及多个利益相关者，包括客户或消费者、员工、股东、社区甚至地球。尽管在面对伦理困境时，通常起初只会涉及一个利益相关者，但随着时间的流逝，情况会变得复杂，就会影响到多个利益相关者。在你翻阅这些案例的时候，我们希望你能找出每个案例中的所有利益相关者，并且试着辨别每个组织对所有不同利益相关者的义务。在向你们介绍媒体至今为止还在讨论的著名伦理案件之前，我们先看看有哪些主要利益相关者。

主要利益相关者

伦理和消费者

很多人听到在 20 世纪 60 年代以前保护消费者的法律很少时都可能感到吃惊。20 世纪初，消费者甚至没有起诉制造商要求其赔偿缺陷产品的权利。第一部真正的消费者法律在 1916 年生效。在麦克弗森和别克汽车的案件中，消费者被赋予了向汽车制造商起诉有缺陷汽车的权利。在那之前，汽车所有者唯一的办法就是去找向他出售汽车的零售商。另一部标志性的法律是 1906 年通过的《纯食品和药品法》，它规定禁止在食品和药品中掺假。

虽然更多消费者法律是在 20 世纪前半期通过的，但是消费者直到 20 世纪 60 年代早期一些真正的保护条款生效之后才被企业置于主要利益相关者的位置上。今天众所周知的消费者保护框架是在肯尼迪政府期间建立起来的。1962 年在国会上关于消费者的发言中，肯尼迪总统提出了消费者的四项“权利”：安全的权利、发言的权利、选择的权利和获得信息的权利。这个消息和法规奠定了今天消费者运动的基础。

企业和组织到底欠他们的客户什么？一些观察人士说，产品和服务应该按照“应有的关注”（due care）理论来生产和运输。这个理论提出，“应有的关注”包括：

- 设计——产品和服务应该符合政府法规和要求，而且在所有可预见的条件下是安全的，包括避免被消费者误用。
- 原材料——原材料应该符合政府法规，而且应该足够耐用，经受得住合理的使用。
- 生产——制造的产品应该没有缺陷。
- 质量控制——产品应该定期做质量检查。
- 包装、贴商标和警示——产品应该安全包装，应该含有清楚易懂的使用说明，而且清楚描述任何可能的危险。
- 告示——制造商应该拥有敏捷的系统，在产品制造和分销后若发现有危险应及时召回。

虽然我们在前面章节中间接地提到了一些组织责任，但是在本章中我们要集中关注三个义务：尊重消费者，不参与和既有的消费者群体利益相冲突的活动；生产没有缺陷的安全产品；诚实地做产品或服务的广告。

利益冲突

尽管利益冲突通常涉及个体，但是有时也会涉及组织。正如我们在过去一些年里看到的，涉及组织的冲突甚至比涉及个体的冲突更有破坏性。许多人认为，安达信及其他大型会计师事务所，在为客户提供审计服务的同时，还提供咨询服务，就是最具代表性的组织冲突。很难相信巨额的咨询费不会蒙蔽审计员的判断。不论这些审计公司的利益冲突所造成的伤害有多大，但跟安然公司相比就相形见绌了。咨询是安达信的一项业务，每月的账面显示，它会为安然公司带来了数百万美元的收益，却因做假账和腐败，毁掉了该集团的另一项业务——审计。这两项基本的业务冲突，集中导致了安然公司及安达信个人的毁灭。

美国证券交易委员会前任主席莱维特对安然公司所反映的问题进行了描述，犀利地指出了多方利益相关者的利益冲突是如何拖垮安然公司的：

> 我觉得安然公司的事情不仅是这家公司的失败，也是传统监督模式的失败：董事会、审计委员会、律师、投资银行家、评估机构等，它们都是这个事件中的一分子。
>
> 比方说评估机构，它们延期将安然公司的评估降级，期待着它们很清楚也许永远不可能发生的兼并。
>
> 比方说投资银行家。他们制订了详细的计划，让安然公司用来隐瞒母公司对子公司的责任，是投资银行家和安然公司首席财务官编造的阴谋。
>
> 比方说会计公司……安然公司是它们最重要的审计客户，而且安然公司也是它们最大的咨询客户，每周付给它们 100 万美元的客户。根据我的判断，会计公司妥协了，它们的审计妥协了，隐瞒了所有欺诈活动，它们显然因为审计和咨询

> 的联结而妥协了。
>
> 比方说那些拿着巨额薪水的律师。我想你们在这里看见了一个很有趣的案例，美国律师协会阻止律师向立法者揭发客户的财务欺诈。我们也可以看到，律师事务所的大客户显然已经涉入很可能被证实为欺诈的活动中，可是他们却没有检举揭发。
>
> 比方说分析家。他们声称即使安然公司的传说破灭、安然公司宣布破产，它仍然是一个庞然大物。这些是拿着投资银行薪水的分析家，而投资银行家又因为一系列服务而拿着安然公司的大笔费用。他们的调查怎么可能独立？如果他们推荐投资安然公司是因为其员工收着安然公司几百万美元的费用，投资者指望从这样的分析家那里得到什么？这样的分析家有多大可能性会说真话？在我看来，完全不可能。

这样看来安然公司在进行巨大欺诈之时，得到了足够的帮助。它真实的财务状况得到了合作者的掩饰，从而向投资者和普通员工隐藏了它的债务。

尽管如此，安然公司在公司利益上的冲突上并不是个例。投资银行在近些年也卷入了很多冲突中。事实上，投资银行从本质上来讲就要面临很多潜在的利益冲突。它们的业务就是要帮助客户公司增加市场价值，并且尽可能地帮助客户公司提高股价。然而，这些投资银行也要服务投资者，它们感兴趣的是以尽可能低的价格购买股票。

对投资银行来说，没有比 20 世纪的房产泡沫所带来的利益冲突更为异乎寻常的了。投资银行狂热地制造并销售捆绑抵押产品，其中大部分都涉及次级借贷，换句话说，这些抵押产品面临着更高风险。像高盛这样的公司，赶紧将基金销售给客户，同时又购买对同一基金的保险（信用违约互换）。也就是说，投资银行明知抵押产品面临着高风险，还在这种产品上下了赌注，并建议客户购买。另外，在向客户推销的同时，投资银行建议利率机构给予抵押产品更高的利率，以向投资者传递这种产品很安全的信息。这其中包含着巨大的利益冲突，但愿新的政府法规能够对此予以重视。

这些公共利益冲突在几年内都会有影响。很多州的管制者和检察官还在调查银行和它们的商业行为。银行业遭到了巨大打击，美国银行被罚款 1 200 亿美元，摩根大通被罚款超过 700 亿美元，花旗集团被罚款超过 380 亿美元——这些都是从 2008 年开始的。其他金融机构也被罚款共计达几十亿美元，其中一些企业的名誉受损。但是，所有这些“正义”并没有修复人们对市场的信心，对那些成千上万的因为欺骗失去所有财产的个人投资者也不会有什么帮助。2015 年，盖洛普公司的一项调查显示，只有 28%的美国人对金融机构“非常有信心”及“比较有信心”。

在第 4 章中，我们定义了一种利益冲突，这种冲突发生在当一些人认为你的判断可能被你所拥有的关系蒙蔽时。这个定义对一家公司来讲也是相同的：如果一家公司的客户或其他股东认为一个组织的判断是有偏见的，并且偏见来源于该公司与其他公司的某种关系，就有了冲突。企业或组织之间的冲突正如同个体之间的冲突一样具有风险性，因此应当不惜任何代价地予以避免。

产品安全

显然，任何组织的一个主要伦理责任就是保证产品或服务的质量。同样，没什么比提供危险、劣质的产品更快地让一家企业从市场出局了。市场竞争通常有助于保证消费者获得可接受的产品和服务的质量。但是，有时企业会变成外部阴谋破坏的受害者（如强生公司），或者企业会做出鲁莽的决定，结果就会出现不安全的产品。

如我们在第 2 章和第 3 章所看到的那样，伦理决策通常的一个错误就是忽视决策的长期后果。尽管大多数组织都试图生产高质量的产品和服务（为保持生存，没有其他原因），但是它们中的很多组织都不会花费时间来确定所有利益相关者，考虑它们决策的长期后果。在涉及食品安全和对消费者可能的伤害问题上，考虑长期的后果至关重要。这个商品会伤害到其他人吗？潜在的伤害有多大？即便它只会伤害到一个人，那么有没有方法可以避免？是否有途径让我们可以提醒消费者，产品可能造成的伤害？在保证产品安全上，我们可以做出哪些努力？

你认为企业召回产品的反应速度应该有多快？如果这个产品被愤怒的内部人员或外部人员阴谋搞破坏，或者如果我们在后期发现了产品或服务存在问题，我们该如何保护消费者和我们自己？我们是否有危机应对方案？请阅读本章最后关于产品安全中的案例，尤其是强生公司和丰田公司的案例。你认为这两家公司是否遵守了之前介绍的关怀理论？这两家公司和稍后介绍的高田公司相比如何？

广告宣传

广告中的伦理主旨通常很模糊，因为对什么是“事实”有不同观点，还有对“负责的”意思也有不同的解释。润肤膏真的能让人看起来更年轻，还是说那个 20 岁的年轻模特本身就拥有吹弹可破的肌肤？如果 50 岁的人用这个产品，会有效果吗？汽车制造商和啤酒制造商真的需要穿着性感比基尼的年轻女性来销售他们的汽车或啤酒吗？所有公司都尊重消费者的权利吗？在展现销售艺术的时候，不同部门的人是否会公平竞争？我们是否要保护儿童，不让他们看含糖谷类食品的广告，或者不让青少年看奢侈运动鞋的广告？从伦理角度来说，广告宣传如何做到真实、负责？

在广告中，对一个产品的热情和高压力的销售策略之间，乐观主义和事实之间，关注目标市场和诱使目标市场参与不幸的活动之间，只存在着一条很细的界线，它极其容易突破。一个经典的企业诱导消费者从事不健康活动的案例就是烟草行业。尽管吸烟的危害已被证明了几十年，烟草公司还是花费大量的时间否定吸烟的危害，并使用“温和”的营销策略，如利用卡通人物“骆驼老乔”做广告。什么是这些公司的伦理责任？大多数人都是在青少年时期染上抽烟这个事实，是否能改变我们对烟草公司的期望？是否能让我们改变对其应负责任的看法？

另一个案例涉及各种各样品牌的瓶装纯净水。大多数消费者都相信它来自缅因州、明尼苏达州或其他以良好环境著称的新鲜水源。事实上，虽然瓶装水的标签上印有山峦的照片，但这些瓶装水来自美国几个城市的市政供水系统。消费者是否应该仔细地阅读标签？还是企业有责任在所有标签上和广告中都诚实地标明自己产品的产地？

你能想起任何遭受过大额索赔的产品吗？诱导消费者是否公平？你能想出一些被用来吸引特殊消费者的特别的广告策略或符号吗？广告中的“很远”到底有多远？

伦理和员工

当然，对一家公司来说，最重要的利益相关者之一就是员工。组织对它们的员工要承担大量的责任。这其中可能包括隐私权、不得随意被解雇的权利、工作场所安全权、合法诉讼程序权、公平对待权、言论自由权（举报）、工作环境无歧视权。我们在其他章节中都已经强调过了其中的很多权利。在这一节，我们将继续关注两项特殊的权利：工作场所安全权和不得随意被解雇的权利。

员工安全

员工最基本的权利就是在工作时要保证不会致残或被杀害。1970 年美国政府创建了职业安全与健康管理局，试图保护员工在工作场所免受危险。这一组织的使命就是不仅要保护员工免受可能的伤害，还要确保员工都被告知他们所从事特殊行业和工作的危险因素。

出现重大员工伤亡的行业涉及重工制造业及采矿业，本章末尾会列举一些案例。在这些案例中，员工常常知道工作环境不安全，也对此有过抱怨，但因没有其他职业选择，所以他们只能继续在危险的环境下工作。

你能想出在员工安全和健康方面存在大问题的其他行业的案例吗？这些安全和健康问题会出现在服务行业（非制造业）吗？雇主是否要对腕骨神经综合征这样的健康问题负责？这种病症是指重复地向计算机输入数据这样的动作导致的腕关节受伤。在那些工作本身就能给人造成伤害的工作情境中，雇主有没有解决办法？如果公司发现员工在冒着受伤的危险工作，那么它是否有义务将之告知公众？

员工裁减

员工裁减（裁员）可能是由于经济状况，包括经济萧条、出于整合生产和削减人力成本的目的、增加竞争力等。但是，尽管裁员的理由很充分，但其结果总是会让员工蒙受痛苦。任何组织可能都没有保持一定数额劳动力的义务，但是它们却享有负责任地雇用和解雇一个人的权利。

正如我们在第 8 章所提到的那样，员工享有被公平对待的权利，评价他们只能以他们从事工作的能力为依据。如果裁员是必要的——涉及一个人或更多人，那么裁员时一定要尊重员工，维护他们的尊严。各公司的裁员哲学有何不同呢？请阅读本章末尾关于林肯电气公司的案例。其他公司要怎么才能变成林肯电气公司那样呢？使用林肯电气公司的方法，会有怎样的困难？如果使用常用的方法解决员工问题，会遇到什么困难？如果你必须了解员工，那么在设计方案时你认为哪些因素才能让所有相关者都感到公平？

假设这个国家正经历一次经济萧条。公司可以通过裁员来保证预期的增长率吗？要满足华尔街的利润和增长预期吗？还有哪些利益相关者被影响到了？公司经营的目的就只是为股东谋取利润吗？从公司战略角度来说，员工这个利益相关者要比消费者这个利益相关者更可牺牲吗？公司如何才能把股东的长期责任与短期的财务危机协调起来呢？

伦理和股东

组织对股东和其他所有者都负有伦理责任。这个伦理责任包括要为所有者的利益服务，不仅在短期内，还要保证长期努力经营好这个组织，这还意味着，不要从事那些会让组织失去业务的活动，不要做那些会损害组织未来健康的短期决策。正如科特和赫斯克特在著作《企业文化与绩效》中所说的，“企业只有关注股东的合法权益，才能带来业绩上的良好表现。在竞争激烈的行业中，只有重视消费者，业绩才能得以提高，而在竞争激烈的劳动力市场上，只有关心服务客户的群体——员工，才能取得出色业绩”。因此关注股东权益也最终意味着关注其他重要的利益相关团体。

股东，具体来说，就是个人投资者，在最近几年被大大伤害了，大量的伦理过失导致了金融危机后股市的暴跌。公司回报股东的最好方式就是实践道德准则——能够保证公司的长期健康和股票的稳定。行为符合伦理准则并将目光放长远，可以帮助公司重建丢失的信任，尤其是个人投资者和公众的信任。他们认为，市场被华尔街和各大公司掌控着，用来为这些公司的高管牟利，而丝毫不顾及投资者的利益。近年来一个让股东蒙受巨大损失的案例，就是全球曼氏金融集团丑闻。该集团曾由高盛集团前任首席执行官及新泽西州州长乔恩·科尔津掌舵。该集团冒险在欧债上投入了大量资金，2007 年欧债危机持续发酵，给集团带来了重创。此时，集团做出了不计后果的选择。高管用客户的基金去填补集团的财政窟窿。金融圈众所周知的是，金融机构必须将客户和公司的账务区分开。集团的做法严重违背了信托公司保护客户资金的信条。当集团申请破产时，股东看到自己的投资打了水漂，噩梦充斥了整个华尔街。尽管挽回了一部分投资者的损失，但是该集团背弃道德的消息被传播开来，最终让投资者和公众更加相信，市场是被各大企业操控的，因此集团是靠不住的。

曼氏金融集团和其他企业的溃败，促使一些首席执行官和金融业高管创造了“公司管理条例”，以努力让投资者和公众增加对集团的信任度。这项活动由摩根大通公司首席执行官杰米·戴蒙发起，并由各大商界精英签署，其中包括沃伦·巴菲特、商界传奇伯克希尔·哈撒韦、通用汽车公司首席执行官玛丽·巴拉、通用电气公司首席执行官杰夫·伊梅尔特、先锋集团首席执行官比尔·麦克纳布、黑石集团首席执行官拉里·芬克等。该条例呼吁企业的法人董事会更加独立，不要过分关注季度数字，而要考虑组织的长远发展。具体来说，该条例包括以下几点（注意：由于篇幅有限，我们并未列出所有条目。请登录 www.governceprinciple.org 查看完整文件）：

- 董事会真正独立对一个企业来说非常重要，因此董事会不应该由首席执行官或总裁掌管。每位董事需要在首席执行官参与的情况下定期召开会议，并积极、直接地与首席执行官级别以下的管理者交流、互动。
- 董事会成员的多元化会带来更好的决策，所以每位董事会成员不仅要受人尊敬，还要掌握不同的技能、来自不同的背景、拥有不同的经历。
- 董事会需要一名强有力的且不参与公司管理的领导者。他能够看清楚，董事长和首席执行官的工作应该分开还是相结合，是否可以由一人兼任。
- 我们的金融市场太容易受到季度预测的影响。公司不应该感到自己有提供业绩指导的责任，除非公司认为，提供此类指导能够让股东获利。
- 有效实现该条例，需要公司和股东建设性的参与。

这些条例于 2016 年 7 月登载在整版报纸当中。机构投资者委员会执行董事对此表示："公布这些条例是呼吁大大小小的美国公司开展行动，采取有效的公司管理实践。虽然这是一个良好的开始，但还需要做更多的工作来重建投资者对市场的信心。你如何看待知名首席执行官的努力？你认为这会提高信任度吗？你是否意识到董事会可能被公司管理层严格地控制，以至于丧失其独立性？为什么这些首席执行官将努力公之于众？他们有什么收获？他们失去了什么？你认为小公司会注意这一点吗？你认为这些首席执行官的威望，是否能够影响整体公司的管理状况？

伦理和社区

正如大家所知，公司并不是存在于一个真空环境里。与个体一样，公司是社区里的公民。只是由于它们的规模，作为社区的一员，它们能够给社区带来特别大的影响。所以，商业行为中的另一个大的利益相关者就是企业和其他组织所在的社区。一家公司能够影响它的社区的最明显的方面就是环境了。

公众在 1962 年就开始关心商业对环境的影响了，当时雷切尔·卡森在其出版的《无声的春天》一书中表达了这种关心。她的书里，卡森强调了杀虫剂给环境带来的破坏。公众公开抗议活动导致 1969 年《环境保护法》的出台，并且在 1970 年美国政府设立了美国国家环境保护局。《环境保护法》和美国国家环境保护局的目标就是保护环境——空气、水和土壤——不受商业和个人的破坏。当然，所有人固有的伦理义务就是让这个星球及其周围区域长期健康地发展下去，为了我们自己、我们的孩子及其后代。

近几年，公众越来越关注环境问题，而涉及环境问题的伦理案例每年都呈增长趋势。

想想近几年我们所知道的新闻：科学家认为近年来俄克拉荷马州急剧增加的地震数量，可能是与液压破碎法抽取地下水及天然气资源相关；当密歇根弗林特市将公共供水系统的水源从休伦湖改为受污染的弗林特湖后，就发生了市民集体铅中毒事件；穿过乡村和拥挤的城市，装载着石油和天然气驶向港口的"油气列车"发生爆炸，民众因此而丧生并带来了环境污染；加利福尼亚州的波特农场，因巨大的天然气管道泄漏，向大气中排放了大量甲烷，致使周边人员紧急撤离，并对大气造成了严重伤害。

除了环境问题，另一个新问题也正在影响着我们的生活，那就是个人隐私（电话号码、网络及信用度等），特别是社交网络中的隐私问题。消费者不得不对很多活动留个心眼——从政府监管到网络公司搜集与用户活动和兴趣相关的数据，这些数据都有可能被销售给营销公司。而现实是，很多人从来不假思索地在网上分享信息，而对企业、营销人员或黑客会从中获取自己所买、所写、所想等所有信息毫不知情。很多人也并未意识到，在网上分享的仅自己可见的内容或网上购买记录，实际上是公开的。通过将用户私人信息数据化，并将其销售给第三方——为了推销产品而需要锁定潜在客户的人，能够带来丰厚的收益。但还有一些充满恶意的人需要这些信息。这一问题充满着伦理因素，可以肯定的是，随着科技的发展，这个问题只会越来越严重。

涉及多个利益相关者的问题

像我们之前所提到的，伦理问题涉及多个利益相关者。在本章中，我们将带领大家参考一些近几年出现的最为重大的伦理案例。这些伦理案例都非常复杂，并涉及多个利益相关者，因此处理起来十分棘手。这才是可供我们分析和讨论的最佳案例。

产品安全

正如我们之前提到的，产品安全和质量可以为组织带来多个伦理问题。这些案例中所涉及的最为隐秘的问题是"偏差归一化"问题。换句话说，人们对于以往"不能接受"的，突然开始变得"可以接受"了。这其实是一种滑坡谬论。长此以往，就会导致个例（偏差）变为常态。这种扭曲事实的行为会对组织文化带来强烈影响。另外，人们的轻易妥协，会带来不可收拾的灾难性局面。以下是两个最近发生的有关问题产品的案例，而偏差归一化就是这些问题的导火索。

大众公司

大众公司成立于 1937 年。它最早始于阿道夫·希特勒提出的"人民汽车"制造计划，即小型的普通德国人能够负担得起的价格不高于摩托车的汽车。最初的设计可承载两名成年人和三名儿童。另外，出于对低价车型的需求，类似于"甲壳虫"的车型应运而生。大众公司在第二次世界大战后保留了下来，该公司标志性的甲壳虫汽车在 20 世纪六七十年代风靡全球。那时原油价格上涨，节能型汽车受到大家的追捧。该公司在此基础上继续开发新的车型。截至 2000 年，大众公司推出了帕萨特、甲壳虫、捷达、高尔夫、奥迪甚至保时捷（大众公司多年前收购了奥迪，保时捷持有 30%股份）。德国很多声名显赫并具有标志性的汽车动力企业，大多归于大众公司麾下，或者为大众公司效力。

为了抑制汽车尾气的排放，从 20 世纪 60 年代初期，全球很多国家都出台了尾气排放标准。在美国，由美国环境保护署对汽车尾气排放标准进行制定和监管。美国所有汽车的尾气排放量都必须符合最低标准。很多国家也进行了类似的努力。但与汽油车相比，柴油车占有关键性优势：柴油价格更为便宜，并比汽油车所行驶的公里数更多。所以，柴油车成为很多注重节约成本的消费者首选。但由于柴油车的排放量更大，因此汽车制造商多年来致力于开发能够清洁柴油尾气的发动机以吸引环保意识较高的消费者，并在节能的同时满足严苛的排放量标准。

柴油机在美国并不像在欧洲那样受欢迎。大部分原因是欧洲的汽油价格过于昂贵，所以促使消费者购买使用成本较低的车型。在美国，油价近 20 年都徘徊在每加仑 2~2.5 美元，燃油效率并不是一个太大问题。但从 2004 年开始，美国油价一路飙升，截至 2008 年，油价已经上涨至每加仑 4.5 美元。那时，汽油成本已经成为美国民众面临的一大问题，再加上 2008 年出现的经济大衰退，汽车制造商认为，柴油机的春天终于来临了。

大众公司的一个问题是对尾气排放控制的设计——如果想要达到更为严格的美国排放量标准，欧洲的排放装置很快就会报废。一位大众汽车的工程师想到，可以在汽车上安装控制软件，自动感应到汽车是否在接受尾气排放检测。只有在被检测时，汽车的尾气排放量才能达到标准，这个小小的伎俩就这样“糊弄”了检测设备。而在宽广的高速公路上，汽车的里程数高速增加，就会将有害物质排放到空气中，仿佛尾气管控并不存在。例如，氮氧化合物的排放量竟超出法律规定的 40 倍。更有效的排放控制将使每台美国大众汽车的成本增加几百美元，大众公司高管认为这会削弱该公司与包括丰田和本田在内的竞争对手的竞争力。

这项舞弊行动始于 2006 年，并在这之后逐年完善。大众公司的工程师在其中加入了更多的花哨装置，以确保污染严重的柴油机不被发现。据估计，这种排放量反测试系统，仅在美国就已安装在大约 50 万辆汽车上。世界范围内的数字要高得多（这一切都发生在世界领导人制定全球变暖战略时）。

2014 年，当由在西弗吉尼亚大学工作的科学家组成的非营利组织——国际清洁交通委员会发现大众公司的违规行为时，该计划才开始瓦解。几周后，美国监管部门介入调查，但大众公司也并未认真对待。他们并未采取任何行动，也并未正式回应。最终，大众公司在 2015 年 9 月向美国监管机构承认，他们在以柴油驱动的大众、奥迪和保时捷汽车上安装了“防御技术”。令大众公司执行董事感到震惊的是，监管机构在两周后就公布了所有报道。这些高管认为可以有几个月的时间和监管机构进行谈判，并设计了一个万全的问题解决策略。当该消息被爆出时，大众公司严重低估了公众的愤怒。

本书出版之时，距披露排气门丑闻事件已一年之久，但对调查结果的报道还在持续发酵。首席执行官马丁·温特科恩引咎辞职。该公司已同意向美国大众或奥迪车主支付 153 亿美元赔偿金，用以对汽车进行修理或召回。在 2019 年 6 月之前，大众公司必须召回 85% 的汽车。如果不这样做，则需要向环境改善基金会支付超过 8 500 万美元的资金以弥补未达到排放量标准而对环境造成的伤害。作为总体协议的一部分，该公司已同意向环保项目支付数十亿美元，因为他们最古老的柴油机将继续排放超标的污染物。最后公司还将额外投资 20 亿美元用于清洁技术。然而，所有这些都只是冰山一角。纽约州和其他几个州的检察长正在对该公司进行起诉，刑事调查也在同步展开。据一位律师估计，在案件最终解决之前，该公司的损失或将超过数亿美元。纽约州检察长埃里克·施耐德曼表示，这起事件“表现出根深蒂固的傲慢文化，加上有意无视法治及保护公众健康和环境的法规”。我们目前还未得知，欧洲及其他国家会如何处理此事件。

此事件发生后，理智的人们都十分诧异，为什么公司会放纵这种行为？当某个工程师发现可以作弊时，其他工程师为什么没有对他说：“你疯了吗？”为什么公司高管没有意识到这是一场巨大的冒险，可能引火烧身？为什么他们不能提前预料到当此事曝光后会给公司带来多大的损失？他们真的以为这个秘密永远不会有人发现吗？难道没有人想到这么做会给公司蒙上阴影吗？他们是否认为这对公司的财政冲击微乎其微，员工和股东都不会受到影响？

你可以想象，在这场混乱中牵涉到多个利益相关者。客户深受公司欺骗的影响，但是他们的问题有望在多种解决方案里得到解决。员工也是利益相关者——他们无疑是尴尬、羞愧的，这可能增加公司未来招聘高级人才的难度。当然，由于公司遭受了巨大的财务创伤，一些员工将被解雇，其他员工则面临停工。大众公司在德国南部的社区中很受欢迎，因此，该地肯定也受到了影响。由于大众公司对尾气管理条例的漠视，美国和其他购买装有反尾气检测软件的汽车国家，势必受到大众汽车所带来的环境污染。毫无疑问，污染物排放到大气后，肯定会对哮喘病人和其他有呼吸道系统问题的人产生不良影响。任何造成全球变暖的污染物都会给这个星球带来创伤，所以应该减少或消除。最后，由于对公司的惩罚，公司的价值会下跌，股东会受到巨大的打击。有人好奇，公司在其生死存亡之际究竟能够承受多大的经济打击？如果你想知道更严重的结果，请再看看高田公司的案例。

高田公司

最具爆炸性的新闻标题之一，就是 2016 年 6 月爆出的“6 000 万只汽车炸弹：高田安全气囊危机”。说实话，没有一家公司希望看到这种报道。

高田公司由高田家族于 20 世纪 30 年代创立于日本。它最早是一家纺织品公司。数年后，该公司开始生产降落伞，随后开始制作安全带。另一家日本企业本田公司是其最好的合作伙伴。当安全气囊成为汽车最具吸引力的性能时，本田公司邀请高田公司进入安全气囊制造行业。当时高田公司首席执行官，高田公司创始人的儿子高田重一郎，对此并不热衷。他明白，安全气囊其实是一个小小的“爆炸装置”，通过爆炸将气囊推出到驾驶杆或仪表盘上。他对此非常担心，并说：“如果有一点差错，我们就会破产。”但是本田公司和高田公司的工程师都鼓动高管团队进军安全气囊市场，首席执行官不得不批准这一决定。

安全气囊是出色的安全设备。据估计，仅仅在美国，每年就能挽救 2 500 条生命。但是，这是一项复杂的技术，难以生产，并且长时间后会出现老化现象，从而变得更不稳定。在进入安全气囊市场后不久，生产所需的化学物品变得极难获得。因此，高田公司开始寻找产量丰富、成本低廉的替代品。一位公司高管提出，可以使用硝酸铵作为替代品，它是化学推进剂的一种，可以满足爆炸需求。由于硝酸铵成本低、容易获取，很多公司曾考虑过用它作为推进剂。但它的缺点（这也是最为重大的缺陷）就是这种化学品的性质非常不稳定。随着时间的推移，特别是在温暖、潮湿的气候下，它的稳定性会随之降低；而且安全气囊使用的时间越久，就会越不稳定。如果它爆炸时所受到的撞击力度过大，或者用错误的方式引爆，那么安全气囊（本是为了保护驾驶员和乘客的存在）实际上却变成了真正的炸弹，它的金属容器碎片会飞射进驾驶员和前排乘客的头部、颈部、眼部、动脉等。这么危险的化学品，除了高田公司，没有其他公司使用。即便在高田内部，也存在使用上的分歧。高田公司欧洲的负责人认为，硝酸铵太过危险，从而寻找了另一种化学制品。高田公司中国的负责人也跟随欧洲市场，做出了同样的选择。

更糟糕的是，高田公司将工厂从华盛顿州搬到了墨西哥。那里的劳动力更为廉价，但这些工人从来没有处理危险化学物质的经验。不久之后，该公司发现墨西哥的工作人员将硝酸铵暴露于潮湿的环境之下，这让本来就不稳定的化学物质变得更加不稳定。在此期间，公司隐藏/篡改了数据。很多工程师试图让公司管理者意识到其中的危险性，但他们这些人要不被忽视，要不被调岗。该公司几名工程师因不想同流合污而联名辞职。

2004 年，佐治亚州发生了第一起高田公司安全气囊爆炸事件。碎片扎进了驾驶员的脖子。这只是冰山一角。到 2016 年上半年，有 13 人因气囊爆炸身亡，超过 100 人受了重伤。高田公司在 2008 年申请召回了 4 000 辆本田汽车中的安全气囊。在此后的几年中，召回事件几乎不断发生，最近一次是在 2016 年中期。需要更换安全气囊的车辆超过 600 万部，这一数字相当于在美国马路上行驶的每五辆汽车中就有一辆需要更换。

为处理这场灾难性的事故，高田公司被逼上了绝境。美国国家公路交通安全管理局已对其罚款 7 000 万美元——这是监管机构规定的最高民事罚款。此外，公司现在必须接受监管机构史无前例的严格监管。公司还面临着美国司法部和多个州的众多刑事和民事诉讼。当然这里还会产生额外的罚款，赔偿受害者的损失。公司被勒令追踪受影响车辆的下落，但有些车辆售出已经 10 年之久，并且几易其主，因此查找工作无疑面临着巨大的挑战。尽管加大了产量，但高田公司预计替换掉所有安全气囊还需要几年的时间。同时，一些受到影响的配有不安全气囊的车辆还在使用中。最后，如果安全气囊不能完全被替换掉，那么所耗费的资金将十分惊人。专家分析耗资最终可能接近 110 亿美元。面对如此庞大的数字，目前公司的市值（低于 100 万美元）如同杯水车薪。同时，公司亏损严重。其市值是 2007 年的十分之一，市场份额从 17%下降到了 5%。

请想想这其中牵涉到的利益相关者。你能列出多少？驾驶员？乘客？汽车公司和他们的客户？经销商？股东？员工？没有制造商使用硝酸铵，高田公司难道没有注意到吗？你是否知道你的车有没有受到影响？如果是，你的想法是怎样的？你认为这种公司的下场会怎样？

处方药价格问题

毫无疑问，大多数人都感谢制药行业研发出的神奇药品，它能减轻疼痛，治疗疾病，或者对慢性疾病发挥效力，甚至治愈慢性疾病。但是，当毫无良知的商人垄断药品时，会发生什么呢？如果这个商人对医药行业的人道主义毫不关注，一心牟利会怎样？这样的情景可以编成一部优秀的恐怖片了。但这些情景几年前就曾在现实中发生过。新成立的公司买下了药品专利，将其价格抬高并随时变动，导致真正需要这些药品的人无力购买。

当然，这对美国之外的国家来说并不是什么问题。因为大多数发展中国家采取个人支付和政府医疗保障系统相结合的支付方式。在这种系统中，政府会出面与药品公司协商，让药品公司给予一定折扣，因此药品将较为便宜。而美国复杂的个人与公共保障系统，致使没人能出面与药品公司就降低药品的价格进行协商。结果美国消费者支付了全价的药费，而他们所支付的那部分虚高的费用，正填补了其他国家被折扣掉的那部分费用。最近的药品价格比较，让我们可以更直观地看到区别：250 美元只能在美国买两瓶小犀牛鼻炎喷雾剂，在罗马尼亚却能买 51 瓶；比利时消费者用 250 美元能够买到 445 片力百汀片，而在美国只能买 19 片；在沙特阿拉伯可以用 250 美元买到 9 000 片秋水仙碱片，在美国却只能买到 51 片。

这个问题在 2015 年爆发出来。当时，几位没有制药行业从业经验的人一起创办了制药公司，并且抬高了药品价格，导致消费者不得不支付新公司规定的药品价格。例如，曾就职于麦肯锡咨询公司的迈克尔·皮尔森，摇身一变，成了位于魁北克 Valeant 制药公司的首席执行官。该公司的业务模式是集中精力购买小型药品或医疗公司，并将收购后的公司药品价格提到惊人的高度。例如，2015 年 6 月，Valeant 将糖尿病药品 Glumetza 的价格从 572 美元上调至 3 432 美元，一个月后再次将其提高至 5 148 美元。同样，Valeant 提高了治疗威尔逊氏病的药品——青霉胺片的价格，一个月内从 6 547 美元上调至 26 189 美元。

同样在 2015 年，另一家新制药公司——图灵制药尝试了类似的策略。图灵制药购买了乙胺嘧啶药品权。乙胺嘧啶是在 20 世纪 60 年代被开发出来的用于治疗寄生虫感染的药物。它是艾滋病患者需长期服用的重要药品。图灵制药的首席执行官——对冲基金前任经理马丁·谢克雷利将它的价格从每片 13.50 美元增加到每片 750 美元，致使某些病人的年度治疗费用提高了数十万美元。

两家公司在大量负面报道和公众哗然之后开始与监管机构正面交锋。2016 年，Valeant 接受美国多个州和联邦监管机构的调查，皮尔森被免职，该公司的股票损失了 90%。同时，图灵制药的首席执行官也受到监管机构的调查，他至少面临八起策划欺诈及证券欺诈的刑事指控。据称，他贪污了图灵制药之前管理的制药公司——Retrophin 的公款，以偿还在管理对冲基金时诈骗过的投资者。显然，快速浮动和毫无章法的处方药价格，一定很容易引起监管机构的注意。

想想涉及这些案件的利益相关者。当然，依赖这些药品的患者及其家属是主要的利益相关者。然而，这其中还牵扯更多利益相关者：必须支付高价的保险公司和上缴保险费用的员工；受到药价上涨影响的全球消费者；投资者、政府、竞争对手、监管机构等大量的人员。想想制药公司的性质。它们为我们所有人提供重要的服务。是否应该允许它们随意提高药品价格？是否有可以接受的大幅涨价的情况或条件？在药价方面，美国消费者补贴世界其他地区的药价是否可以接受？造成这种情况的潜在因素是什么？你认为这个问题是否有办法解决？如何让全球药品定价更公平？

制药行业涉及很多伦理问题，药品定价只是其中之一。制药公司在营销上花费的比在研发新药方面花费的更多。其他伦理问题包括测试新药品时，实验的有效性和公正性，呼吁立法机构通过对制药公司的法案，游说医生订购具体药品，等等。我们希望你可以就其中某一问题进行研究，以更好地了解制药行业的益处和雷区。

环境灾难

对于环境问题，我们所有人都是利益相关者，因为我们的后代将面对今后的世界。当专家在为全球变暖及需要出台环保法规等战略性问题时，我们的水、空气和整个地球正在面临着很多威胁，这都和我们息息相关。接下来是一些最近发生的，涉及环境问题、对多方利益相关者造成影响的案例。首先是杜邦公司的案例。与其他案例不同的是，这些案例不仅会对购买该公司产品或服务的消费者产生影响，它所牵涉的环境问题对我们每个人都会产生影响，并提醒我们，每个人都应该关爱地球，因为这是我们的伦理义务。

杜邦和特氟龙

杜邦公司长期以来为世界提供革命性产品，如尼龙、特氟龙、Stainmaster、特卫强等。所有这些合成材料都是用化学物质通过新型方式创造出来的，这些产品让消费者的生活变得更加便利和美好。多年来，杜邦公司一直是口碑最好的企业之一。即便它的总部位于特拉华这样一个小州，却并未影响它在很多社区建立超大型企业的步伐。

近年来，杜邦公司的明星产品——特氟龙的一个严重问题被揭露出来。俄亥俄州的环境律师已对该公司提起集体诉讼，指控它故意将一种名为全氟辛酸的有害化学物质倒入垃圾填埋场，以及西弗吉尼亚州和俄亥俄州的河流和水井等水源中。该公司的文件表明，在 20 世纪 50 年代初期，该公司曾质疑接触全氟辛酸会增加健康风险。同一文件显示，公司在 20 世纪 70 年代已经知道，全氟辛酸已经进入工人的血液，并开始看到长期接触该物质对工人健康所产生的严重影响。到 1981 年，在七分之二的女员工流产后，杜邦公司禁止女性在特氟龙部门工作。

20 世纪 80 年代中期，越来越多的证据表明，全氟辛酸会对接触该物质的人员造成伤害。但因为这种化学物质的利润丰厚，所以杜邦公司还在继续增加产量。他们保守着这个秘密，并在知晓该物质的危险性的前提下，继续将掺有全氟辛酸的生产废料倒入当地的垃圾填埋场、水道（如俄亥俄河）中，该公司的烟囱中还释放着含有全氟辛酸的蒸汽。1993 年，该公司发现了一种化学替代品，其毒性比全氟辛酸弱，并且在体内停留时间较短。然而，由于使用替代品风险太大，总部会议决定不使用新物质。毕竟，用全氟辛酸制作的产品每年的销售额可高达 10 亿美元。

直到 1998 年，一位西弗吉尼亚州的农民，用视频记录下了自己的牛在喝了流经垃圾填埋场的河水后死亡的经过，并带着这个视频找到了一位律师。这位律师从杜邦公司找到了 10 万多份文件，这些文件无一不在诉说着杜邦公司的贪心。该公司早就知道，与制造特氟龙相关的化学物质会引起癌症、流产等其他严重健康问题。住在公司附近的人和动物，每天都在呼吸着被污染的空气，每天都在喝着被污染的水源。然而，该公司还是继续将毒药倒入附近的垃圾填埋场和河流中。到 2003 年，该公司已经向周边区域倾倒了将近 250 万磅的化学物质。

多项调查和诉讼所造成的对杜邦公司的罚款与该公司对环境造成的影响相比，实在微不足道。2005 年，该公司向美国国家环境保护局支付了 1 650 万美元的和解费。同时，该公司还解决了由 8 000 名居住在附近而受到污染影响的居民代表所提起的集体诉讼案件。根据判决，该公司将支付 10 亿美元的和解费，并额外支付 2.35 亿美元，用于后续调查。此外，杜邦公司承诺安装净水过滤系统并建立社区健康和教育项目（耗资 7 000 万美元）。

我们无法估测有多少人和动物受到全氟辛酸的影响，有多少人死于由全氟辛酸引起的癌症，有多少孩子出生之后有缺陷，它还要过多久才能被清理干净，它会对下一代造成影响吗，这会对全世界使用特氟龙涂层锅具烹饪食物的人带来怎样的危险，我们对此无从得知。这些问题都很难回答。但不难回答的是：为什么美国这么优秀的企业，不惜冒着名誉尽失的危险，在明知这些污染物倒入土地和水源中会对上千条生命带来威胁的情况下，还将它们倒入土地和水源中？全都是为了钱吗？

有关环境问题的其他爆炸性新闻

不幸的是，近几年披露了很多关于环境问题的爆炸性新闻。其中包括：

- 英国石油公司大规模原油泄漏事件。该事件发生在墨西哥湾，是由油船爆炸引起的。（请看本章末“典型的伦理案例”）
- 密歇根弗林特市与水污染的斗争。该事件中，弗林特市自来水公司停止从休伦湖取用干净水源，而使用弗林特湖中的污染水。
- 发生在洛杉矶郊区，波特牧场的地下甲烷泄漏事件。该事件致使数百万磅甲烷泄漏到空气中并引发了大规模疏散活动。这也可能加剧全球变暖进程。
- 不断发现大肠杆菌、李斯特菌等细菌污染食物的案例。从生菜到牛肉到面粉，几乎所有食物都被污染，无一幸免。

但最令人困扰的，是关于世界上最大的能源制造商——埃克森美孚公司的报道。科学家已经对全球变暖达成了共识，认为人类活动对于全球变暖潜藏着巨大影响。而埃克森美孚公司专门资助一些组织，对科学家的观点进行质疑。同时，该公司的科学家相信全球变暖确实存在，公司正在从本质上进行改变，以应对全球变暖趋势。为什么埃克森美孚公司要出钱资助那些质疑全球变暖观点的组织呢？答案也许是，因为该公司不想让政府通过影响石油生产和其攫取利润的法规。正如纽约大学物理学名誉退休教授马丁·霍福特所说：“当时有两条路可走。他们（埃克森美孚公司）是有机会选择的。如果埃克森美孚公司听取本公司科学家的意见……不挑起这场争论的话——在我看来，一定会带来很大的影响。”相反，我们错失了 25 年能够采取手段控制全球变暖的时机。

当然，这些环境问题牵涉了多个利益相关者。所受影响的人的数量难以估计。企业本身和它们的股东以及员工当然是利益相关者。其他利益相关者则包括企业开展业务、从事生产的社区；现在和未来受到污染影响的人；地球本身及其未来的健康；承受全球变暖不良影响的人。想想这些灾难是多么严重，我们应该采取哪些措施，让企业做出正确的选择，关爱我们的地球环境。你认为法规是否能够起到作用？化学行业向监管机构承诺行业可以进行自我监管。我们已经看到了自我监管的结果。你认为有哪些倡议活动可以促进企业有效地自我监管？或者你认为这是不现实的？你还能想到哪些受污染影响的利益相关者？

为什么这些是伦理问题

以上按理划归为伦理问题的原因，是这些问题涉及对重要利益相关者的责任。如果公司不是形同虚设的空头公司，那么它最重要的组成要素也许就是消费者、股东、员工以及社区（甚至整个地球）。对一家企业来说，没有任何比投资产品、制造产品、购买产品的团体以及产品产地更为重要的存在了。大多数组织的道德责任都包括为主要利益相关者提供安全的产品，并公平、诚实地对待他们。

代价

在本章中，我们向大家介绍了很多典型的案例。企业不承担道德责任所造成的后果是非常严重的，甚至是致命的。触犯法律的人会因此葬送事业或被开除或被判处监禁，组织也会付出同样的代价：企业将受到严格的限制，甚至被吊销从业资格，至少也会被公众和新闻媒体口诛笔伐。这将对企业声誉造成长期性损害并难以修复，而事实证明，这种伤害是最为致命的。组织所付出的代价是惨重的，但是，涉事者的个人下场却更可悲，因为他是可以阻止这些事情发生的。想想那些因错误的伦理决策而被判处长期监禁的人，他们及其家人遭受了多大的痛苦。

这里不可能列出所有保证利益相关者团体的监管机构。当然，当你进入一个特定的行业或公司时，你需要了解你所从事的行业需要遵守哪些法律，以及是由哪些机构进行监管的。在美国，联邦政府、州政府和地方政府负责保护利益相关团体的权利。证券交易管理委员会、美国货币监理署和联邦储备金监察小组负责保护股东的权利。美国食品药物监督管理局、美国联邦贸易委员会和美国联邦通信委员会是维护消费者权利的监管机构。员工权利则是由包括就业平等委员会、劳工委员会和职业安全与卫生管理局在内的广泛机构进行监督的。美国国家环境保护局是环境的主要保护者。

典型的伦理案例

历史为我们提供了不少案例，我们可以从中吸取教训并学习组织伦理知识。看重伦理的学生应该至少了解这些案例。我们希望你们可以深入了解一下其中的某些案例，以更好地理解这些企业在哪些方面做错了、后果是什么，以及组织可以采取哪些行动来防止事情的恶化，保护利益相关者的权益。请注意，我们未能列出所有涉及伦理问题的事件，只列出了其中比较有名的一些。

不太理想的实例

美国国际集团

多年来，美国国际集团（AIG）一直是金融稳定的象征。在 2008—2009 年金融危机之前，美国国际集团持有 8 100 万份人寿保单，价值近 2 万亿美元。它为全球约 18 万家企业的 1.06 亿名员工承保。美国国际集团是美国最大的健康和人寿保险公司，也是美国第二大财产保险公司。然而，它是一家典型的“大而不倒”的公司，因为它的业务涉及全球范围内众多的个人、公司和国家。如果美国国际集团倒了，那就相当于将铺在全球经济下的地毯抽掉了一样，会引起全球性动荡。当金融公司购买风险日益增加的投资产品（次级抵押贷款），并前去美国国际集团投保时，该公司就陷入了困境。当这些证券在 2008 年金融危机期间贬值时，购买保险的公司要求美国国际集团根据其保险条款进行赔付。突然间，美国国际集团需要拿出并不存在的抵押品。美国国际集团面临着破产——这为公司和全球整体经济带来了巨大灾难。

英国石油公司

2010 年 4 月，英国石油公司“深水地平线号”油船在墨西哥湾发生爆炸，造成 11 名工作人员死亡，并导致原油泄漏进墨西哥湾。到 2010 年 7 月，油井才被封住，但超过 490 万加仑的原油已经流入加勒比海及美国南部海岸。2013 年年初，英国石油公司已经支付了罚款及清理活动所需的 240 亿美元，但因承认对其 14 项指控而又缴纳了 40 亿美元的罚款。此外，它还面临着爆炸及污染所带来的巨额民事诉讼惩罚。四名员工被指控犯有多重罪行，包括杀害和阻挠执法人员。海湾地区的环境灾难和对英国石油公司的惩罚规模是前所未有的。英国石油公司在“深水地平线号”事件之后，显然没有采取必要的措施来预防事故并确保工人和公众的安全，从而引发了一系列致命的危险事故。2005 年，位于得克萨斯市的该公司的一家炼油厂爆炸，造成 15 人死亡，数百人受伤。2006 年，该公司的一条管线发生泄漏，将数千加仑的原油泄漏到位于普拉德霍湾的阿拉斯加原野上。现在看来，该公司正以全新的态度关注安全问题。我们拭目以待。

安然公司

2002 年，《财富》杂志仍然将安然公司列为美国第五大公司，虽然在杂志发行前，安然公司已经如第 11 章所说进行了破产保护。这是一个传奇：从地方的燃气管道贸易商到世界上最大的能源交易商，最后又陷入破产，颜面扫地。我们知道这家公司在投资银行、会计和其他人的帮助下，进行了一系列黑幕交易，用来掩饰安然公司巨大的债务并虚抬它的股价。这些交易由安然公司的执行官管理，他们从中获取了财务利益。安然公司也采用了非常激进的财务方式来促进股价升值。这场灾难中尤其令人伤心的是，当股价直线下跌时，安然公司的员工在他们的 401（k）计划中丧失得更多。很多普通员工的养老储蓄都泡汤了。2006 年 5 月，前任首席执行官肯尼斯·雷和前任副总裁杰夫·斯基林被指控有多起欺诈和共谋罪而被判处 24 年监禁。2006 年 7 月，肯尼斯·雷因心脏病突发而在服刑前身亡。杰夫·斯基林目前仍在监狱服刑，但他在 2013 年获得减刑，最早可于 2020 年被释放。他同时被判处 4 500 万美元罚款。其他导致安然公司倒台的各类犯事者所交的罚金也令人瞠目结舌。安然公司自己支付了 20 亿美元的罚款，其中包括为操纵加利福尼亚州能源市场而支付的 15 亿美元罚款。财务服务公司为解决和安然公司有关的投资者的诉讼支付了大笔金钱：花旗银行支付了 24 亿美元来解决类似的诉讼；摩根大通支付了 22 亿美元；其他银行则支付了上亿美元的罚金。

埃克森美孚公司

1989 年，从阿拉斯加州瓦尔迪兹市出发准备开往加利福尼亚州长滩市的油轮“埃克森·瓦尔迪兹号”（Exxon Valdez）在阿拉斯加威廉王子湾触礁。“埃克森·瓦尔迪兹号”装有 5 200 万加仑原油，其中的 1 000 万加仑原油很快泄漏到清澈的阿拉斯加水域。船长约瑟夫·黑兹尔伍德在事后接受了酒精检测，结果表明其体内酒精含量超标。虽然这并不能证明黑兹尔伍德在事故发生时处于醉酒状态，但是，他在油轮经过这片水域时并没有在油轮上指挥，他确实违反了公司的规定。尽管埃克森美孚公司立即采取了清污措施，但重要设备或遭到了损坏，或需要修复，有的还被搁置。事故发生一周后，埃克森美孚公司首席执行官劳伦斯·罗尔斯在重要报纸上发表了全版的道歉声明，但他没有前往阿拉斯加视察，并因反应迟钝饱受批评。除此之外，埃克森美孚公司似乎将责任归罪于自己之外的所有人。阿拉斯加——由七大石油公司成立的负责清理环境问题的组织——并没有提供很多帮助。像埃克森美孚公司一样，它还没有准备好如何应对像"埃克森·瓦尔迪兹号"泄漏这样的重大危机。结果，在石油泄漏事件中埃克森美孚公司给人的印象不佳，它似乎在逃避责任。尽管超过 800 英里的阿拉斯加水域表层被石油所覆盖，但到 1990 年，85%的水域已被清理干净。埃克森美孚公司花费了 20 亿美元用于清污，并且向瓦尔迪兹市和阿拉斯加渔民支付了数亿美元的赔偿。船长约瑟夫·黑兹尔伍德因为没有遵守规则在油轮上指挥而被解雇。但是，真正遭受打击的是埃克森美孚公司的形象。环保主义者公开攻击该公司，4 万多名消费者销毁了埃克森美孚公司的信用卡以示抗议。2004 年，经过多年的民事诉讼，埃克森美孚公司被美国阿拉斯加地区法院宣判向那些在"埃克森·瓦尔迪兹号"石油泄漏事故中受到影响的人们支付 45 亿美元惩罚性赔偿。2006 年，议员戴夫·赖克特请求国会向埃克森美孚公司施压，促使该公司向阿拉斯加居民支付已经拖欠多年的 45 亿美元惩罚性赔偿。历经数年的法庭争议和不计其数的上诉之后，2008 年美国最高法院将对埃克森美孚公司的罚金从 50 亿美元减少至 5 亿美元。

约翰斯·曼维尔公司

在大量的建筑材料中石棉是最常用的绝缘体。一些人估计有超过 3 000 种产品的原料中包含石棉成分。数以百万计的家庭、学校和其他建筑物都含有石棉绝缘体；第二次世界大战时，成千上万的船舶工人在战船及其他水运工具上安装了石棉；数以千计的汽车修理工人修理了不计其数的含有石棉的汽车刹车。与石棉相关的肺病和癌症的潜伏期是 10~40 年，吸入 1 分钟的石棉对人体的危害直到 20 世纪 70 年代才被公众知道。依照公司档案的记载，约翰斯·曼维尔公司在 30 年代中期的时候就已经知道石棉暴露给健康带来的负面影响（事实上，保诚保险公司在 1928 年就已经停止对石棉的人寿保险了）。警告标签直到 1964 年才被贴在产品包装上。另外，公司医生也对工人撒谎，说石棉没有健康危害。执行官约翰斯·曼维尔藏匿起科学数据，对公众、政府和他自己的员工撒谎，闭口不谈对成千上万暴露在石棉中的员工的危害。到 1982 年，对约翰斯·曼维尔公司的诉讼超过了 17 000 起。这只是冰山一角，数以千计的诉讼，会在员工发现他们曾在第二次世界大战期间接触过暴露石棉，并因此罹患致命疾病后蜂拥而来。因此，与此相关的诉讼仍在不断增加。等待死亡是漫长的过程，导致生活质量会在很多年里持续下降。大量诉讼的结果就是，约翰斯·曼维尔公司设立了数亿美元的基金来处理索赔。这家公司在 1982 年宣布破产，然后改名为曼维尔集团。新的集团有很强的责任感来支付前身欠下的索赔，执行官曼维尔也声称要阻止类似的事情再次发生。

梅西能源公司

2010 年，梅西能源公司位于西弗吉尼亚的上科大煤矿发生爆炸，该事故造成 29 位矿工遇难。多年来，该公司无视矿工对于通风条件恶劣的警告，一门心思追求产量，费尽心思削减成本，在出产的每一盎司的煤中榨取利润。例如，2009 年第三季度——发生爆炸的前三个月——该公司就违反了 168 条安全条例。在对该公司前任首席执行官唐·布兰肯西普开展审判期间，他的一位律师说“排查所有危险将花费‘天价’”。虽然免除了对他的三项重罪指控，使他免受 30 年的牢狱之苦，但是在 2015 年 12 月，唐·布兰肯西普仍因对蓄意违反联邦安全管理条例的行为监管不力，而被判处有期徒刑 1 年。虽然他没有受到造成矿工死亡的直接起诉，却因在公司开创了利益重于生命的不良示例和随之产生的恶劣影响而受到指控。

麦克维恩公司

麦克维恩公司位于亚拉巴马州伯明翰市，是一个私营管道制造商，在过去的 30 年里实现了很大的扩张——主要是通过购买废弃的工厂并增加利润来实现的，公司将其称为“遵纪守法的管理”。尽管这个行业——熔化金属和铸铁管——本身就存在危险，但麦克维恩公司追求利润的动力还是让其变得更加无情。在这家公司里，工人要以安全为代价来为公司所有者——麦克维恩家族谋求利润，但该家族却不对任何利益相关者负责。从 1995 年起，在安全违规操作方面，麦克维恩公司要比它的六家主要竞争对手之和多出四倍以上！从 1995 年到 2002 年，麦克维恩公司有 9 名工人丧生，4 600 人受伤（一共只有 5 000 人），以及很多令人毛骨悚然的致残事件。《纽约时报》和《前线》在调查后进行了一系列惊人的报道——在报纸上和美国公共电视台上，曝光了麦克维恩公司可怕的工作条件。麦克维恩公司也撰文回复，拒绝承认对它安全方面的指控。麦克维恩公司的管理者在给《纽约时报》和《前线》的书面声明中这样说道：“我们并没有只重视产量而忽视了安全和环保条例。”媒体的报道推动了一系列联邦调查，在很多州（包括亚拉巴马州、纽约州、新泽西州、犹他州）都对该公司提起了诉讼。在这些诉讼中，有 25 例控诉这家公司非法倾倒垃圾和其他环境罪，其余的是控诉这家公司违反《联邦安全和环境法》，通过撒谎、威胁员工和更改事故发生地点的方式阻碍政府调查。

2005 年 3 月，麦克维恩公司承认在得克萨斯州泰勒管道公司的运营中触犯了环境罪，并被处以 450 万美元的罚金。2005 年 6 月，麦克维恩公司被发现在亚拉巴马州的一个工厂还犯有 20 起环境罪。2005 年 8 月，麦克维恩公司承认其在亚拉巴马州的工厂的运营触犯了《联邦安全和环境法》。在这段时间，麦克维恩公司承认它没有在传送带上安装一个必需的安全保护装置，导致一个年轻的工人被碾死，这种行为蓄意地违反了《联邦安全和环境法》。一位得克萨斯州的该公司员工两个月前也因为这个没有安全保护装置的传送带致死，《纽约时报》和美国公共电视台因对麦克维恩公司的系列调查报道文章和节目而获得了 2004 年度史密斯金奖（Goldsmith）。

所罗门兄弟公司

在 1990 年被曝光之前，所罗门兄弟公司是全球首屈一指的投资银行之一——也许只有高盛集团能够和它匹敌。1990 年 10 月，所罗门兄弟公司政府债券交易部门负责人保罗·莫泽决定测试一下美国财政部的管制决议。美国财政部在购买国库债券的百分比上设置了限制，规定任何一家公司都不能在竞拍时超过这个限制（35%）。莫泽对此非常反感，他设计了一个计划来规避管制。他为所罗门兄弟公司提交了一个报价，然后又以他的客户的名义提交了一个未授权的报价。这两个报价加起来总共是债券总额的 46%——明显违反了规定。莫泽获得了他竞拍的债券，此后这一方法屡试不爽。1991 年 4 月，莫泽向所罗门兄弟公司的四个高管说明了他的策略，他们分别是主席约翰·古特弗罗因德、总裁托马斯·斯特劳斯、副主席约翰·默里维萨尔和总顾问唐纳德·福伊尔施泰因。这些高管让莫泽不要再引火烧身，但是并没有向安全和交易管理委员会上报莫泽的行为。6 月根据该公司的竞标记录，安全和贸易管理委员会给所罗门兄弟公司下达了传票。8 月所罗门兄弟公司终于向安全和贸易管理委员会报告了莫泽的行为。很快，在安全和贸易管理委员会将之公开之后，莫泽被开除了，旋即，董事会要求所罗门兄弟公司的四位执行官从公司辞职，并解聘了所罗门兄弟公司的外部法律公司。董事会任命所罗门兄弟公司的华伦·巴菲特担任临时主席。所罗门兄弟公司丑闻的曝光给这家公司和它的股东带来了毁灭性的影响。在丑闻公开的一周内，它的市值缩水了 1/3 以上——15 亿美元。它们的债权被各种评估机构降低了等级，各大银行也重新评估了所罗门兄弟公司的贷款条件。因为该公司的流动资金减少，它的盈利能力大打折扣。除直接的财务困难外，所罗门兄弟公司的一些员工也离开了公司。由于负面的媒体报道及大量的人才流失，所罗门集团于 1998 年被旅行家集团收购，并最终成了花旗集团的一部分。这只是另一个由于个人（莫泽）的自大和（公司的管理团队）不向监管机构报告这种行为，导致的灾难性后果的案例。尤其在金融这种注重声誉的行业。

丰田公司

丰田公司是日本优秀的汽车公司之一。丰田公司在美国的业绩平平，直到 20 世纪 70 年代，石油价格攀升成为美国人的问题后，美国人开始将大型油耗高汽车，换成小型节油汽车，而丰田公司正擅长制造小型节油汽车。紧接着，在 20 世纪 70 年代末至 80 年代中期的几年中，美国汽车业三巨头[①]遇到了严重的质量问题。消费者对此感到沮丧，因此对高品质的节油型丰田汽车更为青睐。这一转变彻底改变了美国的汽车购买结构——到 2008

① 美国汽车业三巨头：指的是通用汽车公司、福特汽车公司和克莱斯勒汽车公司。——译者注

年，丰田公司已经成为美国最大的汽车制造商。然而，有个问题却慢慢浮出水面。从 2002 年开始，美国监管汽车安全的监管机构——美国国家公路交通安全管理局，不断接到消费者对丰田公司的投诉。超过 2 000 名消费者报告说，他们的丰田汽车的油门踏板有问题——汽车会在突然间加速，而驾驶员很难将车子停下来。尽管从 2002 年就开始接到投诉，但丰田公司的反应缓慢，并一再低估了问题的严重性。当丰田公司开始正视这个问题时，其工程师却声称这是由汽车地垫造成的问题。2009 年秋天，丰田公司向数百万丰田车主发出建议，让他们将驾驶座下的地垫移走，并称“没有任何证据显示”突然加速是由其他原因造成的。该公司还声称，美国国家公路交通安全管理局也同意这一结论。但事实上，美国国家公路交通安全管理局并未同意这一结论，并严厉指责了丰田公司。2009 年 8 月，发生在加利福尼亚州高速公路上的雷克萨斯撞车事故让整个事件水落石出。一位下班的加利福尼亚州高速公路巡警（他应该知道如何让超速的汽车停下来）惊慌地拨打了 911。当时他的雷克萨斯因油门踏板被卡住而无法刹车，导致汽车飞冲出高速公路。911 系统记录下了通话内容和随后的撞车事故。该事故导致司机及三名乘客死亡。2010 年 1 月，丰田公司被勒令召回 770 万辆汽车。丰田公司暂缓了八种高人气车型（包括过去 10 年中在美国销量最好的凯美瑞）的销售，甚至停止了对这些车型的生产，直到问题解决后。需要注意的是，该公司停止生产是因为美国国家公路交通安全管理局规定它这么做的。在一些分析中，丰田公司出现油门踏板问题，是因为它的发展过于迅猛——导致质量下滑。2014 年，该案以丰田公司承认其隐瞒汽车加速的相关问题，并支付 12 亿美元罚款而告一段落。

值得钦佩的榜样

强生公司

1982 年 9 月，芝加哥地区的七个人在注射泰诺（一种止痛药）后死亡，该药是由强生公司麦克尼尔实验室开发的止痛药。这种药被发现掺杂了氰化物，但花了几周时间都没有查明这种杂质是怎么产生的。后来的全面调查证实，这次中毒是由外部阴谋所引起的，但肇事者目前还未被找到。那时，还没有公司遇到过诸如此类的重大危机。由首席执行官詹姆斯·伯克带领的强生管理团队，在事发之后出台了一系列危机对应措施。这是多年来出现的最为善解人意、敢于担当并充满人性关怀的成功案例。首先，强生公司把芝加哥地区所有的泰诺都从市场上下架。然后，从全国范围内召回泰诺——3 100 万瓶，价值高达 1 亿美元。强生公司向超过 50 万位使用泰诺的医院医生、销售商发送电报解释情况和召回的原因。尽管有市场专家预测，经过这次中毒事件，“泰诺”这个品牌将会“消亡”，但强生公司决定尝试重整品牌和经销权。这并不是一件容易的事，消费者在中毒事件后迅速产生了极度的恐慌。强生公司针对问题采取了正面的措施，他们通过提供赠券的方式来吸引消费者购买，并通过重新设计包装来化解抵制。强生公司对泰诺中毒事件的回应成为组织正确应对危机的标杆。正如我们在其他章提到的，强生公司对泰诺危机的反应证明了它那个著名的信条，即强调其对消费者、员工、股东和社区的责任与真诚。正是对消费者——它主要的利益相关者——的关心驱动着它对这次危机做出回应，强生公司的执行官主动站在媒体面前，他们不躲避责任，不因为他们的困境而去责备任何人，表现出了对消费者的关心。这次危机的结果影响深远。强生公司开创的用于化解抵制的包装被一系列产品（从食品到药品）所使用。

林肯电气公司

林肯电气公司是我们可以拿来证明负责任地聘用和解聘员工重要性的案例。从公司创始人约翰·林肯自 1895 年开创公司以来，公司就与它的员工保持着非比寻常的关系。公司一直为与员工和睦相处而努力。它是 1923 年第一批给工人带薪假的公司之一；它是 1925 年第一批给工人股权的工厂之一；它是 1929 年第一批实施员工建议项目的企业；从 1934 年公司的员工开始领到奖金。在它的诸多计划里最有争议的一个可能就是它的雇佣保障计划：在公司连续工作 3 年以上，员工将获得其工作保障。但是在 20 世纪 80 年代早期，公司经营遇到了极大的困难。因为通货膨胀、能源消耗高、美国经济衰退，公司销量急剧下降了 40 个百分点。公司经历了严峻的考验，但是没有一个员工因为工作量不够而被解雇。公司对员工的忠诚在 1993 年得到了回报，当时公司要求员工去赶超销量和产量的历史水平。员工为了实现客户的需求自愿推迟了共计 614 周的假期。公司很少解雇员工，1948—2008 年没有出现过一起解雇事件。2008—2009 年金融危机期间，公司度过了一段艰难的时光。公司出台了员工收购股权、减少员工工作时间、削减 20%~45%的管理者工资，同时取消奖励加薪和外部招聘等方案，它好像能化悲痛为力量，在残酷的金融危机中存活了下来。自从 1948 年起，无论多么困难，公司都没有解雇过员工。激励化管理是公司文化的基石。自从公司在美国第一次开发出业绩激励系统后，这个系统就成为学术人员和其他公司研究的主题。在它的网站（www.lincolnelectric.com）上清晰地描述了公司对诚实正直的坚守："100 多年以前，创始人林肯所采取的就是一套绝对正直的政策——要做正确的事情，而不去做那些只是权宜之计的事情，即使当时风尚如此。"今天，这个完整的伦理道德遗产仍然是林肯电气公司企业管理的基石。

结论

我们在这一章中描述的案例代表了一些值得记住的商业伦理案例。没有任何行业和企业能够不受伦理问题和不道德员工的影响。审视这些案例的意义在于，要明白明智的管理者应该从其他人的错误中吸取教训。

我们希望让大家理解，所有利益相关者之间都是息息相关的，他们的利益都是重叠在一起的。一项研究显示，52%的回答者认为所有利益相关者——投资方、员工、消费者、政府和整个社会——都是同等重要的。例如，安然公司和美国国际集团伤害的不仅是消费者，还有它的员工、股东和所在地的社区。显然，需要向某些高管灌输伦理道德思想。这突然让人想起皮特·福萨洛和罗斯·米勒合著的《安然错在哪里》（2002）一书中的内容。两位作者称，在哈佛商学院，当杰夫·斯基林（后来安然公司总裁）被问到如果公司生产的产品会对消费者造成伤害甚至引起死亡时，他将如何处理。据说，杰夫·斯基林是这样回答的："我将继续制造并销售该产品。作为一个商人，我应该以利润为中心并将对股东的回报最大化。如果产品有危险，就应该靠政府来解决。"

显而易见，商人面临着多种选择。我们需要决定自己的职业道路该如何走下去。是以诚实、公正赢得大众信任，还是不管不顾、自行其道，等着政府来强迫我们规范行为，或是像美国国际集团一样被花旗公司收购，抑或像英国石油公司那样收拾残局？一项研究指出，影响公司在公众中声誉的最重要的三个因素是：（1）价格透明、诚实；（2）公司本身令人放心、值得信赖；（3）高质量的产品与服务。如果商人想重新获得公众信赖，就要关注自身企业的诚实性、公开性和品质。我们也必须明白，赢得信任需要长时间的努力。

了解信任感重要性的公司已经采取了大胆的步骤，并将信任融入其业务模式中。salesforce.com 是企业云计算领域的领导者。几年前，它在迅速发展的同时，也经历了成长的痛楚。客户遭受着服务中断的折磨，因此 salesforce.com 拼命试图快速增长以提供完美服务。为了监控停机和其他系统问题，公司有一个内部跟踪系统，显示问题出在哪里以及导致问题的原因。当公司团队向公司主席和首席执行官马克·贝尼奥夫建议，在公司网站上公布该系统，以便客户可以实时看到问题进展时，他犹豫了。没有公司能做到如此透明。客户或媒体是否会用它来破坏公司？过了一个周末，贝尼奥夫才同意将监控系统发布在其网站上的想法。这件事引起了不小的轰动。媒体不仅对该公司向客户透明化的行为做出了积极的评价，亚马逊和谷歌等其他科技公司也注意到了这一点，因此开始努力，让企业更加透明。贝尼奥夫的决定是一个转折点，它赢得了客户的信任并树立了良好的口碑。结果公司透明化成了一项运动，促使各地的企业将开放性和透明度纳入其商业模式。

过去的几年对于商人的忍让令人不快，你一定读了本章中很多令人尴尬的故事——纸包不住火。值得庆幸的是，现在有很多公司承诺以诚信的方式来开展业务，并且它们中的多数有着诚信经营的传统。越来越多的公司正在寻找更多和更好的方式通过它们的企业文化去实现它们的价值，激励管理者和员工追求开拓创新、卓越服务和诚实正直的美德。

小案例

利益冲突

贝格公司是一家卫生保健品制造商，有着良好的声誉并被广泛认可为国内管理最好的公司之一。尽管贝格公司的声誉良好，但华尔街对其改革卫生保健品行业做出的努力反应消极——公司股价在一年内下跌了 30%。贝格公司并购了立特公司—— 一家亏损的卫生保健品供应商。自从并购消息公之于众之后，华尔街反响强烈——贝格公司股价反弹上升了 10%。

当并购为贝格公司提供了在卫生保健品行业立足之地时，一个真正的问题摆在了立特公司面前。立特公司在向客户提供卫生保健咨询方面有着良好的声誉。既然它被贝格公司并购了，而它自身又属于一家卫生保健巨头，客户就开始怀疑立特公司在多大程度上能够客观地推荐卫生保健品。立特公司会迫于压力推荐贝格公司的产品，还是仍然保持中立？

作为一名负责将立特公司带入企业圈的高级执行官，你将如何处理？你对贝格公司、立特公司和客户负有什么样的责任？你对股东和金融界的义务是什么？还有其他利益相关者吗？你对他们有什么义务？在伦理原则中你将对立特公司制定怎样的条款？

产品安全

作为一家大型食品生产商的部门经理，你正在努力使一种新产品打入竞争性很强的快餐食品市场，这种产品具有低脂肪和低热量的特点，它的推广异常成功，在抢占快速增长的脆饼干市场方面表现得特别突出。你知道你的一个主要竞争对手准备在同一时间推出相似的产品。市场研究表明，这两种产品将被看作同类产品，因此谁先推出产品谁将抢占巨大的市场份额。

一份来自一个独立的小实验室——绿色实验室的研究报告显示，你们的产品可能导致部分人眩晕。绿色实验室有着良好的声誉，它过去的研究总是值得信赖。同时，来自其他两个实验室的报告并不支持绿色实验室的结论。你们的研究主管向你保证，没有发现产品有任何副作用，极少人会发生眩晕，或者也许是绿色实验室的研究有失误。你们部门由于在薯条和其他高热量小吃上失去了大笔收益，所以急需低脂肪的挣钱产品。既然你到该部门任职以改善部门的状况，那么你在公司中的事业将依赖于这一产品的成功。

你将如何选择？你对消费者的责任是什么？其他利益相关者呢？你对他们负有什么责任？对于你的员工和公司里的其他员工，你的责任又是什么？你将采取什么行动？

广告

作为一家天然矿泉水的瓶装商，你们的广告部门近来正在投放广告，重点宣传你们产品的纯净度。这一行业竞争性很强，并且你们公司由于工会员工的长时间罢工而损坏了名誉。罢工严重影响了生产和分销，使公司丧失了巨大的收益和市场份额。现在罢工结束了，你们公司不仅要努力重获失去的客户，还要根据新的工会条约支付不断增长的工资和福利。公司的财务状况面临着比较危险的境地。

你和整个高层管理团队都对此次广告宣传抱有很大的希望，原有客户也做出了积极的反应。然而，你的业务主管向你报告说，一个心怀不满的员工蓄意搞破坏，将一种化学物质放进了机器，污染了 12 000 瓶矿泉水。幸运的是，化学物质含量极少——客户不会遭受伤害，除非他在很长一段时间内每天喝掉超过 10 加仑的水。这台机器已经经过杀菌处理，但是你们新广告就是虚假宣传了。

请列举上述情境中的所有利益相关者。有没有一些利益相关者比其他利益相关者获得更多利益或丧失更多利益？提出一种解决污染的策略。公司的财务状况在多大程度上决定着伦理困境的解决方式？

产品安全和广告

很多年来，关节炎患者都会选择冒着直肠出血的危险去吃非甾体消炎药（NSAID）来缓解关节疼痛。你所在的贝格公司推出了新一代止痛药，它含有 COX-2 抑制剂但不会引起直肠出血。为了推销新药，公司决定采取向消费者直接销售的方式，以便消费者咨询相关情况。这一营销策略取得了巨大的成功，最终占领了数十亿美元的市场份额。五年内，购买这一药品的处方多达 1 000 万条，新药为公司创造了巨大的利润。而且，新药很受医生和消费者的青睐。于是，医生开始利用该药品治疗所有类型的疼痛。但不久后，就出现了服用新药可能引起心血管疾病（心脏病突发）的投诉。早期的研究显示，新药可能有问题，但还没有得出科学的结论。另外，这些患者还有其他健康问题，也可能引起心脏病突发。你的公司又针对该药品进行了更准确的双盲实验（检验真正原因和影响的唯一途径），结果证明，如果长期服药超过 18 个月，就会增加心血管疾病的风险。美国食品药品监督管理局（FDA）建议，在该药品的包装上，贴上警告标签，并用黑体加粗的字说明长期服用该药品所潜在的心血管疾病的危险。你们的高管团队聚在一起讨论应该怎么做。应该听从美国食品药品监督管理局的建议吗？在讨论中，你们提到了公司的价值观以及对客户诚实并造福人类的承诺。你还提到了强生泰诺事件以及该公司召回药品所取得的成功案例。经过一系列讨论，你决定将药品召回并不再生产。但负面影响接踵而至。媒体争相对这件事情进行了报道，首席执行官必须出席国会听证会，你的公司因没有在事发早期撤回药品而受到谴责。诉讼也紧接着而来。好像凡是服用新药品后发生心脏病的患者，都对你的公司进行了起诉。讽刺的是，使用新药后取得显著疗效的患者和医生也开始抱怨。他们认为你应该将药品重新上架并贴上显眼的警告标志，以便他们自己预估风险。一些患者没有什么成效，还在忍受着病痛的折磨。经过深思熟虑之后，你坚持召回药品，并做好了打官司的准备（而不是和解）。刚开始时，判决结果时赢时输，但你并没有放弃，因为你深信自己没有做错什么。打官司的过程不仅开销巨大而且对公司声誉造成了极大影响。最终，经过几年之后，胜诉的数量比败诉的多了，此时，你决定同意和剩下的诉讼进行和解，这是一个明智的选择。你的公司财务业绩受到了重创，但目前正在恢复当中，而且因为一些新药正在被开发出来，未来应该充满了希望。

这里的利益相关者有哪些？专家声称当人们使用处方药时总是会有风险。这个风险有多大呢？药品公司在多大程度上需要宣传处方药的风险呢？这是医生的责任吗？消费者真的理解这种风险吗？药品公司有责任确保医生不过量开药品吗？这是合理的预期吗？

药品公司有更大的义务来解释那些它们着重向消费者推销的药品的风险吗？你觉得这个案例和强生泰诺案例为什么不同？高管们能想到这一结果吗？他们是否有方法改变局面？

股东

你就职于一家向企业客户提供咨询的投资银行。你工作的交易团队包括市场营销经理派特、信用部经理乔，以及其他一些专家。就在你们团队计划向高管提交新交易的计划报告之前，派特向乔建议，如果乔保留某些财务信息，交易可能更容易被批准。派特说："如果你不能省略这部分信息的话，至少要让它们起到积极的影响，这样它们才不会将整个交易弄糟。"

其成组员也认为，这一交易对于两个客户和公司来说具有巨大的潜力。派特所指的财务信息很可能并不危及各方的利益。乔反对这一建议，他认为完全公开财务信息才是正路。但要是整个团队的成员都赞同派特的建议，他也顺从这一决定。团队成员进行了投票，一致赞成派特的建议。你拥有最后的表决权。你会怎么做？

在这个虚构的案例中，你对你公司的股东负有什么责任？对正在进行交易的两家公司的股东又负有什么责任？在这个案例中股东是一个要考虑的因素吗？客户呢？员工呢？三家公司中任一家面临生存危机吗？像这种情景，你如何保护关键利益相关者的利益？

社区

你被任命为西北部一家化工精炼厂的首席执行官。你上任不久后发现，你的三个前任都有一个令人惊骇的秘密。你们总部建造在 30 个 5 000 加仑的油罐之上，这些油罐装有各种化学物质，既有原油，也有高毒性化学物质。尽管这些油罐在地底下已经 20 多年，但大量证据证明，它们已经开始生锈，化学物质开始渗漏。因为你们工厂所在地区负责向 100 英里之外的大城市供水，所以这些污泥应该已经引发了很多问题。清除这些油罐的代价是一个天文数字，因为这些油罐埋在总部四层大楼的底下，在清除工作开始之前必须先拆除该大楼，然后将所有 30 个油罐挖出来进行处理，最后清理干净污泥。

坦白地说，你对你的三个前任在任时没有纠正这种状况而感到震惊。要是在大楼没有建起的 15 年前就解决这一问题，损失要比现在小得多。然而，即使很沮丧，你仍然决定纠正这一状况。

在和你的财务人员进行了长谈之后，你决定在两年之内开展清除工作。很明显，清除工作拖延的时间越长，对水供应产生的危害就越大。在进行清除工作之前，筹集资金是必需的，而发行股票似乎是最好的方式。但是，如果你公开现在面临的问题，股票的发行将受到影响。而举行新闻发布会坦白你所知的秘密，又让你惴惴不安，彻夜难眠。

这种情景中谁是利益相关者？你将提出何种策略解决并公开问题？你有立即公开这一秘密的道德责任吗？华尔街将对这一消息做出何种反应？你会为了筹集资金以实现纠

正现状的目标，而再将这个秘密保守两年吗？再思考一下我们在这一章所介绍的理论。你能在关心消费者和关心环境之间相悖吗？如果假设案例中提到的油罐是在一个美国公司的国外子公司楼下，而子公司所在国对这种情况没有相关的法律，怎么办？首席执行官有责任清除吗？如果不在美国，美国公司应该按照美国法律关爱环境吗？关爱到什么程度？

问题讨论

1. 是什么让杜邦公司隐瞒全氟辛酸的危险性？
2. 在处理伦理问题时，你认为首席执行官的性格和人品会起到怎样的影响？
3. 当你所处的行业中，有公司从事不道德行为时，你应该怎样逆流而上，拒绝与其同流合污并赞赏道德行为？这为什么重要？这会损害你公司的竞争力吗？
4. 想象一下，你就是本章中提到的大公司中的首席执行官。当面临危机时，你将如何挽回公司声誉？
5. 将新产品投放市场之前，需要进行多少测试？
6. 如何平衡多个利益相关者之间的关系？
7. 你认为长期监禁可以阻止公司犯罪吗？
8. 你认为埃克森美孚公司这样的能源巨头，当面对可能影响其发展的问题时，如全球变暖，会诚实吗？
9. 将个人信息张贴在网上比张贴在繁忙高速公路的广告牌上更安全吗？
10. 有哪些个人信息可以共享？
11. 将个人敏感信息在网络上分享，会有哪些潜在危险？
12. 当你购买商品时，企业声誉会对你造成哪些影响？

第11章 全球商业环境下的社会责任和伦理行为管理

引言

随着商业全球化的发展，越来越多的管理者发现，他们正处在一个充满伦理挑战的全球化环境之中。如果说在本土文化下的伦理行为管理已经很有挑战性了，那么我们可以设想得到，当文化和语言与本国迥然不同，管理者面临巨大压力，利益相关者骤然增多的时候，伦理行为管理会是多么困难。在全球商业中，主要利益相关者包括：拥有不同的法律、规章制度和政策的各级政府；美国或其他地区的商业伙伴；来自不同文化的员工与客户；社会——包括媒体、学术机构、非营利组织以及对全球商业伦理感兴趣的宗教、政治或其他组织。管理者要和如此众多的利益相关者打交道，会使全球商业伦理变得极其复杂。另外，跨国管理者面对的问题对于他们来说可能是全新的，如腐败与洗钱、极权主义政体下的人权问题、工作条件、环境问题、对当地文化习俗的尊重和其他一些问题。

尤其在发展中国家，商务人员面对的文化、习俗和行为规范会与他们自身的道德标准相冲突，迫使他们思考在环境变化下如何维持自身的价值观。在本章，我们将从普遍意义上探讨海外任职的困难之处。然后，我们将关注具体的问题——如何处理全球商业环境中的伦理问题。这些问题包括不同文化下个体如何进行商业决策，以及更宽泛的组织问题——是否应该开展跨国经营、如何管理跨国企业、如何指导工作与全球商业环境中的员工等。

关注驻外管理者

我们将关注驻外管理者在海外任职的困难之处，以及文化理解力、敏感性和包容性对他们的重要性，并以此开始本章的探讨。

海外任职的困难之处

商业全球化使来自不同文化背景的人与人之间的互动不断增加。这些互动可能发生在短期的商务旅程中，也可能发生在经常持续两三年的海外任职中。但是，不幸的是，很多海外管理者的海外任职还未到期便以失败告终，主要是因为他们不能适应海外的工作环境。已有研究显示，驻外管理者对海外环境的适应度会影响到他的满意度、留职意愿和工作绩效。

结构化、培训和指导的必要性

除了这些失败的情况以及因此付出的代价，研究还发现，很多企业通常没有向那些被任命到海外工作的管理者提供足够的支持和跨文化培训。研究发现，驻外管理者在与工作相关的目标以及工作期望方面都需要被给予明确的指导，并对居住条件有着现实的认知。这些指导和支持应该扩展到可能出现的伦理问题上，因为这些伦理问题会使他们对什么是正当的行为产生困惑和不解。研究还发现，跨文化培训能够有效地解决这个问题。例如，培训可以：

- 增进管理者的幸福感和自信心；
- 改善与东道国民众的关系；
- 正确地理解东道国的文化群体；
- 增强对新文化的适应能力；
- 获得更高的绩效。

已有研究表明，除了对驻外管理者的培训，对其配偶提供培训和支持也很重要，因为家人通常会跟随驻外管理者。配偶及其家人的幸福会严重影响驻外管理者的适应力和继续留任的意愿。另外，管理者的级别越高，其配偶对公司的影响力就越大。因此，让配偶适应新环境是非常关键的。

研究还发现，能够接受其他文化的人，更容易适应驻外生活。“文化智商”一词被用来描述个体适应跨文化生活的能力。文化智商包括知识构成（个人对新文化的了解程度以及了解新文化的方法）、动力构成（对适应新文化的个人信心和动机）和行动构成（将知识和动力付诸实践）。因为只有少数人对新文化有着超强的适应能力，所以我们用“文化变色龙”来形容具备以上三种要素的出色个体。当然，企业可以通过提供与新文化相关的信息，帮助员工提高知识构成。研究发现，文化智商中动力较高的员工，更有兴趣探索不同文化，并对自己适应新环境的信心更充足，从而能够更好地完成外派工作。综上所述，派遣驻外人员之前，应先对其文化智商进行评估。

外语技能

语言培训是提升国际商务体验的培训之一。语言是文化学习的核心部分，它有助于创造高效的国际商业关系。有趣的是，对于在英语系国家经商的人来说，语言培训非常重要。而在非英语系国家，不会说当地语言的英语系国家的人，似乎可以被很好地接纳。然而，如果驻外管理者努力学习语言，就表示他对了解对方感兴趣。语言学习可以增进人际关系，并且是驻外人员能够长期承担派遣工作的重要信号。由于美国人掌握的语种较少，因此，一些人认为美国人由于“语言骄傲”而在生意上吃了不少亏。

语言是否流利并不仅是字词理解的问题，而是在具体语境下如何应用的问题。据说，很久以前有一个苏格兰人出访日本，在他的努力下和东道主建立了良好的关系。几周后，东道主问他（用日语）：“我可以和你睡在一起吗？”很幸运，这个苏格兰人拥有丰富的跨文化沟通经验，因此他没有拒绝邀请或回避问题，而是急速开动脑筋试图弄明白主人的意思。虽然困惑，但他还是答应了这个奇怪的请求。主人又抱了一床被子到客人的房间，两个人很舒服，没有任何故事地睡了一晚。后来苏格兰人了解到，这表示日本主人对他很高的赞誉。日本人认为，人在睡觉的时候容易被杀害，因此主人的要求意味着一种完全信任的关系。警告：今天谈生意的时候千万别用这句话了。因为一些学生告诉我们，在今天的日本说“我可以和你睡在一起吗”跟在美国说的意思已经完全相同了。

了解文化

在之前的章节中，我们曾讨论过组织文化。本章我们将关注国家文化。文化被定义为“共同的心理程序”。这一定义表明，不同文化中人们的认知方式是不同的，人们用不同的方式来理解世界并指导他们的行为。在异地文化环境中工作的人如果不理解当地人们的认知和行为的特殊方式，他就只能选择通过自己的文化来解释自己身边发生的事情，从而不可避免地产生误解。

为了更好地理解这种共同的心理程序是如何导致误解的，我们将关注一下由吉尔特·霍夫斯塔德提出的两个文化维度，它们有助于人们去理解国际商业伦理。在此，我们建议那些将要去国外的读者都学习一下与目的国相关的文化维度，因为它们对在海外经商有着重要影响。

个体主义和集体主义

个体主义，被用来表示在社会中人们在多大程度上把自己当作自治的个体，即主要是对自己和直系的家庭成员承担责任。它与集体主义相反。集体主义强调集体目标高于个人目标，集体和谐高于个体成就。美国人、加拿大人、澳大利亚人和来自北欧的居民是个体主义者。他们依据个人性格和成就来定义个体。一般来说，他们重视个人幸福胜过团队和谐。他们愿意雇用受过高等教育和具有专业成就的人。

大多数亚洲和拉丁美洲国家是集体主义社会。它们重视群体内的一致性，并根据群体成员身份和他们对群体的贡献情况来定义自己。日本的谚语反映了这种集体主义倾向——枪打出头鸟。当然，集体主义文化下的雇佣也基于胜任能力，但与同事共事的能力和协调决策的能力与个人专业技能同等重要。对申请者及其家庭的了解是雇用时必须考虑的因素。因此，同时雇用家庭成员的现象普遍存在。一个不具有相关文化知识的美国人可能认为这种雇佣方式是错误的。事实上，很多美国企业都有反对裙带关系的规定。相反，集体主义者则认为美国所倡导的个体主义是错误的，因为这种方式对朋友和家庭不忠诚，并且效率不高。对于集体主义者而言，雇用一个熟悉的人是保证他能与团体内其他成员合作愉快的最好方式。进一步来说，在集体主义文化中，如日本，送礼是一种创建人际关系的重要方式。送礼也是被接纳为群体一员的重要步骤。而在个体主义文化中，送礼更可能被当成企图影响个体商业决策的贿赂。

让我们思考一下个体主义和集体主义之间的差异如何影响伦理管理。很多企业都有正式的报告系统（举报热线或帮助热线），用以鼓励员工举报他们所知的不良行为。在集体主义文化中，这样的系统会引起人们的反感，因为它缺少人情味，调查和惩罚都只针对个体，结果会使个体蒙羞。因此在集体主义文化中，让成员意识到自己的错误并改正，以高效的面貌回归团队的非正式系统更能发挥作用。

权力距离

权力距离是指社会中的人在多大程度上能接受组织和社会中的等级制度和不均等的权力分配。高权力距离意味着人们能接受文化中的不平等，重视社会地位和阶级界限。在这种文化中，员工认为老板之所以拥有权力，仅仅因为他们是老板，不经老板同意擅自决定就是不服从命令。在这种社会中，头衔、地位和礼节很重要，地位高的人拥有更多的行动自由。例如，当尼克松总统被迫辞职时，高权力距离社会中的人们对此难以理解。他们的重点在于——尼克松是位高权重的总统，怎么可能被迫辞职？而美国人不会关注他的职位和头衔，他们只关注尼克松“水门事件”中的不良行为。印度、菲律宾、墨西哥和委内瑞拉都是高权力距离的国家。

低权力距离的国家不太重视社会地位和阶级差别。美国、以色列和大多数的北欧国家（不包括法国和比利时）是低权力距离国家。在它们的文化中，老板之所以拥有权力，是因为他拥有知识，而非他是老板。因此，在低权力距离文化中工作的员工很可能质疑老板的权威，甚至告发行为不良的管理者。

认识选择性知觉的力量

人总是面对着铺天盖地的信息。因此，他们必须有选择地接受，否则就会被信息所淹没。选择性知觉的过程受到文化的影响。例如，在集体主义文化中，人们更加关注社会关系，而不太关心人们的表现。在儒家哲学中，家庭处在首要位置。如果近亲犯罪了，他们会怎么办？一名联邦监狱的囚犯向宾夕法尼亚大学的学生讲述了他被监禁的原因。这名囚犯曾经是受过良好教育和具有良好口碑的纽约官员。他妻子的侄子在生活上遇到了困难，于是他和妻子为侄子提供了住处。但侄子是瘾君子，竟背着他们用他们的电话联系贩卖毒品。因此，这对夫妇被指控为知情不报，合谋贩卖毒品。后来夫妇两人都被认定有罪并被判处多年监禁。观众席上的亚洲学生都对此感到惊讶。他们认为这名囚犯是在帮助他的侄子，不应该被判处监禁。对他们来说，家庭关系要比犯罪重要，这种观点影响了他们对案件的理解。因此，如果一个人要到其他国度访问，他必须意识到，在国内为人重视的东西在其他文化中可能并不如此。由于选择性知觉的原因，他还应该忽略一些重要的行为、角色和观念，因为它们在国内很重要，但在国外可能没人注意。此外，处于外国文化中的人们同样存在选择性知觉，可能在无意中做出冒犯来访者的行为。

通过有效的跨文化培训，管理者可能会注意到由于选择性直觉而被忽视的问题，更好地理解在特定文化模式中所遇到的跨国贸易的相关问题。这种解读非常重要，因为所有行动都取决于此。

➲ 跨文化企业伦理的发展

很多商人都希望，有一天在全球范围内对于判断正当的商业行为问题的分歧越来越少，共识越来越多。在政府、跨国公司以及对国际商业伦理感兴趣的私营组织的共同努力下，国际伦理秩序已朝着所期待的方向发展。另外，这些努力却使人们的决策变得更加复杂和困难，他们不知道应该关注什么。

在过去的 50 年间，达成了一系列政府间协议，并引发了有关“跨文化企业伦理”的运动。这些协议和运动为跨国公司的商业行为制定了行为规范，涉及雇佣行为和政策、员工保护、环境保护、政治性捐款、基本的人权与自由等。准则基于如下四项原则：

（1）国家主权神圣不可侵犯——跨国公司应该尊重“东道国的经济社会发展和文化历史传统”。

（2）社会公平——工资等级应该保证性别、民族和种族之间的平等。

（3）商业交易中的市场完整性——对政治性捐款和收受贿赂予以限制，并“在商业交易中，考虑到非市场因素”。

（4）基本的人权和自由——这一原则建立在天赋人权的理念和人类权利平等的基础之上。但这一原则也和其他原则相冲突，如第一条中的国家主权。例如，南非的种族隔离制度剥夺了黑人公民的人权，很多文化和政府体制下的妇女权利也被剥夺。

在全球范围内，展开了抵制贿赂和腐败的运动。其中最重要的是经济合作与发展组织的《反贿赂公约》。33 个国家的代表在 1997 年年底签署了相互合作的公约。参与《反贿赂公约》的国家包括经济合作与发展组织成员国（北美、西欧的国家和太平洋地区的工业化民主国家）和阿根廷、巴西、保加利亚、智利和斯拉夫共和国。公约要求各签约国把贿赂国外官员定为一项罪行，并对此项罪行出台合适的刑事惩罚。到 2002 年 10 月，据经济合作与发展组织统计，已有 35 个国家向该组织秘书长提交了相关惩治措施。2005 年，36 个国家通过了《反贿赂法》，认定贿赂国外官员是一种犯罪行为。在经济合作与发展组织的网站上（www.oecd.org），2009 年签约国家承诺将进一步加大对腐败和贿赂的打击力度。据经济合作与发展组织官网上的一份报道，《反贿赂公约》是抵制海外贿赂的最有效手段。但报道认为，公约的信誉取决于国家之间的严格的法律监督，以确保公约能被充分而有效地履行。有人认为，该公约的约束力不够，因为它没有规定最低惩罚，没有禁止向政党捐赠，也并未规定企业需对行贿支出缴税。然而，这确实在朝着正确方向迈进。2016 年的部长报告被公布在该组织的网站中，它公布了组织活动的最新信息。越来越多的跨国公司正趋向禁止形形色色的海外贿赂行为（如英国的《反贿赂法》），尤其是在法律规定越来越严格的今天。例如，英国石油公司有关贿赂的政策比美国的《反海外贿赂行为法》还要严格。该公司甚至认为“小额的疏通费”也是贿赂，因而拒绝支付。这些规定为各大公司和意欲索贿的人都敲响了警钟。

美洲国家组织有 35 个成员，包括除古巴外的美洲所有独立共和国。大多数国家签订了《反腐败公约》，并于 1997 年生效（见 www.oas.org）。这份有约束力的条约没有宣布贿赂非法，但它确实要求成员制定政策并以实际行动减少腐败。

还有一个重要的问题，这些协议对跨国公司的行为影响一样吗？跨国公司并不受这些政府间协议的直接约束。但是，国家制定法律并要求跨国公司遵守，在一定程度上间接影响了跨国公司的行为，这些协议不仅有助于发展跨文化间的统一的道德标准，而且有助于形成一种更加非正式的承诺。知道这些标准的跨国公司越多，它们越可能遵守。

在 1999 年年初一次世界经济论坛的讲话上，联合国秘书长科菲・安南提议制定《联合国全球契约》。安南要求跨国公司的领导者同那些关心全球价值管理的联合国机构和其他组织共同加入这个国际契约。安南建议，一个基于全球认可原则的国际框架应包括希望在全球经济环境下自愿成为企业公民的组织。2000 年 6 月，50 多个大企业高管和政府领导人召开了一次会议，并正式启动这份契约。联合国在这些组织间扮演会议主持者、对话调解人和信息分享员的角色。任何能够认真遵守这份契约的组织都能加入其中。据报道，2013 年年初已经有来自 168 个国家的 9 000 个组织加入其中（见 www.unglobalcompact.org）。烟草企业因其对健康的负面影响而被拒之门外。

契约的基本目标是将良好的企业公民精神嵌入企业管理策略和决策中，并完善常规方法。契约利用透明和对话的力量来评估和分享那些良好的商业行为，即遵守给予人权、劳动和环境、反腐等方面的十大原则：

- 保护国际人权；
- 不得滥用人权；

- 支持结社自由；
- 杜绝强制劳动；
- 有效废除童工；
- 杜绝招聘歧视和职场歧视；
- 采用预防措施以应对环境挑战；
- 积极承担环境责任；
- 开发、使用有利于环境保护的新技术；
- 努力开展反腐败活动。

为了参加这一契约，公司首席执行官需将承诺书发给联合国秘书长，并保证：(1) 在他们的组织内部采取具体行动奉行这些原则；(2) 在"全球契约"网站分享他们的经验；(3) 公开提倡《联合国全球契约》。

联合国的另一个创举《反腐败公约》于 2003 年 12 月在墨西哥签署，并于 2005 年 12 月生效。反腐败是这一公约的主要任务。签约国必须增加选举和公共服务的透明度。公务员必须受到行为准则的约束，如果做出不当的行为就会遭受惩罚。另外，签约国要将包括贿赂、洗钱和侵吞公款等的各种腐败行为罪行化。签约国还要在反腐败行动中一致行动，在追回财产上提供合法帮助。你可以在组织的官网（https://www.unodc.org/unodc/en/treaties/CAC/）上关注其进展。

21 世纪的企业在制定公司规章制度时，也会考虑到这些国际协议。一个来自哈佛大学的研究团队，对跨国组织（如全球报告倡议组织）的规章制度（如《考克斯圆桌商业原则》《经济合作与发展组织守则》《联合国全球契约》）进行了研究，试图探索其中的国际标准到底是什么。研究员发现，这些制度都强调了以下八项原则。

1. 诚信原则：这一原则强调管理者有责任超越个人利益，顾全大局，规定禁止利益冲突或私自处理组织费用等行为。

2. 财产原则：这一原则强调对财产的尊重，规定禁止偷窃（包括剽窃知识产权）和浪费等行为。

3. 可靠性原则：这一原则强调合作中的信任和承诺，规定员工遵守合同，禁止违反合同，违背信任。

4. 透明性原则：这一原则强调诚实面对、公开事实的重要性，规定表达信息需准确，禁止误导利益相关者（如客户、供应商）。

5. 尊严原则：这一原则强调对人的尊重，要求保护人类的身体健康、人身安全和个人隐私，禁止侵犯人权。

6. 平等原则：这一原则强调奖励和工作的平等分配，规定员工待遇平等（包括同工同酬等概念），禁止歧视。

7. 公民原则：这一原则强调尊重法律和公共资源（如自然环境），并强调对社会的责献。要求组织通过保护环境和开展慈善活动等行为，遵守法律并为社会做贡献。禁止贿赂、掠夺自然环境和从事不正当的政治活动。

8. 响应原则：这一原则要求企业在自身行为对利益相关者产生影响后，做出快速响应，包括回应利益相关者的担忧并与供应商等利益相关者展开交流。

作者认为这些原则代表了一种新兴的共识，即“全球行为标准的核心内容”被现代公司所重视，并将其用于解决在全球性业务中所出现的问题。作者建议，企业可以以这些原则为出发点，评估现有的或设计一套新的行为准则。他们还鼓励公司根据自己的特殊性，对这些原则内容进行补充。

行为一致性假设

理解了文化并不能保证成功。有关国际商业行为的众多理论和研究都建立在一个并不准确的假设之上——如果了解了文化行为（本土环境下人们如何思考和行动），我们就能理解特定群体将如何对待来自其他文化的人。换句话说，如果理解了日本文化，我们就能预测到日本人对我们的态度、对我们的期望等。如果熟知了以上信息，我们就会明白如何与他们相处。

然而，人类有着令人吃惊的适应能力。当你认为你已经理解了他们的时候，他们又不按原来的方式行事了。来自不同文化背景的人们，可能想要改变行为以适应你，就像你想改变你的行为适应他们一样。一个同事讲述了在他学校里发生的商学院教授和哲学院教授开会的故事。哲学院教授意识到了双方的文化差异，于是他们决定用更为适宜的休闲运动衬衫和领带换掉自己的牛仔裤，结果商学院教授却反而全都穿着牛仔裤。这个故事的寓意是，人们通常会按照别人的期望来调整自己的行为，这增加了行为预测的难度。

从这些研究中我们能学到什么？尽管了解文化是非常重要的一步，但不要认为仅仅学习其他文化就足够了。那些与你有商务往来的外国人和你相处时可能表现得与平时不同。因此，了解文化规范和行为仅仅是一个起点。外国人会根据他们所认为的你对他们的期望来调整自己的行为。因此，你必须以开放的心态，从身边的情境中灵活学习。在准备跨文化之行时，最重要的是，你要意识到，你不可能完全准备好——总会发生一些意外，但能从这些机会中学到很多东西。成功的跨国商人需要具备开放的心态、灵活性以及对不确定性的忍耐力。他们也必须努力与国际商务伙伴发展真正的人际关系。

文化同质性假设

我们不应该假设同一文化内部是同质的，即同一文化中个体是完全相同的。试想一下，如果人们认为所有美国人都和美国电影中的角色相似会是什么情况。很明显，这种简单而呆板的思想会导致极其错误的期望。在任何文化内部，个体的性格和经历都有很大差异，这种差异会导致行为的不同。例如，一个获得美国 MBA 学位的日本商人和从未离开过日本本土的商人的行为可能差别很大。你应该以开放的心态去尽可能地了解正与你打交道的人。有效的跨国管理者能够改变自己的固有观点。如果有证据证明自己的想法和现实相矛盾，他们甚至会将固有观点完全抛弃。

➲ 文化相似性假设

文化相似性也是错误的假设。很多公司会在和自己有相似文化的国家开始国际化进程，因为它们相信在相似的文化中更容易成功。但研究表明，这种让人似曾相识的感觉会导致工作失败，因为管理者可能忽略了一些确实存在的文化差异，而他们没有为之做好准备。研究者把这种现象称作“心理距离悖论”。在“心理距离近”的国家里经商要想取得成功并非易事，甚至困难重重。研究人员对进入美国零售业市场的加拿大零售商进行了研究。研究表明，文化相似经常导致粗心。加拿大零售商的决策者已经预先假定美国市场和加拿大市场是相似的，在加拿大有效的方式在美国同样有效。因此，它们并没有努力去了解美国的零售文化，导致对信息的误读。所以，当你被派遣到一个你认为和你自己国家相似的国家时，不要假设它们是相似的，而要把它看成较为不同的国家，尽可能地了解更多信息。

伦理相关的培训和指导

跨国商业任职需要更加具体的伦理培训。这些培训应该包括：如何识别特定环境中可能出现的伦理问题，在特定文化下如何谈判，如何处理回扣和贿赂，如何从事与商业相关的伦理活动，等等。

识别和处理伦理问题

文化中关于商业伦理理念和实践的培训是必不可少的。首先，驻外管理者应该为识别特定商业背景下可能发生的伦理问题做好准备。就像国内各行业（如制造业与银行业）和各专业（如营销专业与会计专业）之间的伦理问题并不相同一样，不同文化之间可能出现的伦理问题也不一样。在一种文化中，劳工待遇（如童工问题、工作安全问题）可能很成问题，而在另一种文化中对有毒气体的处理更为公众注意，在第三种文化中贿赂又成了更大的问题。

其次，驻外管理者需要获得相关帮助，以在不明确的跨国经营环境中制定伦理决策。在国内，我们可以轻松地依赖像《纽约时报》的评估指导。但当国内文化和东道主文化相碰撞时，这种简单的指导就不够用了。一个驻外管理者不应该被丢在不熟悉的环境中独自苦苦支撑，组织应该向他们提供指导，以帮助他们在这未知的伦理之流中畅游。

跨文化谈判

随着外贸、联合企业和组织间协议的发展，商业谈判的频率也在增加。在本土语言和文化环境下工作时，有效的谈判者要求具备敏感性、理解力和沟通技巧。而在跨国商业环境中谈判，对这些能力的要求更加严格。

文化差异会影响到所能感知的谈判目的、谈判风格和解决冲突方式。例如，集体主义文化中人们可能把建立关系作为谈判的目的。另外，谈判者可能试图避免直接冲突。为了避免发生冲突，日本的谈判者如果认为对方的要求无法接受，他可能说："我会认真考虑下你的要求。"其他集体主义者知道这是在拒绝，而一个美国人会认为这意味着可以晚些时候再讨论这个问题。当这个美国人晚些时候再提出这个问题时，却发现对方的实际意见是拒绝，他很可能认为这种谈判策略是不公平的。与此相似，当冲突发生时，化解冲突的偏好也不相同。例如，集体主义者倾向于相互妥协的调解，因为这种方式很可能带来和谐关系，而和美国人一样的个体主义者更喜欢判决，因为他们认为这种方式更加公平。

很多研究详细说明了不同文化中谈判方式和谈判策略的差异。当我们把视角转向伦理层面时，与此最为相关的是，对"欺骗行为"和"心理战术"等谈判策略的理解。人们设计这些策略是为了给对方施加压力，以迫使对方妥协和同意。

从某种意义上来说，在任何谈判中利用欺骗策略都无可以厚非，但它在跨国谈判中可能引起误解，因此更加复杂。例如，巴西人认为在不熟悉的谈判者之间可以适当"相互欺骗"，因此，相较于美国人，巴西人会在谈判初期有所欺骗和隐瞒。对于一个美国谈判者来说，在和巴西方面谈判时，明智的做法就是将谈判初期的欺骗当作谈判的组成部分。

同样，有些行为看起来似乎是在欺骗，而实际上可能不是，对这种行为的识别也很重要。东欧人对谈判者最终定夺的权力是有限制的，他们希望任何变动都由上级来确定。美国人在谈判桌上做出重大决策的权力就较大。如果缺少这种文化知识，当东欧人声明他们权力有限时，美国人可能认为这是在欺骗他们。而事实并非如此。

在不同的文化中，心理战术（一种使他人感觉不舒服而想快速结束谈判的策略）也有不同的含义。例如，太多肢体和目光接触使美国人感觉很不舒服。把真正的心理战术从典型的文化行为表达中区分出来也很重要，例如，拉丁美洲人比美国人和加拿大人更喜欢肢体接触。而美国人和加拿大人又比斯堪的纳维亚人更喜欢肢体接触。阿拉伯人比美国人有更多目光接触，而美国人比日本人有更多目光接触。理解对手的文化可以帮助谈判者准确地理解这类行为。双方对于对方文化了解得越多，谈判风格和策略的选择就越有针对性。如果谈判者对于对方的文化不了解，那么最好的方法是雇用代理进行谈判。

处理回扣和贿赂

回扣和贿赂问题或许是令那些在海外工作的美国商人产生困惑的最常见原因。贿赂是向一些人支付费用，以确保销售实现或从个人和组织（通常是政府组织）那里获得许可或帮助。贿赂在亚洲、非洲、拉丁美洲和中东文化中是可被接受的商业交易的组成部分，但就在这些国家，很多时候贿赂会触犯法律。

在国外机场，很多商务人员都会遇到这种情况。东道国政府官员向其索要贿赂，付费才能将产品样本运送到酒店——一手交钱，一手交货。没有前期准备的驻外人员可能不知所措。这种要求如何理解呢？付费有违美国和当地的法律吗？当地的习俗是什么？索贿者希望拿到多少？如果不付钱，有什么后果？如果付了钱，下次他们会得寸进尺吗？可以雇用代理商支付这笔钱吗？（答案通常是不能）付钱真的能够解决问题吗？有没有其他方案可以选择？如果工作被耽误了，公司会有什么反应？

20 世纪 70 年代，美国证券交易委员会发现，贿赂外国官员的现象在美国跨国公司中已经非常普遍，贿赂的金额也越来越多。例如，在 20 世纪 60 年代中期，韩国的一个主要政党向海湾石油公司索要 1 000 万美元的捐赠。该公司首席执行官私下里通过谈判将贿赂金减少到 400 万美元，但这仍然是一个很大的数目。针对这些丑闻，美国国会于 1977 年出台了《海外反腐败法》，该法禁止美国企业代表向国外政党、候选人和政府提供大量资金，以引诱他们滥用权力帮助企业获取、维持或保留业务。

这部法律允许向底层官员提供小额酬金，这种酬金叫作“润滑费”或“疏通费”，它们可以使官员更快、更好地行使自己的日常事务和行政职责。美国人把这些疏通费当作小费，以确保得到殷切而有效的服务。这种疏通费不能对最终的决策或结果产生很大的影响。不过重要的是，你要了解，支付这种小额酬金是否违反当地法律。如果这笔钱的支付促成了高层官员本来不会做出的决策，这种行为就违反了《海外反腐败法》，并且会被认为破坏了自由市场体制。公司需要保留所有这种交易的记录，而且此类交易并不能免税。需要注意的是，该法同样适用于帮你代缴贿赂金的代理商。所以，你无法雇用代理商帮你支付。但被迫支付赎金是法律所允许的。例如，公司高层员工在海外被绑架，需要拿钱赎身，公司可以合法地支付赎金。

近年来，《海外反腐败法》的执法力度不断增加。很多公司努力避免出现此类不正当行为，因为司法部门的调查费用不菲而且很耗费时间。如果公司被认定有罪，罪行一般来说将相当严重。例如，1995 年，洛克希德公司因密谋贿赂埃及议会议员 100 万美元而被判有罪，其罚款和罚金高达 2 480 万美元。另外，洛克希德公司的一名前任高管被判处 18 个月监禁。

2012 年，沃尔玛因为在墨西哥开展业务时涉嫌贿赂问题而登上了新闻。据称，该公司长期向墨西哥政府行贿，以获得违法用地来建造商场。据《纽约时报》报道，“墨西哥的沃尔玛是一个积极而富有创造性的腐败分子，它提供了巨额资金，以冲破法律的规定”。（也许如果涉案经理使用了《纽约时报》的测试，就绝不会这么做！）《纽约时报》报道称，沃尔玛用贿赂破坏民主治理——如破坏公众投票、公开辩论等透明公开的民主程序。它利用贿赂，逃脱了保护墨西哥公民免受伤害的危险建筑物监管条例的制裁。这家报纸还指控沃尔玛的高管不但没有向当局报告，还试图掩盖贿赂丑闻。随后美国证券交易委员会、联邦调查局、美国国税局和美国司法部介入调查，该公司股价下跌约 5%。沃尔玛对此供认不讳，并广泛开展内部调查。除了在墨西哥，沃尔玛在印度的公司也发现了贿赂问题。该公司随即加强了培训计划、审计制度和内部管理，包括雇用专门负责监管公司是否遵守《海外反腐败法》的员工。此次事件让公司损失了 6.5 亿美元。令人吃惊的是，在 2015 年年末，据《华尔街日报》报道， 三年的调查没有得到预期的结果，这起案件可能最终以罚款告终，沃尔玛不会面临任何犯罪指控。

声誉良好的企业也不可避免地会产生贿赂问题。为了避免被起诉，当公司人员发现问题后，可以直接上报给当局。例如在 2007 年，强生公司主动向美国司法部通报，该公司在开展医疗器械业务时，曾向外国官员行贿，一名高管因此被迫辞职。

美国商人在开展业务时，更倾向于遵从美国和当地法律，不向任何人提供违法的贿赂。但是即便当地存在与此相关的法律，贿赂和回扣仍然是很多国家的世纪难题。因此一些美国商人认为，如果他们不像竞争对手那样行贿的话，就会处于竞争劣势。《海外反腐败法》也遭到了很多人的批评。他们认为美国公司受到该法制约而其他国家的公司不受制约，这将使美国公司无法和其他公司有效竞争。一项研究表明，自从《海外反腐败法》颁布之后，美国在那些贿赂合法化的国家的投资和出口下降，而非美国企业在相同国家的投资和出口反而增加。经过几家美国跨国公司的呼吁，《海外反腐败法》于 1988 年进行了修订，其中包括要求美国总统在减少腐败方面寻求国际合作。目前，在国际范围内已经采取了一些努力措施，让竞争更为公平。（这些将在下面讨论。）

美国司法部在其网站（https：//www.justic.gov/criminal-fraud/fcpa-guidance）上发布了《海外反腐败法》指南。该报告包括很多案例，说明目前有哪些行为是不可行的。如果你即将面临外派任务，那最好仔细阅读一下，这将是你明智的选择。

其他国家也颁布了类似的法律，尤其是欧洲。例如，英国已经规定通过物质刺激手段获得海外合同是违法行为。英国出台的《反恐怖主义和安全法》规定，贿赂包括政府官员在内的外国官员是违法行为。英国于 2010 年通过的《反贿赂法》引起了世界各国公司法律的关注，因为这项法律比美国《海外反腐败法》更为严苛。这项法律非常复杂，但包含一些重点。它适用于在英国开展业务的所有人（大部分是公司），规定严禁贿赂，不仅限于对政府官员的行贿，还包括商业交易中的行贿。同时，它禁止《反恐怖主义和安全法》中所允许的“疏通费”。最后，接受贿赂也构成犯罪。

1999 年，德国加入《反腐败公约》。以前在法国和德国，支付外国官员和管理层“佣金”以得到商业好处，是合法并普遍的行为。目前，法国和德国已禁止对这类“佣金”免税。但即便对法律做了修正，但一些企业的行为并没有改观。2008 年，德国西门子公司被罚款 16 亿美元，这是因贿赂对公司所判处的最高罚金。该公司一位高管证明，从 2002 年到 2006 年，西门子公司每年用于贿赂的支出高达 4 000 万 ~ 5 000 万美元。因为西门子公司股票在纽约证券交易所交易，所以该案件受到了德国及美国的双重调查。据估计，该公司在内部调查及改革、支付罚金方面将花费共计 26 亿美元。

在政府回应迟缓的地区，跨国公司常常会自己出面解决，建立规范的行为准则，对员工进行培训并指导，同时建立强有力的财务监管、控制系统。这些企业这么做，大部分是由于认识到了贿赂丑闻对公司品牌形象及声誉带来的潜在伤害，尤其是世界透明化日趋加强的今天。

世界大型企业联合会（一家总部在纽约的由商界领导组成的、进行独立研究的组织）发布的一项报告显示，企业可以使用如下推荐方法来成功地避免贿赂风波：明确禁止行贿，指派高管进行负责、监督，开展对员工的法律培训，建立安全的举报系统，严惩违法者，出台尽职调查机制，保证供应商、咨询公司及企业雇用的其他机构遵守相关规定。在与合作伙伴的合同中明确写明相关规定，同时让其保证，不会未经企业允许擅自雇用二级承包商。

但也有些美国企业认为，《海外反腐败法》能够帮助它们，因为当它们面临回扣和贿赂的压力时，它们可以诉诸法律。更多企业已使当地组织相信，按游戏规则能够带来更多好处，其中一个明显的好处是商业向那些已经控制腐败的地方聚集。例如，国际货币基金组织的一项研究发现，腐败程度越高，直接来自国外的投资水平越低。中国香港能够成为一个国际金融中心，主要受益于它良好的规则和诚信。香港有一个叫作廉政公署的强有力的执法机构，它拥有控制腐败和白领犯罪的广泛权力，并且有效地抑制了当地的腐败问题。1995 年，廉政公署建立了香港商业道德发展中心，该中心提供大量有关商业的服务，包括行为准则开发、员工培训和开办伦理研讨班等。

2004 年世界银行的报告指出，世界范围内每年用于行贿的开支高达 1 000 亿美元。但腐败减少的国家（博兹瓦纳、智利、哥斯达黎加、斯洛文尼亚），人均收入则有所提高（见 www.worldbank.org）。世界银行依然在努力开展反腐败活动。腐败会极大地增加国际项目的开支。一家伦敦的国际商业风险咨询公司进行了一项问卷调查，近 10%的被调查者认为，腐败将花费 25%~50%的项目经费，而另一些人则表示，这一数字可能更高！

透明国际是一个成立于 1993 年的非政府间国际组织，它旨在关注跨国商业的腐败问题（见 www.transparency.org），致力于构建国内和国际层面的全球诚信系统。自 1995 年，该组织每年发布一份腐败印象指数，这一指数是基于对商人、政治分析家和公众的多次跨国调查而得出的。2015 年的指数包括数据有效地 167 个国家。国家的得分从 0 分到 100 分不等，100 分代表腐败程度最低，0 分代表腐败程度最高（表 11.1 显示了 2015 年腐败最严重和最不严重的前 15 位国家）。如果想在国外开展跨国业务，最好先参考一下腐败印象指数（注意：美国是腐败程度最不严重国家的第 16 位，因此没有出现在表中）。

表 11.1　透明国际腐败国家检索表（2015 年），最腐败和最不腐败的国家排行
（详情请参阅 www.transparency.org）

最不腐败国家（排序方式从高到低）		最腐败国家（按最腐败程度排序）	
国　家	2015 年得分	国　家	2015 年得分
丹麦	91	索马里	8
芬兰	90	朝鲜	8
瑞典	89	阿富汗	11
新西兰	88	苏丹	12
荷兰	87	南苏丹	15
挪威	87	安哥拉	15
瑞士	86	利比亚	16
新加坡	85	委内瑞拉	16
加拿大	83	几内亚比绍	17
德国	81	海地	17
卢森堡	81	也门	17
英国	81	土库曼斯坦	18
澳大利亚	79	叙利亚	18
冰岛	79	厄立特里亚	18
比利时	77	乌兹别克斯坦	19

因为政府领导人对结果反应强烈，所以腐败印象指数的公布对很多国家产生了深远的政治影响。领导人开始意识到腐败程度和外国投资的关系。他们知道投资者对在管理混乱和腐败严重的国家投资不感兴趣。试想一下，在这样一个国家里从事商业活动的情境：获得码头货物需要行贿，公众合同意识淡薄，知识产权不受保护。所以，其中的一些领导人正在采取措施，与透明国际的国家分会合作以减轻腐败程度。从 2012 年起腐败程度得到显著改观的国家包括希腊、塞内加尔和英国。而澳大利亚、巴西、利比亚、西班牙及土耳其的腐败印象指数则有所攀升。

腐败最严重的一些国家，开展了一系列有趣的活动。印度尼西亚的腐败印象指数一直很低，该国开展了很多反腐败活动。例如，在学校和政府办公室里开设了很多无人售货的“诚实咖啡店”，并计划推广到私人部门[①]中。这些咖啡店基于诚实机制，目标是提高参与者的诚实度。消费者从货架上挑选饮料和食品后，将钱放进一个干净的盒子里。据报道，这一计划至今运行良好。相关学校中的教师甚至汇报，学校的作弊现象有所减少。

另一些人认为，“一个巴掌拍不响”，腐败是发生在双方之间的，行贿的人也应该被看

① 私人部门：是“公共部门”的对称，是指个人、家庭和私人所拥有的企事业单位。——译者注

作腐败。因此，透明国际发布了行贿者指数，并对 28 个最大的出口国家进行排名。这一指数是基于对本国企业在海外经商所涉及的行贿案件的接受程度而评出的。2011 年的行贿者指数显示，俄罗斯、墨西哥和印度尼西亚对行贿的接受度最高（www.transparency.org）。美国处于行贿者指数最低国家中的第 10 位。重要的是，在某些行业（如公共工程合同和建筑）中，行贿是最大的问题。

透明国际现在还发布了一项名为“全球贪腐趋势指数”（在其网站上）的报告。它是一项面向公众的问卷调查，问卷内容是对于各个国家反腐努力的看法以及自己关于腐败的经历。例如，在 2013 年的调查中，四分之一的人承认了自己的行贿活动。2015 年，第一份区域性的问卷调查——亚撒哈拉地区[①]的调查出炉。计划将于 2016 年发布涵盖美洲、亚太、欧洲、中亚以及中东和南非地区的问卷调查（见 www.transparency.org/gcb2013/results）。

不同文化间的道德标准有何不同

我们刚刚结束对贿赂的讨论，不同文化间的商业“实践”确实会有所不同。虽然不能否认某些地方的腐败比其他地区更为猖獗，但是这不意味着伦理价值观和标准有所不同。即便在最腐败的环境下，人们都会说诚实难能可贵，自己更愿意生活在不太腐败的环境中。之前所提到的“诚实咖啡店”就是良好的证明。攻读国际 MBA 的学生也告诉了我们很多在腐败环境中仍坚持道德文化的案例。这些学生无不自豪地提起本公司在商业交易中鼓励诚信的举措。因此，我们认为区分普遍行为和价值观非常重要。作为管理者，如果你能够明白，大多数人都认同诚实、尊重和公平等价值观，就可以将这些价值观和心声付诸海外商业道德管理。

有些道德标准是为所有人类社会所接受的。例如，“汝不可杀戮”和“汝不可偷盗”。进一步来说，“你要别人怎么待你，你也要怎么待别人”的金科玉律也出现在从犹太教到佛教等主要宗教的教义中。

佛教：不要伤害别人，否则你自己也会受到伤害。

基督教：你希望别人怎么对你，你也要同样地对待别人，这是先知者的信条。

儒教：子贡问曰：“有一言而可以终身行之者乎？”子曰：“其恕乎。己所不欲，勿施于人。”

印度教：不要用别人给你带来痛苦的方式来对待别人，这是责任的全部内涵。

伊斯兰教：只有当他希望他的兄弟和他一样好时，他才能成为信徒。

犹太教：不要把那些你厌恶的东西强加给他人。

这些共性说明了不同文化间的道德共识。但除了这些共识，世界远要复杂得多。例如，很多相似的价值观在不同文化中有不同的诠释。例如，多数文化认为诚信很重要，但不同

① 亚撒哈拉地区：泛指撒哈拉大沙漠中部以南的非洲。——译者注

文化中诚信的内涵并不完全相同。在美国，人们认为“货物出门概不退换（买主须自行当心）”这一规则违背了诚信，但在其他文化中人们认为这一规则没有问题。正义和公平也是被普遍认可的。涉及公平分配的具体理念和偏好，人们的观点却相差很大。例如，在某些文化中人们遵循公正原则（按劳分配），而另一些人遵循平等原则（平均分配），还有些人认为应该按需分配。因此，要了解不同价值观的含义及其在特定文化背景下的解读。

1992 年，大卫·沃格尔认为美国和其他发达国家之间存在着巨大的“伦理代沟”。但近年的发展表明，其他很多国家对商业伦理越来越关注，国与国之间在环境、性骚扰立法、检举内部交易等方面的相同点也越来越多。例如，在英国，有关商业行为的报道已经开始认识到商业伦理的重要性，很多组织和利益集团也开始揭示商业中存在的伦理问题。在欧洲和斯堪的纳维亚，很多公司经常报道如何保护环境和维持可持续发展。另外，1987 年建立的欧洲商业伦理网络（www.eben-net.org）在欧洲的不同地区建立了很多分会，其成员代表有 40 个国家。欧洲商业伦理网络的主要任务是开展伦理意识和商业伦理的教育和培训，提高商业实践水平。1999 年，商业伦理网络非洲分会成立，并在很多非洲国家成立了分会。欧洲商业伦理网络致力于在成员之间分享商业伦理信息和专业知识，并于 2016 年召开了成立 15 周年纪念大会。

欧洲公司也开始承担社会责任，尤其是更为严肃地对待可持续发展问题。但对于亚洲国家环境问题的担心也越来越严重。随着国际社会对商业伦理和社会责任的关注，参与国际化商业活动的人需要随时注意东道国在社会政策、法律和伦理观方面的变化。

➲ 企业全球商业伦理方针和政策的发展

由于管理者之间意见的差异很大，法律上的要求模糊不清，文化差异和腐败持续存在，因此海外经商的企业有责任制定指导方针和政策，指导员工的道德行为。

相对伦理理论和道德帝国主义

在第 7 章我们学到了“多重道德标准的自我”，即人们在不同背景下往往会接受不同的规则。这个概念在国际化语境中被称为文化相对论。“入乡随俗”是相对伦理主义者的口号，他们宣称“没有哪种文化比其他文化的道德伦理更强”，所以我们不应该把自己的标准强加在他人身上。汤姆·唐纳森是宾夕法尼亚大学沃顿商学院商业伦理学科带头人，他令人信服地指出相对伦理主义必须予以排斥，因为在极端情况下，相对伦理论者不得不认可被另一种文化所接受的任何做法。如果当地风俗允许，纯粹的相对伦理主义者将接受奴隶制、倾倒有毒垃圾甚至谋杀等行为。

但唐纳森也反对与相对伦理论针锋相对的另一种理论，即道德帝国主义。道德帝国主义假设存在一种绝对真理，它要求人们在任何文化下的标准和行为都是一致的，把某个标准作为适用于任何情况下的最好标准。美国人认为，对于一个社团来说，个体自由比忠诚重要；日本人认为忠诚比自由重要。在这两种观点中，应该如何选择呢？唐纳森还指出，道德帝国主义可能导致灾难性的错误。他举了一个在某国经营的美国公司的案例。当一个员工在偷窃时被抓到后，公司就按照公司政策把员工移交给了当地政府处理。结果员工竟然立刻被处以重刑。

那么，公司如何帮助员工在伦理相对主义和绝对主义之间保持平衡呢？首先，唐纳森建议公司以黄金法则等为核心价值观，基于对人格尊严、人权和公民权的尊重为国外公司的行为设立“伦理门槛”，并以此作为指导。然后，把一般性原则具化为指导方针。例如，公司可以依据内在价值来对待员工、客户和供应商，生产安全产品和创建安全工作环境，通过这些具体措施来达到尊重人格尊严的目的。通过规避腐败，注意环境保护等行为，企业无论在哪里经商，都会是优秀的企业公民。

一些行为因其跨越了伦理门槛而被禁止。李维斯公司的全球采购指南就是一个很好的案例。这一指南于 1992 年被用以确保产品以符合企业价值的方式生产出来。指南的第一条即禁止雇用童工。其他条款涉及限制工作时间、创建安全工作环境、承担保护环境责任等。然而，执行诸如禁止雇用童工这样的企业标准是相当复杂的事情。例如，李维斯发现，孟加拉国的两个合同商雇用看起来不到 14 岁（14 岁是合理的国际标准）的童工。当分析这种情况时，他们意识到，这些儿童没有年龄证明，他们是家庭收入的主要来源，如果解雇他们，他们不得不从事更不人道的工作，如乞讨和卖淫，并且使他们的家庭陷入更困难的境地。为了符合李维斯的标准，合同商雇用了一个能从生理角度来识别未成年儿童的医师，并将未成年的孩子赶出了工厂。合同商继续付给这些儿童与工作同等的工资，李维斯给他们提供了制服、学费和书籍，让他们上学。到了 14 岁，他们会被重新雇用。合同商也答应不再雇用其他未成年人。为了继续和李维斯公司保持业务往来，合同商只能遵守李维斯的标准。

遵守标准必然会增加成本。合同商不得不增加紧急出口和楼梯、改善通风和浴室设备、水处理系统。这些成本经由企业最终转嫁到消费者身上。因此，管理者必须相信，那些注重节省成本的决策不利于企业的长期获利。在现今网络飞速发展、监控设备无处不在的今天，企业声誉很有可能毁在旦夕之间。即便将成本和利润放在首位的公司，对于本公司改善工作环境的支出也越来越透明化。这也许是对第 2 章提到的《纽约时报》测试所得出的国际化观点最好的佐证。建议公司思考这个风靡一时的测试。如果将公司的行为暴露在公众的监督之下，公司声誉将受到怎样的影响。

当一家公司确定了海外业务所要遵循的价值观后，就必须考虑如何将价值观落实在实际行为中。很多欧美公司从孟加拉国拉纳广场倒塌事故中领教了潜在危险对于品牌形象的伤害。拉纳广场是一家制造著名品牌服装的工厂，超过 1 000 人在此次事故中丧生。该工厂位于一栋违规建筑中（涉及贿赂问题），工人被强制安排在摇摇欲坠的工厂中工作。孟加拉国的最低工资水平是每月 38 美元，这大大低于其他国家的最低工资额。在这里建厂，企业的成本会随之大幅降低。然而，在这起事故中，人员损失巨大。另外，所有负责任的企业都会想办法避免不必要的人员伤亡。从实际情况来看，企业管理者需要衡量，赔上企业声誉在危险地段建厂是否值得。即便从成本效益分析来看是对企业有利的，但从伦理分析角度来看又是怎样的呢？伦理分析要求企业悉知本组织的工作环境条件，要求企业对是否在特定地点开展业务负起责任。在拉纳广场事件之后，一些企业和竞争对手联合起来，建立了确保工人安全的体系，另一些企业则单独建立了工人安全体系。这是一个复杂问题，需要企业深思熟虑。在其他一些情况下，价值观之间可能产生冲突，但传统文化一般与人类核心价值观是一致的。因此，唐纳森建议管理者尊重传统文化，在判断正误时考虑一下环境。

例如，送礼是日本文化的一部分。绝对论者可能认为送礼是错误的，但是如果一家企业尊重当地传统伦理的话，就会允许某些形式的送礼收礼，并向管理者提供具体的指导以帮助他们区别应该送礼和不应该送礼的情境。只要送礼被限制在一定的范围和意图之内，就不会违背核心价值观。例如，一些企业允许员工接受礼物，但规定要求员工说明，这些礼物是代表组织接受的，并要将礼物展示给所有员工，或者捐给慈善机构。

同样，很多美国企业反对裙带关系，因为它们认为雇用和监督家庭成员有损企业利益。但在以大家庭和宗族忠诚为深厚传统的文化（集体主义文化）中，人们不但赞成而且希望裙带关系发生。例如，人们希望公司雇用员工的子女。唐纳森认为，尽管这与西方就业机会平等的概念相冲突，但从重视家庭关系和解决高失业率的文化视角来看，裙带关系也无可厚非。因此，只要家庭成员资质合格，并不存在导致利益冲突的监管关系，雇用家庭成员也并非不可取。

现在，很多企业正努力开发全球化的或符合东道国文化的伦理管理系统。这种系统无法有效运作的一个原因是它的“举报热线”。美国员工不愿意通过这种系统举报不当行为，而海外员工更不愿意这样做。我们前面提到，集体主义者认为这种系统太没人情味。另外，在很多国家（德国、法国和南非），举报会使人想起以前告发朋友或家人的恐怖历史，因此他们拒绝引进企业举报系统。在员工流动性较差的国家，员工害怕因对管理决策提出质疑而被打击报复。

除了保护员工免受打击报复（美国本土和海外机构同样重要），跨国商业伦理专家建议，公司应该首先引进向员工提供指导（而非举报不当行为）的“帮助热线”，使员工对这种系统和系统操作人员建立信任。他们还建议，应修改举报信息格式以使其适应特定文化，根据当地资源而非完全根据总部系统提供指导。最后，他们建议，这种系统的设计人员应该包括资深跨国管理者，以保证设计出来的系统能够适合当地的文化和需要。

最重要的是，组织的绩效评估和奖励系统应该和伦理目标相匹配。如果组织以伦理行为为目标，它就必须清楚规定，驻外管理者不会因为直接或间接地维护组织道德标准而遭受惩罚，即使他们损害了组织的利益。监督驻外管理者和代表的行为虽然具有可行性，但充满了困难，因此组织倾向于以结果（利润）来评价他们的绩效。例如，给他们设定销售和生产目标，并根据目标的完成程度来评估绩效。如果组织只关注结果而忽视结果的实现过程，驻外管理者也只关注结果，就很可能忽略伦理目标。

一项研究发现，在财政紧缩、竞争激烈的商业环境中，个人更倾向于举报企业的贿赂活动。在这种环境中，更需要组织意识到驻外管理者在特定文化中经营可能遇到潜在的伦理困境，并公开允许为了维护道德准则而损害商业利益的行为，且奖励在道德准则之内经营的管理者（或至少惩罚不这么做的人）。洛克希德・马丁公司的一位管理者因其值得学习的正直品格而获得年度主席奖，这一案例正好说明了这一点。某位外国官员向洛克希德・马丁公司的一位管理者索要贿赂，这个管理者不仅拒绝了他的要求，而且让公司退出了竞标过程（放弃了一份重要合同），并且将此事上报上级。他配合美国政府官员和东道国政府，将索要贿赂的外国官员逐出表决团队。这位管理者不仅没有因损失一份重要合同而遭受惩罚，反而受到了董事局主席的公开表彰。

之所以讨论如何完善全球准则和奖励系统，是因为我们希望企业开发一套指导员工行为的全球伦理文化。首先，企业应树立自身的核心价值观，并且根据地域文化的不同，将具体行为纳入合理范畴当中，如送礼或裙带关系。

除了通过守则和帮助热线向员工提供指导，一位美国行政人员还强调，企业应该向海外商业伙伴解释自己行为背后的原因，使他们清楚企业行为是本国文化和公司行为准则的要求，并要求对方尊重和配合。如果你所在的企业是能够提供令人满意的产品的大公司，就更容易成功，因为你更占有主动权和话语权。但如果你所代表的是一家小公司，那么在开展海外业务时势必会面临诸多困难，尤其是在腐败蔚然成风的文化中，所以需要三思而后行。

全球商业环境中的组织

虽然很多小公司打进了国际市场，但大型跨国公司仍然占据着很大的国际商业份额。这些公司的庞大规模和透明度，使人们对它们怀有更高的伦理期望。这些公司面临着国与国之间差异巨大的复杂商业伦理环境。除了那些能够参与商业伦理决策的利益相关者，利益相关者还包括政府、国外供应商、代理商和其他组织。国际法在指导商业行为上基本不起作用，它没有明确规定特定国家的法律是否有权管理全球交易。因此，企业自己的道德准则对员工来说是一个重要的参照标准。跨国公司还面临着合法性问题，这促使它们思考是否该将公司融进外国文化中。如果它们决定要去国外经营，它们有什么责任呢？

决定去国外经营

美国企业正在积极地开发国外市场。它们在国际市场上遇到了强有力的竞争对手，这促使它们要在很多方面降低成本，增加效益。例如，在国外生产产品，或从生产成本低的国外供应商处购进产品等。

合法性挑战

跨国公司向国外的扩张带来了很多伦理挑战。例如，在有些情况下，公司的合法性会受到挑战。尤其是在发展中国家，跨国公司的动机遭到质疑。人们认为跨国公司管理方式太过功利主义；按照当地市场支付报酬是一种剥削；在当地的扩张是为了加强控制，增加发展中国家对其依赖性。

有时那些怀有良好愿望的公司在海外经营时也会犯错，因为它们不理解海外伙伴的观念和忧虑。让我们看看孟山都公司和它在欧洲推广转基因食品的案例。开发这种产品的公司认为，转基因食品对环境是有利的——它们可以减少杀虫剂的使用，增加农作物产量，提高土地使用效率。虽然种子较贵，但作物长势良好，并且农民可以节省在购买除虫剂和灭草剂上的开支。公司在美国已经获得了成功，轻松地获得了生产许可并且产品十分畅销。科学证明，转基因食品是安全的，世界卫生组织也赞同这一说法。在欧洲推广这种产品似乎是理所当然的事情。

但是，转基因食品在欧洲的推广却是一场噩梦，该公司因出乎意料的海外抵制行为而损失惨重。对该转基金食品可能对长期健康造成影响的担忧，导致了很多强烈的抵制和抗议活动。抗议者包括非政府组织，如绿色和平组织，以及呼吁全世界“向转基因说不”的批评家普林斯·查尔斯和保罗·麦卡特尼。欧洲公众响应环境保护运动的号召抵制这类产品。超市禁止此类产品上架。欧盟政府颁布禁令，不许种植转基因植物。多年以来，利益相关者的消极反应，以及公司失败的应对措施，造成公司财务亏损，股价不断下跌。这种情况有所好转的原因，一部分归功于该公司缓和了对抵制活动的态度并注重其所得到的评价，包括将先前的秘密研究公开刊登在业内评估杂志上，让科学家对其工作进行评价。向其他明智的公司一样，孟山都公司开始关注并接受海外对本公司产品的评价，寻找其中的共同点。另一部分则是由于该公司开始注意那些并非直接销售给消费者，而是销售给其他行业的产品（玉米、大豆、棉花、油菜），从而发现使用转基因产品并未出现人们所担心的健康问题。

为什么会这样？首先，孟山都公司没有考虑到，欧洲不信任美国的监管。欧洲经历的“疯牛病”危机，引发了公众对食品安全监管的关注。其次，孟山都公司事先没有向欧洲公众宣传它的产品。欧洲人从绿色和平组织（一个反对转基因食品的环境保护组织）那儿第一次听说这种产品。他们很愤怒地认为这些产品是一家强大的美国公司强加给他们的。孟山都公司对这些顾虑充耳不闻，仅仅寄希望于科学，而不是理解并重视欧洲人的担忧。

2016 年,《财富》杂志刊文，称孟山都公司是“全球遭受中伤最为严重的公司”，非政府组织对该公司的评价还存在巨大争议。有趣的是，文章还提出，这样一家遭受高度诽谤的公司，在全球气候变暖、可用水资源减少的今天，是否能够在 2050 年满足现有粮食供应翻倍增长的需求。孟都山公司现已不再是单纯的种子技术公司，它已转型为融合农业种植方方面面的数据，以科学的运算法则实现产量增加的化学公司。让我们感兴趣的是，人们是否相信，孟都山公司拥有改变未来世界粮食状况的能力。你觉得呢?

社会政治环境的不同产生了很多伦理问题。美国公司是否应该去那些官员腐败的国家经商？或对存在种族和性别歧视、环境污染或侵犯公民人权，诸如雇用奴隶和童工，以及毫无人道的工作环境等问题的公司投资？在那些国家经商或与那些组织开展业务是否会损害公司的道德声誉？是否在这些国家中，公司只要保证自己不卷入不道德行为就可以了？如果公司在国外经营并且在种族歧视、环境污染和安全等问题上坚持自己的标准，适合吗?

例如，一家生产儿童睡衣的美国公司要求符合美国的安全（易燃性）标准，那么当它在一个没有如此严格规定的国家出售睡衣时，它还需要遵守美国的安全标准吗？有些公司通常会执行比当地所要求的更为严格的标准。但是，有些公司把国外没有相关标准当作不道德行为的通行证。例如，大多数发展中国家没有要求在香烟盒上添加健康警示。随着美国和其他发达国家对香烟公司的管制越来越多，某些公司（如菲利普·莫里斯公司）正努力开拓发展中国家市场，并把目标群体定位在妇女和年轻人身上，尤其是在菲利普·莫里斯国际公司的母公司——奥驰亚快速发展期间。

公司还应该考虑到消费者的担忧，忧心忡忡的市民和组织已经将发展中国家农民的困境公布在网络上（见 http://transfairusa.org）。例如，他们正在推销贴有“公平贸易”标签的咖啡，这种标签说明生产咖啡豆的农民得到了公平的补偿。在过去的几年中，诸如“绿山”牌之类的标有最低限价的咖啡销量大增，但它们仍然只占据小部分市场份额。越来越多的消费者认为，企业公民意识影响了他们的购买习惯。但公平贸易运动依赖于人们出于怜悯之心而支付更多的钱购买一种产品的意愿。公平贸易运动的长期影响还不足，但这种影响范围正在扩大。

跨国公司在海外的行为引起了媒体的关注，很多公司也开始重新审视它们海外的道德标准。例如，媒体对海外血汗工厂的关注引发了人们对很多大企业合法性的质疑。随着全球化的发展，世界不断缩小，那些不重视自身工厂和供应商工作条件的公司将自毁声誉。实际上，这一领域的一个最大转变是，公司开始关注其供应链上的伦理问题。公司意识到，它不可能再以不知道怎么回事为借口来推脱，它必须为供应商的所作所为承担责任。通过摄像机，消费者可以近距离接触那些不为外人所知的工厂。而借助互联网，媒体的报道将迅速传播到各地。

早在 2013 年年初，沃尔玛就规定，供应商若未经沃尔玛允许，不得和工厂签订承包合同。如有违反者，沃尔玛将与其解除合同。在这种零容忍的规定之后，却在孟加拉国的某个工厂发生了一起死伤惨重的大火。这家工厂正是未经沃尔玛授权，为沃尔玛制造衣服的二级工厂。这场大火增加了公众对沃尔玛的监督力度，并强烈要求该公司更为严格地管理供应链，改进供应商工厂的安全措施。

当消费者了解了现有工作条件之后，他们要求对其进行改善。但是，决定如何处理国外工厂的劳动条件等事情并不简单。例如工资问题，很多好心的抗议者认为，在发展中国家开展业务的美国企业应该向员工支付“第一世界”的工资。但发展中国家自身也经常反对这立场，因为他们知道他们的竞争优势在于向跨国公司提供低成本劳动力。所以，如果像美国和欧洲那样向员工支付工资，将导致企业倒闭，损害发展中国家民众的利益。最后，在发展中国家，童工是家庭收入的一项重要来源，他们可以帮助家庭维持生计，避免儿童乞讨或女孩卖淫。我们绝不是支持童工或奴隶工资，我们是想指出，这些问题都很复杂，没有简单的解决方式。

企业越来越明白，在决定去国外经商或联系供应商和代理商之前，它们需要评估一下伦理风险。一些企业，如惠普，正在制定供应商行为准则。其他企业为了节省花费，正联合行业内的其他企业处理共同的问题。例如，耐克、盖璞、巴塔哥尼亚与其他公司和非营利组织正在合作开发一套安全标准和监督系统。而电子行业内的各大公司也联合起来，制定了电子产业行为规范。

历史案例：在南非经营

在南非废除长期存在的种族隔离制度大约 20 年前，能否在南非经商对跨国公司来说是一个突出的伦理问题。在种族隔离年代，一些美国企业选择了完全不介入南非，它们被迫如此行事，因为有些机构投资者（如养老保险机构）禁止企业在南非投资。其他企业在遵循《苏利文原则》——由非裔美籍部长里昂·苏利文起草的《美国跨国公司在非洲经营的原则》——的基础上，在南非开展商务活动。这些原则要求在工作场合保持民族团结、平等雇佣、公平支付薪酬、向非白人提供培训以适应高层次工作、给予非白人向上晋升的机会、提高员工工作之外的生活质量。

作为全球伦理培训的一部分，李维斯公司教给管理者如何运用“有原则的推理方法”这一决策工具。一个跨部门和跨国的任务小组花费了几个月时间，用这一工具来决定是否进入南非市场。小组成员研究了南非的种族隔离历史，找出了利益相关者，实地考察了南非，并访问了政府和社区组织官员。任务小组建议，在特定的情况下进入南非市场是可行的，例如，在南非实行自由选举后。

然而，这些决策有着长远意义。在种族隔离制度已经被废除很长时间的 2002 年，南非种族隔离制度的受害者开始控告那些在种族隔离制度下从事商业活动的美国银行和其他企业，诉讼指责这些企业帮助南非政府迫害南非人民。这些诉讼的提出是基于以前的司法判例——大屠杀中的受害者控告瑞士公司，获得了 12.5 亿美元的赔偿。还有相似的、控告那些企业在发展中国家对侵犯人权的起诉。例如，受害者声称，优尼科公司知道民工是在枪口下被迫帮助修建缅甸的管道的，如果他们拒绝，就会遭受拷打或被杀害。优尼科公司否认了这一说法。无论这些企业是否清白，在未来的几年内它们不得不动用大量资源应对诉讼。

历史案例：在发展中国家销售婴儿配方奶粉

一旦在国外从事商业活动，企业就应该思考那些在国内能够被接受的行为在国外环境下是否可行。在发展中国家销售婴儿配方奶粉（尤其是在 20 世纪 70 年代和 80 年代初）的经典案例或许是一个最好的例证。当时有很多企业鼓励这些国家的新妈妈放弃母乳而使用婴儿配方奶粉。瑞士的大型联合公司雀巢就是这些企业中突出的一家。

除此之外，公司通过不实广告，宣传配方奶粉比母乳更健康，还安排“牛奶护士”在妇产科病房推销产品。尽管这些妇女的穿着和护士差不多，但她们实际上是拿了公司佣金的销售婴儿配方奶粉的业务人员。

不幸的是，由于三方面的原因，婴儿配方奶粉的使用对婴儿的健康构成了严重威胁。首先，配方需要兑水，但很多地区的水被污染了。因此，喂养奶粉的婴儿更有可能感染痢疾。其次，这些地区的妈妈支付不起天天购买奶粉的费用，于是她们稀释了奶粉或者用廉价奶粉来代替，造成了诸如营养不良等健康问题。最后，或许是最重要的因素，那些放弃母乳的妇女无法转变她们的观念，又开始母乳喂养。不久后，她们的母乳变少，不能再自己喂养孩子，因此被迫依赖配方奶粉。为了回应有组织的抗议和抵制，公司最终同意停止配方奶粉的销售。

尽管有人认为刚才描述的市场营销在国内也会产生问题，但它们不会像在缺乏清洁水源的发展中国家那样严重危及婴儿的健康。因此，相同的行为在一种环境下可能是符合伦理的（假设消费者有足够的信息支持自己的选择），在另一种情况下却非常不道德。

对雀巢公司的非议仍未停止。无论如何标榜自己是纯粹的，一心制造富含营养、健康食品的，“精益求精”的公司，雀巢公司过去的污点恐怕无法消除。2015 年，印度对雀巢公司的畅销产品——一种名为“Magi”的方便面颁布了禁令，因该食品中的铅超标。这个消息迅速引发了民众对雀巢公司的街头抗议活动。而雀巢公司仅仅将此次事件归为技术问题（总是会失败），它组织了内部测试，最终以印度方面的检验结果“不准确”告终。因此次事件印证了印度民众对跨国公司的怀疑，从而在媒体和社交网络上引发了爆炸式评议。另外，雀巢公司仅仅向监管机构（并未向媒体）进行汇报，这一举措也导致了灾难性的后果。最终，公司委派了一名印度籍管理者担任印度公司的经理。该经理上任后，迅速与媒体进行对话，几周后，最高法院对雀巢公司进行了判决（公司对判决结果提请上诉）。据某些人分析，雀巢公司此次因产品召回（下架了超过 300 万个货架的产品）、营业额持续锐减以及公司声誉受损所带来的经济损失，可能超过 50 万美元。《财富》杂志列举了雀巢公司在此次危机中所犯的四个错误：（1）对本公司及本公司的产品质量过于自信，缺乏对消费者的同理心；（2）没有正确地预料到持续的、未来的公众关系问题；（3）像其他公司一样，将此次事件作为技术问题而不是社会、政治问题来处理；（4）公司直面公众的回应时间太长。

有趣的是，雀巢公司现在作为全球最大的食品公司，正在努力重塑一心制作富含营养、健康食品的企业形象。它聘请了大量科研人员，确保目前的产品更加健康，但也同时研发可作为药物使用的食品。

最近的案例：如何对待人权

一旦企业想去发展中国家开展业务，它就应该考虑到人权问题。在整个世界范围内，企业正联合起来禁止强制劳动和雇用童工（尤其是强迫儿童工作以偿还家庭债务的抵债劳务）的行为，并共同解决工作安全等问题。对那些决定在海外分公司（包括它的供应商）承担起保护人权责任的企业来说，它们正在从事着一项没有简单答案的艰难任务。

巧克力是发达国家最受欢迎的一种食品，它们大部分源自西非，尤其是科特迪瓦和加纳。很多大公司都牵涉其中，如好时、吉百利、雀巢等。据估计，2016 年有超过 200 万名儿童在西非手握砍刀，从事着艰难、危险的可可采摘工作，他们当中的很多人是人口贩卖活动的受害者。虽然科特迪瓦政府将人口贩卖列为非法活动，但政府没有充足的资金打击这种行为。巧克力公司也承诺尽量减少童工数量，但难以真正实现。各公司的目标是在 2020 年减少 70%的科迪瓦特和加纳的童工。因意识到联合起来可能更加容易实现目标，大型巧克力公司中的 10%都纷纷加入了世界可可基金会，并投身于该基金会于 2014 年成立的可可行动项目。但这一过程充满了艰辛。事实上，有数据表明雇用童工的情况非但没有好转，反而更加恶化。造成这一现象的根本原因十分复杂。贫穷可能是其中最重要的原因。科特迪瓦政府新建了很多学校，并增加了数以千计的教室。各大公司也纷纷向农民灌输，儿童的职责应该是什么。但这些远远不够。要想解决这一问题，需要企业和当地政府，以及非政府组织联合起来，对童工问题以沉重的打击。与此同时，我们对巧克力的热爱却没有减少。作为消费者，对于西非童工问题我们有责任吗？我们怎样导致了这一问题的产生？有什么我们力所能及的事情？

耐克公司在全球拥有超过 6 万名员工。大部分员工是被耐克公司的合同供应商所雇用的。他们从事着运动鞋、衣服、设备和配件等的制造工作。20 世纪 90 年代，耐克公司因海外供应商工厂恶劣的工作条件问题，成为网络和媒体的众矢之的，并引发了校园甚至门店外的抗议活动。1998 年，耐克公司的创始人兼首席执行官菲尔·奈特认识到了这个问题，并下决心解决。耐克公司在 2001 年首次发布了企业责任报告。当谈到公司在以往和现在为了改善工作条件所做出的努力时，奈特批评自己说，工厂内的工作非常艰辛，有时还很乏味，并且公司的监督系统还有待完善。

耐克公司不断努力，委派审计员评估海外工厂的工作条件，并强力推行公司的行为准则。2005 年，为了做到全方位透明化，耐克公司公布了海外工厂的名称和地点——这是该行业的首例。同时，它聘请了麻省理工学院专家对本公司审计数据进行测评。然而，结果并不令人满意。大多数供应商的工厂状况不仅没有改善，有些还变得更加糟糕，自我监管并未见到成效。与此同时，《财富》杂志专门指出，位于马来西亚制造 T 恤衫的工厂，工作条件几乎没有改善。工人生活在拥挤、肮脏的环境中，并被要求上交护照，直到还清招聘费（从工资中扣除）后，才能将护照返还给个人。消息曝光后，耐克公司迅速响应，公开承认这严重违背了公司的行为准则。公司对工人进行了赔偿，并将他们安置在新的岗位上。随后，公司召集了马来西亚 30 个合同工厂的代表，开展了艰难的对话，要求工厂强制实施公司的行为准则。和工厂解约，就意味着当地就业机会的流失，可能对员工造成更大的伤害。时任耐克公司的首席执行官马克・帕克说："我对我们所取得的成就非常自豪，但我们还未达到自己的目标。这是永无止境的挑战。"据《财富》杂志报道，耐克公司的广告标语——"Just Do It"由此应运而生。

耐克公司在解决劳务问题上从未止步，并从根源上寻找原因。该公司发现，与公司签订长期合同的厂家，几乎完全依靠与公司的合作而维持生计，因此更容易遵守公司的规章制度。也就是说，耐克鞋的制造厂家比与耐克公司签订短期合同的配件生产厂家更遵守规则。耐克公司正在尝试一些独特的方法以从根本上改变外包模式。其中一个目标是，将外包厂家全部换成以团队为基础、依靠高技术劳动力的供应商。另一个目标是，减少在最后关头临时修改设计图纸的概率，从而减少给供应商违反公司制度（如加班工作）的机会。公司的目标是在 2011 年彻底消除外包工厂的加班现象。耐克公司同时呼吁其他品牌也重视这些问题。除了与滥用劳工问题做斗争，据《财富》杂志报道，耐克公司在可持续发展问题上也做出了极大的努力。它要求鞋子设计师减少浪费，并利用更加环保的材料。你可以登录 www.nikebiz.com 了解该公司在承担社会责任方面所做的更多信息。

在过去几年中，很多公司意识到了全球化进程中所带来的挑战，并出台了一系列应对措施，其中不乏优秀案例。例如，锐步公司（现在合并到阿迪达斯集团旗下）正在开展一个项目，确保巴基斯坦儿童不在巴基斯坦锡亚尔科特的足球工厂里务工。公司没有在农村设立工厂（那里经常有童工参与），而是把工厂设立在生产能被监督的地方。公司又建立了巴基斯坦锐步教育援助项目，让儿童接受学校教育，避免他们进入劳动力市场。听起来很好吧？确实很好，但还要考虑到其中的复杂性，那就是家庭失去了儿童务工带来的经济收入。很多企业认识到了这一问题，它们要求供应商不仅确保儿童接受教育，还要向这些在校儿童支付日平均工资。阿迪达斯公司就是其中的一个案例，它和它的越南供应商一起成功地做到了这一点。

那些关心制造工厂工作条件的企业意识到，势单力薄的企业无法解决这些问题。为了寻求帮助，他们可以参考《世界人权宣言》或向包括公平劳工协会和社会责任国际组织在内的很多组织寻求帮助。很多立场明确的企业都是公平劳工协会的组织成员，包括阿迪达斯、新百伦、巴塔哥尼亚和耐克。企业通过加入该协会来支持协会的行为守则，承诺在它们的供应链中遵守国际劳工标准。很多大学也加入了该协会，以提高制作带有该大学 logo 文化衫的生产工厂的工作条件。他们这样做的目的是确保学校的文化衫不是出自血汗工厂。如果你是一名在校学生，可以在 www.fairlabor.org 上查看自己的学校是不是公平劳工协会的成员，并了解加入该协会需要满足哪些条件。

社会责任国际组织（见 www.sa-intl.org）成立于 1977 年，致力于帮助组织承担改善工作条件的社会责任（如使用童工、强迫劳动、健康与安全、歧视等方面）。该组织开发了社会责任 8000 标准（SA 8000）和一个能够遵守客观标准的审计系统。这一系统以著名的 ISO 9000 质量认证体系为基础，并汇集了来自工会、商业和非政府组织等社会各方面专家。它的标准建立在国际人权的共同规范之上。如果企业获得了 SA 8000 认证，就说明该企业审查合格，符合标准。

最近的案例：净化珠宝行业

高档珠宝销售商蒂凡尼公司早在 19 世纪 20 年代就已经开始关注供应链问题了。当时，人权主义团体指控该公司销售的钻石，都是由非洲反政府军为内战提供资金支持而出售的“血钻”。该公司将注意力转向了黄金，但它发现寻找黄金的来源十分困难。该公司从全球 60 多个国家获得黄金，矿产分布十分分散。供应商也无法说得清黄金的确切产地，所以该公司决定只从其中一个金矿中购买所有黄金。但该公司的首席执行官并未就此止步。他努力将社会活动家和珠宝商召集在一起，资助采矿实践研究，并反对在环境脆弱地区开采锌矿。珠宝业委员会和采矿责任保险基金会，这两个新组织也得以成立。

对于自己不生产珠宝的公司来说，这个问题更具挑战性，但它们也并未忽视供应链问题。例如，沃尔玛向矿工施压，要求他们严格遵守环境和社会标准。同时，沃尔玛还与英国一家专门从事供应链溯源业务的公司合作，跟踪其黄金供应链。沃尔玛刚开始的目标并未过高，该公司珠宝采购负责人帕姆 · 莫腾森先生说：“如果我们不着手去做，就永远完成不了任何目标。”

无论企业伦理和社会责任问题是什么，大小公司都认识到了它们必须承担对供应链的责任，并更好地管理供应链上的各个环节，甚至那些以前不可能联系的环节。近几年，进口产品的安全性已经成为一个巨大的问题。在美国，我们遇到了被添加了致命的三聚氰胺的宠物食品、被铅和镉污染的玩具、不安全轮胎、受污染的海产品、掺有防冻液的牙膏、导致房屋无法居住的问题石膏板。问题产品还在不断产生。2007 年，美泰公司被迫召回了近百万个受到铅污染的玩具。注重声誉的进口商再也无法坐视不管了。他们不能眼睁睁地看着有人死去才采取行动。他们必须越来越警觉，包括制定更为详细的合同，监督供应商（及其外包商），并在投入市场之前对产品进行检验。

最近的案例：帮助发展中国家

世界银行估计，全球有近一半人口，每天以 2 美元或更少的钱维持生计。这些人生活在所谓的“财富金字塔的底层”，他们所面临的困境已被证明难以克服。孟加拉国经济学教授穆罕默德·尤努斯发明了利用小额贷款帮助金字塔底层的民众，让他们能够自给自足从而刺激经济发展的方法。他也因此在 2006 年获得了诺贝尔和平奖。2009 年，作为国际变革的推动者，尤努斯教授还获得了奥巴马授予的总统自由奖章。小额贷款项目是为准备做小生意的企业家，尤其是那些贫困的女性企业家，提供数额较小的贷款。1976 年，尤努斯创建了格莱珉银行，并借出了自己的 27 美元。这个方法取得了空前的成功。目前，在孟加拉国的农村地区，有超过 2 500 家格莱珉分行，800 多万借款人（其中 96%是妇女），贷款偿还率高达 90%（无抵押），还有一家盈利银行可以进行分红。借款人会加入一个五人小组，相互监督贷款情况（没有连带责任）。这种方法已经传播到很多发展中国家。花旗银行和盖茨基金会等组织已经参与其中。小额贷款已经成为拥有数十亿美元的产业。请登录 www.grameeninfo.org 获取更多信息。

尤努斯以最初的想法为基础，发展了社会企业概念，即将企业利益和小额贷款及经济发展三者相结合。他邀请酸奶制造商——Dannon 公司在孟加拉国进行尝试。该公司生产的一种强化酸奶，可以防止营养不良，并且价格合理（每份只要 7 美分）。格莱珉银行的借贷人用小额贷款资金来购买奶牛，从而生产牛奶。Dannon 公司则依靠这些借贷人提供的牛奶制作酸奶，并委托借贷人挨家挨户地销售。该公司同意销售商进行再投资，并在三年后仅仅拿回其初始资金。该公司在当地雇用了很多员工，为当地经济做出了巨大贡献。联合国儿童基金会等组织认为这是改善发展中国家营养状况的好方法。而 Dannon 公司则认为，这是在行善的同时，开拓未来可持续经营模式。另外，该公司还将其视为在自身全球化经营的进程中，贯彻社会责任的良好方法。

结论

从个人角度来说，在海外任职充满了伦理挑战。培训和指导，连同开放和灵活的心态，能够帮助驻外管理者为海外任职做好准备，帮助他们保持诚信和理智，体验丰富多彩的海外任职经历。组织可以开发一套核心价值观，并制定具体的行为守则和支持系统，以此来帮助海内外的员工遵守商业伦理道德。跨国公司正在积累经验，以在复杂、透明但联系越来越密切的世界中更好地处理此类复杂问题。对商业伦理的关注以及指导跨文化商业行为的伦理守则的完善将有利于营造一个公平的竞争环境，并使国际商务成为丰富多彩、极具满足感的工作。然而，想要跟上所有变化并不容易。我们提供了大量的可用网站资源，以帮助你和复杂而变化着的全球商业伦理环境保持同步。

问题讨论

1. 如果你是第一次到海外任职，你怎样确信你已经能够很好地处理可能遇到的伦理问题？在准备的过程中你会问你的上级哪些问题？
2. 你的企业正在全球范围内扩张，第一次派遣主管去海外。你怎么确信被派出的员工能够恰当地处理他们可能遇到的伦理问题？
3. 如果来自其他文化的人向你请教与美国人打交道需要注意的商业伦理知识，你将如何回答？
4. 和来自其他文化中的人交流一下。如果你要在那里经商，询问一下他们有什么建议。你了解到了多少你原来不知道的？知道了这些以后的你，行为会发生怎样的变化？
5. 如果你计划在“权力距离”和“个人主义或集体主义”等方面和你的文化截然相反的国家经商，你认为会面临哪些挑战？你应该如何应对？
6. 试想一下，如果不贿赂别人就会损失惨重。你怎么对待这种情况？你会怎么做？为什么？有哪些因素会影响你的决定？你希望你的员工怎样做来支持你？
7. 发展跨国企业伦理的得与失分别是什么？这应该是谁的责任，是政府、企业、国际组织，还是它们都有责任？
8. 选择一家跨国公司，并对其官网进行访问，探索它在商业伦理和社会责任方面的做法。你可以把这些方法和本章所学到的内容联系起来吗？
9. 如果你要为公司设计一套全球行为准则，你会在其中加入哪些内容？你将如何对待赠送礼品和裙带关系等做法？

小案例：礼品

你是一家跨国金融企业的业务经理，你最大的客户是希腊的一家海运巨头。你通过复杂的融资为这个客户建造了一艘新的油轮。几个月后，他邀请你和你的妻子去参加新邮轮的下水典礼。你当然愿意参加，否则就是对客户的冒犯。你们到达后，他让你的妻子按传统在船头打破香槟酒瓶。典礼后的两周，你的妻子收到客户的一个包裹，里面装有一个手镯，手镯上用钻石镶嵌着她名字的首字母和典礼的日期。退回礼品肯定会冒犯客户，但接受礼品则很明显违反了企业的政策。你应该怎么做呢？

讨论题

1. 这属于哪类伦理问题？
2. 接受礼品为什么会违反企业的政策？你赞同这样的政策吗？为什么？

3. 站在各方的角度思考一下。他们会怎么想这个问题?

4. 试想你是企业负责商业伦理和管理企业行为的副主席，你想要改变这一政策吗? 为什么?

案例：亚洲的医用超声技术

琳达·崔薇尼奥 亚历山大·古比尼 著

一位年轻的工程师派特在首次去往亚洲推销公司的医用超声影响技术时，陷入了伦理困境。在漫长的飞行途中，派特认真地阅读飞机上准备的书籍，以了解韩国的文化，但震惊地发现了这些国家对医用超声技术的用途。这位年轻的工程师一直认为超声技术可以帮助病人诊断病情，但在这些国家中被用于判断胎儿的性别并终止女性胎儿的生命。派特热爱创新并致力于解决问题。他认为超声技术是解决严重健康疾病的高科技手段。他还承诺将研发出质量更高、效果更佳却更为便宜的超声影像设备。派特从未想过在亚洲文化中，因庞大的人口数量和根深蒂固的父权文化，比起女孩，人们更喜欢男孩。在他看来革命性的、帮助并改善人类生活福祉的技术却成了毁灭女性生活的帮凶。

随着超声技术的进步和普及，利用超声技术将女胎流产的现象越来越多。派特发现，根据印度文化，女方家长需要负担女儿结婚的费用和嫁妆，因此女儿的开销更高。对于贫困家庭来说，和出嫁的花销相比，超声检测的费用可以说是九牛一毛。令派特更为吃惊的是，大多数国家的法律禁止使用超声技术判断胎儿性别，并禁止根据胎儿性别信息终止妊娠（例如，印度禁止医生告知胎儿性别）。然而，执行这项法律却困难重重，尤其是在远离监管的偏远地区的小诊所。更为糟糕的是，在二手市场中，这些小诊所可以买到廉价的超声设备。随着利用超声技术打掉女胎现象的增多，目前男性数量远大于女性，带来了男女失衡的巨大社会隐患。据估算，超过 1.5 亿名女婴因性别选择和出生后被溺杀而从世界上“消失”。这个数字相当于美国女性的总量！2001 年印度的女童数量相对于男童数量出现了大幅下跌（2001 年是 927∶1000，而 10 年前是 945∶1000），情况还在不断恶化。

派特从患者、医师、保健行业、自己的公司、其他的技术研发机构以及不同文化的角度思考了这件事情。患者因利用超声技术在早期发现病情并得到更好的治疗。但如果此项技术被用于判断胎儿性别，妈妈们可能被强制堕胎。在这些文化中的母亲，常常被父权文化和家庭压力所控制，最终将女性胎儿流产。医师因此技术而更快速、准确地诊断病情，但是他们也同时面临着将此项技术用于不道德目的的压力。相关行业和技术开发公司（包括派特的公司）当然会从制造及销售超声技术设备上获取巨大收益。但一旦公众发现这些公司将产品不负责任地销售给未经授权的使用者并用于不正当目的时，想象一下媒体会怎样渲染这个故事，该企业的声誉会遭受多么巨大的打击。据英国期刊《柳叶刀》(2006）报道，非法使用超声技术导致了每年大约 100 万名女性胎儿的死亡。但与此同时，这项技术也拯救了全球数百万名病患的生命，提高了他们的生活质量，为社会做出了巨大贡献。

派特对此应该做何感想？超声技术为社会带来的贡献能够抵消它所造成的伤害吗？即便能够抵消，公司愿意和很多人认为不道德并在多数国家违法的行为扯上关系吗？派特发现，如果从那些仅仅因为是女性而未能出世的胎儿的角度去看待这个问题，堕胎尤为不能让人接受。派特不禁好奇："这对她们来说公平吗？我们是否在一定程度上促进了这种不道德行为？如果全球都对性别歧视习以为常，将会发生什么？这正确吗？"国际健康组织，如为全球医生提供培训和指导的世界医学与生物学超声联合会等组织，对此做何感想？派特不禁思考，如果妻子知道自己的工作会带来这些意想不到的结果，她会怎么想？她会期待自己做些什么吗？他的个人责任是什么？他公司的企业责任是什么？

派特对自己所阅读到的信息十分困惑，他并不完全了解亚洲的文化和法律，因此他没有向亚洲客户提出任何问题。但这个问题一直困扰着他。回国后，他还是不断地思考。公司中并没有正式的组织帮助他答疑解惑，因此他决定和比较亲近的同事讨论一下。他不知道同事是否也意识到了这个问题，以及同事对这个问题的看法又如何。他们和自己一样感到困惑吗？结果，同事和他当初一样，并未意识到这个问题。甚至对于从未去过亚洲的同事来说，他们甚至无法想象这个问题。讨论最终并没有什么结果。工程师更关注设备的技术层面上的问题——对患者造成伤害的潜在技术缺陷或危险。他们几乎不会考虑终端用户以及终端用户所处的社会文化。

这些问题对于作为西方人的派特来说尤其难处理，让他感到措手不及。他不断问自己："我需要做些什么吗？根据工作计划，我将再去这些国家推销超声技术，所以我无法逃避这个问题。讽刺的是，我是在飞往亚洲的飞机上阅读了旅行书才看到这些信息的。如果我没有阅读那本书，我也许永远也意识不到这个问题。我的公司也事先并未做好准备。它没有向海外派遣的员工提供针对海外文化和伦理问题的特殊培训。公司的价值观是为患者提供尽早确诊的机会。但这一价值观蒙蔽了我们的双眼，让我们忽视了错误地利用这一技术所造成的伤害。我的公司和整个行业都在关注，如何让超声技术取得进步，从而更早、更准确、更快地诊断威胁生命的疾病。我们将超声技术视为挽救生命而不是残害生命的工具。公司的价值观宣言是为全球的患者提供医疗保健手段。但在这些国家中，我们的技术在挽救生命的同时，也结束了生命。我们的企业价值观是否应该更改？在我看来，公司确实是出色的、道德的，但显然，在这些社会文化中，我们还没有做好准备。我们的要做的还有很多。"

即便公司想要有所作为，派特也不知道应该从哪里开始。公司是原始设备制造商，也就是说，公司并不向终端用户直接销售产品。因此，不同的加工商、批发商和机构都可能将设备贩卖给错误的使用者。令派特产生疑虑的还有，公司是否应该，以及应该怎样影响多个销售方做出正确的选择。毕竟公司在美国，而最终使用者却在世界的另一端。

讨论题

1. 派特是否应该向管理层提出这个问题？他应该怎么说？
2. 如果他提出了这个问题，但公司毫无反应怎么办？派特接下来应该做些什么？
3. 这种使用超声技术的方式是否触犯了核心价值观？还是说，在这种情况下我们应该尊重当地的文化？是否有两全的方法？
4. 公司是否应该指望当地的政策法规？
5. 如果公司无所作为，将对公司声誉产生怎样的影响？如果采取行动呢？
6. 从供应链的角度来说，公司将如何看待自己的责任？它有可能从其他行业的类似经验中吸取教训吗？例如，公司是否可以出台相关政策，规定客户保证只能将设备销售给取得授权的使用者？即便公司这么做了，如何保证客户遵守相关政策？
7. 公司是否应该针对如何在符合道德规范的前提下，规范地使用超声设备这一问题，对客户和员工进行教育和培训？还是说，如果这么做了就走向了道德帝国主义的极端？
8. 如果怀疑客户将超声设备用于性别选择的不当目的，那么作为销售代表应该怎么做？
9. 公司提供设备的维修服务。这是否也是一种使用管控措施？
10. 公司是否能够采取一定措施理解产生问题的根本原因，并克服它？

反侵权盗版声明

举报电话：（010）88254396；（010）88258888
传　　真：（010）88254397
E-mail：　dbqq@phei.com.cn
通信地址：北京市万寿路 173 信箱
　　　　　电子工业出版社总编办公室
邮　　编：100036